Jutta Ecarius · Marcel Eulenbach · Thorsten Fuchs
Katharina Walgenbach

Jugend und Sozialisation

Basiswissen Sozialisation
Band 3

Jutta Ecarius
Marcel Eulenbach
Thorsten Fuchs
Katharina Walgenbach

Jugend und Sozialisation

VS VERLAG

Bibliografische Information der Deutschen Nationalbibliothek
Die Deutsche Nationalbibliothek verzeichnet diese Publikation in der
Deutschen Nationalbibliografie; detaillierte bibliografische Daten sind im Internet über
<http://dnb.d-nb.de> abrufbar.

1. Auflage 2011

Alle Rechte vorbehalten
© VS Verlag für Sozialwissenschaften | Springer Fachmedien Wiesbaden GmbH 2011

Lektorat: Stefanie Laux

VS Verlag für Sozialwissenschaften ist eine Marke von Springer Fachmedien.
Springer Fachmedien ist Teil der Fachverlagsgruppe Springer Science+Business Media.
www.vs-verlag.de

Umschlaggestaltung: KünkelLopka Medienentwicklung, Heidelberg
Druck und buchbinderische Verarbeitung: Ten Brink, Meppel
Gedruckt auf säurefreiem und chlorfrei gebleichtem Papier
Printed in the Netherlands

ISBN 978-3-531-16565-3

Inhalt

1 Einleitung

Mit Sozialisation ist ein zentraler Prozess bezeichnet, mit dem sich die Integration des Individuums in die Gesellschaft beschreiben lässt. Im Zentrum steht dabei die Gesamtheit der gesellschaftlich vermittelten Umwelt in ihrer spezifischen Bedeutung für die Entwicklung und Veränderung der Persönlichkeit eines Menschen. Wenn von Sozialisation die Rede ist, dann ist also sowohl das Individuum als auch die Gesellschaft angesprochen und zwar in ihrem sich wechselseitig beeinflussenden Verhältnis. Sozialisationsprozesse versuchen demnach auch eine Doppelfunktion zu erfüllen. Zum einen sollen Sozialisationsprozesse gewährleisten, dass Gesellschaften über Generationen hinaus aufrechterhalten werden. Gesellschaften und ihre Traditionsbestände sollen sich also durch die Vorgänge der Sozialisation reproduzieren und transformieren. Zum anderen sollen Individuen handlungsfähig gemacht werden. In dieser Hinsicht hat Sozialisation die Einsicht des Individuums in soziale und kulturelle Zusammenhänge zu ermöglichen und kann als eine Ausweitung der Partizipationsmöglichkeiten verstanden werden. Durch eine aktive Auseinandersetzung mit den sozialen und materiellen Bedingungen findet sich das Individuum in die Gesellschaft ein und wird auf diese Weise zu einem handlungsfähigen Wesen (vgl. Tillmann 2006: 12).

Sozialisationsprozesse lassen sich allerdings nicht ohne Bezug auf Lebenslauf und Lebensphasen behandeln (vgl. ebd.: 191). Zwar befinden sich über die gesamte Lebenszeit hinweg Persönlichkeits- und Gesellschaftsentwicklung in wechselseitiger Abhängigkeit. Kindheit und Jugend, Erwachsenenalter und höheres Alter weisen in dieser Hinsicht aber markante Unterschiede auf. So erfolgt die Persönlichkeits- bzw. Subjektentwicklung in jeder Lebensphase auf spezifische Weise und vor dem Hintergrund charakteristischer Bedingungen. Mit dem Thema Jugend ist dabei eine besonders interessante und „komplexe Sozialisationsproblematik" (ebd.: 201) angesprochen. Interessant ist sie dabei deshalb, weil der Interaktionsprozess zwischen Individuum und gesellschaftlicher Umwelt in der Jugendphase „eine einzigartige Dichte" (Hurrelmann 2007: 7) erreicht. Komplex wiederum ist sie, weil seit den 1950er Jahren die biographische Bedeutung dieser Lebensphase wächst und in allen westlichen Gesellschaften eine Ausweitung und Ausdifferenzierung von Jugend stattfindet.

Dem Zusammenhang von Jugend und Sozialisation widmet sich das vorliegende Lehrbuch. Es stellt grundlegende Aspekte und Diskussionen zur Sozialisation Jugendlicher dar. Es führt in zentrale Begriffe ein und stellt bedeutende Theorien und empirische Befunde vor – und zwar so, dass zum einen innerhalb der einzelnen Themen Verweisungszusammenhänge hervortreten und zum anderen auch historische Ansätze und aktuelle Debatten miteinander verknüpft werden. Zugleich berücksichtigt das Lehrbuch Frage- und Problemstellungen der sozialen Heterogenität. Es gibt männliche und weibliche Jugendliche, solche, die im Zuge einer Migration nach Deutschland kommen, aber auch Jugendliche aus dem so genannten bildungsfernen Milieu. Die Herausarbeitung dieser sozialen Heterogenität in der Sozialisation von Jugendlichen ist ein zentrales Ziel des Lehrbuchs. So erfolgt im zweiten Kapitel ein Überblick, der innerhalb des Zusammenhangs von Jugend und Heterogenität die relevanten sozialen Kategorien identifiziert, durch theoretische und empirische Einsichten konkretisiert und in ihren Forschungstraditionen näher bestimmt. Jugendliche sind daher selbstredend mit Bedingungen sozialer Ungleichheit konfrontiert, so dass es notwendig ist, das Geschlecht, den Migrationshintergrund und auch die sozioökonomische Situierung als besondere Faktoren im Sozialisationsprozess Jugendlicher zu berücksichtigen. In der Darstellung zentraler Sozialisationskontexte von Jugendlichen im dritten Kapitel bildet die Berücksichtigung von Fragen sozialer Heterogenität eine ergänzende Perspektive, ohne jedoch einen Anspruch auf systematische Vollständigkeit zu erheben. Auch die Einhaltung starrer Disziplingrenzen kann bei der umfassenden Auseinandersetzung mit der Thematik keine Berücksichtigung finden. Es wird stattdessen beansprucht, durch den Einbezug von sowohl pädagogischen als auch soziologischen und psychologischen Erkenntnissen Differenzierungen und Dimensionen von Sozialisation und Jugend deutlich zu machen und ausgewählte Themen so darzustellen, dass mit ihnen auf verständliche Weise tiefgründige Einblicke in jugend- und sozialisationstheoretische Zusammenhänge ermöglicht werden. Deshalb ist das Lehrbuch zugleich auch ein Arbeitsbuch, das sich zu einem Seminar, zu einer Vorlesung oder zum Selbststudium eignet und zur weiteren Beschäftigung mit dem Zusammenhang von Jugend und Sozialisation einlädt.

Von seiner Anlage her lässt das Buch durchaus unterschiedliche ‚Lektürestile' zu: Obwohl der Nachvollzug der hier zu Grunde gelegten Darstellungssystematik sicherlich den meisten Gewinn verspricht, kann der Einstieg in die Thematik ‚Jugend und Sozialisation' auch interessengeleitet den jeweiligen Präferenzen folgen und die Lektüre eigenständige Lesepfade einschlagen. Hierzu wurde gerade Wert darauf gelegt, dass bei zentralen Begriffen, Bezugstheorien und thematischen Überschneidungen Verweise zu anderen Kapiteln und Stellen im Buch erfolgen, welche Vertiefungen und Perspektiverweiterungen bereit halten. Auf diese Weise soll gewährleistet werden, dass das Thema ‚Jugend und Sozialisation‘ trotz vielfältiger Differenzierungen auch in seinen Zusammenhängen erkennbar bleibt. Schließlich kann der Aufweis solcher ‚Nahtstellen‘ die LeserInnen auch zu eigenen, weiterführenden Auseinandersetzungen anregen. Zu diesem Zweck wurde das Literaturverzeichnis in Übereinstimmung mit der Kapiteleinteilung thematisch gegliedert, so dass es als ‚bibliographische Fundgrube‘ dienen kann. Der genaue Aufbau des Lehrbuchs gestaltet sich folgendermaßen: An diese Einleitung, die das Gesamtkonzept des Lehrbuchs sowie leitende Perspektiven vorstellt, schließt das zweite Kapitel an, in welchem theoretische Grundlagen von Jugend deutlich gemacht werden. Dazu erfolgt zuerst eine Begriffsklärung, welche vielfältige Redeweisen über Jugend deutlich macht. Hierauf aufbauend wird die historische Entwicklung des Nachdenkens über Jugend verfolgt, so dass schließlich der Fokus auf zentrale jugendtheoretische Ansätze gelegt werden kann. Der Bogen spannt sich dabei von explizit pädagogischen Ansätzen, über generationentheoretische Entwürfe, entwicklungs- und individualisierungstheoretische Konzeptionen bis hin zu theoretischen Einsichten der Cultural Studies. Auch eine genauere Betrachtung der Bedeutung von sozialer Heterogenität im Sozialisationsprozess Jugendlicher erfolgt im zweiten Kapitel. Im dritten Kapitel werden daraufhin zentrale Sozialisationskontexte von Jugendlichen beleuchtet: Familie, Schule und Hochschule, jugendliche Peer-Groups und Jugendkulturen sowie Medien. Innerhalb der Auseinandersetzung mit den Sozialisationskontexten werden sowohl bedeutsame theoretische Erklärungen als auch empirische Untersuchungen vorgestellt. Das vierte Kapitel konzentriert sich abschließend auf „Jugend und soziale Probleme“. Es werden Themen um Kriminalität und Gewalt, Rechtsextremismus, Sucht und Drogenkonsum sowie Essstörungen behandelt und somit deutlich gemacht, inwiefern als abweichend deklarierte und ‚problematisch‘ empfundene Verhaltensweisen nicht nur den Sozialisationsprozess einiger Jugendlicher begleiten, sondern zugleich auch die pädagogische Praxis herausfordern.

2 Jugend – Theoretische Grundlagen

2.1 Begriffsklärung

Wer auf Kommunikationen im Alltag achtet, der wird feststellen, dass häufig auf sehr unbefangene Weise über ‚die Jugend‘ gesprochen wird. Der alltägliche Sprachgebrauch benennt mit dem Terminus ‚Jugend‘ nämlich eine von Kindheit und Erwachsenenleben unscharf unterschiedene Lebensphase, mit der bestimmte Verhaltensmuster und Eigenschaften verknüpft sind, die bei anderen Altersgruppen keine bzw. keine derartige Ausprägung erfahren. Und zumeist reicht dieses lebensweltlich-umgangssprachliche Verständnis auch aus, um zu wissen, was gemeint ist, wenn man von ‚der Jugend von heute‘ oder ‚unserer Jugend‘ spricht. Wenn aber in wissenschaftlich fundierter Weise über Jugend die Rede sein soll und dieses Reden Geltung beanspruchen und Anerkennung finden will, dann ist etwas unabdingbar, was in alltäglichen Kommunikationen eher selten geschieht: Man hat von einer selbstverständlichen Verwendung des Begriffs abzusehen und deutlich zu machen, in welchem genauen Zusammenhang man von Jugend spricht, an welche Traditionen und Ansichten man dazu anknüpft und welche Positionen man teilt bzw. vielleicht auch für frag- oder diskussionswürdig hält. Auf diese Weise wird die Vergewisserung des Begriffs der Jugend bewerkstelligt.

Dabei erkennt man dann, dass der Begriff der Jugend kein eindeutiger Ausdruck mit unproblematischen Merkmalen ist, welche gleichsam eine überzeitliche Verbindlichkeit prägen. Stattdessen handelt es sich bei ihm um ein vieldeutiges Begriffswort. Jugend als gehaltvoller Begriff ist nämlich stets kategorial gestaltet und innerhalb eines Aussagen- bzw. Handlungssystems eingebunden (vgl. Fischer 1982: 22f.). Dies zeigt sich gerade in der Verwendung des Jugendbegriffs in den verschiedenen wissenschaftlichen Disziplinen. So dient der Begriff ‚Jugend‘ heute im rechtswissenschaftlichen Bereich zur Bezeichnung von jungen Menschen, die das 14. Lebensjahr vollendet haben, jedoch noch keine 18 Jahre alt sind, was vor allen Dingen zivil- und strafrechtlich von Relevanz ist. Denn es hat sich im Bereich des Rechts die Überzeugung durchgesetzt, dass Jugendlichen besondere rechtliche Bedingungen zu offerieren sind. Im biologischen Sinne dagegen dient ‚Jugend‘ zur Bezeichnung der Entwicklungsstrecke zwischen dem so genannten puberalen Wachstumsschub und dem Abklingen des zweiten Gestaltwandels, womit die in dieser Phase erfolgten Proportionsverschiebungen von Kopfgröße sowie Arm- und Beinlänge im Verhältnis zur Gesamtlänge des Körpers bezeichnet sind. Die Psychologie akzentuiert demgegenüber die emotionale und kognitive Entwicklungsdynamik, die mit der Pubertät in Gang kommt. Zuweilen wird das Jugendalter daher als ‚Sturm-und-Drang-Zeit' verstanden, in der es zu psychischen Umbrüchen und innerer Unausgeglichenheit kommt.

Soziologisch betrachtet meint Jugend wiederum die Lebensphase, in der ein Mensch nicht mehr die stark in familiäre Zusammenhänge eingebundene Rolle des Kindes spielt, zugleich aber auch noch nicht die Rolle eines Erwachsenen einnimmt, die zur vollgültigen Wahrnehmung gesellschaftlicher Aufgaben – etwa zu der Gründung einer Familie – berechtigt. Die soziologische Betrachtungsweise fokussiert dabei im Wesentlichen die Auswirkungen der gesellschaftlichen Bedingungen auf Jugend als Lebensphase und interessiert sich dafür, wie Jugendlichen als spezifische Gruppe Rechte und Möglichkeiten eröffnet sowie Pflichten und Zwänge auferlegt werden (vgl. Scherr 2009: 18). Deshalb wird hier vorgeschlagen, Jugend als soziales Phänomen aufzufassen, das durch eigenständige Inhalte und Lebensvollzugsformen seine Konturen gewinnt. Bisweilen ist dabei auch die Perspektive leitend, dass in den letzten Jahrzehnten so starke Veränderungen im Leben Heranwachsender stattgefunden haben, die es nicht mehr rechtfertigen, Jugend als Übergangsphase und Vorbereitung auf das Erwachsensein zu bezeichnen. Diskutiert werden diese Erscheinungen unter Zuhilfenahme der Begriffe ‚Entstrukturierung' bzw. ‚Strukturwandel' (vgl. Olk 1985; Hornstein 1990: 49ff.; siehe Kap. 2.3.4).

Wird ‚Jugend' indes als eine pädagogische Kategorie betrachtet, wobei Kategorie hier i.S. einer Regel für die disziplinierte Begriffsverwendung in einem gedanklichen Ordnungsbereich zu verstehen ist, dann stehen u.a. alterstypische Voraussetzungen und Folgen von Erziehung, Bildung und Unterricht sowie Auswirkungen der Sozialisation in Schulen und anderen pädagogischen Einrichtungen im Zentrum des Interesses (vgl. ebd.). Und ihre Kriterien erfährt ‚Jugend' als eine pädagogische Kategorie in einer sie umgreifenden Konzeption oder Theorie, die auf Fragen nach Sinn und Maß von Erziehung, Bildung und Unterricht Antworten bereithält, indem von ihr konstitutive und regulative Prinzipien aufgestellt werden. Das geschieht beispielsweise, wenn es – an die Adresse der Lehrenden gerichtet – heißt, dass den Jugendlichen beim Unterrichten nicht bloß etwas zu lernen und leisten, sondern zu denken aufzugeben ist (vgl. Fischer 1982: 28f., 40).

Nun macht aber nicht bloß ein Blick auf die verschiedenen wissenschaftlichen Disziplinen deutlich, dass ‚Jugend' eine Bezeichnung mit sehr unterschiedlicher Bedeutung ist, die im Lauf der Zeit Veränderungen unterliegt. Auch der Blick auf die Wortherkunft, mit der sich die Etymologie beschäftigt, zeigt diesen Umstand auf. Denn zweifelsfrei verwandt mit dem Wort Jugend ist das lateinische ‚iuventa'. Doch die römische Jugend hat mit dem im heutigen Sprachgebrauch verwendeten Begriff Jugend kaum eine charakteristische Gemeinsamkeit. Ganz und gar befremdlich erscheint jedem wohl auch nicht zuletzt die ihr zugeordnete Altersspanne von 30 bis 45 Jahren (vgl. ebd.: 21; Fraschetti 1996). Obwohl bereits auch das Althochdeutsche den Ausdruck ‚jugund' kannte, welcher bis ins 8. Jahrhundert gebraucht wurde und im mittelhochdeutschen ‚jugent' seine Fortsetzung fand, trat der Ausdruck ‚Jugendlicher' erst um 1880 hervor. Im frühen 18. Jahrhundert sprach man dagegen von ‚jungen Herren', womit die männlichen Heranwachsenden aus dem Adel bezeichnet wurden, und von 1770 bis ungefähr zum Ersten Weltkrieg war der Begriff ‚Jünglinge' prägend (vgl. Roth 1983: 12). Erst dann verblasste dieser Begriff, und die heute geläufigen Ausdrücke ‚Jugendlicher' und ‚Jugendliche' wurden ab den 1920er Jahren zur übergeordneten Bezeichnung für die sowohl männlichen als auch weiblichen jungen Menschen, die keine Kinder, aber auch noch keine vollwertigen und -jährigen Erwachsenen sind (vgl. ebd.). Diese Bezeichnungen fanden dann auch Eingang ins Reichsjugendwohlfahrtsgesetz von 1922 und wurden nicht mehr auf bestimmte gesellschaftliche Klassen oder Schichten beschränkt.

Um 1880 war der Ausdruck ‚Jugendliche' jedoch ausschließlich mit einer negativen Bedeutung belegt: Man verstand darunter die jungen Menschen, die durch die sozialen Faktoren bestimmten Gefährdungen ausgesetzt waren, von denen aber zugleich auch bestimmte Gefährdungen für das Sozialleben ausgingen (vgl. Andresen 2005: 41f., 59). Jugendliche, das waren hier vor allem die in Großstädten lebenden, sozial auffälligen jungen Menschen des Proletariats, die angeblich nichts als ihre Arbeitskraft hatten und ständig davon bedroht waren, kriminell zu werden oder zu verwahrlosen (vgl. Nohl 1927). Zwar ist diese ausschließlich negative Bedeutung im Lauf der Zeit überformt worden. Ein Restmoment ist aber vielleicht doch noch enthalten: Jugendliche gelten heute nämlich nicht bloß als diejenigen, in die man die Hoffnung setzt, die Zustände zum Besseren hin zu verändern. Man sieht in ihnen auch immer eine potenzielle Gefahrenquelle für die gesellschaftliche Ordnung und Stabilität.

2.2 Historische Entwicklung

Die wissenschaftliche Beschäftigung mit dem Jugendalter ist – wenngleich der Begriff römisch-antike Ursprünge aufweist – nicht sonderlich alt. Man kann sagen, dass die ersten Ansätze einer tatsächlichen Jugendforschung zu Beginn des 20. Jahrhunderts erfolgen – zuerst in den USA und dann kurz darauf auch in Deutschland (vgl. von Bühler 1990). Das Nachdenken über Jugend ist aber freilich älter. Es findet sich etwa in prominenter Form schon im 18. Jahrhundert, und zwar bei Jean-Jacques Rousseau (1712-1778), der in der Metapher von der Jugend als ‚zweite Geburt‘ die Vorstellung entwickelt hat, dass Jugendliche überhaupt einen Anspruch auf eine positive Berücksichtigung ihrer Jugendlichkeit haben sollten, so dass sein wirkungsgeschichtlicher Einfluss auf die Pädagogik kaum zu überschätzen sein dürfte. Vom „Émile", so wird im Allgemeinen Rousseaus bahnbrechendes Werk „Émile oder über die Erziehung" in Kurzform genannt, nimmt die bis heute maßgebliche Konzeption von Jugend ihren Ausgang (vgl. Zinnecker 2004: 482). Wenngleich damit aber sicherlich nicht der Anfang der Jugend markiert sein dürfte, schließlich hat es junge Menschen seit Beginn der Menschheitsgeschichte immer gegeben und spätestens seit der griechischen Antike gibt es auch Dokumentationen dieses juvenilen Lebens, so hat das *heute* etablierte Verständnis von Jugend hier sozial- und ideengeschichtlich seine Wurzeln.

Im 18. Jahrhundert setzt nämlich nahezu zeitgleich eine Gemengelage entscheidender gesellschaftlicher und pädagogischer Veränderungen ein, welche die Leitideen des bis heute gültigen Jugendbegriffs markieren. Hier treten diese Lebensjahre, die auf das Kindesalter folgen, nun erstmals in breiterer Form ins Bewusstsein und werden zum Reflexionsgegenstand der Pädagogik. Es sind neben Rousseau gerade auch die Philanthropen, Philanthropisten, Philanthropinisten – alle drei Ausdrücke sind zur Bezeichnung dieser ‚Menschenfreunde‘ üblich –, die sich der Reflexion des Jugendalters annehmen und über hier notwendige Erziehungsmethoden nachdenken. In der akademischen Pädagogik, die damals noch keine eigenständige Disziplin war, sondern sowohl unter dem Dach der Philosophie als auch unter dem der Theologie Platz fand, spielt die Auseinandersetzung mit Jugendleben und Jugenderziehung dagegen noch keine Rolle (vgl. Roth 1983: 59). Das entwickelte sich erst mit einiger zeitlicher Verzögerung. Es sind zuerst eher die nicht an einer Universität lehrenden Pädagogen und Hauslehrer, die Kindheit und Jugend als besondere Phasen im menschlichen Lebenslauf wahrnehmen. So kommt es dann auch dazu, dass von ihnen diese Lebensabschnitte mit positiven Werten und eigener Würde ausgestattet werden. Jugend wird zu einer Schonzeit erkoren, die einer Selbstfindung und Selbsterprobung Zeit und Raum geben soll. Zum Credo der Pädagogik ist seitdem gerade die Auffassung geworden, dass Heranwachsende vor ihrem Eintritt ins Erwachsenenalter ein Anrecht darauf haben sollten, von bestimmten gesellschaftlichen Verpflichtungen – etwa von Arbeit, aber auch von Ehe und Elternschaft – befreit zu bleiben (vgl. ebd.).

Zugleich zeigt sich aber nicht nur in pädagogisch-theoretischer Hinsicht die Herausbildung einer eigenständigen Jugendphase. Auch und gerade aus dem Blickwinkel der Sozialgeschichte, die Wandlungen gesellschaftlicher Strukturen untersucht und an der Rekonstruktion alltäglicher Sozialräume interessiert ist, wird deutlich, wie Jugend als eigenständige Lebensphase formiert wird. Sie tritt nämlich zunehmend aus dem „Bannkreis pragmatischer Regelungen der Abfolge von Generationen" (Zinnecker 2004: 483) heraus, was im Wesentlichen damit zu tun hat, dass sich auch das Verständnis menschlichen Zusammenlebens ändert und die heute als Idealbild fungierende Familie als eine auf Intimbeziehungen gegründete Einheit privater Lebensführung entsteht. Die Familie wird ab dem 18. Jahrhundert als ein privater Raum, als ein Ort intimer Natur gedacht, in dem die miteinander gepflegten Beziehungen nicht mehr primär als ökonomische oder politische verstanden werden (vgl. Harney/Groppe/Honig 1997: 158). Gerade das war bislang durchaus so üblich. Die soziale Institution des ‚Ganzen Hauses', eine im Mittelalter bis zur frühen Neuzeit existierende Sozialform, die Arbeit, Leben und ‚Aufzucht' der Nachkommen integrierte und deutlich mehr Mitglieder umfasste als nur die Eltern und Kinder, wird nach und nach durch die privat-intime Familie abgelöst, die zuerst im Bürgertum entsteht. Die bürgerliche Familie widmet sich erzieherisch und emotional den Nachkommen, stattet sie mit eigenen Zimmern, Spielsachen, Büchern, Musikinstrumenten aus. In der Familie erfahren Kinder und Jugendliche so eine bis dahin unbekannte intensive Aufmerksamkeit (vgl. ebd.). Auch die Bildung und Ausbildung der Jugendlichen ist in den bürgerlichen Familien von besonderem Interesse, wird aber zumeist an externe Sozialisationsinstanzen abgegeben. Die unterrichtende Unterweisung erfolgt etwa durch eigens dafür angestellte Personen oder in Schulen, da sich auch die Schulpflicht zu dieser Zeit allmählich durchsetzt. Arbeit findet immer seltener an den Orten statt, an denen man auch lebt. Es lässt sich so insgesamt in dieser Zeit eine Ausdifferenzierung der Bereiche Arbeit und Leben, Öffentlichkeit und Privatheit feststellen, die in der Gesellschaft des 16. und 17. Jahrhunderts noch verbunden waren. In dieser Periode großer sozialstruktureller Veränderungen wird Jugend also gesellschaftlich formiert und der Jugendliche mit seiner besonderen Lebenssituation zwischen die Kindheit und das Erwachsenenalter platziert.

Nun sollte man die hier geschilderten Entwicklungen allerdings nicht als schlagartige Umwälzungen verstehen. Stattdessen handelt es sich um langfristige und zögerlich vonstattengehende Prozesse. Wenn nämlich davon gesprochen wird, dass Jugend gesellschaftlich formiert und als eigenständige Lebensphase hervorgebracht wird, dann muss direkt in einem Nachsatz deutlich gemacht werden, dass dies nur für einen verschwindend kleinen Teil junger Menschen zutreffend war; nämlich nur eine kleine Schicht des Bürgertums und hier auch nur für die männlichen Heranwachsenden. Weniger als einer unter 1.000 jungen Leuten konnte das Leben eines ‚Jugendlichen‘ führen. Junge Frauen und Mädchen verblieben noch geraume Zeit unter der Kontrolle der Familie und wurden von schulischer Bildung ausgeschlossen (vgl. Sander 2004: 257). Auch für die Heranwachsenden der Landbevölkerung und des entstehenden Industrieproletariats galt diese Ausgestaltung eines bestimmten Lebensabschnitts als Jugendphase nicht. Für sie gab es keine Jugendzeit. Sie traten direkt ins Erwachsenenalter ein und mussten, nachdem sie die für ihr vorgesehenes Leben notwendigen Fähigkeiten und Kenntnisse erworben hatten, sich selbst schon in frühen Jahren um ihren Unterhalt kümmern.

Als eigentliches ‚Jahrhundert der Jugend‘ kann daher erst das 20. Jahrhundert gelten, da die Abgrenzung gegenüber der Erwachsenenwelt der Jugend als Lebensalter und Lebensideal eine beispielhafte Karriere verschaffte (vgl. ebd.: 259). Für die nationale Geschichtsschreibung von Jugend in Deutschland wurde dabei insbesondere auch die Jugendbewegung um den so genannten Wandervogel relevant (vgl. Zinnecker 2004: 488; Hermann 2006). Den „Wandervogel – Ausschuss für Schülerfahrten“, der im November 1901 gegründet wurde, prägte dabei die Sehnsucht nach Gemeinschaft sowie die Suche nach dem jugendlichen Ich in seiner Eigenart. Vollzogen wurde dies vor allem durch das intensive Wandern, in welchem für die zuerst ausschließlich männlichen Mitglieder die Möglichkeit bestand, sich von der gewohnten Umgebung abzusetzen und sich – wenigstens zeitweise – der Einflusssphäre der Erwachsenen zu entziehen, um ‚zu sich selbst‘ zu kommen (siehe Kap. 3.4.2). Beim „Ersten Freideutschen Jugendtag“, der vom 10. bis 12. Oktober 1913 auf dem Hohen Meißner stattfand, wurde dann mittels der „Meißner-Formel“ der Wille der Jugend zur Selbsterziehung und zu einer verantwortlichen Lebensgestaltung auf den Begriff gebracht:

Originalzitat:
„Die Freideutsche Jugend will aus eigener Bestimmung vor eigener Verantwortung mit innerer Wahrhaftigkeit ihr Leben gestalten. Für diese innere Freiheit tritt sie unter allen Umständen geschlossen ein.“ (Zit. n. Ahlborn 1963: 109)

Wenngleich diese Bewegung nach 1933 mit der Machtergreifung der Nationalsozialisten zum Erliegen kam und allemal als im Untergrund agierende Opposition zur gleichgeschalteten Hitlerjugend existieren konnte, so stellt sie in der Geschichte der Jugend einen Meilenstein dar. Denn Jugend als Gegenentwurf zur etablierten Kultur der Erwachsenenwelt trat hier erstmalig in Erscheinung und schuf Raum für das, was in den kommenden Jahrzehnten innerhalb verschiedenster Jugendkulturen Wirksamkeit erlangte: ein Enthusiasmus für Jugendlichkeit. Auch ist diese Bewegung wichtig, weil in ihrem Zusammenhang überhaupt der Ursprung von Jugendtheorien und jugendtheoretischen Debatten in Deutschland zu sehen ist, die in immer neuen Anläufen zu klären versuchten, was es mit ‚der Jugend' eigentlich auf sich hat.

2.3   Zentrale jugendtheoretische Ansätze

Einige dieser Jugendtheorien werden nun so dargestellt, dass ihre Kernaussagen und leitenden Gesichtspunkte deutlich werden. Der Bogen spannt sich dabei von explizit pädagogischen Ansätzen, über generationentheoretische, entwicklungs- und individualisierungstheoretische Konzeptionen bis hin zu aktuellen interdisziplinären Ansätzen und Einsichten der Cultural Studies.

2.3.1 Pädagogische Ansätze

Die beiden im Folgenden als pädagogische Ansätze vorgestellten Konzeptionen weisen mindestens in einem Punkt eine Gemeinsamkeit auf: Sie stellen den Jugendlichen als Subjekt in den Mittelpunkt ihrer Ausführungen und demonstrieren, dass es Pädagogik immer mit der Festlegung auf bestimmte Werte, Normen und Ziele zu tun hat, da nur so eine Unterscheidung in richtiges und falsches, gutes und schlechtes pädagogisches Handeln getroffen werden kann. Auf diese Weise generieren diese Theorien ein pädagogisch akzentuiertes Verständnis von Jugend, wenngleich sie auch unterschiedlichen wissenschaftlichen Strömungen entstammen und zu unterschiedlichen Zeiten entwickelt wurden. Während der erstmals 1924 veröffentlichte pädagogische Entwurf Eduard Sprangers einen geisteswissenschaftlichen Zugang verfolgt, die Lehre des Verstehens stark macht und eine Typenbildung jugendlicher Erscheinungen vorantreibt, richten Alfred Petzelt und Wolfgang Fischer in ihren Analysen der 1950er und 1960er Jahre das Augenmerk auf die Auffassung, dass Jugend durch den Gedanken der Bildung Maßgeblichkeit erlangt und sich nicht nochmals durch eine interne Typologie auszeichnet. Aspekte, die seit den späten 1960er Jahren mit dem Terminus ‚Sozialisation' belegt werden und jene Schnittstellen deutlich machen, an denen Individuum und Gesellschaft aufeinandertreffen, treten derweil gerade auch in diesen Konzeptionen hervor. Als im eigentlichen Sinne sozialisationstheoretisch ausgerichtete Jugendtheorien können sie jedoch nicht gelten – das beanspruchen sie aber auch nicht.

Jugend und Kultur: Eduard Sprangers Jugendtheorie
Die „Psychologie des Jugendalters", das jugendtheoretisch zentrale Werk von Eduard Spranger (1882-1963), hat die Jugendpsychologie wie auch die Pädagogik des Jugendalters in deren theoretischen und praktischen Dimensionen stark beeinflusst. Spranger selbst ist sich der Bedeutung dieses Buches durchaus auch bewusst gewesen und hat bereits beim Verfassen mit einer großen Resonanz gerechnet. In den 1960er Jahren sah er sich dann aber veranlasst, sein Werk aus der Auseinandersetzung mit der zeitgenössischen Jugendpsychologie zurückzuziehen, was im Wesentlichen mit starken Veränderungen der Psychologie zu einer empirisch-positivistischen Wissenschaft zu tun hat. Und dort fühlte sich Spranger nicht mehr recht aufgehoben (vgl. Bollnow 1982: 510; Fischer 1966: 14f.).

Weder am Titel noch am Inhalt ist über die 29 Auflagen hinweg etwas geändert worden. Auch die Basis der Überlegungen blieb so stets gleich. Spranger sah nämlich in den 1920er Jahren, d.h. zu jener Zeit, in der er das Werk verfasste, die Wiedergewinnung einer vertieften Kulturidee für erforderlich und formulierte damit zugleich eine Aufgabe der erziehenden Generation: „Wer selbst keinen unbedingten Wertglauben, keine sicher ruhende Gewißheit hat, kann nicht erziehen. Deshalb auch die auffallende Neigung unserer modernsten Pädagogen, der Jugend nichts anderes mitzugeben als ‚Probleme'." (Spranger 1924/1969: 83) Aus dieser Misere kann nun seines Erachtens allerdings keine Pädagogik von der Jugend aus heraushelfen, so wie sie etwa in der Jugendbewegung des Wandervogels eingeschrieben sei. Man muss es – so Spranger seinerzeit – nämlich als Bankrott aller Erziehung verstehen, wenn man die Jugend danach frage, auf welche Weise sie eigentlich erzogen werden will (vgl. ebd.). Erziehung soll vielmehr zuerst Lebens- und Entwicklungshilfe sein, womit ein Wissen darüber einherzugehen hat, was überliefert werden soll und was zum Leben wichtig ist. Auf diese Weise wird die Lebensunfähigkeit des Heranwachsenden in Lebensfähigkeit überführt, und zwar in Lebensfähigkeit unter den Bedingungen der gegebenen Kultur. Hier hinein gehört dann die Weitergabe des kulturellen ‚Besitzes' der Elterngeneration an die Nachkommen. Allerdings – so Spranger weiter – darf sich Erziehung nicht allein im Tradieren erschöpfen: „Es ist der Irrtum und das Elend einer oberflächlichen Pädagogik, daß sie nichts kennt als dieses Weitergeben, dieses Hineinfüllen, dieses autoritative Formen des Bewußtseins." (Spranger 1948/1973: 66)

Obwohl Spranger die erzieherische Tradierung in einem bestimmten Rahmen für unerlässlich hält, wertet er eine Erziehung, die *ausschließlich* tradiert nun gerade deshalb stark ab, weil sie die schöpferische Aktivität des Menschen, der Neues und Besseres hervorbringen kann, nicht fördert. Kultur, gerade auf den höheren Stufen der Entwicklung, benötigt nach Spranger Schöpfungskraft und Innovation, Hinwendung zum Besseren. Erziehung hat für ihn deshalb nicht nur zu tradieren und die vorgegebenen Gehalte aufzuprägen, sondern zu erwecken, um so die Sinn schaffenden Kräfte herauszulocken (vgl. Löffelholz 1979: 263). Erst dort, wo Erziehung konkret mit der Absicht erfolgt, das Kind und den Jugendlichen zu bewusster Stellungnahme, zu eigenem Bewusstsein, zu eigenem Gewissen und zu eigener Sittlichkeit hinzuführen, darf für Spranger im eigentlichen Sinne von Erziehung die Rede sein. Es ist demnach also die genuine Aufgabe der Erziehung, „Selbstverständlichkeiten aufzulösen, innere Konflikte freizulegen, ihre Wichtigkeit für die Personen zu zeigen, sie durchleben zu lassen und zur Selbstreflexion und Stellungnahme anzuregen" (ebd.: 268).

Dieses grundlegende Verständnis einer auf Kultur gerichteten Pädagogik durchzieht die „Psychologie des Jugendalters", in der Spranger nicht das Erscheinungsbild von individuellen Jugendlichen und ihren Lebenswelten verfolgt, sondern Idealtypen auszumachen versucht. Bei Idealtypen handelt es sich um theoretische Konstrukte, die nicht den Anspruch haben, Wirklichkeit getreu abzubilden. Idealtypen sind vielmehr Grenzbegriffe, bei denen einige Merkmale des untersuchten Gegenstandes überhöht und überzeichnet werden, um ihn gegen andere Gegenstände abgrenzen zu können. Dieses Verfahren, das der Soziologe Max Weber als heuristisches Mittel zur Beschreibung sozialer Wirklichkeit entwickelt hat, wird von Spranger gleich zu Beginn seines jugendtheoretischen Werkes thematisiert, wenn dort geschrieben wird:

Originalzitat:
„Die Aufgabe, die sich dieses Buch stellt, besteht darin, durch ein vollständiges Gemälde der seelischen Organisation in der Jugendzeit ein tieferes Verstehen zu ermöglichen. Unter Verzicht auf andere wichtige Ziele (...) will es ausdrücklich eine *verstehende Psychologie* des Jugendalters geben. Im Leben ist der Wille zum Verstehen meist auf ganz konkrete, wirkliche Individualitäten gerichtet, wie etwa der Dichter oder Autobiograph uns in das innere Gefüge eines einzelnen Menschenlebens hineinführt. Dies kann hier nicht die Absicht sein. Wir können nur ein typisches Bild vom Jugendlichen – unserer Kulturstufe – *überhaupt* entwerfen. (...) Die Wissenschaft muss immer den Ton auf Herausarbeitung allgemeiner Gesichtspunkte und allgemeiner Aufbaugesetzlichkeiten legen." (Spranger 1924/1979: 18; Hervorh. i. O.)

Wenn Spranger also versucht, den typischen und überindividuellen Zusammenhang zu analysieren, dann bedient er sich der geisteswissenschaftlichen Methode des Verstehens. Verstehen als *der* methodische Grundbegriff der Geisteswissenschaften heißt für Spranger, Zusammenhänge sinnvoll zu erfassen (vgl. ebd.: 19). Auf diese Weise möchte er das Jugendalter in einem übergreifenden Sinnzusammenhang deutlich machen und aufspüren, was einzelne Handlungen und Erlebnisse im Jugendalter für das Leben der Jugendlichen bedeuten. Und dabei ist ihm das, was er über die Kulturpädagogik sagt, von zentralem Wert. Das Ziel der jugendlichen Entwicklung liegt für ihn nämlich in der kulturellen Teilhabe durch ein Weiterarbeiten an der Kultur (vgl. Widmer 1983: 83). Jugendliche sollen Kulturträger sein und Kulturwerte schaffen. Das Kind steht angesichts dieser Aufgabe erst ganz am Anfang; es lebt – wie Spranger sagt – *„in einer anderen Welt als wir"* (Spranger 1924/1979: 42; Hervorh. i. O.). Es hat noch kein unmittelbares Verhältnis zu Zeit und Raum und kann noch nicht ausmachen, was Realität und Fiktion ist. Bei den Jugendlichen ist das anders. Spranger macht deutlich, dass bei ihnen so starke Erschütterungen und Umwälzungen eintreten, dass man – auf Rousseau rekurrierend – „nicht mit Unrecht von einer zweiten Geburt gesprochen hat" (ebd.: 46). Diese ‚zweite Geburt' ermöglicht in seinem Verständnis gerade eine kulturelle Teilhabe sowie ein Weiterarbeiten an der Kultur. Dabei nennt er drei bedeutsame Entwicklungen:

1. *Die Entdeckung des Ich bzw. des Fürsichseins:* Im Jugendalter findet eine bewusste *„Wendung des Blickes nach innen"* (ebd.: 47; Hervorh. i. O.) statt, so dass ein Sichselbsterleben und ein Selbstständigkeitsdrang beginnt. „Die natürliche Folge ist Selbstreflexion in allen möglichen Formen" (ebd. 49; Hervorh. i. O.). Diese reflexive Wendung auf sich selbst äußert sich auch in großer Empfindlichkeit und im sensiblen Selbstgefühl. Dies tritt etwa in dem Faktum zutage, dass Jugendliche sich nicht richtig verstanden fühlen und doch zugleich das Bedürfnis haben, verstanden zu werden, was zu den typischen Haltungen und prägenden Gefühlen von Einsamkeit führt.

2. *Die allmähliche Entstehung eines Lebensplans:* Aus der Zusammenwirkung der Individuation (Aufbau der Persönlichkeit) mit dem gesellschaftlichen Leben entwickeln Jugendliche Zukunftspläne über Beruf und Familie sowie Wünsche und Phantasien über den eigenen Lebensweg. Zu Beginn handelt es dabei allerdings häufig nicht um Pläne, die eine klare Zielsetzung aufweisen. Sie zeigen vielmehr nur eine Richtung an, was aber nicht heißt, dass sich die Jugendlichen auf diese Weise nicht doch mit der gegebenen Kultur auseinandersetzen und sukzessiv in sie hineinwachsen (vgl. ebd.: 53).

3. *Das Hineinwachsen in die einzelnen Lebensgebiete:* Im Jugendalter erfolgt – im Vergleich zur Kindheit – eine differenzierte Auseinandersetzung mit den einzelnen Aspekten des Lebens. Gerade weil diese Auseinandersetzung „mit ganz persönlicher Beteiligung" (ebd.: 56) erfolgt und die Gegebenheiten des Lebens insofern beachtet, bewertet und erlebt werden, kann sich nun eine aktive Beteiligung an der Kultur ereignen. „Es beginnt eigenes Kunstschaffen, eigenes Nachdenken, eigene Gesellschaftsbildung, eigenes religiöses Welterleben." (Ebd.: 57; Hervorh. i. O.)

In seiner „Psychologie des Jugendalters" beschreibt Spranger in insgesamt elf Kapiteln, wie diese drei Entwicklungen in verschiedenen Phänomenbereichen bzw. Dimensionen des kulturellen Lebens zur Wirkung kommen. So untersucht er etwa das Phantasieleben und -schaffen in der Jugendphase, die jugendliche Erotik, das jugendliche Sexualleben sowie den Zusammenhang von Erotik und Sexualität. Er untersucht aber auch das Hineinwachsen der Jugendlichen in die Gesellschaft, ihre sittliche Entwicklung und ihr Rechtsbewusstsein, womit solche Bereiche angesprochen sind, in denen Individuum und Gesellschaft aufeinandertreffen, da sich die Jugend „nicht einfach neben die Welt stellen" (ebd.: 150) kann. Vielmehr muss sie „sich in sie hineinstellen, und sie kann es nur auf ihre eigene, frische, freie Art tun" (ebd.). Eben deshalb richtet Spranger den Blick auch auf ihre politische Geisteshaltung, auf ihre Berufswahl sowie auf ihre Weltanschauungen und religiösen Einstellungen. Hierbei untersucht er dann beispielsweise, welche Schwierigkeiten und Krisen im Kontext der Eingliederung in die Gesellschaft auftreten, wenn sich diese durch staatlich gesetzte Rechte, spezielle Satzungen und Verordnungen auszeichnet, Jugendlichen es aber wiederum widerstrebt, solche von außen kommenden Regelungen anzunehmen, da sie nach Ungebundenheit und Bewegungsfreiheit verlangen (vgl. ebd.: 133). Indem Spranger damit den Blick auf das Verhältnis von Jugend und Gesellschaft lenkt, macht er deutlich, inwiefern die Heranwachsenden versuchen, einen Weg zwischen der resignierten Eingliederung und der Kollision mit der Gesellschaft der Erwachsenen zu finden.

Gleichsam als Querverbindung und Zusammenfassung der hierin vorgestellten Gedankengänge entwirft Spranger abschließend eine Typologie des Jugendalters. Dabei unterscheidet er die Typen jugendlichen Lebensgefühls nach Lebensrichtungen und nach Lebensinhalten. Es sind acht Typen, die nach Lebensinhalten sondiert werden, aber – was in einigen Sekundärtexten zur „Psychologie des Jugendalters" zuweilen übersehen wird – sechs Typen, die sich nach Lebensrichtungen unterscheiden lassen. Diese sechs Typen werden als Gegensatzpaare vorgestellt, während die acht Typen nach Lebensinhalten je für sich stehen. Spranger unterscheidet – allerdings ohne Anspruch auf Vollständigkeit – nach Lebensrichtungen:

- den Nüchternen vom Schwungvollen
- den Empfänglichen vom Gestaltenden
- den Schwermütigen vom Heiteren (vgl. ebd.: 294ff.).

Es sind also gewissermaßen Temperamente, die Spranger hier in der Gegenüberstellung eines positiven und negativen Pols unterscheidet. Jedes dieser Gegensatzpaare ist dabei grundsätzlich mit jedem Lebensinhalt vereinbar, d.h. sie gehen „durch alle inhaltlichen Geistesrichtungen hindurch" (ebd.: 295). Dabei unterscheidet Spranger (1924/1979: 301ff.) folgende Typen nach Lebensinhalten:

Übersicht der Jugendtypen Sprangers nach Lebensinhalten	
den im Körpergefühl Aufgehenden, der sich „im Tanzen, im Wandern, im Schwimmen" (ebd.: 301) erfreut und als „der junge Sportsmann" (ebd.) auftritt,	den ästhetischen Schwärmer, der einen kontemplativen Geistestypen repräsentiert und etwa als *„Natur-Romantiker"* (ebd.: 302; Hervorh. i. O.) in Erscheinung tritt,
den jugendlichen Problematiker, der grübelt, skeptisch ist und den die große Rätselfrage, was der Sinn des Lebens ist, beschäftigt (vgl. ebd.: 303),	den Berufsfreudigen bzw. Erwerbslustigen, der eine utilitaristische Ausrichtung verfolgt, jedoch aufpassen muss, dass „Business und money" (ebd.: 304) nicht zu seinen Dämonen werden,
den Tatendurstigen, der den Klassenkämpfer und Befreier mimt und Ruhm erwerben will (vgl. ebd.),	den Liebevollen, der auf Familie und Harmonie bedacht ist und eher den Typ des jugendlichen Mädchens repräsentiert,
den ethischen Enthusiasten mit einem Willen zur sittlichen Reinheit und dem Drang zur Vollkommenheit.	den Religiösen, der Gott sucht und ihm nah sein will (vgl. ebd.: 306f.).

Diese inhaltlichen Typen sind – welche Lebensrichtung sie nun auch aufweisen – auf je unterschiedliche Weise am Weiterarbeiten an der Kultur beteiligt. Sie richten sich nämlich auf bestimmte kulturelle Werte – auf Religion, auf Wirtschaft, auf Wissenschaft, auf Kunst usw. –, was für die Jugendlichen allerdings nicht leicht sondern geradezu mit enormem Aufwand verbunden ist. Sich auf bestimmte Werte zu richten und durch sie eine Sinnhaftigkeit herzustellen, ist

nämlich insofern schwer, als „der mannigfach geteilte Lebenssinn zu einem persönlichen Ganzen des Sinnes" (ebd.: 309) konzentriert werden muss. Zu Persönlichkeiten aber – so Spranger – können die Jugendlichen gerade nur auf einem
solchen Weg durch die objektive Kultur werden (vgl. ebd.). Eine Pädagogik, die
vor dem Hintergrund dieses Verständnisses handelt, muss es dann auch als ihre
Aufgabe ansehen, ein Kulturressentiment der Jugendlichen zu vermeiden und
die jungen Menschen stattdessen in soziale Beziehungen zu geleiten, in welchen
der Wert und Sinn einzelner Kulturgebilde von ihnen zu bedenken ist. Kulturelle
Teilhabe und Weiterentwicklung der Kultur sind insofern nicht nur Rechte der
Jugendlichen sondern auch Pflichten. Deshalb heißt es bei Spranger ganz zum
Ende seines Werkes auch: „Jugend verpflichtet" (ebd.: 310).

Jugend als Bildungsaufgabe:
Alfred Petzelts und Wolfgang Fischers Jugendtheorie
Die Theorie, die der Pädagoge Alfred Petzelt (1886-1967) in der 1951 zum
ersten Mal erschienenen Schrift „Kindheit – Jugend – Reifezeit" entwickelt,
präsentiert ein Phasenmodell, das sich vom Säuglingsalter, über die Kindheit
bis hin zur Jugend und dem Übergang ins Erwachsenenalter erstreckt. Demnach unterscheidet sich dieses Werk von der „Psychologie des Jugendalters",
wenngleich inhaltlich betrachtet durchaus hier und da Gemeinsamkeiten hervortreten. Während Sprangers Jugendtheorie jedoch bis heute als ausgesprochen
prominent zu bezeichnen ist, so wird die Theorie Petzelts in gegenwärtigen
jugendtheoretischen Zusammenhängen eher selten behandelt, was insofern als
bedauerlich zu bezeichnen ist, als Petzelts „Grundriß der Phasen psychischer
Entwicklung" – wie die Arbeit im Untertitel heißt – konkrete Phänomene des
Jugendalters erhellt und sie konsequent in Beziehung zueinander setzt.

Von Wolfgang Fischer (1928-1998), einem Schüler Petzelts, sind Aspekte
dieses Phasenentwicklungsmodells aufgegriffen und unter Einbeziehung jugendlicher Tagebuchaufzeichnungen weitergeführt worden, so dass er – auf empirische Befunde gestützt – zu einer Theorie der geistig-seelischen Entwicklung
im Jugendalter kommt. Gerade Fischer weist dabei darauf hin, dass es sich bei
seiner Theorie der Jugend um eine pädagogische handelt. Und dazu äußert er
Kritik am jugendtheoretischen Zeitgeist der 1960er Jahre:

Originalzitat:
„Es ist merkwürdig, daß in dem Chor der Jahr für Jahr zahlreich erscheinenden wissenschaftlichen Beiträge zu Jugendproblemen die Stimme der pädagogischen Theorie heute nicht in gebührendem Maße vertreten ist. Epochalpsychologie und soziologische Gesichtspunkte herrschen vor. Sie korrespondieren dem allgemeinen Bedürfnis, neu auftretenden und in der Zeitsituation mitverwurzelten aktuellen Erscheinungen im Lebensvollzug junger Menschen ein fundiertes Begreifen zu ermöglichen. Sie führen ihrem Ansatz nach das Sosein der Jugend auf Veränderungen der Umwelt zurück und haben ein Recht dazu, wenn sie auf den Anspruch verzichten, mit diesem Regressus das Jugendalter vollumfänglich verstehen zu können." (Fischer 1966: 9)

Eine veritable Jugendtheorie kann sich dieser Kritik zufolge nicht damit begnügen, Jugend einzig und allein durch außerpädagogische Größen zu erklären. Dem will Fischer nicht zuletzt auch dadurch Ausdruck verleihen, indem er seiner Arbeit von 1966 den Untertitel „Ein Beitrag zur pädagogischen Theorie der Reifezeit" gibt. *Pädagogisch* möchte diese Theorie sein, da sie nicht die gesellschaftlichen Aspekte des Heranwachsens ins Zentrum rückt, keine entwicklungspsychologischen Erklärungen übernimmt und auch keine biologischen Veränderungsprozesse nachzeichnet. Für Fischer ist eine Jugendtheorie vielmehr erst dann rechtmäßigerweise als eine pädagogische zu bezeichnen, wenn sie den Jugendlichen selbst ins Zentrum der Aufmerksamkeit stellt und vor dem Hintergrund seines Fragens, Denkens und Lernens die besondere Entwicklung im menschlichen Lebenslauf als Bildungsaufgabe deutlich macht. Entwicklung in diesem Verständnis ist „Selbstwerk des Ich, Sache eines nicht weiter rückführbaren Fragens und Lernens" (ebd.: 16) des Subjekts selbst.

Im Zentrum der von Petzelt und Fischer vorgelegten Betrachtungen steht dieses Subjekt, das einen Entwicklungsgang zu beschreiten hat. Das Ziel des Entwicklungsgangs ist das Erwachsensein, wobei dieses sich nicht automatisch einstellt. Vielmehr hat das Subjekt darauf hinzuarbeiten, und zwar über so genannte Akte, worunter Handlungen des Erkennens, Urteilens, Entscheidens und auch Wollens zu verstehen sind. Das Erwachsensein ist demzufolge kein bloßes Werden, das sich allmählich und nebenbei ereignet sondern ein aktives und produktives Gestalten seiner selbst. In seiner Entwicklung bestimmt sich das Ich, wie das Subjekt von Petzelt und Fischer auch bezeichnet wird. Es nimmt also eine selbstgestalterische Position ein und versucht, sich selbst eindeutig zu machen, indem es unter Berücksichtigung seiner Erlebnisse eine Ordnung in sein Ich hineinlegt. Auf die Dauer macht es sich so zum Erwachsenen.

Unter diesem Blick auf die Entwicklung des Subjekts in Auseinandersetzung mit sich und seiner (Um-)Welt versuchen Petzelt und Fischer zu klären, wie es möglich ist, den Entwicklungsgang zu nehmen und das Erwachsensein zu erreichen. Dazu klären sie die Voraussetzungen, die für jeglichen Akt eines Subjekts in seiner Entwicklung notwendig sind und gelangen dadurch zu einem Phasenmodell, bei dem jeweils besonders vorherrschende Momente markiert werden, so dass jede Phase innerhalb dieser Entwicklung ihre Besonderheit erfährt. Die Kenntnis dieser Besonderheiten macht im Verständnis Petzelts und Fischers sinnvolles pädagogisches Handeln überhaupt erst möglich. Petzelt konzentriert sich dabei auf den gesamten Phasenablauf und unterscheidet in seinen Arbeiten sieben Phasen, die vom Säugling über das Klein- und Schulkind, dem Vorpubertierenden bis hin zum Pubertierenden, dem nahezu Erwachsenen, reichen. Fischer hingegen richtet den Blick in diesem Phasenablauf bloß auf das Jugendalter. Dieses unterscheiden sowohl Petzelt als auch Fischer in zwei Phasen, wobei die eine in etwa die Altersspanne von 14 bis 17 Jahren umfasst, die andere jene von 18 bis 21. Petzelt nennt sie Vorpubertät und Pubertät. Bei Fischer heißen sie frühe und späte Reifezeit. Diese begriffliche Absetzung Fischers kommt nicht von ungefähr. Weil es ihm – mehr noch als Petzelt – um die pädagogischen Gesichtspunkte im Heranwachsen geht, möchte er mit dem Begriff der Reifezeit seine pädagogische Fokussierung deutlich machen und die beiden Pubertätsbegriffe, die eine starke psychologisch-biologische Färbung haben, nur dort verwenden, wo ausschließlich körperliche Wachstumsabläufe angesprochen sind (vgl. ebd.: 57). Obwohl Fischer nun allerdings anders als Petzelt mit der Unterscheidung zwischen früher und später Reifezeit arbeitet und die Ausführungen seiner Untersuchung auch immer wieder auf konkrete Tagebucheinträge von Jugendlichen bezieht, ähneln sich die herausgearbeiteten Befunde dennoch sehr.

Wie auch Petzelt betont Fischer nämlich, dass in der frühen Reifezeit eine bedeutende Wende im Leben stattfindet. Denn die Jugendlichen vollziehen ihr Leben nun nicht mehr – wie noch zu ihren Kindheitsjahren – in der Absicht, allgemeingültige Sachverhalte aufzufassen. Ihr Umgang mit den realen Gegebenheiten ändert sich stattdessen, denn sie möchten nicht nur wissen, wie die Welt in Wirklichkeit ist, sondern sie wollen gerade wissen, wie sie diese zu *werten* haben. Das aber möchten sie in unabhängiger Weise tun. Eben deshalb orientieren sie sich nun nicht mehr an anderen Menschen, sondern versuchen Wertigkeiten losgelöst von bestimmten WertträgerInnen, wie etwa den Eltern oder LehrerInnen, in ihrer Allgemeingültigkeit zu erfassen. Aussagen und Werte Erwachsener sehen die Jugendlichen erst dann als legitim und verbindlich an, wenn sie sie auch aus eigenem Ermessen als gültig wahrnehmen. Jugendliche wollen die Welt also in eigener Begründung werten und sich nichts vorschreiben lassen. Elterliche Erziehungsmaßnahmen, ihre Verbote und Gebote sehen sie nicht länger als selbstverständlich gültig an, sondern nehmen sie mitunter als ungerechte Last wahr. Die generationale erzieherische Ordnung wird von ihnen auf diese Weise in Frage gestellt. Wenn es in der frühen Reifezeit vermehrt zu so genannten Erziehungskrisen, d.h. zu Meinungsverschiedenheiten zwischen Eltern und ihren Kindern kommt, dann ist dies für Fischer ein Ausdruck dieser neuen Haltung der Heranwachsenden. Eltern wissen zuweilen nicht recht, wie sie mit ihr umzugehen haben und reglementieren, wo eher Beistand und Erörterung erfolgen sollte. Zugleich erschweren sie es den Jugendlichen, selbstständig wertende Urteile zu fällen und zu einer Eigenständigkeit im Leben zu gelangen (vgl. ebd.: 73f.). Wie sehr Jugendliche sich aber gerade Unabhängigkeit und Freiheit wünschen und wie sehr sie manches Verhalten ihrer Eltern als Bevormundung, Maßregelung, Gängelei oder auch Zwang empfinden, demonstriert Fischer anhand zahlreicher Tagebucheinträge, die es ihm gestatten, das Erleben Jugendlicher „möglichst unmittelbar, aufrichtig und umfassend" (ebd.: 36) zu betrachten.

Weil sich Jugendliche der frühen Reifezeit von ihren Eltern unverstanden fühlen, erfolgt vielfach der Kontakt zu Gleichaltrigen, wodurch Freunde gefunden werden können und man eine Art von Bastion gegenüber der Erwachsenenwelt bildet (siehe Kap. 3.4). Gerade das Suchen nach Freundschaften ist gemäß Petzelt und Fischer ein hervorstechendes Merkmal der frühen Jugendphase, dem der Wunsch zu Grunde liegt, mit bestimmten Menschen ein vertrautes Verhältnis zu haben. So sagen sie, dass das Bedürfnis nach Freundschaft bei allen Jugendlichen auf irgendeine Weise vorhanden ist. In Jugend- und Gleichaltrigengruppen versuchen sich die Jugendlichen der Vorpubertät bzw. frühen Reifezeit auch gegenseitig in ihrer Leistungsfähigkeit zu bestimmen. Jeder der Jugendlichen ringt um seinen jeweiligen Status und entwickelt hierzu Pläne aller Art, „um in seiner Leistung immer wieder von anderen gesehen und anerkannt zu werden" (ebd.: 197). Die Jugendlichen entwickeln auch ein besonderes Geltungsbedürfnis und versuchen herausragende Leistungen zu erbringen, damit sie die Mitmenschen sehen. Insbesondere durch die Anerkennung von anderen wird die persönliche Wertsteigerung erreicht. Auf welche Weise man bei den MitschülerInnen Anerkennung finden kann und durch welche materiellen Güter – Kleidungsstücke, Musiksammlungen, Accessoires – es möglich ist, den Wert des eigenen Ich zu steigern, sind etwa Fragen, in denen selbstbeurteilende Reflexionen zum Ausdruck kommen. Im Akt der Wertung und im Vollzug einer Wertsetzung sind ‚Vorpubertierende' also zunächst und zumeist auf sich selbst bezogen – auf ihr Verhalten, ihre Taten und Pläne.

In selbstkritischen Bemühungen versuchen die Jugendlichen hier dann festzustellen, was sie wert sind und prüfen, ob sie den eigenen Vorstellungen genügen. Dazu spalten sie sich gleichsam „in ein ‚höheres' Ich, das die Maßstäbe repräsentiert, und in ein ‚tatsächliches' Ich, das diesen Maßstäben im täglichen Auseinandersetzen" (ebd.: 87) genügen muss. Die Gedanken der Jugendlichen kreisen ebenso um Eigenschaften, die sie an sich gerne ändern würden. Sie befassen sich rückblickend aber auch mit Situationen, in denen sie ihrer Meinung nach angemessener, selbstbewusster oder auch konsequenter hätten reagieren müssen. Im Zusammenhang mit diesen und ähnlichen selbstreflexiven Begutachtungen der Jugendlichen ist schließlich auch ihr Verhältnis zur Sexualität sowie ihr Erleben des Geschlechtlichen zu sehen, dem sich vor allen Dingen Fischer in recht umfangreichen Analysen widmet. Gerade das ist gegenüber Petzelts Phasenlehre eine deutliche Konkretisierung und Weiterentwicklung der Theorie, weil diese Thematik dort zwar angesprochen, aber keineswegs eingehender behandelt wird. Wenn Fischer nun aber untersucht, wie Jugendliche Liebe, Erotik und Sexualität in ihren Tagebücher verarbeiten, dann geht es ihm nicht um so etwas wie Aufklärungsarbeit. Vielmehr versucht er herauszufinden, wie Sexualität und Lust als reguläre Angelegenheiten des Lebens von den Jugendlichen in ihrer jeweiligen Bedeutung erfasst, aktiviert und eigenständig bewertet werden (vgl. ebd.: 126). Dazu schaut er sich an, auf welche Weise etwa die Schilderung erster gegengeschlechtlicher Zärtlichkeiten oder der artikulierte Wunsch nach Geschlechtsverkehr in den Tagebüchern der Jugendlichen Ausdruck findet.

Nun sind aber nicht nur die etwa 14- bis 17-jährigen Jugendlichen Gegenstand der Betrachtungen von Petzelt und Fischer. Sie treffen auch Aussagen über die etwa 18- bis 21-jährigen Jugendlichen, also diejenigen, die der Pubertät bzw. späten Reifezeit zugeordnet werden. Von den ca. 14- bis 17-Jährigen unterscheiden sie sich dabei insofern, als eine besondere Art des Fragens für sie nun eine elementare Rolle spielt. Diese besondere Art des Fragens ist darauf gerichtet, Antworten zu finden, die besagen, wie das Leben zu leben ist. Das Ich und die Welt werden also in einer neuen Weise befragt. Die Jugendlichen der späten Reifezeit versuchen nun, die Fundamente ihres Daseins zu begreifen und möchten wissen, wie die Welt als *Ganzes* zu verstehen ist. Deshalb begnügen sie sich nicht länger damit, dem Vollzug des Lebens ohne der Frage nach dessen ‚letztem' Sinn nachzugehen. ‚Pubertierende', wie sie von Petzelt genannt werden, sind deshalb mehr noch als zuvor Standortsucher, und es sind das Geborenwerden, das Aufwachsen, das Sterben und Vergehen als Aspekte des Lebens, von denen sie intensiv ergriffen werden (vgl. Petzelt 1951/1965: 235). Es sind also solche Fragen, die auf das Ganze und die Fundierung des Ich gerichtet sind, denen in dieser Phase des Jugendalters Geltung zukommt. Deshalb formuliert Petzelt:

> *Originalzitat*:
> „Das Ich ist nicht mehr allein das des bloßen Subjektes, das durch allerlei Umstände seiner Umgebung in eine bestimmte Situation in Erlebnissen und Handlungen durch Familie und wirtschaftliche Verhältnisse, durch Anlagen und Begabungen hineingestellt ist. *Die Subjektivität des eigenen Subjektes drängt sich als Frage hervor.*" (Petzelt 1951/1965: 210; Hervorh. i. O.)

Bei dem Suchen nach diesen Gültigkeiten für das eigene Dasein werden die Jugendlichen nun mit einer grundsätzlichen Einsamkeit und Sehnsucht als Ausdruck der Suche nach Sinn und Vollkommenheit konfrontiert, denn diejenigen, die sich um Grundlegendes bemühen, haben es im Wesentlichen mit sich selbst zu tun. Sie erkennen nämlich, dass nur sie Antworten auf diese Fragen finden können. Der junge Mensch will aber nicht einsam bleiben. Deshalb bearbeitet er seine Einsamkeit auch in Sehnsuchtserlebnissen. Das können beispielsweise nach einem idealen Vorbild geführte Liebesbeziehungen oder auch Wünsche nach unbedingtem Verstandenwerden sein. Immer tragen diese Sehnsuchtserlebnisse für Petzelt und Fischer Momente der Vollkommenheitssuche in sich, die aber notwendigerweise in Enttäuschung enden. Jugendliche sehnen sich also, da sie ihr Ideal in der Wirklichkeit zu suchen beginnen, von einer *„Einsamkeit her, die unüberwindbar ist, nach etwas, was unerreichbar ist"* (ebd.: 224; Hervorh. i. O.). Es kommt zu Schwärmereien, zu merkwürdigen Konstruktionen, zur Distanzierung gegenüber den Realitäten des Daseins (vgl. ebd.: 233). ‚Pubertierende' flüchten dabei nicht selten in ihre eigenen Welten, die sie nach ihren individuellen Vorstellungen ausgestalten und in denen sie komplett aufgehen. Sofern ihre Mitmenschen sich nicht in gleicher Leidenschaft mit bestimmten Dingen und Gedanken auseinandersetzen, erfahren diese dann häufig eine Ablehnung.

Petzelt und Fischer deuten diese verschiedenartigen Erscheinungen um Einsamkeit, Sehnsucht, Idealbildung und Schwärmerei als Merkmale, die die Entwicklung zum Erwachsensein begleiten. Es sind Momente der Pubertät, in der der Abstand zum Erwachsenen aufgehoben werden soll. Deshalb stellt es für die ‚Pubertierenden' auch eine große Kränkung dar, wenn ihnen beim ganzen Engagement um das Erwachsensein der Anspruch hierauf aberkannt wird (vgl. Petzelt 1951/1965: 227). Die pädagogische Empfehlung lautet demnach: „Man darf den Heranwachsenden nicht klein halten. Er hat ein Recht darauf, gemäß seinem Entwicklungsstande für sein künftiges Erwachsensein ernst genommen zu werden." (Ebd.: 17) Die Gewinnung eines neuen Standorts des Ich ist dabei – wie übrigens auch in allen anderen Phasen – von der Unterstützung durch Erwachsene abhängig. Zwar bestimmen diese „nicht allein das Resultat der Pubertät, das muß jeder (…) allein aktivieren" (ebd.: 248). Aber Erwachsene haben, wie es Petzelt sagt, Handbietung zu leisten und durch ihre Haltung als Beispiel zu fungieren. LehrerInnen haben etwa zu erkennen, in welcher Phase sich Jugendliche befinden und darauf entsprechend zu reagieren. An den Eltern und anderen erwachsenen Angehörigen der Familie liegt es, Rahmenbedingungen zu schaffen und Leistungen zu bieten, die die Entwicklung befördern: *„Die Richtungstendenz der gesamten Entwicklung zum Erwachsenen hin (…) an jedem ihrer Punkte innezuhalten, das ist die Aufgabe der verantwortlichen Eltern."* (Ebd.; Hervorh. i. O.) Wenn Jugendliche den Sinn erkennen, warum sie sich überhaupt um ihren Standort zu bemühen haben und begreifen, dass man die Wirklichkeit der Welt als verbindlich zu fassen hat, dann kann man von ihnen als Erwachsene sprechen. Erwachsene vollziehen ihre Aufgaben nämlich verantwortlich vor sich, vor anderen und der Welt: „Wer Erwachsen ist, steht mit voller Verantwortung unter der Geltungsbindung, das heißt, er hat das Verhältnis (…) zwischen Mensch und Menschentum zu gestalten." (Petzelt 1951/1965: 254) Verantwortlich ist das Subjekt dabei insofern, als es nicht egozentrisch nach der bestmöglichen Umsetzung seiner eigenen Ziele Ausschau hält, sondern sich als zusammengehörig begreift und so seinen Anteil aufbringt, die Gemeinschaft der Menschen zu statuieren. Deshalb wird dieses Phasenmodell übrigens keineswegs nur auf die Entwicklung auserwählter Jugendlicher, wie etwa GymnasiastInnen und StudentInnen, bezogen. Ihr Umgang mit ‚Geistigem' mag zwar – so Fischer – den Blick auf die Welt und ein tiefgründiges Problematisieren der ‚letzten Dinge' befördern. Prinzipiell und pädagogisch betrachtet ist eine befragende Nachdenklichkeit, die es zum Erreichen des Erwachsenseins an den Tag zu legen gilt, allen Jugendlichen zu ermöglichen. Dass viele Jugendliche dem nicht nachkommen, liegt für Fischer dabei nicht zwangsläufig an ihnen selbst sondern bisweilen an einer durchaus „jugendfeindlichen Mitwelt" (Fischer 1966: 141). Die Voraussetzungen für das Aufbringen von Muße und Kraft, um die erscheinende (Um-)Welt nicht einfach hinzunehmen, sondern sie zu begreifen und zu beurteilen, werden so häufig erst gar nicht geschaffen. Gerade aus pädagogischer Sicht muss dies jedoch als fatal aufgefasst werden, wenn und insofern die Persönlichkeitsentwicklung des Jugendlichen – gängigen Erkenntnissen der heutigen Sozialisationstheorie entsprechend – durch eine *produktive* Auseinandersetzung mit den individuellen und sozialen Bedingungen erfolgt.

2.3.2 Generationentheoretische Ansätze

Eine weitere Erklärung von Jugend liefern generationentheoretische Ansätze, die auf eine lange Tradition verweisen können. Hier dominiert ein eher nüchterner Duktus, eine sozialwissenschaftliche Betrachtungsweise, die sich grundlegend von den vorangegangenen Ansätzen unterscheidet. Im Zentrum der Betrachtung steht die Analyse des Verhältnisses von Jugend und Gesellschaft. Das konkrete Subjekt, Fragen der Identitätsentwicklung und der Bildung des Subjekts, rücken dabei in den Hintergrund. Als Klassiker der generationentheoretischen Ansätze ist der von Karl Mannheim zu nennen. Aktuelle Ansätze berufen sich immer wieder auf diesen, da er grundlegende Fragen beantwortet.

Nach Karl Mannheim (1893-1947) ist für die nachwachsende Generation, also die Jugend, der ökonomisch-gesellschaftliche Raum in modernen Gesellschaften von großer Bedeutung. In der Jugendphase – als kritische Lebensphase – setzen nach Karl Mannheim (1928) mit ca. 17 Jahren Reflexionsprozesse ein, die dazu führen, dass in Auseinandersetzung mit der Gesellschaft eine schicksalsmäßig-verwandte Lagerung an Wahrnehmungsweisen entsteht. Die gemeinsame Historie führt in diesem Alter zu einem einheitlichen Denken, Fühlen und Handeln und ist insofern als ‚schicksalsmäßig' zu begreifen. Die junge Generation setzt sich aufgrund ähnlicher Erfahrungen reflexiv mit den kulturellen, sozialen und ökonomischen Werten dieser historisch geronnenen Gesellschaft auseinander, übernimmt oder transformiert sie, womit das Fortbestehen von Gesellschaft erklärt wird.

Mannheim fasst gesellschaftlichen Wandel, indem er Generation als analytische Kategorie nutzt. Auf diese Weise hebt er hervor, dass ständig nachkommende Generationen sowie das Versterben der alten Generationen, die Partizipation am Geschichtsprozess und die aus dem kontinuierlichen Generationenwechsel resultierende Notwendigkeit der Übergabe von Wissen und Kultur den gesellschaftlichen Wandel bewirken. Dabei ist es die Jugend, die sich mit dem tradierten Wissen der älteren Generation auseinandersetzt und sich in der reflexiven Phase produktiv an bestehenden Kulturwerten und -gütern abarbeitet und sie transformiert. Gesellschaftliche Wandlungsprozesse werden somit initiiert von der jungen Generation über politische Aktivitäten, die auf die ältere Generation inspirierend zurückstrahlen. In diesem Prozess entstehen Überarbeitungen des Sozialen und Kulturellen – auch über Generationenkonflikte. Festgefahrenes und Unproduktives wird aufgebrochen und verändert. Nach Mannheim (1928) sind also fünf Aspekte zentral:

- die ständig nachkommenden neuen Kulturträger,
- der stete Abgang von Kulturträgern,
- die Partizipation am Geschichtsprozess in einer umgrenzten Zeit,
- die Notwendigkeit der Übertragung des Kulturgutes (Tradierung),
- der kontinuierliche Generationenwechsel.

Die aufgelisteten Aspekte verdeutlichen die zentrale Aufgabe, die der Jugend nach Mannheim zukommt, nämlich die gesellschaftliche Veränderung, die sie als Generation zu bewältigen hat (vgl. Ecarius 2008). Durch die Gleichzeitigkeit des Geburtsdatums ergibt sich eine biologisch-verwandte Generationenlagerung, mit der eine spezifische Art des Erlebens und Denkens der jungen Generation verbunden ist (vgl. Mannheim 1928: 174). Biologisch-verwandt bedeutet hier nicht Verwandtschaft, sondern ist i.S. von ‚ähnliche Art, seelisch verwandt‘ zu deuten, und mit biologisch ist die Geburtskohorte gemeint. Eine zu einem gleichen Zeitpunkt geborene Generation tritt gemeinsam in die Jugendphase ein und gelangt aufgrund derselben historischen Zeit zu ähnlichen Erfahrungen, durch die eine biologisch-verwandte Generationenlagerung entsteht. Jugend als Generation wird hier zu einer Strukturkategorie, um das Phänomen des sozialen Wandels zu erklären.

Mannheim setzt Generation in Analogie zu einer sozialen Klasse, wobei die einzelnen Mitglieder dieser ‚Geburtsgeneration‘ in einem losen Verbund nebeneinander leben, aber aufgrund ihrer gemeinsamen Erfahrungen im ökonomisch-machtstrukturierten Gefüge einer Gesellschaft ähnliche Denk-, Handlungs- und Wahrnehmungsmuster entwickeln. Hier orientiert sich Mannheim an der These von Max Weber, wobei er von dem Begriff der Klasse das gemeinsame ‚Wir-Gefühl‘ für verwandte Geburtsjahrgänge übernimmt. Es sind besondere historische Ereignisse oder Bedingungen, die von den Jugendlichen in spezifisch-ähnlicher Weise aufgenommen und verarbeitet werden. Aufgrund des gleichen Alters erleben Jugendliche aktuelle wie auch historische Thematiken in ähnlicher Weise, so dass ein Generationszusammenhang entsteht. Dieser Generationenzusammenhang, der auf der Grundlage einer gemeinsamen Generationenlage – durch die Geburt – hervorgegangen ist, differenziert sich dann noch einmal aus in unterschiedliche Generationeneinheiten, und zwar dann, wenn soziale Strömungen in besonderer Weise gemeinschaftlich bearbeitet und erlebt werden.

Jede Gesellschaft verfügt nach Karl Mannheim über soziale Grundintentionen und Gestaltungsprinzipien in Form von sozialen Strukturen, Werten, Normen und Idealen. Diese wirken sozialisierend auf die junge Generation. In ihrer Kindheit eignen sie sich diese im Prozess der Sozialisation an. Die Gestaltungsprinzipien der Gesellschaft haben somit eine sozialisierende Wirkung auf jede junge Generation. Da dieser ‚gesellschaftliche Sozialisationsprozess‘ in gleicher Weise auf jeden in einer Generation wirkt, müssen sich die Jugendlichen auch nicht unbedingt untereinander kennen. Der gemeinsame Kontext von ähnlichen historischen Bedingungen führt zu ähnlichen Erfahrungen im Denken, Fühlen und Handeln.

Jede Generationenlage enthält zudem eine gewisse Potenzialität eines Aktivwerdens, die in besonderen historischen Situationen (wie bspw. der Vietnamkrieg) wirksam werden kann und durch die die Jugend dann sozialen Wandel initiiert. Eine Jugendgeneration formiert sich aufgrund ihrer gemeinsamen Sozialisationsbedingungen; sie benötigt nach Mannheim auch keine pädagogische Anleitung. Es ist die Jugend selbst, die über das Reflexivwerden dieser Gestaltungsprinzipien und -intentionen über konkrete, historische Ereignisse die Weiterentwicklung der gesellschaftlichen Zukunft vorantreibt. Institutionen, Wirtschaftssystem und bestehende Normen und Werte werden von der Jugendgeneration innovativ verändert.

Der Ansatz von Karl Mannheim wird in den 1960er Jahren aufgegriffen und erweitert, um jugendliche Kulturbildungen, Jugendproteste, jugendkulturelle und jugendsubkulturelle Stilentwicklungen vor dem Hintergrund von Wirtschaftswunder, Vollbeschäftigung und politischen Auswirkungen der APO- und Studentenbewegung theoretisch und empirisch zu erklären. Es ist Helmut Schelsky (1957), der sich dabei kritisch mit dem Konzept von Mannheim auseinandersetzt. Im Kontext der strukturfunktionalen Theorie von Parsons formuliert Schelsky die These von einer zunehmenden altersindifferenten Organisiertheit von Gesellschaft, in der Rollen die Tendenz entwickeln, altersunspezifisch zu werden, so dass zwischen Jugend und Erwachsenenalter kein Unterschied mehr bestehe. Jugend ist für Schelsky eine Übergangsphase, und damit verliert der Begriff Generation hier an Bedeutung, da die Rollen sich gleichermaßen an Jugend und Erwachsene richten – so z.B. eine Berufstätigkeit auch von jungen Menschen ausgeführt werden kann. Jugend kann nach Schelsky nicht als Generation gefasst werden, sondern sie ist als eine Rolle zu verstehen, ähnlich wie Rollen im Berufsleben, der Freizeit, Familie etc.

Für moderne Organisationen ist nach Helmut Schelsky eine Generationsnivellierung typisch. Diese Generationsnivellierung ist es auch, durch die Jugendliche die Möglichkeit erfahren, frühzeitig am Erwachsenenleben zu partizipieren (vgl. Schelsky 1960: 108). Insofern wird dann auch kein Moratorium benötigt. Dies ist für Schelsky eher eine gesellschaftliche Konstruktion. Hier wendet er sich als Soziologe kritisch an Pädagogen, da diese über die Institutionalisierung eines Moratoriums über Schule und pädagogische Freizeitangebote einen pädagogischen Schonraum entfalten möchten, der vor allem dem Arbeitsfeld der pädagogisch Handelnden diene und weniger den sozialen Tatsachen entspräche.

Trotz dieser von Schelsky geübten Kritik bleibt die Wirkungs- und die theoretische Erklärungskraft des Ansatzes von Mannheim bestehen. Der Generationenansatz von Mannheim wird nämlich von Friedrich Tenbruck (1965a) und Samuel Eisenstadt (1966) zur Analyse und Beschreibung einer eigenständigen Jugendkultur aufgegriffen. Tenbruck buchstabiert den Ansatz von Helmut Schelsky aus und deutet Jugendgeneration als Teilkultur von Gesellschaftssystemen. Jugend als eine Teilkultur verfügt über eigene Rechte und befindet sich gleichwertig auf der gleichen Ebene wie die Erwachsenenkultur (vgl. Tenbruck 1965b: 55). Sie ist im Zuge gesellschaftlicher Modernisierung und Ausdifferenzierung in viele Teilsysteme zu einer eigenständigen sozial-gesellschaftlichen Teilgruppe geworden, da sie sich aus traditionellen Gefügen wie die Familie, Verwandtschaft oder Gemeinschaft heraus entwickelt hat. Diese für moderne Gesellschaften typische Differenzierung in viele gesellschaftliche Teilsysteme bringt allerdings nach Tenbruck aufgrund einer Nivellierung der Generationsunterschiede diffuse Gefühlsbindungen in den Generationsbeziehungen zwischen Eltern und Kindern hervor (vgl. ebd.: 92f.). Die jugendliche Altersgruppe gewinnt folglich an Eigenständigkeit, und Jugendkulturen als Teilkulturen von Gesellschaft werden zu sozial-gesellschaftlichen Phänomenen, mit denen Jugendliche eigene Akzente setzen und an Bedeutsamkeit gewinnen. Die strukturelle Verselbstständigung der Jugend als Teilkultur lässt sie zu einem wichtigen gesellschaftlichen Potenzial werden.

Eisenstadt (1966) greift das Generationenthema in seinem Buch *Von Generation zu Generation* aus strukturfunktionalistischer Sicht auf, geht allerdings in Abgrenzung zu Schelsky und Tenbruck davon aus, dass Gesellschaften nur Kontinuität herstellen können, wenn sie die nachwachsende Generation so sozialisieren, dass die kulturell definierten Aufgaben in Form von Rollen auch übernommen werden. Damit integriert er das Rollenkonzept in den Generationenansatz. Generation als Altersstufe wird verknüpft mit verschiedenen Rollen und den damit verbundenen Aufgaben, die sich Heranwachsende anzueignen haben. Die Abfolge von Generation wird von Eisenstadt übersetzt in Sozialisationsaufgaben und -rollen, wobei besonders die Jugend fokussiert wird. In der Jugendphase tradiert die nachwachsende Generation das kulturelle Erbe der älteren Generation. Dabei wachsen Jugendliche aus der Primärgruppe Familie und deren partikularistischen Werten heraus und formieren sich zu einer Gruppe von Altersgleichen, in der sie universalistische Handlungsformen einüben (können). Gerade die Offenheit der Rollen in der Jugendphase führt zur Bildung von Jugendgruppen, von Altersgleichen, in der universalistische Werte entwickelt werden, die für die verantwortungsvolle Teilhabe an Gesellschaft Voraussetzung sind. Die Jugendgruppe der Altersgleichen ist somit ein zentraler Motor für die Weiterentwicklung von Gesellschaft.

Mit dem Verschwinden von identitätsstiftenden Jugendgruppen und jugendkulturellen Stilformationen, wie sie noch in den 1960er bis 1980er Jahren bei den Rockern, Teds, Mods, Hippies und Punks zu finden waren, und einer enormen Ausbreitung von jugendlichen Lebensformen, verliert der Generationenbegriff zur theoretischen Erklärung von Jugend für eine gewisse Zeit an Bedeutung. In den 1980er Jahren nivellieren sich zunehmend die Generationenunterschiede. Jüngere erhalten mehr Rechte und Ältere verlieren ihren sozialen Status. Jugendkulturen lassen sich daher nur noch schlecht über einen Generationenkonflikt oder Generationenunterschiede zwischen Jugendlichen und Erwachsenen erklären. Aber auch die zunehmende Komplexität von Gesellschaft und jugendlichen Lebensformen sprengten die Erklärungskraft des Generationskonzepts. Die Zunahme an Komplexität und Ausdifferenzierung in viele gesellschaftliche Teilbereiche wie Recht, Wirtschaft, Bildung, Politik, Soziales und Ethik brach die Einheitlichkeit von Normen und Werten auf: An die Stelle einer großen einheitlichen Gesellschaftsstruktur traten viele machtvolle soziale Gruppierungen. Spätestens mit Beginn der Globalisierung löste sich die Struktur und Idee von einer gesellschaftlichen Einheitlichkeit auf. Entstanden sind viele eigene Sinnlogiken (als Teilsysteme) und machtvolle Diskurse, die sich weder vereinheitlichen lassen noch von einer einzelnen Grundidee durchzogen sind.

2.3.3 Entwicklungstheoretische Ansätze

Eine weitere etablierte theoretische Richtung zur Erklärung von Jugend fußt auf entwicklungs- und identitätstheoretischen Ansätzen, die in den 1950er Jahren an Bedeutung gewinnen. Angesetzt wird an der Vorstellung bzw. Annahme von Jugend als Moratorium, das als Reifungs- und Identitätsbildungsprozess gedeutet wird. In Rekurs auf Eduard Spranger (1924/1979) wird ein endogener Reifungsprozess mit dem Einsetzen der Pubertät angenommen, der aufgrund einer intensiven und auch krisenhaften Auseinandersetzung mit Kultur und Gesellschaft in einer (Identitäts-)Bildung mündet. Ausgehend von einem inneren Bauplan sowie typischen Erlebnisformen lassen sich nach Hansen (1957) und Busemann (1965) der innere Bauplan sowie die Erlebnisformen der Jugendlichen genau beschreiben. Kroh (1944) gliedert das Jugendalter in drei Phasen: stürmische Abkehr, Klarheit und Selbstgestaltung sowie Selbstreflexion und bewusste Leistung. In diesen Phasen strukturiert sich das Ich neu und der Jugendliche gelangt zu einer inneren Klarheit und Selbstgestaltung des Lebens, wobei Selbst- und Weltreflexion in Einklang gebracht werden. Die Jugendphase ist somit jene, in der sich der junge Mensch zur ,menschlichen Reife' hin entwickelt. Verknüpft wird diese Annahme von einem entwicklungspsychologischen Bauplan des Menschen mit Annahmen über Bildung und Aufklärung: Mit Beginn der biologisch determinierten Pubertät tritt der Jugendliche in eine Phase der stürmischen Erschütterung und Labilität ein, die dann nach einer Zeit der Krise in eine Form von Selbstreflexion und kritischer Auseinandersetzung mit der Gesellschaft mündet.

Prägnant ist vor allem der Ansatz von Heinrich Roth (1961), der aus entwicklungspsychologischer Sicht eine Primitiv- und Kulturpubertät unterscheidet. In Anlehnung an Havighurst formuliert Roth konstante Merkmale der Adoleszenz: Endogene Triebschübe führen zu relativ einheitlichen Jugendtypen, die sich in zwei Formen jugendlichen Lebens äußern. Zu bewältigen sind folgende Entwicklungsaufgaben:

- die Gestaltung der Liebesbeziehung,
- die Entwicklung von kulturellen Interessen,
- der Aufbau von reflexiven Denkstrukturen,
- das Interesse an sozialem Engagement (verantwortliche Fürsorge),
- der Aufbau und die Organisation von Jugendbeziehungen,
- die Berufseinmündung und
- die Gestaltung der Freizeit.

Während die Kulturpubertät die gelungene Form der Bewältigung der Entwicklungsaufgaben in Richtung eines reflexiven, verantwortungsbewussten und mündigen Bürgers verkörpert, stellt die Primitivpubertät den misslungenen Verlauf einer schlechten Bearbeitung der Entwicklungsaufgaben in der Jugendphase dar. Wesentlich für die Bewältigung der Jugendphase ist dabei die sexuelle Askese, da nach Roth die sublimierten Triebe zu einer geistigen Auseinandersetzung mit Kultur, Lebensphilosophie, Verantwortung, politischem Handeln und Berufsorientierung führen.

In diesem Kontext werden dann auch die negativen Folgen der Jugendphase diskutiert, die in den 1950er und 1960er Jahren als Probleme der Akzeleration bezeichnet werden (vgl. Muchow 1953; Blättner 1955). Die aufkommende ‚Moderne‘, die sich zwar in ihren Anfängen schon im Übergang zum 20. Jahrhundert abzeichnete, aber erst in den ausgehenden 1950er und gesamten 1960er Jahren in ihrer vollen Blüte entwickelte und mit einer zunehmenden Verstädterung, Technisierung des Alltags und der Berufswelt sowie einem neuartigen Medien- und Freizeitmarkt verbunden war, wurde als Ursache für die Veränderungen im biologischen Rhythmus der Jugendlichen angesehen. Dieser gesellschaftliche Wandlungsprozess – so die Interpretationen – wirkt sich negativ auf das jugendliche Leben aus, da der biologische Rhythmus davon beeinträchtigt sei: Es kommt zu einem verfrühten ‚Einsetzen‘ der Pubertät um ca. zwei Jahre. Die Folge – so konservativ argumentierende PädagogInnen – sind Stottern, Bettnässen und neuropathische Kinder (vgl. Muchow 1953: 11). Der Gleichklang von physischer und geistiger Reifung verändere sich aufgrund gesellschaftlicher Entwicklungen, durch die es zu einer Infantilisierung und verstärkten Labilität der Jugendgeneration komme.

Zwar hatten diese Ansätze in jener Zeit eine hohe Erklärungskraft, sie vermochten aber nicht den anhaltenden gesellschaftlichen Wandlungsprozess hin zu einer modernen Gesellschaftsstruktur tiefgründig zu erklären. Vielmehr blieben diese Ansätze verhaftet in einer konservativen Argumentationsweise einer Bewahrpädagogik der 1960er Jahre. Insofern entsprachen sie zugleich dem damaligen Zeitgeist. Dennoch wurde nach und nach die Vorstellung hinfällig, dass gesellschaftliche Altersnormen den Zeitpunkt für Entwicklungen der Jugendlichen bestimmen. Chronologisches Alter verlor für die Beschreibung von Jugend ganz an Bedeutung. Die Grundkategorien von Alter und endogenen Entwicklungsschüben wurden fallengelassen zugunsten einer modernisierungs-, individualisierungs- und sozialisationstheoretischen Interpretation der Jugendphase als Zeit des Moratoriums und der Identitätsentwicklung.

2.3.4 Individualisierungstheoretische Ansätze

Individualisierungstheoretische Ansätze erklären die Jugendphase vor dem Hintergrund des sozialen Wandels hin zu einer postmodernen Gesellschaftsstruktur. Grundannahmen sind eine zunehmende Gleichberechtigung zwischen den Generationen, ein selbstverantwortetes Handeln von Heranwachsenden und der Wandel in der Erziehung vom Befehls- zum Verhandlungshaushalt, der zu einer Eigenständigkeit der Jugendphase führt und autonomes Handeln sowie Identitätsfindung in den Vordergrund stellt. Die Auflösung der Sozialmilieus in ihrer klassischen Form hin zu milieuspezifischen Lebensstilen und die Zunahme der Bedeutung des Individuums lassen hiernach das Subjekt zur Reproduktionseinheit des Sozialen werden (vgl. Beck 1986: 209). In individualisierungstheoretischen Ansätzen wird Jugendlichen eine soziokulturelle Mündigkeit zugesprochen (vgl. Zinnecker 1981: 98f.). Lebensformen und Lebensstile entwickeln Jugendliche nicht im Konflikt mit älteren Generationen sondern aufgrund der vielen Gestaltungsmöglichkeiten in der Jugendphase, wobei sie als individualisierte Subjekte die Möglichkeit und zugleich Verpflichtung haben, diese eigentätig zu gestalten.

Bedingt durch den historischen Individualisierungsschub verliert das Erwachsenenalter den Status des Endgültigen und Fertigen, womit gleichzeitig die Handlungsoptionen und -freiheiten der Jugendlichen zunehmen. Dennoch bleibt die Jugendphase, so Werner Fuchs (1983), immer noch eine Lebenszeit, die der Vorbereitung auf das spätere Leben dient. Die Jugendphase enthält das Motto eines „Übens auf dem Trockenen" (ebd.: 370). Auch wenn Jugendliche über mehr Rechte und Handlungsräume verfügen, zeichnet sich die Jugendphase vor allem durch ein Moratorium aus, das der Identitätsfindung, schulischen Bildung und beruflichen Ausbildung, Lebensstilbildung, ersten Freundschafts- und Partnerbeziehungen und Erkundung des Medien- und Freizeitmarktes dient.

Mit den Individualisierungstheorien in der Jugendforschung entsteht auch eine geschlechtsspezifische Forschung über Mädchen. In den Blick genommen werden geschlechtsspezifische Jugendstile. Die Annahme, dass Jugendliche Jugendkulturen entwerfen und das Moratorium eine Phase der Vorbereitung auf die Berufstätigkeit ist, wird mit Blick auf soziale Geschlechtlichkeit und Individualisierung dahingehend interpretiert, dass die jugendliche Freizeitkultur eine männlich dominierte ist (vgl. Rentmeister 1983). Nach Bilden und Diezinger (1988: 151) empfinden Mädchen die dominante Jugendkultur nicht als ihre eigene, da sie seltener Mitglied von Peer-Groups sind und ihre Freizeit vorzugsweise in privaten Räumen verbringen. Die öffentliche Jugendsubkultur ist eine männlich dominierte, ebenso wie die Konstruktion des Moratoriums, das als Vorbereitungszeit für eine männliche Berufstätigkeit vorgesehen ist. Die Identitätsbildung der weiblichen Jugendlichen weist andere Strukturen und Inhalte auf: Hier geht es um die Ausbildung einer Identität als Frau, die sich nicht gleichsetzen lässt mit der Identitätsfindung von männlichen Jugendlichen.

Mit individualisierungstheoretischen Ansätzen in der Jugendforschung nimmt nicht nur die Bedeutung der geschlechtsspezifischen Forschung zu, sondern es wird auch Kritik angemeldet gegenüber klassischen Vorstellungen von Jugend als Moratorium. In Kombination mit systemtheoretischen Ansätzen interpretiert Thomas Olk (1985) Jugend als eine Lebensphase, die sich individualisiert und folglich entstrukturiert. Aufgespürt werden zwei historische Entwicklungen: Mit der Stabilisierung der Moderne in den 1950er Jahren kam es erstmals zu einer Chronologisierung und Standardisierung des Lebenslaufs, mit der die Entstehung von Lebensphasen bzw. Altersphasen wie Kindheit, Jugend, Erwachsenenalter und Alter verbunden war. Ab den 1960er Jahren entwickelte sich ein relativ einheitlicher Lebensablauf, der über Institutionen der Bildung, Ausbildung, Berufstätigkeit und Verrentung garantiert wurde. So diente dann auch bis in die 1980er Jahre chronologisches Alter dazu, den Zusammenhang von sozialen Bedingungen der Moderne und der Strukturierung des Lebenslaufs in Lebensphasen (Kindheit, Jugend, Erwachsenenalter, höheres Alter) zu erklären, da damit die soziale Realität und die privaten Lebensformen theoretisch abgebildet werden konnten (erste historische Entwicklung).

Mit der zunehmenden gesellschaftlichen Modernisierung und Globalisierung verändert sich die Lebenslaufstruktur (zweite historische Entwicklung), und mit dieser öffnen sich die Muster an Verhaltensanforderungen und Handlungschancen, die bis dahin über Normen den jeweiligen Lebensphasen wie Kindheit oder Alter zugeordnet waren. Mit der zunehmenden Individualisierung lösen sich altersphasenabhängige Wissensbestände sowie altersspezifische Problemstellungen und Aufgaben auf. Das Aufsprengen altersphasenspezifischer Verhaltensnormen führt dazu, dass Altersnormen, die die zeitliche Abfolge von Ausbildung, Berufstätigkeit, Heirat und Geburt regelten, ihre Wirkungskraft verlieren. Ließ sich bis in die späten 1970er Jahre hinein tatsächlich eine chronologische

Abfolge dieser Lebensereignisse für fast alle Menschen feststellen und war dies auch das Indiz für die Standardisierung des Lebenslaufs, ist seit den 1980er Jahren eine zeitliche Streuung der zentralen Lebensereignisse festzustellen. Der standardisierte und institutionalisierte Lebenslauf (Kohli 1985), der auch die Jugendphase einheitlich normierte, verliert seine Struktur, der Lebenslauf nimmt individualisierte Formen an. Dies führt nach Thomas Olk (1986) auch zu einer Entstrukturierung der Jugendphase. Bedingt ist diese Aufsprengung der Jugendphase in ihrer Einheitlichkeit durch die anhaltende Krise auf dem Arbeitsmarkt, mit der folgende Veränderungen für die Jugendphase verbunden sind:

- eine verlängerte Schulzeit,
- eine Streuung des Zeitpunktes der Heirat,
- eine frühere Aufnahme von intimen Partnerschaften vor der Ehe und
- eine Teilhabe der Jugendlichen an den Konsum- und Medienmärkten.

Nach Olk sind die Lebensphasen Kindheit, Jugend und Erwachsenenalter historische Phänomene, die aber aufgrund der gesellschaftlichen Differenzierung in viele Teilsysteme wieder zerfasern und ihre normative Kraft verlieren. Insofern gelangt Thomas Olk zu dem logischen Schluss, dass die Jugendphase von Auflösungserscheinungen gekennzeichnet ist und sich individualisiert.

Jugend ist somit nicht mehr eine kollektive Statuspassage zwischen Kindheit und Erwachsenenalter, die einheitlich mit der Pubertät beginnt und mit einer Berufstätigkeit und einer Familiengründung endet. Die gesellschaftlichen Veränderungsprozesse und der strukturelle Wandel hin zu einer gesellschaftlichen Individualisierung verlängern die Jugendphase und die Grenzen bzw. die Übergänge werden fließend. Die zunehmende Individualisierung hat für die Jugendphase die Folge, dass die Jugendlichen diese Zeit bis in das dritte Lebensjahrzehnt – als Postadoleszenz – mit einer relativ großen Autonomie im Handeln leben können, gleichzeitig aber von einer Berufstätigkeit aufgrund der Teilhabe im tertiären Bildungsbereich entbunden sind oder eine Zeit der Jugendarbeitslosigkeit erleben. Die Jugendphase ist damit gekennzeichnet von Ungleichzeitigkeiten und asynchronen Entwicklungen (vgl. Ecarius/Fromme 2000: 147).

2.3.5 Aktuelle interdisziplinäre Ansätze

Aktuelle interdisziplinäre Ansätze lassen sich bestimmten theoretischen Strömungen nicht mehr eindeutig zuordnen, da sie interdisziplinär arbeiten, um die Komplexität jugendlichen Lebens fassen zu können. Diese Ansätze zur Beschreibung von Jugend verbinden in unterschiedlicher Weise modernisierungs- und generationentheoretische Überlegungen mit identitäts- und entwicklungspsychologischen Annahmen. In allen Ansätzen wird Jugend als Moratorium verstanden, in welchem Jugendliche eine Identität herausbilden, in mehrfacher Weise mit Entwicklungsaufgaben konfrontiert sind und zwischen Intergration und Individuation auszubalancieren haben, wobei Medien- und Konsummarkt, Familie, Schule und Peers zentrale Sozialisationskontexte sind. Im Folgenden werden zentrale Ansätze der Gegenwart vorgestellt, die Jugend in ihrer Komplexität theoretisch zu fassen versuchen.

Jugend und gesellschaftliche Pluralisierung
Vor dem Hintergrund gesellschaftlicher Differenzierung, Pluralisierung und Individualisierung von Lebensstilen und Sinnorientierungen fragt Wilfried Ferchhoff (2000, 2007), ob von jugendlicher Identitätsbildung i.S. von Konstanz, Einzigartigkeit und Authentizität überhaupt noch gesprochen werden kann, ober ob nicht vielmehr von einer prinzipiellen Offenheit und auch Unabgeschlossenheit moderner Pachtwork-Identitäten auszugehen ist. Dabei geht er davon aus, dass sich in der Jugendphase sowohl flexible Identitäten bzw. Identitätsmontagen als auch sozialkulturelle Handlungsformen herausgebildet haben, die von den Erfahrungen in den sozialen Milieus geprägt sind und sich durch eine Vielfalt von Wahl- und Entfaltungsmöglichkeiten auszeichnen. Die Wahlfreiheiten moderner Jugend umfassen die Schul- und Berufslaufbahn, die Wahl des Freizeit-, Medien- und Konsumverhaltens, die Gestaltung der Peer-Groups und Freundschaftsbeziehungen, die politischen, religiösen und alltagspragmatischen Einstellungen und Lebensformen, die die Jugendlichen immer wieder neu entscheiden können oder zu entscheiden haben. Wahlfreiheit und Wahlverpflichtung sind hier die neuen ‚Zwänge' der modernen Jugendphase.

Originalzitat:
„Jugendliche können so gesehen in gewissen Grenzen durchaus als produktive Gestalter ihrer Entwicklungsaufgaben betrachtet werden. Sie können diese nur dann sinnvoll erfüllen, wenn sie gesellschaftliche Strukturen für sich ein Stück weit selbstgesteuert, handlungskompetent und persönlich im Kontext tendenzieller Handlungsfreiräume erschließen." (Ferchhoff 2000: 69)

Weitgehende Handlungsautonomie haben die Jugendlichen in der Sexualität, der Mode und ihrer Freizeitgestaltung. Damit verfügen sie über ähnliche Rechte wie Erwachsene. Hierbei betonen aktuelle interdisziplinäre Ansätze, dass ‚lebenslaufbezogene Aufgaben' (vgl. Behnken/Zinnecker 1992) weiterhin Bestand haben. Individualisierungstheoretische Ansätze werden dabei mit entwicklungspsychologischen Inhalten verbunden. Gesellschaftliche Erwartungen, die sich zwar ausdifferenziert, aber weiterhin Bestand haben, sind in Form einer Persönlichkeits- bzw. Identitätsentwicklung produktiv zu verarbeiten, wobei die jeweiligen Abläufe, Ereignisse und Übergänge variabler, vielfältiger und offener geworden sind.

Die Handlungsoptionen betreffen vor allem die Freizeitaktivitäten der Jugendlichen, es gibt hier keine einheitlichen Muster mehr (vgl. Jugendwerk der Deutschen Shell 1981, 1992, 1997; Deutsche Shell 2000; Shell Deutschland Holding 2006). Diese Optionsvielfalt unterscheidet sich deutlich von der Schule, der Arbeitswelt oder der Familie. Damit gewinnt die Peer-Group eine enorme Bedeutung. Die Peer-Group ist für die Jugendlichen die wichtigste Bezugsgruppe für die Freizeitgestaltung, die gesellige Kommunikation mit Spiel, Musikhören, Disco, Kino, Gammeln, Alltagsflips, Chatten oder Videospielen. Wilfried Ferchhoff (2007) betont insbesondere auch eine sprunghafte Vermehrung jugendkultureller Stile, die von ‚Unterabteilungen' und verschiedenen ‚Stämmen' gekennzeichnet und im Gesamten nicht mehr nachvollziehbar sind. Die Pluralisierung der jugendkulturellen Szenen und Stilisierungen markiert die relative Eigenwelt der Peer-Freizeit, mit der sich Jugendliche nach außen abgrenzen und ihre eigenen Werte, Symbole und Einstellungen demonstrieren. Möglich ist das Praktizieren von verschiedenen Stilen, die inszeniert werden und einen spielerischen Charakter haben. Verändert hat sich für die moderne, individualisierte Jugend, dass keine identitätsfixierende Ausrichtung ausschließlich auf einen Jugendstil und keine ganzheitliche Stilbildung vorzufinden sind.

Auch sind die Übergänge in das Erwachsenenalter offen, und Jugendliche können gewissermaßen zwischen den Lebensformen des Jugend- und Erwachsenenalters hin- und herspringen (vgl. Stauber 2004, 2010). Im Zentrum der Jugendphase steht hier aus handlungstheoretischer Sicht die jugendkulturelle Selbstinszenierung von Jungen und Mädchen, jungen Männern und Frauen. Jugendliche Selbstinszenierungen sind nach Barbara Stauber als geschlechtersymbolisierende Praktiken zu verstehen, mit denen interaktiv Geschlecht in Form eines *doing-gender* hergestellt wird. Da aufgrund einer Destandardisierung des Lebenslaufs die Ablaufstruktur in der Lebensorganisation nicht mehr gegeben ist, sind dann auch die Übergänge in das Erwachsenenalter offen, wenn auch immer noch eine Orientierung an dem Normallebenslauf ‚Kindheit – Jugend – Erwachsenenalter' mit der Gliederung ‚Bildung – Erwerbstätigkeit – Rente' vorhanden ist. Faktisch aber sind die Übergänge in den Bereichen Bildung, Ausbildung, Arbeit (1), Herkunftsfamilie – eigene Familie (2), Wohn- und Lebensformen (3), Liebensbeziehungen und Partnerschaften (4), Elternschaft (5), Lebensentwurf (6) offen: Dadurch kommt es für die Jugendlichen zu einem Wechsel bzw. Springen in den Übergängen. Barbara Stauber (2004) spricht daher von *Yoyo-Übergängen*, da mehrfach zwischen jugendlichen und erwachsenen Lebensformen hin- und hergesprungen werden kann. Gekennzeichnet sind Übergänge von Reversibilität, Fragmentierung und Diversifizierung. Dieses Hin- und Herspringen – also Teilübergänge – erfordert von den Jugendlichen Auseinandersetzungen und Problemlösungen mit ihren Vorstellungen und Wünschen einerseits sowie den reellen Möglichkeiten andererseits. Dabei gewinnt das *doing-gender* an Bedeutung für die Jugendphase. Jungen und Mädchen sind bemüht um eine „Vereindeutungsarbeit" (Stauber 2010: 8), eine Herstellung einer Normalitätspraxis von Geschlechtlichkeit, die allerdings in einer differenzierten Gesellschaft nicht mehr vorhanden ist. Mögliche Auseinandersetzungsformen mit Geschlechterzumutungen sind nach Stauber Vergewisserung, Modellierung von Männlichkeit/Weiblichkeit und Widerstand. Insofern ist Jugend nicht geschlechtsneutral zu definieren; die jugendlichen Selbstinszenierungen erfordern vor dem Hintergrund einer Destandardisierung des Lebenslaufs spezifischer Handlungskompetenzen im Übergang von der Jugendphase in das Erwachsenenalter, die Jugendliche erst noch einüben müssen (siehe Kap. 3.4.10).

Jugend zwischen Individuation und Integration
Bedeutsam ist auch der Ansatz von Klaus Hurrelmann (2007), der eine sozialisationstheoretische Perspektive auf Jugend entwirft. Integriert werden in diesem interdisziplinären Ansatz entwicklungspsychologische und identitätstheoretische Annahmen. Erste Überlegungen finden sich schon in den 1980er Jahren (vgl. Hurrelmann/Rosewitz/Wolf 1985), die bis in die Gegenwart im Kern geblieben, aber aktualisiert und erweitert wurden. Daher findet hier eine Konzentration auf den aktuellen Ansatz statt.

Das Anliegen von Klaus Hurrelmann (2007) ist, aus sozialisationstheoretischer Sicht die Jugendphase aus der Makro- und Mikroperspektive zu erklären, wobei die soziale und physische Umwelt genauso berücksichtigt wird wie das innere psychische und körperliche Erleben der Jugendlichen (vgl. Hurrelmann 2007: 7). Integration und Individuation sind jene zentralen Begrifflichkeiten, um dieses Wechselverhältnis zu beschreiben. Da sich historisch das Subjekt aus den sozialen Bindungen der traditionellen Milieus heraus gelöst hat und zur Reproduktionseinheit des Sozialen geworden ist, steht die Identitätsbildung als zentrale Entwicklungsaufgabe im Zentrum der Jugendphase, denn in dieser Lebenszeit wird das Kind zum Individuum. Die selbstständige Individuation als das Moment der Jugendphase ermöglicht dem Subjekt, eine eigene unverwechselbare Persönlichkeit aufzubauen und „sich durch selbstständiges, autonomes Verhalten mit seinem Körper, seiner Psyche und mit seinem sozialen und physischen Umfeld auseinander zu setzen" (Hurrelmann 2007: 30). Intergration meint hierbei den verantworteten Umgang in den gesellschaftlichen

Teilbereichen Familie, Bildungssystem, Medien- und Konsummarkt, Recht und Religion, Partnerschaft, Freizeit und Peers. Klaus Hurrelmann gelangt zu acht Grundannahmen, um Individuation und Intergration zu erfassen.

Originalzitat:

1. „Wie in jeder Lebensphase gestaltet sich im Jugendalter die Persönlichkeitsentwicklung in einem Wechselspiel von Anlage und Umwelt. Hierdurch werden auch die Grundstrukturen für Geschlechtsmerkmale definiert."

2. „Im Jugendalter erreicht der Prozess der Sozialisation (...) eine besonders intensive Phase und zugleich einen für den ganzen weiteren Lebenslauf Muster bildenden Charakter."

3. „Menschen im Jugendalter sind schöpferische Konstrukteure ihrer Persönlichkeit mit der Kompetenz zur eigengesteuerten Lebensführung."

4. „Die Lebensphase Jugend ist durch die lebensgeschichtlich erstmalige Chance gekennzeichnet, eine Ich-Identität zu entwickeln. Sie entsteht aus der Synthese von Individuation und Integration, die in einem spannungsreichen Prozess immer wieder neu hergestellt werden muss."

5. „Der Sozialisationsprozess im Jugendalter kann krisenhafte Formen annehmen, wenn es Jugendlichen nicht gelingt, die Anforderungen der Individuation und der Integration aufeinander zu beziehen und miteinander zu verbinden. In diesem Fall werden die Entwicklungsaufgaben des Jugendalters nicht gelöst und es entsteht Entwicklungsdruck."

6. „Um die Entwicklungsaufgaben zu bewältigen und das Spannungsverhältnis von Individuations- und Integrationsanforderungen abzuarbeiten, sind neben individuellen Bewältigungsfähigkeiten (‚personale Ressourcen') auch soziale Unterstützungen durch die wichtigsten Bezugsgruppen (‚soziale Ressourcen') notwendig."

7. „Neben der Herkunftsfamilie sind Schulen, Ausbildungsstätten, Gleichaltrige und Medien als ‚Sozialisationsinstanzen' die wichtigsten Vermittler und Unterstützer im Entwicklungsprozess des Jugendalters. Günstig für die Sozialisation sind sich ergänzende und gegenseitig anregende Impulse dieser Instanzen."

8. „Die Lebensphase Jugend muss unter den heutigen historischen, sozialen und ökonomischen Bedingungen in westlichen Gesellschaften als eine eigenständige Phase im Lebenslauf identifiziert werden. Sie hat ihren früheren Charakter als Übergangsphase vom Kind zum Erwachsenen verloren." (Hurrelmann 2007: 64ff.)

Die Lebensphase Jugend umspannt die Individuation als den „Aufbau einer individuellen Persönlichkeitsstruktur mit unverwechselbaren kognitiven, motivationalen, sprachlichen, moralischen und sozialen Merkmalen und Kompetenzen" und die Integration als den Prozess der „Vergesellschaftung" (ebd.: 67) in seinen Teilbereichen, wobei der und die Jugendliche zu lernen hat, diese für sich miteinander zu verbinden.

Daraus ergeben sich Entwicklungsaufgaben in der Jugendphase. Diese These hat Hurrelmann in den 1980er Jahre in Anlehnung an Havighurst entwickelt. Jugend ist danach eine Lebensphase eigener Form und eigener selbsterlebbarer Qualität, auch wenn sie als ein gesellschaftliches und kulturelles Produkt verstanden wird. Die These vom ‚produktiv Realität verarbeitenden Subjekt' (vgl. Hurrelmann 1994) deutet Jugendliche als Aktiv- und Kompetenzhandelnde, als Gestalter ihrer eigenen Zukunft, die nicht per se auf Verhaltenserwartungen antworten, sondern sich aktiv mit Entwicklungsaufgaben (Silbereisen/Zinnecker 1999) konfrontiert sehen. Jugendliche setzen sich in der Jugendphase mit expliziten Entwicklungsaufgaben auseinander, die sowohl als Entwicklungschancen als auch -behinderungen zu verstehen sind, die sie aktiv angehen und produktivsinnbezogen verarbeiten.

Bezug genommen wird vor allem auf das entwicklungspsychologische Modell von Erik Erikson: Jugend ist eine Phase im Lebenslauf, in der über krisenhafte Prozesse eine Identität entwickelt wird, die mit einem normativen Zielpunkt verbunden ist. Es ist eine gelungene Ich-Identität herauszubilden, die in einer aktiven Subjektleistung mit kritischen und krisenhaften Auseinandersetzungen vollzogen wird. Diese Annahme wendet Klaus Hurrelmann sozialisationstheoretisch: In der Spanne von Urvertrauen und Autonomie entwickeln Jugendliche eine eigene Identität, in der sie sich produktiv mit gesellschaftlichen Erwartungen auseinandersetzen.

Ziel der Jugendphase ist die Herausbildung einer sozialen und persönlichen Identität, es ist das produktiv Realität verarbeitende Subjekt. Die Entwicklungsaufgaben bestehen aus vier Bereichen:

- der Entwicklung einer intellektuellen und sozialen Kompetenz,
- der Entwicklung eines inneren Bildes einer Geschlechtszugehörigkeit,
- der Entwicklung von selbstständigen Handlungsmustern für die Nutzung des Konsum- und Medienmarktes,
- der Entwicklung eines Normen- und Wertsystems (ethisches und politisches Bewusstsein) (vgl. Hurrelmann 2007: 27f.).

Während es im Kindesalter bzw. in der Kindheit um die Entwicklung kognitiver und sprachlicher Kompetenzen sowie um die Entwicklung moralischer Grundorientierungen und sozialer Kooperationsformen geht, womit sich die Kindheit von der Jugendphase abgrenzen lässt, steht in der Jugendphase die Mündigkeit im Kontext des Erwerbs und Aufbaus von sozialen Kompetenzen, einer Geschlechtsrolle, sozialen Beziehungen, eines politischen Normen- und Wertehorizonts sowie von kritischen Handlungsmustern gegenüber dem Konsum- und Freizeitmarkt im Vordergrund.

Der Übergang in das Erwachsenenalter kann nach Klaus Hurrelmann nur schlecht ausgemacht werden, da einzelne Lebensbereiche wie bspw. eine Familiengründung und Berufstätigkeit aufgeschoben oder gar ganz ausgelassen werden kann. Dadurch entsteht eine kuriose Mischung aus Selbst- und Fremdbestimmung. Aber auch die Jugendphase selbst ist von einer frühen konsumptiven, medialen, finanziellen, freundesbezogenen und erotischen Teilselbstständigkeit bei gleichzeitiger später ökonomischer und familiärer Selbstständigkeit geprägt (vgl. ebd.: 39).

Für Heranwachsende ist die Jugendphase eine Lebenszeit, in der Scheitern und Gelingen der Entwicklungsaufgaben nahe nebeneinander liegen. Klaus Hurrelmann versteht die Jugendphase als eine, die von Konflikten und Problemen gekennzeichnet ist: „Bei den jugendlichen Nutzern finden sich tiefsitzende Familienkonflikte mit schweren Störungen der zwischen-menschlichen Beziehungen, schwere Entwicklungskrisen, teilweise auch depressive Neurosen und unsicher-labile sowie ängstlich-verschlossene Persönlichkeitstypen. Auch heftige Selbstwertkonflikte sind vielfach anzutreffen" (ebd.: 176). Jugendliche sind gegenwärtig häufig überfordert mit den zu bewältigenden Entwicklungsaufgaben. Die Sozialisationskontexte Bildungssystem/Schule, Familie, Peer-Group und Medien-/Konsummarkt sind für Jugendliche für die Identitätsbildung höchst relevant, da dort Handlungsfähigkeiten und Kompetenzen erworben werden, aber auch Belastungen entstehen, die die Jugendlichen im Wechselverhältnis von Intergration und Individuation auszubalancieren haben (siehe Kap. 3).

Jugend, Identitätsbildung und Generation

Auch der generationentheoretische Ansatz (siehe Kap. 2.3.2) wird gegenwärtig wieder genutzt, um Jugend aus der Perspektive von Integration und Individuation zu fassen. Hier werden zwei Aspekte in den Vordergrund gestellt: Zum einen die Generationenbeziehungen zwischen Großeltern, Eltern und Jugendlichen und zum anderen die Bedeutung von Generation in Bezug auf Moratorium und Transition. Jürgen Zinnecker, Imbke Behnken, Sabine Maschke und Ludwig Stecher (2003) greifen den Generationenansatz von Karl Mannheim auf, wobei sie neben einer Betonung der sozialisierenden Kraft von gesellschaftlichen Verhältnissen die familiären Generationenbeziehungen zwischen Jugendlichen, Eltern und Großeltern betonen. Beides sind ‚Kräfte', die auf die Jugendgeneration wirken. Gesellschaftlich betonen sie das Erziehungs- und Lernklima in der Schule bzw. deren Informalisierung, die Liberalisierung von Familie, den Abbau von Autoritätsbeziehungen und eine Abnahme von asymmetrischen Machtbeziehungen zwischen Jugendlichen und Erwachsenen. Jugend wird als Generation geprägt von den gesellschaftlichen Bedingungen, aber auch von den mit ihr in Kontakt stehenden Generationen, deren Erfahrungen in intergenerationelle Generationsbeziehungen hineinwirken. Die generationalen Lebenserfahrungen der Eltern und Großeltern, die sich in Interaktionen präsentieren, werden der Jugendgeneration kommuniziert und beeinflussen sie entsprechend. In Anlehnung an Mannheim setzt sich nach Zinnecker, Behnken, Maschke und Stecher (2003) die junge Generation mit den Erfahrungen mehrerer älterer Generationen auseinander und entwickelt reflexiv in Form von Annäherungen, kontrastiven Ablehnungen oder Neuentwicklungen eine eigene Sicht auf die Welt. Damit wird der Generationenansatz ausdifferenziert, denn Gesellschaft erscheint nicht als ein Gesamtes, sondern unterteilt sich in unterschiedliche Generationensichten von verschiedenen Generationenlagerungen wie hier Jugendliche, Eltern und Großeltern.

So ist die Jugendgeneration des 21. Jahrhunderts beeinflusst von den Erfahrungen der Großeltern, die noch autoritär erzogen sind, sich in der Regel als Traditionalisten und Materialisten verstehen, eine pragmatische Lebensorientierung aufweisen und eine optimistische Zukunftssicht haben. Die Elterngeneration dagegen ist Vertreterin des Informellen, hat eine liberale Erziehung erlebt, versteht sich als postmaterialistisch und idealistisch, wobei sie allerdings eine pessimistische Zukunftssicht entwickelt hat. Diese Erfahrungsbestände gehen in die Generationsbeziehungen ein und wirken auf die Sichtweisen der Jugendgeneration. Berücksichtigt werden damit die vielschichtigen gesellschaftlichen Strukturen und Institutionen einerseits und konkrete Interaktionsbeziehungen mit älteren Generationen (Eltern und Großeltern). Zinnecker u.a. (2003) präzisieren damit den Generationenansatz um eine Mehrdimensionalität, da die verschiedenen Generationen sowie die Vielschichtigkeit von Gesellschaft berücksichtigt werden.

Auch Heinz Reinders (2003) greift die Generationenthematik auf und geht davon aus, dass von der älteren Generation gesellschaftliche Normen und Werte in Form von Institutionen oder auch konkreten Personen als Anforderungen an die Jugend heran getragen werden, mit denen sie sich auseinanderzusetzen hat. Hierbei wird unterschieden in ältere Generationen und gleichaltrige Generation. Beide – jüngere und ältere – Generationen stehen in einem mehr oder weniger konträren Verhältnis zueinander: Während die erwachsene Generation die Transition über die Bildung in das Erwachsenenalter favorisiert, plädieren die Gleichaltrigen für ein Freizeitmoratorium, das Verweilen in der Jugendphase.

Besonders aber trägt die ältere Generation an Jugendliche Entwicklungsnormen heran, die als Normsetzer fungieren (vgl. ebd.: 69), wobei diese Normen auch je nach Generationengruppierung (Eltern versus Lehrer) unterschiedlich ausfallen können.

Die Entwicklungsnormen der älteren Generation in Form von konkreten Personen oder Gruppen sowie die der ‚anonymen' Gesellschaft (z.B. Institutionen) unterscheidet Reinders von den Entwicklungsaufgaben, die die Jugendlichen für sich selbst entwerfen oder die sie von der älteren Generation annehmen und die sie zu bewältigen versuchen. Dabei sind die individuelle Leistungsfähigkeit, die personalen Ressourcen und die entsprechende Handlungsfähigkeit des jeweiligen Jugendlichen von großer Bedeutung für die Ausgestaltung der Jugendphase. Die Familie ist dabei ein wichtiger Ort der Ressourcenbildung, der Jugendlichen im positiven Fall zur Nutzung bereit steht oder aber – im negativen Fall – nicht vorhanden ist, um ihre Entwicklungsaufgaben mit bzw. ohne Unterstützung zu bearbeiten.

Heinz Reinders argumentiert nicht nur aus generationentheoretischer Perspektive, sondern integriert in sein Konzept entwicklungspsychologische Annahmen. Insofern besteht sein Ansatz aus unterschiedlichen Perspektiven, um Jugend zu erklären. Bedeutsam ist hier die Identitätstheorie von James Marcia, der das entwicklungspsychologische Identitätskonzept von Erik Erikson speziell für die Jugendphase ausdifferenziert hat. Als Schüler von Erikson bezieht Marcia dieses Konzept auf die Adoleszenz.

Marcia unterscheidet vier Typen von Identität. Die *übernommene Identität* ist gekennzeichnet von einem geringen Maß an Explorationsanstrengung, einem hohen Maß an Verpflichtung und Bindung an Werten und einer starken Berufsorientierung. Diese Jugendlichen übernehmen die Werte und Rollen von den Eltern oder anderen erwachsenen Autoritätspersonen und fügen sich in die gesellschaftliche Welt der Älteren ein. Die *diffuse Identität* ist gekennzeichnet von einer geringen Exploration und einem geringen Engagement sowie einer Indifferenz gegenüber Werten und Normen. Hinzu kommt bei der diffusen Identität eine relativ geringe Reflektiertheit der Jugendlichen. Die dritte jugendliche Identitätsform bezeichnet James Marcia als *Moratorium*, sie ist gekennzeichnet von einer hohen Exploration bei einem gleichzeitigen geringen Engagement. Diese Jugendlichen befinden sich auf einer intensiven Suche nach und Beschäftigung mit dem Selbst, der eigenen Zukunft und Berufswahl sowie der Gestaltung von Peer-Groups, da sie sich intensiv mit der Auswahl von Freunden auseinandersetzen. Gleichzeitig empfinden sie (noch) eine geringe Verpflichtung gegenüber Werten. Die vierte Identitätsform ist die *erarbeitete Identität*, sie weist eine hohe Exploration und ein hohes Engagement auf. Diese Jugendlichen entscheiden sich eigentätig und selbstverantwortet für eine Verpflichtung von

Werten und anderen Personen. Insgesamt lässt sich nach Marica die jugendliche Identitätsentwicklung mit diesen vier Mustern erfassen, wobei auch Mischformen und Untertypen möglich sind.

In Anlehnung an James Marcia und generationentheoretische Überlegungen gelangt Reinders zu vier jugendlichen Orientierungen, die sich durch das Zusammentreffen von Jugend- und Erwachsenengeneration in Assimilation, Integration, Marginalisierung und Segregation unterscheiden (vgl. ebd.: 61). Diese stellen vier typologische Entwicklungswege der Jugend dar, die sich differenzieren lassen einerseits in die Art der Gestaltung der Generationsbeziehungen zwischen Älteren und Jüngeren und andererseits in der Art der Beziehung zu Gleichaltrigen in einer Generation. Die *Assimilation* (1.) als Jugendform weist eine überaus starke Orientierung an der Erwachsenengeneration und äußerst geringe Ausrichtung an der Gleichaltrigen-Generation auf. Die *Integration* (2.) als typologischer Entwicklungsweg beinhaltet die gleichzeitige Berücksichtigung der Normen und Werte der Erwachsenen- und Gleichaltrigen-Generation. Die *Segregation* (3.) besteht aus einer starken Ablehnung der Normen und Werte der Erwachsenengeneration und einer Orientierung ausschließlich an der Gleichaltrigen-Generation, den Peers, bis hin zur Jugendsubkulturbildung. Die *Marginalisierung* (4.) beinhaltet eine Ablehnung sowohl der Normen und Werte der Erwachsenengeneration als auch der Jugendgeneration. Diese Jugendlichen sind geprägt von Orientierungslosigkeit und fehlendem Optimismus.

Ein weiterer Ansatz zur Erklärung von Jugend ist der von Vera King (2004), die die Entstehung von Neuem in der Adoleszenz aus der Perspektive von Individuation, Generativität und Geschlecht beschreibt. Bevorzugt wird der Begriff Adoleszenz und nicht Jugend, um die Konstruiertheit hervorzuheben und einen Bruch mit dem Common-sense-Begriff 'Jugend' zu markieren. Vera King betont die Dialektik von Individuation und Generativität, die Subjektwerdung in der Adoleszenz innerhalb von Generationsbeziehungen. Generativität bedeutet hiernach den gesellschaftlichen Möglichkeitsraum durch konkrete oder anonyme Erwachsene und Institutionen, damit Jugendliche einen gelungen Individuationsprozess durchlaufen können.

Originalzitat:
Generativität „bezeichnet in einem allgemeinen Sinne die für die Individuationsprozesse der Adoleszenten auf Seiten der Erwachsenengeneration notwendigen Haltungen, Ressourcen, Kompetenzen und bereitgestellten Rahmenbedingungen (…), zielt somit (…) auf den Beitrag der Angehörigen der Erwachsenengeneration im Allgemeinen und der Eltern oder andere primäre Bezugspersonen im Besonderen zur Möglichkeit der Individuation" (King 2004: 37).

Um die Fortschreibung von Gesellschaft zu gewährleisten hat die sorgende (erwachsene) Generation die Aufgabe, Ressourcen und Haltungen zur Verfügung zu stellen, womit nicht nur die aktive Erziehungspraxis gemeint ist, damit für Heranwachsende die „adoleszente Individuation im Rahmen eines Moratoriums befördert und nicht zer- oder gestört wird" (ebd.: 51f.). Damit ist zugleich angesprochen, dass Jugendliche eine selbstverantwortete Produktivität und Kreativität entwickeln, um als Erwachsene selbst die Verantwortung für die Gesellschaft und die nachwachsenden Generationen übernehmen zu können. Aus der Perspektive der Generativität ist Individuation nicht nur ein reiner Selbstbildungsprozess i.S. eines ‚Wer bin ich?', sondern enthält die Berücksichtigung sozialer Strukturen, so dass auch die Frage „Wie bin ich geworden, was ich bin?" (ebd.: 164) zu beantworten ist.

Dabei sind die Generationsverhältnisse und -beziehungen von herausragender Bedeutung für die Adoleszenz, wobei Vera King ganz im Tenor von Karl Mannheim argumentiert:

Originalzitat:
„Die Adoleszenz stellt (…) aus soziologischer Sicht (…) eine Phase dar, in der Heranwachsende als ‚neue Kulturträger', ausgebildet', m.a.W. in der die Ablösung ‚früherer Kulturträger' durch neue einerseits *vorbereitet* und andererseits *aufgeschoben* wird. Sowohl Tradierung als auch Innovation sind in diese Dynamik eingespannt, denn sowohl in der Aneignung als auch in der Transformation von Kulturgütern, sozialen Praktiken oder Werten ist implizit die Figur des antizipierten Generationenwechsels enthalten." (King 2004: 50f.; Hervorh. i. O.)

Insofern ist Generativität als ein gesamtgesellschaftlicher Prozess des Wandels, der kreativen Erneuerung und der Tradierung zu verstehen, innerhalb dessen Heranwachsende sich individuieren und Erwachsene verantwortlich für die

Ermöglichung dessen sind. Aus dieser Sicht ist die Entstehung des Neuen ein gesellschaftlich notwendiger Prozess, wobei in diesem Machtverhältnisse und soziale Konstellationen sowie generative Strukturen und Geschlechterverhältnisse eingewoben sind. Die Gestaltung und soziale Rahmung der Adoleszenz ist nicht als ein einheitlicher Raum zu verstehen, sondern ist abhängig von den jeweiligen Ressourcen und Möglichkeiten der Erwachsenen. Der soziale Gestaltungsrahmen der Adoleszenz ist in Machtstrukturen sowie soziale Ungleichheiten eingebunden und kann auch Schauplatz für Interessen werden.

Vera King gelangt zu der zentralen Annahme, dass die Erwachsenengeneration den adoleszenten Raum umkämpft, da es um die Absicherung von Machtpositionen und Privilegien der Angehörigen, also der Jugendlichen, geht. „Je nach Geschlecht, sozialer oder kultureller Herkunft, je nach geschlechtlicher oder ethnischer Zuschreibung stehen quantitativ wie qualitativ unterschiedliche Ressourcen und Entwicklungsspielräume zur Verfügung, die entsprechend zu unterschiedlichen Adoleszenzverläufen führen" (ebd.: 94). Somit ist die Entstehung des Neuen durch die Individuation der nachwachsenden Generation in soziale Räume der Ermöglichung und Verhinderung eingewoben. Erwachsenheit ist dann auch nicht der Endpunkt des Lebenslaufs, sondern die Folge von Adoleszenz (vgl. ebd.: 31f.).

Gleichzeitig sind darin Strukturen sozialer Ungleichheit eingebettet, da sie mit Geschlecht und sozialen Ungleichheitspositionen – auch in den Machtkonstellationen der Generationen – verknüpft sind. Gerade über die familiären Generationsbeziehungen werden Geschlechterbilder transformiert, wobei die Familie von einem generellen Umbruch in den Umgangsweisen aufgrund moderner Lebensweisen betroffen ist und dies auszubalancieren hat. Die Ablösung von den Eltern ist für Jugendliche eine zentrale Aufgabe der Individuation in Auseinandersetzung mit der werdenden Geschlechtlichkeit, die vor allem über die Körperlichkeit ausgelebt wird. Dadurch unterscheiden sich die Muster der weiblichen und männlichen Adoleszenz grundlegend (vgl. ebd.: 159). Individuation, Generativität und Geschlechtlichkeit machen so die Dynamiken der Adoleszenz aus, auf dessen Grundlage Neues entstehen kann – sowohl für das heranwachsende Subjekt als auch die erwachsenen Generationen in ihrer Gesellschaftlichkeit.

Die Generationenansätze in der Jugendforschung stellen Jugend in den Kontext von Gesellschaft und thematisieren, wie Generationeneinheiten in Form von Jugendkulturen entstehen, mit denen sie sozial-gesellschaftlichen Wandel erklären. Gegenwärtige Ansätze berücksichtigen die unterschiedliche Perspektivität der Generationen (Großeltern, Eltern, Gleichaltrige) und differenzieren in Institutionen, Normen und Werte als anonyme Strukturen einerseits und konkrete Beziehungsstrukturen zwischen Eltern, Jugendlichen und Freunden oder LehrerInnen andererseits. Die theoretische Konzeption von Jugend als Generation untersucht und erklärt die konkrete Auseinandersetzung der Jugendlichen mit bestehenden Normen und Werten, ihren sozialen Milieus und Mustern der Geschlechtlichkeit als auch aktuellen historischen Ereignissen. Analysiert werden Lebensformen, Sichtweisen und kulturelle Stile von Jugendlichen, die sich nach diesem Ansatz im Spannungsverhältnis von Gesellschaft, Institutionen, Familie, Peers herausbilden und über die Jugendliche zu einem eigenen Selbst- und Weltbild gelangen.

2.3.6 Cultural Studies

Für jugendkulturelle Stile interessiert sich ebenfalls der Ansatz der Cultural Studies. Im Gegensatz zu Individualisierungstheorien geht es den Cultural Studies allerdings weniger um den Nachweis der Pluralisierung von Lebensstilen, vielmehr werden in Jugend(sub)kulturen kulturelle Praktiken und Repräsentationen von Machtverhältnissen, Eigensinn, Hegemonie, Widerstand und Kreativität aufgespürt. Ziel der Cultural Studies ist die kritische Analyse kultureller Formen, Praktiken und Prozesse, die in ihrer kontextuellen Einbindung in gesellschaftliche Machtverhältnisse untersucht werden (vgl. Winter 2000). Als wichtiges intellektuelles Zentrum fungierte viele Jahrzehnte das 1964 gegründete Centre for Contemporary Cultural Studies (CCCS) in Birmingham.

Die Gründerväter der Cultural Studies Richard Hoggart, Raymond Williams und Edward P. Thompson kritisierten bereits Mitte der 1950er Jahre einen wissenschaftlichen Begriff von ‚Kultur‘, der sich auf so genannte Hochkultur reduzierte. In ‚Culture and Society‘ (1958) definierte Williams Kultur hingegen als *whole way of life*: als Ergebnis wechselseitiger Beziehungen kultureller bzw. sozialer Praktiken. Unter Kultur werden demnach kulturelle Texte, Erfahrungen und Praktiken verstanden. Damit kommen ebenfalls Gegenstände der Alltags- und Populärkultur wie Mädchenromane, Punkmusik, Fernsehserien oder Kleidungsstile in den Blick der Cultural Studies.

Ursprünglich war es die Alltagskultur der britischen Arbeiterklasse, für die sich die Gründungsväter der Cultural Studies interessierten. An diesen frühen Studien wird aus heutiger Sicht allerdings kritisiert, dass sie die proletarische Kultur zu romantisierend, organisch und holistisch präsentieren. Dies zeigt sich bspw. in Hoggarts ‚The Uses of Literacy‘ (1957), wenn er die solidarische Arbeiterkultur in dichotomer Weise einer kommerzialisierten Massenkultur gegenüberstellt. Mit Thompsons Publikation ‚The Making of the English Working Class‘ (1963) wurden allerdings bald auch konflikttheoretische und akteursorientierte Perspektiven in die Cultural Studies integriert, die Kultur als Austragungsort sozialer Kämpfe auffassten.

Hier deutet sich bereits an, dass die Cultural Studies ein politisches Theorieprojekt sind. Ihre Gründungsväter kamen aus der *New Left*, die sich von einem orthodoxen Marxismus abgrenzen wollten. Später wurden darüber hinaus Impulse aus den sozialen Bewegungen integriert. Dieser politische Hintergrund erklärt, warum die Cultural Studies sich zentral an der marxistischen Frage nach dem Verhältnis von Basis und Überbau abarbeiteten. Vereinfacht ausgedrückt geht es hier darum, ob die Basis (Produktionsweise, Herrschaftsverhältnisse, Familienbeziehungen) den Überbau (Gedanken, Kultur, Einstellungen) vollständig determiniert oder ob letzterer einen eigenständigen Status bzw. gewissen Grad an Autonomie besitzt.

Gegen eine eindimensionale Betrachtungsweise, welche Kultur lediglich als Widerspiegelung ökonomischer Strukturen begreift, führen die VertreterInnen der Cultural Studies Autoren wie Althusser oder Gramsci an, die von einem komplexeren Verhältnis zwischen Ökonomie und Kultur ausgehen. Prägend ist hier insbesondere der Hegemoniebegriff von Gramsci.

Kultur und Hegemonie (Gramsci)

Zentral zum Verständnis von Gramscis Hegemoniebegriff ist sein Konzept der Zivilgesellschaft. Die Zivilgesellschaft ist nach Gramsci in modernen Industriegesellschaften zwischen Staat und Ökonomie geschaltet. Sie ist das Terrain gesellschaftlicher Konsensbildung bzw. der Ort des Kampfes um Hegemonie. Die Zivilgesellschaft basiert auf ‚private Organisationen' mit meinungsbildendem Potential wie Kirchen, Universitäten, Gewerkschaften, Verlage, Presse etc. Darüber hinaus manifestiert sie sich in kulturellen Produkten wie Architekturstilen oder der Definition von Straßennamen (vgl. Gramsci 1991: 96). Die Zivilgesellschaft übernimmt nach Gramsci in westlichen Industrienationen eine wichtige Funktion bei der Stabilisierung von Herrschaftsverhältnissen, da sie Konsens organisiert und – solange sie erfolgreich operiert – der Staat auf Zwang verzichten kann.

Für die Cultural Studies ist Gramscis Hegemonietheorie aus den 1930er Jahren inspirierend, da sie Hegemonie als Produkt von Kräfteverhältnissen konzeptualisiert. Damit wird Hegemonie als *Prozess* definiert, der auch Momente der Gegen-Hegemoniebildung denkbar macht, die Akteurs- und Konfliktperspektive betont und die gesellschaftliche Funktion kultureller Praktiken reflektiert. Kultur wird damit zum Schauplatz des Kampfes um Bedeutungen. Wenn sich die Cultural Studies demnach für Kultur interessieren, dann geht es ihnen weniger um ästhetische Aspekte sondern um politische Fragen (vgl. Fiske 2001: 17). Wie Stuart Hall es einmal ausdrückte, sei er nur an Populärkultur als bedeutsamen Ort politischer Machtanalyse und Widerstandspraktiken interessiert, ansonsten wäre sie ihm völlig gleichgültig (vgl. Hall 1981: 239). Die Cultural Studies fragen demnach nach der Politik des Kulturellen bzw. der Kultur des Politischen (vgl. Hall 2000: 141). Sie zielen auf Veränderungen hin zu einer emanzipatorischen Gesellschaft.

Zentral interessieren sich die Cultural Studies dabei für Zusammenhänge zwischen Kultur, Macht und Identität. Nach Marchart konstituieren diese Begriffe das ‚magische Dreieck' der Cultural Studies (vgl. Marchart 2008: 33ff). Neben Interdisziplinarität und Selbstreflexivität gehört ein radikaler Kontextualismus zu den analyseleitenden Prinzipien der Cultural Studies. Darunter versteht Lawrence Grossberg nicht allein, kulturelle Formen in ihren lokalen bzw. historischen Kontext zu verorten, sondern die Kontexte selbst als Ergebnis von kulturellen Praktiken und Identitäten zu begreifen (vgl. Grossberg 1999).

Nach Stuart Hall entwickelten sich die Cultural Studies in einer produktiven Auseinandersetzung mit den Paradigmen Kulturalismus und (Post-)Strukturalismus (vgl. Hall 1999a). Folglich rekurrieren VertreterInnen der Cultural Studies in ihren kritischen Gesellschafts- und Kulturanalysen auf diverse Theorien. Dazu gehören bspw. Klassiker der Soziologie (Durkheim, Simmel, Marx, Mannheim), Ansätze des Strukturalismus (Barthes, de Sassure, Althusser, Lévi-Strauss), der Diskursanalyse (Foucault, Laclau, Mouffe) und Poststrukturalismus (Derrida, Lacan). Wichtig waren zudem theoretische Interventionen aus den *Gender Studies* (McRobbie, Women's Studies Group CCCS), *Queer Studies* (Butler), *Critical Race Studies* (Hall, Gilroy) und *Postcolonial Studies* (Spivak, Bhaba).

Die skizzierten theoretischen Entwicklungen und Positionen der Cultural Studies lassen sich ebenfalls in der Jugendforschung des CCCS identifizieren. Jugendsubkulturen gehörten ab Mitte der 1960er Jahre zu einem zentralen Arbeitsbereich der Cultural Studies. Das Erkenntnisinteresse galt zunächst den unterschiedlichen Erfahrungen, kulturellen Bezugssystemen und Lebensbedingungen von Arbeiterjugendlichen. Allerdings ohne die nostalgischen Vorstellungen der Gründungsväter zu reproduzieren. Kultur wurde als Ebene begriffen, auf der Jugendliche selbstständige Lebensformen entwickeln und ihren sozialen bzw. materiellen Lebenserfahrungen *Ausdruck* verleihen (vgl. Clarke u.a. 1979b: 41). Die kulturellen Praktiken von Arbeiterjugendlichen wurden dabei in einem besonderen Spannungsverhältnis gesehen, da sie aufgefordert sind, zwischen den Erfahrungen ihrer Herkunftsmilieus (Stammkulturen) und der dominanten Kultur zu vermitteln (vgl. Cohen 1972).

Ein prominentes Beispiel ist die Studie ‚Spaß am Widerstand' (1979) von Paul Willis, mit der er anhand ethnographischer Methoden aufzeigte, wie männliche Arbeiterjugendliche mit der Mittelschichtinstitution Schule in Konflikt gerieten. Willis interessierte sich ursprünglich für den Beitrag der Schule zur

Positionierung von Jugendlichen in untergeordnete Arbeitsverhältnisse. Zu seiner Überraschung waren es allerdings die Jugendlichen *selbst*, welche sich zum Teil durch ihre Widerstandskulturen außerhalb schulischer Normen bzw. schulischer Mobilitätsversprechen platzierten. Während einige Arbeiterjugendliche den Weg der Anpassung wählten, übten die von Willis beobachteten ‚Lads' in ihrer Gegenschulkultur Strategien ein, mit denen sie in niedrig-qualifizierten Arbeitsverhältnissen soziale Identität, Solidarität, Kreativität und Humor bewahren konnten. In ihren kulturellen Praktiken (Streiche, derbe Witze oder Autoritätskonflikte) sah Willis die Einübung in Formen kultureller Abwechslung, mit denen sie sich ein späteres Überleben in einer Welt niedrig-qualifizierter, monotoner und entfremdeter Arbeit sicherten. Des Weiteren offeriert die oppositionelle Kultur nach Willis einen Ort, in dem Strategien zur Aneignung informeller Kontrolle über Arbeitsprozesse (z.B. über Arbeitstempo) entwickelt werden können. In Opposition zu offiziellen Autoritäten in Schule und Betrieb werden dabei durch subtile Widerstandsstrategien symbolische und reale Freiräume erkämpft. Da es sich allerdings um keinen politisch artikulierten Kampf handelt, reproduziert das rebellische Verhalten der ‚Lads' soziale Strukturen bzw. die untergeordnete soziale Positionierung der Jugendlichen. Paradoxerweise wurde diese Form der Statusreproduktion bzw. Selbstunterwerfung von den Jugendlichen selbst als Aneignung bzw. Form des Widerstands erlebt.

In Willis Studie manifestiert sich der Fokus auf alltägliche Praktiken der britischen Arbeiterklasse, von denen aus die Cultural Studies ihren Ausgangspunkt nahmen. Des Weiteren sind Jugendliche in seiner Studie kreative Akteure und somit Ideologien bzw. ökonomischen Strukturen nicht passiv ausgeliefert. Vergleichbare Perspektiven finden sich in den Studien jugendlicher Subkulturen, die in dem prominenten Sammelband ‚Resistence through Rituals' (Hall/Jefferson 1976) publiziert wurden. Der Titel macht bereits die Hoffnung der Cultural Studies deutlich, Jugendsubkulturen als gesellschaftliche Widerstandspraktiken bzw. Orte der Gegen-Hegemonie deuten zu können.

Die Herausarbeitung kreativer Aneignungsformen von Jugendlichen zeigt sich ebenfalls in Dick Hebdige Studie ‚Subculture. The Meaning of Style' (1979). Hier wird die Zeichenverwertung von Jugendlichen in den Mittelpunkt der Analyse gestellt. Hebdige sieht in jugendkulturellen Stilen nicht alleine Ausdrucksformen ökonomischer Strukturen sondern ebenfalls die Bearbeitung von Herausforderungen einer kommerzialisierten Massenmediengesellschaft. In Form von Bricolage, Sampling oder Remixing eignen sich Jugendliche in Subkulturen mit Eigensinn und Kreativität bereits vorhandene kulturelle Zeichen und Objekte an und verlagern deren Bedeutungen in einen anderen Kontext. Auf diese Weise werden bspw. Sicherheitsnadeln, Doc Martens oder Kanalarbeiterjacken von Punks aus ihren lebensweltlichen und kommerziellen Kontext gelöst und neu kombiniert (vgl. Marchart 2008: 105). Hier wird ein Fokus auf den Prozesscharakter bei der *Herstellung* von Kultur deutlich. Des Weiteren werden die aktiven Formen der Rezeption bzw. Aneignung von Kultur zum Ausgangspunkt der Analyse gemacht. Diese Herangehensweise zeigt sich auch in den Medienanalysen der Cultural Studies, die einen weiteren wichtigen Forschungsschwerpunkt ausmachen (vgl. Hall 1999b; Morley 1980). Für die Jugendforschung sind die Medienbeiträge der Cultural Studies interessant, da sie Jugendliche als aktive Rezipienten von Medienangeboten begreifen (siehe Kap. 3.5.). Der Fokus auf Spannungsverhältnisse zwischen Machtformationen und kreativen Aneignungsformen hat für die neuere Jugendforschung der Cultural Studies zu Themen wie Globalisierung, Transformationen kultureller Identitäten oder neue Medienkulturen nicht an Aktualität verloren (vgl. Gillespie 1995; Mikos u.a. 2007; Thomas 2008). Dabei erweitern die Cultural Studies ihre Perspektive und konzentrieren sich nicht mehr primär auf jugendliche Arbeiterkulturen, sondern integrieren in ihre Analysen Dimensionen wie Gender, Ethnizität oder Nationalität sowie deren kontextspezifische Artikulationsbeziehungen.

2.4 Jugend und soziale Heterogenität

Die Jugendforschung ist sich heute darüber einig, dass es *die* Jugend nicht gibt. In diesem Zusammenhang wird entweder auf die Pluralisierung von Lebensstilen in einer individualisierten Gesellschaft verwiesen oder auf soziale Ungleichheiten zwischen Jugendlichen aufmerksam gemacht. Wird soziale Heterogenität als Pluralisierung bzw. Individualisierung von Lebensstilen interpretiert, dann geht es bspw. um jugendliche Ausdruckformen bzw. Experimentierfelder in Form von Jugendszenen, Moden, Musik, Religion etc.. Ein direkter Zusammenhang zwischen Jugendszenen und sozialer Ungleichheit bzw. Subkulturen des Widerstands wird für die Gegenwart hinterfragt, denn wie die Gesellschaft insgesamt differenzieren sich auch jugendliche Lebenslagen in diverse Milieus aus bzw. bewegen sich teilweise quer zu ihnen (vgl. Baacke 1987; Ferchhoff 1990; Eckert 1990). Die Auflösung traditioneller Zugehörigkeitsformen in der Moderne können bei Jugendlichen allerdings auch zu Orientierungslosigkeit und Desintegration führen, insofern fokussieren individualisierungstheoretische Ansätze ebenfalls soziale Jugendprobleme wie bspw. Rechtsextremismus (vgl. Heitmeyer 1995; siehe Kap. 4.2.).

Wird hingegen soziale Heterogenität als Produkt sozialer Ungleichheiten ausgelegt, dann geht es darum, wie bspw. Geschlecht, Migrationshintergrund oder Schicht die Sozialisationsprozesse Jugendlicher beeinflussen. Dabei wird nicht angenommen, dass Dimensionen sozialer Ungleichheiten die Biographie von Jugendlichen vollständig determinieren, sie bestimmen allerdings nach wie vor Startbedingungen und begrenzen mitunter Möglichkeitsräume im Hinblick auf die soziale Platzierung in Gesellschaften. Darum soll es im Folgenden vertiefend gehen.

2.4.1 Historische Perspektiven: Die Anerkennung sozialer Heterogenität als Ergebnis kritischer Interventionen

Historisch gesehen war es zunächst die schichtspezifische Sozialisationsforschung, die auf soziale Ungleichheiten bzw. Heterogenität zwischen Jugendlichen aufmerksam machte. Neidhardt kritisierte bereits 1967, dass eine verlängerte Jugendphase im Prinzip nur Jugendlichen aus höheren Schichten vorbehalten sei. Arbeiterjugendlichen hingegen würden frühzeitig Erwachsenenaufgaben zugemutet werden, allerdings ohne rechtlich gleichgestellt zu sein. Folglich verweist Neidhardt auf eine ‚bevorzugte' und ‚benachteiligte' Pubertät (vgl. Neidhardt 1967: 54). Der etablierten Jugendforschung sowie Jugendarbeit wurde in den 1960ern vorgeworfen, sich lediglich auf Jugendliche der Mittelschicht zu konzentrieren und materielle Verhältnisse zu ignorieren (vgl. Andresen 2005: 114ff.).

Mit dieser Kritik ging ebenfalls eine Politisierung der sozialen Arbeit einher, die sich bspw. in Heimkampagnen, Jugendzentrumsbewegungen und Jugendwohnkollektiven ausdrückte (vgl. Hering/Münchmeier 2007: 218). Es wurde für den Abschied von einer sozialintegrativen Jugendarbeit plädiert, welche die Folgen gesellschaftlicher Probleme nicht länger einhegen solle (vgl. Liebel 1983). Emanzipatorische Jugendarbeit sollte vielmehr an den Bedürfnissen der Jugendlichen selbst ansetzen und auf Hierarchien zwischen PädagogInnen und Jugendlichen verzichten (vgl. Savier/Wildt 1978: 18f.).

Vergleichbare Kritik wurde Ende der 1970er Jahre durch die Frauenforschung formuliert. In der Jugendarbeit wurde bspw. kritisiert, dass diese im Prinzip *Jungen*arbeit sei (vgl. Savier/Wildt 1978: 17). Die Lebenslagen, Interessen und Bedürfnisse von Mädchen würden in der Jugendhilfe ignoriert werden. Der 6. Jugendbericht der Bundesregierung kam 1984 zu dem Schluss, dass Lebenskonzepte bzw. Konfliktlagen von Mädchen im Hinblick auf Schule, Berufsausbildung, Freizeit oder Familie bisher kaum Berücksichtigung fanden. Daraus entstand die Forderung, den pädagogischen Handlungsbedarf auch an den Bedürfnissen von Mädchen auszurichten. D.h., sie bei der Entwicklung eines eigenen Lebensentwurfs zu unterstützen und dabei ihre Wünsche, Impulse, Ausdrucks- und Widerstandsformen zu berücksichtigen (vgl. Sachverständigenkommission sechster Jugendbericht 1984). Eine pädagogische Konsequenz dieser Debatte war die Entwicklung geschlechtshomogener Konzepte für die Mädchenarbeit (vgl. Bitzan/Daigler 2004). Die Kritik betraf darüber hinaus die Jugendforschung, welche Männlichkeit als Norm setzen würde (Androzentrismus) sowie 'geschlechtsblind' und durch Geschlechterstereotypen geprägt sei (*gender bias*).

Schließlich wurde Ende der 1970er Jahre auch die Kategorie Migrationshintergrund in Jugendforschung und Jugendarbeit verstärkt integriert. Damals prägten zunächst Begriffe wie 'Gastarbeiter' bzw. 'ausländische Jugendliche' die Debatte (vgl. Walz 1978). Im Fokus standen ebenfalls Formen von Diskriminierung wie Bildungsbenachteiligung oder die Kriminalisierung ausländischer Jugendlicher (vgl. Albrecht/Pfeiffer 1979). Die damals prägenden Erklärungstheoreme wie 'Identitätsprobleme', 'Leben zwischen den Kulturen' oder 'Orientierungslosigkeit' werden heute allerdings als zu einseitig, kulturalistisch oder strukturblind gewertet (vgl. Griese 2007: 149).

Die hier referierten Kritiken am Mainstream der Jugendforschung bzw. Jugendarbeit führten zu einer Anerkennung sozialer Heterogenität und deren zunehmenden Berücksichtigung in Sozialisationsforschung und pädagogischen Konzepten. Es sei allerdings darauf hingewiesen, dass es historisch immer Forschungsbeiträge gab, welche die soziale Heterogenität von Jugendlichen als integrierten Bestandteil der Analyse berücksichtigten. Beispiele dafür sind empirische Studien über Arbeiterjugendliche der 1920er bzw. 1930er Jahre (vgl. Franzen-Hellersberg 1932) oder Jugendstudien der 1960er bzw. 1970er Jahre, welche den Zusammenhang von Männlichkeit und Klasse explizit reflektierten (vgl. Cohen 1961; Willis 1979).

2.4.2 Soziale Heterogenität – Definition und Problemhorizonte

Der Begriff Heterogenität lässt sich etymologisch aus dem altgriechischen Begriff *heterogénēs* ableiten, welcher sich aus den Bestandteilen *héteros* (anders/verschieden) und *génos* (Klasse/Art) zusammensetzt (vgl. Kluge 1995: 372). Heterogenität verweist demnach auf Verschiedenheit, Ungleichartigkeit oder Andersartigkeit. Nach Wenning sind Heterogenität und Homogenität relationale Begriffe, die nur bezogen auf einen gemeinsamen Maßstab – wie z.B. Gruppenzugehörigkeit – vorliegen können, anhand dessen Gleichheit oder Ungleichheit festgestellt wird. Des Weiteren werden sie erst durch soziale Beobachtungsprozesse hergestellt, d.h. die Wahrnehmung von Heterogenität ist zeitlich veränderbar und von Interessen bzw. Normen beeinflusst (vgl. Wenning 1999).

Dies zeigte sich bereits im historischen Rückblick auf kritische Interventionen der Sozialisationsforschung. Es betrifft allerdings auch die Formen des

Umgangs mit Heterogenität: Wird Heterogenität als Zusatzbelastung empfunden? Soll Heterogenität durch kompensatorische Bildungsangebote oder Erziehungsmaßnahmen homogenisiert bzw. neutralisiert werden? Wird soziale Heterogenität als Produkt sozialer Ungleichheit kritisiert oder für eine Kultur der Anerkennung von Differenzen plädiert?

Gleichwohl Heterogenität der gesellschaftliche Normalfall ist, finden Jugendliche gegenwärtig eher Bildungsinstitutionen vor, die sich primär am Paradigma der Homogenität orientieren. In der Konsequenz, so Tillmann, wird Heterogenität ‚nach unten abgeschnitten': durch Rückstufungen, Späteinschulungen oder Selektion nach Schulformen werden aus heterogenen Jugendlichen homogene Lerngruppen geformt (vgl. Tillmann 2004: 6ff.). Dabei ist nicht allein Leistung der ausschlaggebende Faktor sondern auch die soziale Herkunft der Jugendlichen (siehe Kap. 3.2.). Des Weiteren sind Bildungsinstitutionen unzureichend auf die sprachliche, ethnische und nationale Heterogenität von Jugendlichen mit Migrationshintergrund ausgerichtet (vgl. Gomolla/Radtke 2007; siehe Kap. 3.2.3.). Da Bildungsinstitutionen durch die Vergabe von Qualifikationszertifikaten soziale Platzierungsfunktionen einnehmen, ist deren Orientierung an Homogenität von besonderer Brisanz für Jugendliche. In diesem Sinne *produzieren Institutionen auch soziale Heterogenität.* Der Fokus auf soziale Heterogenität macht deutlich, dass soziale Ungleichheit bzw. Ungerechtigkeit nicht allein vorliegt, wenn Gleiche ungleich behandelt werden, sondern auch, wenn Ungleiche gleich behandelt werden (vgl. Hormel/Scherr 2004: 212).

Die Berücksichtigung sozialer Heterogenität umfasst allerdings nicht allein die Kategorien Geschlecht, Schicht oder Migrationshintergrund. Weitere Dimensionen sozialer Ungleichheit von Jugendlichen sind etwa Behinderung, sexuelle Orientierung oder Ost-West-Verhältnisse. Für die Jugendforschung stellt sich das Problem, welche soziale Kategorien relevant gesetzt werden und welche marginalisiert bzw. ausgeblendet bleiben. Damit verbunden ist ebenfalls die Frage nach der Gewichtung von sozialen Kategorien (vgl. Walgenbach 2007).

Historisch finden sich in der Sozialisationsforschung Beispiele für eine Gewichtung sozialer Kategorien, bei denen *eine* Ungleichheitsdimension in das Zentrum gestellt wird. In den 1970er Jahren konstatierte z.B. Basil Bernstein im Sinne der schichtspezifischen Sozialisation: „Ohne Zweifel bewirkt aus soziologischer Sicht die soziale Schichtzugehörigkeit den größten Einfluß auf Sozialisationsverfahren." (Bernstein 1972: 262) Während Alice Schwarzer im selben Jahrzehnt konterte „Nichts, weder Rasse noch Klasse, bestimmt so sehr ein Menschenleben wie das Geschlecht." (Schwarzer 1975, 178)

Des Weiteren gehören Formen der *Ausblendung* zur Problematik der Kategoriengewichtung. In der Bundesrepublik Deutschland blieben ‚Rasse' und ‚Ethnizität' z.B. bis in die 1990er Jahre hinein weitgehend dethematisiert. Dies war u.a. eine Folge der Diskreditierung der Begriffe durch den Nationalsozialismus (vgl. Lutz 2001). Durch ihre Dethematisierung waren sie als Dimensionen sozialer Ungleichheit allerdings auch der Kritik entzogen. Formen der Ausblendung finden sich zudem besonders häufig im Zusammenhang mit strukturellen Privilegien wie Heteronormativität, Bildungsprivilegien oder Männlichkeit. Durch einen ausgeprägten Fokus der Sozialisationsforschung auf Diskriminierung gerieten sie lediglich in den Blick, wenn es um Benachteiligungsmechanismen ging. Erst seit den 1990er Jahren entstehen zahlreiche Studien zu Privilegien, welche zukünftig auch für die Analyse von Sozialisationsprozessen von Jugendlichen produktiv gemacht werden könnten (vgl. Frankenberg 1997; Conell 1999; Walgenbach 2005; Wagenknecht 2007; Hornscheidt/Dietze 2006).

Unter Privilegierung wird in diesen Studien die strukturelle Dominanz eines sozialen Kollektivs gefasst, die sich z.B. darin ausdrückt, dass deren Mitglieder sich selbst der sozialen Norm zugehörig fühlen, die eigenen Werte als universell ansehen können oder die eigene *soziale* Position als ‚natürlich gegeben‘ wahrnehmen. Privilegien drücken sich zudem in dem bevorzugten Zugang zu Ressourcen aus, da die gesellschaftlichen Institutionen zugunsten des eigenen Kollektivs operieren. Für die Privilegierten selbst bleiben die strukturellen Bevorzugungen allerdings oft unsichtbar.

Das Problem der Gewichtungen zeigt sich schließlich in Formen der *Aufzählung* von Kategorien. Die populärste Auswahl von Kategorien ist hier sicherlich die Triade ‚Geschlecht, Klasse und Ethnizität‘. Diese Aufzählung wird manchmal durch Kategorien wie Behinderung, sexuelle Orientierung, Alter, Religion, Nation ergänzt. Doch spätestens nach dieser Aufzählung kommt meist ein hilfloses ‚etc.‘, welches bereits Judith Butler ironisch kommentierte. Für Butler manifestiert nämlich gerade dieses ‚etc.‘ oder ‚usw.‘ den unbegrenzbaren Bezeichnungsprozess von Subjekten (vgl. Butler 1991, 210). Die Fragen, die sich hier aufdrängen, sind: Wer entscheidet, wann diese Liste geschlossen wird? Welche Kategorien werden von JugendforscherInnen relevant gesetzt, welche auf ein ‚etc.‘ reduziert?

Die Antwort wird abhängig sein von historischen, geographischen, politischen und kulturelle Faktoren. Die Kategorie ‚Alter‘ erfährt in Afrika als Ressource für Prestige und Einfluss bspw. eine größere Gewichtung als in Europa (vgl. Gehrmann 2005). Darüber hinaus bestimmen auch Forschungsinteressen, theoretische Paradigmen oder politische Ansätze die *Auswahl* von Kategorien. Es lässt sich demnach festhalten, dass die Gewichtungen von Kategorien abhängig sind von sozial geprägten Entscheidungen und Wissensproduktion – wie die Sozialisationsforschung – stets ‚situiert‘ bzw. ‚partikular‘ verläuft (vgl. Haraway 1995).

2.4.3 Sozialisationsforschung und soziale Heterogenität: Schicht, Geschlecht und Migration

In diesem Lehrbuch wird der Fokus auf die sozialen Kategorien Schicht, Geschlecht und Migrationshintergrund gelegt. Diese Dimensionen sozialer Ungleichheiten wurden ausgewählt, da sie gegenwärtig im prägnanten Ausmaß die Lebenschancen und Sozialisationsbedingungen der Majorität von Jugendlichen beeinflussen. Die Berücksichtigung der sozialen Heterogenität von Jugendlichen erscheint uns wichtig, da Familie, Schule oder Peer-Groups von Jugendlichen unterschiedlich erfahren werden bzw. Sozialisationsinstanzen soziale Unterschiede auch produzieren. Wie dies geschieht, wird in den jeweiligen Kapiteln deutlich. Um Wiederholungen zu vermeiden, wird deshalb im Folgenden ein Schwerpunkt darauf gelegt, diese Befunde historisch bzw. theoretisch in Forschungstraditionen zur Sozialisation und sozialer Ungleichheit zu verorten. Der Fokus auf paradigmatische Diskurse in diesen Feldern verfährt dabei idealtypisch und verkürzt in der Konsequenz mitunter Entwicklungen, die nebeneinander existieren bzw. nicht in verwendete Schemata zu verorten sind.

Schicht und Sozialisation
In den 1960er Jahren waren es zunächst die Begriffe *Klasse* und *Schicht*, welche die Sozialisationsforschung zur sozialen Ungleichheit prägten. Kritisiert wurde die ungleiche Chancenverteilung, die mit der Schichtzugehörigkeit von Jugendlichen einherging. Insbesondere die Mechanismen zur Reproduktion sozialer Ungleichheit im Bildungssystem standen dabei im Mittelpunkt der schichtspezifischen Sozialisationsforschung (siehe Kap. 3.2.). Gegenstand der Kritik waren bspw. soziale Selektionsprozesse und die Orientierung höherer Bildungsinstitutionen an den Bedürfnissen bzw. Habitus der Mittel- und Oberschicht (vgl. Bourdieu/Passeron 1971).

Des Weiteren wurde die Familie von der *schichtspezifischen Sozialisationsforschung* als Ort der Reproduktion sozialer Ungleichheit problematisiert, denn hier würden Entwicklungsbedingungen gelegt bzw. der Habitus geprägt, welche für den Bildungserfolg entscheidend seien. Ein Beispiel dafür waren die soziolinguistischen Untersuchungen von Basil Bernstein, der bei Arbeiterkindern einen 'restringierten Sprachcode' identifizierte, welcher zur schulischen Benachteiligung führe bzw. kompensatorische Erziehungsmaßnahmen nahe legt. Dagegen würde das Bildungssystem Mittelschichtkinder mit ihrem 'elaborierten Sprachcode' privilegieren (vgl. Bernstein 1972).

Aufgrund ihrer Orientierung an gesellschaftlichen Gerechtigkeitsfragen war es für die schichtspezifische Sozialisationsforschung in den 1970er Jahren charakteristisch, dass sie das Verhältnis zwischen Individuum und Gesellschaft zugunsten eines besonderen Fokus auf *soziale Strukturen* fasste. Ein Beispiel dafür sind Melvin Kohns (1969) Studien über den Zusammenhang zwischen beruflichen Anforderungen bzw. Arbeitsplatzbedingungen der Eltern und schichtspezifischen Werten, die an Kinder und Jugendliche weitergegeben werden. Während die Arbeiterschicht entsprechend ihres Berufsprofils Disziplin, Sauberkeit und Gehorsam betont, so Kohn, werden in der Mittelschicht Verantwortung und Selbstkontrolle gefördert (vgl. Kohn 1981). Die dadurch entstehenden ‚schichtspezifischen Sozialcharaktere' bzw. Persönlichkeitsmerkmale führen zu einer sozialen Vererbung des gesellschaftlichen Status bzw. reproduzieren bestehende Ungleichheitsstrukturen.

Bereits Mitte der 1970er Jahre wurde der einseitige Schwerpunkt auf soziale Strukturen zunehmend kritisiert. Unterstellt wurde der schichtspezifischen Sozialisationsforschung mitunter, sie würde ein deterministisches Verständnis von Gesellschaft haben. Die *Akteursperspektive* geriet deshalb stärker in den Mittelpunkt der Sozialisationsforschung und damit die Potenziale, Ressourcen, Handlungsfähigkeiten und entwicklungsoffene Struktur von Subjekten (vgl. Bauer/ Vester 2008: 190). Parallel dazu wurde die Eindimensionalität bzw. dichotome Struktur der theoretischen und empirischen Konzepte von Klasse bzw. Schicht hinterfragt. Infolgedessen gewannen der *Milieu*begriff sowie sozialökologische Ansätze an Relevanz für die ungleichheitsorientierte Sozialisationsforschung (vgl. Bronfenbrenner 1976).

Den unterschiedlichen Interpretationen des Milieubegriffs ist gemeinsam, dass sie das vertikale Schichtmodell ausdifferenzieren, indem sie auf einer horizontalen Achse milieuspezifische Mentalitäten, Lebensstile und Werthaltungen erfassen. In gewisser Weise finden sich aber auch in Milieu-Modellen unterschiedliche Schwerpunktsetzungen: Während einige AutorInnen tendenziell die Subjektseite betonen, indem sie die Pluralisierung von Lebensstilen fokussieren (vgl. Schulze 1992; Hradil 2004; Wippermann/Calmbach 2008), heben sozialstrukturelle Milieutheorien die Gesellschaftsseite hervor (vgl. Vester u.a. 2001). Für letztere sind insbesondere Bourdieus Studien zu den Wechselbeziehungen von Kapitalformen, sozialer Raum, Lebensstilen und Habitus wegweisend (vgl. Bourdieu 1987). Dabei setzt Bourdieu sich von einem dichotomen Klassenbegriff ab, da er zwischen ökonomischen, kulturellen und sozialen Kapital differenziert und ein multidimensionales Modell von einem sozialen Raum entwirft, in dem Subjekte unterschiedlich positioniert sind.

Geschlecht und Sozialisation
Aufgrund der Kritik an einer männlich zentrierten Wissenschaft bzw. Jugend- und Sozialisationsforschung entstanden in den 1970er Jahren Theorien und empirische Forschungen zur *geschlechtsspezifischen Sozialisation*. Vergleichbar

mit der schichtspezifischen Sozialisation wurde auch hier zunächst die frühe Kindheit und Familiensozialisation in den Fokus genommen, welche Mädchen zur Anpassung, Unterlegenheit und Passivität erziehen würden (vgl. Scheu 1977; Belotti 1975). Die Unterscheidung zwischen biologischem Geschlecht (*sex*) und sozialem Geschlecht (*gender*) in der feministischen Theoriebildung sollte verdeutlichen, dass Individuen zwar mit unterschiedlichen Geschlechtsmerkmalen geboren werden, doch erst die Gesellschaft für die *sozialen* Unterschiede bzw. gesellschaftliche Ungleichheit verantwortlich ist. In einem Kinder- und Jugendlied des Gripstheaters hieß es deshalb „Mädchen sind genau so schlau wie Jungen, Mädchen sind genau so frech und schnell" (Ludwig 1969). Die *Gleichheit* der Geschlechter sollte hier die pädagogische Zielperspektive sein. So wurden z.b. Initiativen entwickelt, die Mädchen in männlich besetzte Ausbildungen und Berufe bringen sollten (vgl. Rimele-Petzold 1985).

Doch in den 1980er Jahren wurde dieser Gleichheitsansatz hinterfragt, denn er würde Mädchen an einem androzentristischen Maßstab messen und lediglich auf die Angleichung an Männlichkeit abzielen (vgl. Gilligan 1984; Cavarero 1990). Mit dem *Differenz*ansatz wurden dagegen die positiven Aspekte von Weiblichkeit bzw. die Besonderheiten der weiblichen Sozialisation hervorgehoben. Ein Beispiel dafür, welches auch die Jugendforschung besonders prägte, ist die psychoanalytisch orientierte Objektbeziehungstheorie von Nancy Chodorow (vgl. Chodorow 1985; Flaake/King 1995).

In den 1980er Jahren kam allerdings auch in jene Ansätze Bewegung, die sich nicht dem Differenzparadigma zuordnen lassen. Hier wurde bspw. verstärkt die Eigentätigkeit bzw. aktive Aneignung von Mädchen im Sozialisationsprozess betont (vgl. Bilden 1980). Zudem wurde Geschlecht verstärkt als *relationale* Kategorie konzeptualisiert, womit auch Jungen in den Fokus der geschlechtsspezifischen Sozialisationsforschung kamen (vgl. Böhnisch/Winter 1993; Budde 2005; Pech 2009). Aus der Frauenforschung wurde somit eine Geschlechterforschung.

Sozialkonstruktivistische, poststrukturalistische und dekonstruktive Ansätze führten ab den 1990er Jahren die geschlechtsspezifische Sozialisationsforschung schließlich in eine Krise bzw. generierten neue Forschungsperspektiven. Bereits 1984 kritisierte Hagemann-White die empirische Sozialisationsforschung, da in den Untersuchungsdesigns Männer und Frauen bereits in zwei Gruppen eingeteilt werden, noch *bevor* Unterschiede zwischen ihnen identifiziert wurden. Auf diese Weise geraten sowohl Unterschiede innerhalb von Mädchen/Frauen bzw. Jungen/Männern als auch Gemeinsamkeiten zwischen den Geschlechtern aus dem Blick (vgl. Hagemann-White 1984).

Die gesellschaftlich *wahrgenommenen* Unterschiede zwischen den Geschlechtern wurden demnach hinterfragt und die Prozesse der Konstruktion von

Geschlecht gerieten in den Fokus (vgl. Thorne 1993; Helfferich 1994). Zentral war dabei Judith Butlers Kritik an der Unterscheidung zwischen *sex* und *gender*, denn bereits die *Wahrnehmung* von zwei biologischen Geschlechtern sei ein kulturelles Produkt (vgl. Butler 1991). In der Konsequenz werden damit ganz andere soziale Kategorisierungen denkbar, wie bspw. die Ordnung von Geschlechtsmerkmalen auf einem Kontinuum oder die Erfindung neuer Kategorien. Nach Fausto Sterling müsste es bspw. biologisch gesehen mindestens fünf Geschlechter geben (vgl. Fausto-Sterling 2000). Die binäre Ordnung der Geschlechter wurde als Effekt historisch-gesellschaftlicher Hierarchieverhältnisse, Diskurse und interaktiver Praktiken kritisiert.

Folglich geriet die Frage in den Mittelpunkt, *wie* Geschlecht von Jugendlichen in alltäglichen Praktiken bzw. Interaktionen hergestellt wird bzw. wie Mädchen und Jungen in das *kulturelle System der Zweigeschlechtlichkeit* sozialisiert werden und dieses aber auch selbst produzieren. Diese Fragen wurden in der Geschlechterforschung mit unterschiedlichen Theorieansätzen bearbeitet. Ethnomethodologische Ansätze prägten den Begriff des *doing gender* und fragen bspw., wie Mädchen und Jungen Geschlecht in Institutionen wie Schule alltäglich herstellen (vgl. Breidenstein/Kelle 1998; Faulstich-Wieland u.a. 2004). Psychoanalytische Theorien stellen symbolische Geschlechterordnungen und Sprache in den Fokus der Analyse (vgl. Rendtorff 1998). Im Anschluss an Bourdieu wurde schließlich die Bedeutung alltäglicher Praktiken bzw. Lebensstile für die Entwicklung des Konzepts eines geschlechtlichen Habitus produktiv gemacht (vgl. Meuser 1998).

In Folge dieser theoretischen Entwicklungen wurden auch Begriffe wie ‚geschlechtsspezifische Sozialisation‘ bzw. ‚Geschlechterrollen‘ kritisch hinterfragt (vgl. Bilden/Dausien 2006: 8). Zudem wurde hervorgehoben, dass Geschlecht nicht isoliert von anderen Kategorien wie Schicht, Ethnizität, Nationalität, Sexualität, Behinderung konzeptualisiert werden kann (vgl. Walgenbach 2007). Schließlich geraten auch Prozesse der Entdramatisierung von Geschlecht in den Analysefokus (vgl. Faulstich-Wieland 1998).

Migration und Sozialisation
Mit dem Begriff Migrationshintergrund wird sowohl die Staatsangehörigkeit der Jugendlichen als auch der Eltern bzw. Großeltern adressiert. Er erfasst damit die soziale Situation von Jugendlichen genauer als etwa der Terminus ‚ausländische Jugendliche‘, da viele von ihnen insbesondere durch die Erneuerung des Staatsangehörigkeitsrechts 2000 heute einen deutschen Pass besitzen. Jugendliche mit Migrationshintergrund sind keine homogene Gruppe: Sie kommen aus diversen Herkunftsländern und unterscheiden sich hinsichtlich Einreisealter, Aufenthaltsstatus, familiärer Migrationsgeschichte etc.

Des Weiteren sind Jugendliche mit Migrationshintergrund statistisch gesehen keine Minorität in der Bundesrepublik Deutschland: Repräsentative Studien ab Ende der 1990er Jahre kommen zu dem Ergebnis, dass ein Viertel der Kinder und Jugendlichen mindestens ein Elternteil mit Migrationshintergrund aufweist (vgl. Konsortium Bildungsberichterstattung 2006). In Großstädten wie Berlin, Frankfurt oder Bremen liegen diese Anteile sogar noch höher. Wie sich der Migrationshintergrund auf jugendliche Sozialisationsprozesse bzw. die Lebensphase Jugend auswirkt, wird allerdings im Mainstream der Jugendforschung erst seit kurzer Zeit systematischer thematisiert. Ein Beispiel dafür ist die Shell Jugendstudie 2000, welche erstmalig deutsche *und* ausländische Jugendliche in die Analyse einbezog: „Unser Thema lautet ‚Jugendliche in Deutschland‘, also nicht mehr ‚deutsche Jugendliche‘ (vgl. Deutsche Shell 2000: 12).

In den 1980er Jahren prägten vor allem problemorientierte Perspektiven die Sozialisationsforschung zu ‚ausländischen Jugendlichen‘: Kulturdifferenzen, Sprachprobleme, Lernschwächen oder Devianz waren zentrale Themenfelder. Der Fokus lag dabei primär auf der ‚zweiten Generation‘ der türkischen Gastarbeiter (vgl. Apitzsch 2010: 936). Einflussreich war in dieser Zeit zunächst die Kultur-Konflikt-These, welche eine national-kulturelle ‚Basispersönlichkeit‘ von ausländischen Jugendlichen postulierte, die mit der Aufnahmekultur in Konflikt geraten würde. Diese These wurde allerdings bald kritisiert, da sie die Identität von Migrantenjugendlichen unveränderbar, dichotom und kulturalistisch definierte (vgl. Bukow/Llaryora 1988).

In den 1990er Jahren etablierte sich ein differenzierteres Verständnis von Jugendlichen mit Migrationshintergrund. Neben der ‚zweiten Generation‘ der so genannten Gastarbeiter fanden nun weitere Migrationsformen Beachtung in Jugendstudien wie z.B. AussiedlerInnen aus Osteuropa oder Flüchtlingsjugendliche ohne legalen Aufenthaltsstatus (vgl. von Balluseck 2003). Die Sozialisationsbedingungen illegalisierter Jugendlicher müssen als besonders prekär bewertet werden, da sie oft vom Schulbesuch ausgeschlossen sind und der Umgang mit Peers aus Furcht vor Statusaufdeckung erschwert wird. Somit kann für Flüchtlingsjugendliche von erheblichen Störungen im Bereich der sozialen Entwicklung ausgegangen werden (vgl. Apitzsch 2010: 936f.).

Differenzierter wurden zudem Formen der Bildungsbenachteiligung für Migrantenjugendliche untersucht. Die Berücksichtigung von Herkunft, Geschlecht und Schicht führt hier zu unterschiedlichen Ergebnissen. Für griechische Jugendliche stellt sich das Problem der Bildungsbenachteiligung bspw. weitaus weniger als für türkische und italienische Jugendliche (vgl. Boos-Nünning/ Karakaşoğlu 2005). Deutlich mehr männliche als weiblichen Jugendliche mit Migrationshintergrund verlassen die Schule mit einem Hauptschulabschluss bzw. ohne Schulabschluss oder werden auf Sonderschulen verwiesen (vgl. Heß-Menning 2004; Gomolla/Radtke 2007).

Das Spannungsverhältnis zwischen Akteursperspektive und Gesellschafts-perspektive manifestiert sich ebenfalls in Studien zu Migration und Sozialisation. Der Fokus auf die Handlungsfähigkeit von Subjekten findet sich bspw. in jenen Studien, die sich für die Bedingungen bzw. individuellen Ressourcen von Migrantenjugendlichen interessieren, welche trotz schlechter Ausgangsbe-dingungen zu einer erfolgreichen Bildungsmobilität beitragen (vgl. Hummrich 2002). In dieser Perspektive werden Jugendliche mit bikulturellem Hintergrund als aktive Akteure fokussiert, die nicht zerrissen ‚zwischen den Stühlen' sitzen, sondern in kreativer Eigenleistung einen ‚dritten Stuhl' für sich erfinden (vgl. Badawia 2002). Vergleichbar mit der Phase der Adoleszenz bietet Migration demnach auch neue Möglichkeitsräume für Transformations- und Bildungs-prozesse (vgl. King 2006). Die Problematisierung der Gesellschaftsperspektive findet sich hingegen bspw. in der kritischen Analyse von Formen *institutionel-ler Diskriminierung* (vgl. Gomolla/Radtke 2007; siehe auch Kap. 3.2.3). Hier werden die Ursachen sprachlicher, kultureller oder sozialer Defizite nicht im familiären Umfeld bzw. ethnischen Traditionen gesucht sondern in der Tatsache, dass deutsche Bildungsinstitutionen die soziale Heterogenität von Jugendlichen nicht angemessen berücksichtigt.

Wechselwirkungen: Intersektionalität und Überlagerungen sozialer Kategorien
Die Problematisierung von Jugend, Sozialisation und sozialer Heterogenität lässt sich allerdings nicht auf die Berücksichtigung mehrerer sozialer Katego-rien bzw. deren interne Differenzierung beschränken. Vielmehr gehört zu ihr auch der Fokus auf Überlagerungen bzw. Wechselwirkungen *zwischen* sozia-len Kategorien. Diese Perspektive ist relativ neu in der Sozialisationsforschung, gleichwohl es durchaus historische Beispiele dafür gab, dass soziale Katego-rien nicht isoliert voneinander analysiert wurden. Die prominente Kunstfigur des ‚katholischen Arbeitermädchens vom Lande', repräsentierte bspw. in den 1960er Jahren das Zusammenwirken unterschiedliche Dimensionen der Bil-dungsbenachteiligung in der Bundesrepublik. Damals thematisierte Dahrendorf explizit die ‚Überschneidungen' unterschiedlicher Kategorien. In Bezug auf die Diagnose, dass Katholiken besonders schlechte Bildungschancen haben, schrieb er:

Originalzitat:
„Im übrigen darf die Diskussion dieses Phänomens dahingehend resümiert werden, dass das in Frage stehende Bildungsdefizit nur residual ‚als katholisch‘, d.h. als auf der Zugehörigkeit zur katholischen Kirche beruhend bezeichnet werden kann. Schon die anderen genannten Gruppen überschneiden sich; die Tochter eines auf dem Lande lebenden Arbeiters gehört allen dreien an: für Katholiken gilt indes generell, dass sie sowohl in der Landbevölkerung als auch in der Arbeiterschaft besonders stark vertreten sind." (Dahrendorf 1965: 52f.)

Heute ist es allerdings eher der ‚Migrantensohn aus der Stadt', welcher unterschiedliche Dimensionen sozialer Ungleichheit auf sich vereint (vgl. Geißler 2005).

Theoretische, methodologische und methodische Impulse zur Analyse von *Wechselwirkungen* sozialer Kategorien offerieren gegenwärtig insbesondere die Dokumentarische Methode und der Intersektionalitätsansatz.

Die *dokumentarische Methode* inspiriert seit Ende der 1980er Jahre die Jugend- und Sozialisationsforschung (vgl. Nohl 1996; Schäffer 2003; Weller 2003; Schittenhelm 2005; Asbrand 2009). Am Anfang stand die Studie von Bohnsack und Mangold über milieu-, geschlechts- und generationenspezifische Orientierungsmuster in der Adoleszenz. Bei der Auswertung der Gruppeninterviews mit Jugendlichen wurden nicht allein die Dimensionen Geschlecht, Migration, Generation und soziales Milieu berücksichtigt, sondern auch nach deren *Überlagerung* gefragt (vgl. Bohnsack 1989). Mit ihren methodologischen Reflexionen und methodischen Herangehensweisen stellt die dokumentarische Methode elaborierte Instrumentarien zur Analyse von Heterogenität bzw. Mehrdimensionalität zur Verfügung (vgl. Bohnsack 2010).

Das Paradigma der *Intersektionalität* entwickelte sich hingegen aus Differenzdiskussionen innerhalb der Geschlechterforschung. Ausschlaggebend war ferner die Kritik an additiven Perspektiven in feministischer Theoriebildung, die sich bspw. in Termini wie ‚Doppeldiskriminierung' oder ‚Mehrfachdiskriminierung' ausdrückten. Der Begriff *Intersectionality* wurde 1989 von der US-amerikanischen Rechtswissenschaftlerin Kimberlé Crenshaw eingeführt, mit der sie auf die spezifische Subjektposition Schwarzer Frauen aufmerksam machen wollte, bei der sich Rassismus und Sexismus überschneiden (vgl. Crenshaw 1989). In Intersektionalitätsansätzen wird davon ausgegangen, dass soziale Kategorien ‚sich überschneiden', miteinander ‚verwoben' sind bzw. sich ‚verschränken'. In der deutschsprachigen Jugendforschung wird das Paradigma Intersektionalität z.B. seit einigen Jahren zur Analyse von Biographien, Lebens-

67

lagen und Repräsentationen Jugendlicher mit Migrationshintergrund produktiv verwendet (vgl. Spindler 2006; Riegel 2007; King 2009) sowie für weitere Themen wie Jungenarbeit oder Gewaltprävention (vgl. Stuve/Busche 2007; Busche/Cremers 2009).

Exemplarisch soll hier abschließend die Studie von Susanne Spindler (2006) angeführt werden, die auf biographischen Interviews mit männlichen Migrantenjugendlichen in deutschen Justizvollzugsanstalten basiert. Das Paradigma Intersektionalität aufgreifend fragt die Autorin nach den Wechselwirkungen von Männlichkeit, Herkunft und Kriminalität. Dabei fokussiert sie unterschiedliche Sozialisationskontexte wie Familie, Schule oder Peers. Besonders instruktiv für die intersektionale Perspektive ist ein Kapitel über sexualisierte Gewalt, welches die befragten Jugendlichen nicht als Täter sondern als Opfer von Gewaltverhältnissen in den Blick nimmt. Der zunächst überraschende Befund Spindlers ist, dass viele ihrer Interviewpartner Erfahrungen mit sexualisierter Gewalt haben. In den Opfererfahrungen der Jugendlichen manifestiert sich ein komplexes Zusammenwirken von Geschlecht, Staatsbürgerschaft und sozialer Lage. Der Problemkontext der Herausbildung einer männlichen Geschlechtsidentität in der Jugendphase manifestiert sich bspw. in dem Schweigen der Jugendlichen hinsichtlich ihrer eigenen Missbrauchserfahrungen, da Jungen bzw. junge Männer sich nicht als Opfer erfahren dürfen. Die eigene männliche Identität wird als gefährdet erlebt, was für einige der befragten Jugendlichen den Druck erzeugt, sich besonders rigide gegen Homosexualität abzugrenzen. Die Majorität der Jugendlichen wurde zudem von männlichen Tätern missbraucht – oft Verwandte oder Stiefväter. Dabei fand die sexualisierte Gewalt häufig im pädosexuellen Milieu bzw. außerfamiliären Nahraum statt.

Das Schweigen der Jugendlichen über ihre sexualisierten Gewalterfahrungen ist allerdings auch verknüpft mit staatsbürgerschaftlichen Dimensionen, da der Aufenthaltsstatus der Familie meist von deutschen Stiefvätern bzw. der Arbeitserlaubnis des Vaters abhängig ist. Ein Konflikt mit dem Täter bringt folglich nicht allein das Opfer in Gefahr sondern die ganze Familie. Nicht zuletzt riskieren illegale Opfer bzw. Beobachter des Missbrauchs bei einer Anzeige eine Abschiebung. Auf Wechselwirkungen mit ökonomischen Dimensionen zielt schließlich Spindlers Hinweis, dass die Übergänge zwischen pädosexuellem Milieu und männlicher Prostitution fließend sind. Insbesondere wenn Jugendlichen ohne Aufenthaltserlaubnis keine legalen Verdienstmöglichkeiten offen stehen, wird der Körper zur Ware. Der Aufenthalt in pädosexuellen Milieus beschleunigt nach Spindler wiederum Kriminalisierungsprozesse, da Jugendlichen besondere Zugänge zum kriminellen Milieu ermöglicht werden. Professionelle Hilfen, so resümiert die Autorin, reflektieren diese Wechselverhältnisse (*intersections*) zu wenig und stellen somit keine angemessenen Unterstützungsleistungen bereit.

3 Sozialisationskontexte von Jugendlichen

Mit der Betrachtung des Zusammenhangs von Jugend und Sozialisation treten zentrale Sozialisationskontexte in den Blick, die das Leben der Jugendlichen zum einen begleiten und beeinflussen. Zum anderen werden diese aber auch von den Jugendlichen selbst gestaltet und geprägt. Als grundlegende Institution ist die Familie anzusehen. Als kleinste soziale Einheit übernimmt sie nämlich nicht nur sozialisatorische Aufgaben, wenn sich der ‚Nachwuchs' im Kindesalter befindet. Auch für Jugendliche ist die Familie als Sozialisationskontext äußerst bedeutsam. Für Jugendliche spielt darüber hinaus auch die Schule als Bildungsinstitution und Sozialisationskontext eine wichtige Rolle; schließlich ist die Persönlichkeitsentwicklung eine zentrale sozialisatorische Funktion der Schule. In gleicher Weise lassen sich auch Hochschulen betrachten: Als Bildungsinstitutionen tragen sie – teils offen, teils latent – zur Sozialisation bei. Gerade in der subjektiven Sichtweise Heranwachsender – und verstärkt mit steigendem Alter – gewinnen solche Sozialisationskontexte an Bedeutung, die bisweilen als selbstsozialisatorische Erfahrungsräume thematisiert werden. Im Umgang mit Gleichaltrigen und Medien unterliegt die Entwicklung der Persönlichkeit nämlich stärker als etwa in Familien und dem Bildungssystem der Gestaltbarkeit durch die Jugendlichen selbst. Der Kontakt zu Gleichaltrigen ist für einige Jugendliche durch die Teilhabe an jugendkulturellen Erlebniswelten gerahmt, um die es nachfolgend ebenfalls gehen soll.

3.1 Jugend und Familie

Auch wenn Jugendliche als Realität verarbeitende, produktiv handelnde Subjekte verstanden werden, die eigenaktiv selbst ausgewählte Entwicklungsaufgaben bearbeiten und in Peer-Groups einen Jugendstil ausbilden, und auch Politik und Öffentlichkeit Jugend als Lebensphase einen eigenen Entwicklungsraum zusprechen, war und ist die Familie von großer Bedeutung. Die unterschiedliche Gewichtung von Familie zeigt sich aber auch schon im 18. Jahrhundert: einerseits wurden in jener Zeit politische Ereignisse mit Jugend und Erneuerung gleichgesetzt (vgl. Gilles 1980), und andererseits betonte schon Basedow 1770 ausdrücklich im „Methodenbuch für Väter und Mütter, der Familie und Völker", dass die Familie für die Jugendlichen neben der Schule und den Lehrern einen eigenen Stellenwert hat. Auch Kant (1982) und Schleiermacher (1983) stellten heraus, dass für die Bildung der Jugendlichen nicht nur die Schule, sondern auch die Familie eine Institution der Wissensvermittlung ist. Dennoch war der Blick mehr gerichtet auf eine Institutionalisierung von Jugend über das Schulsystem, mit der ein Lern- und Probierstatus für Heranwachsende i.S. eines Moratoriums im aufkommenden 18. und im folgenden 19. Jahrhundert eingerichtet wurde. In diesem Zuge galt die Familie als ein selbstverständlicher und auch unproblematischer privater Lebensort. Von Interesse waren vorrangig die Prozesse der Loslösung der Jugendlichen von der Familie (vgl. Ecarius 2002), die ersten Schritte des Selbstständigwerdens und der Übernahme von sozialer und gesellschaftlicher Verantwortung. Die Herausbildung der Jugendphase über eine schulische Institutionalisierung und die Akzentuierung eines juvenilen Moratoriums, das die Verselbstständigung der Jugendlichen verkörpert, rückte den Blick weg von der Familie.

Pädagogische und sozialwissenschaftliche Theorieansätze konzentrieren sich bis in die 1990er Jahre ganz auf die Analyse der Herauslösung der Jugendlichen von den Eltern bzw. der Familie und der besonderen Bedeutung der Peer-Group. Auch entwicklungspsychologische Ansätze, die teilweise psychoanalytisch ausgerichtet sind, betonen die Prozesse der Verselbstständigung und akzentuieren dies mit der These von einem endogenen Triebschub. Egal nun, ob Jugend als eigene Generation oder aber die Nivellierung von Generationsgegensätzen (vgl. Schelsky 1957) bis hin zur eigenständigen Jugendkultur propagiert werden, im Vordergrund steht die Analyse der jugendlichen Sozialisation in der Peer-Group (vgl. Tenbruck 1962). Sozialisation, Lernen und Bildung avancieren in den 1990er Jahren zu Begriffen der Selbstsozialisation, des eigentätigen Lernens und der Selbstbildung jenseits familiärer Interaktion und der sozialen und emotionalen Unterstützung für Jugendliche. Diese Theorien führen, da es sich hier um den Mainstream der Forschung handelt, insgesamt dazu, dass Familie und Jugend in ihren Verbindungslinien nicht ausreichend untersucht sind. Lediglich in empirisch-quantitativen Untersuchungen wird die Bedeutung der Familie für die Jugendlichen sichtbar. So fehlt beispielsweise auch eine Forschung darüber, inwiefern Eltern an der Konstruktion eines Moratoriums für die Jugendlichen beteiligt sind und welche Vorstellungen von Jugendlichkeit Eltern an ihre Kinder herantragen.

3.1.1 Vaterlose Familie und jugendlicher Narzissmus

Erste Überlegungen zum Verhältnis von Jugend und Familie – wenn auch in kritischer Form – finden sich in den 1980er Jahren. Ziehe (1980) stellt in jener Zeit eine zunehmende Selbstbezogenheit von Heranwachsenden fest und erklärt diese mit den veränderten Generationsbeziehungen zwischen Eltern und Jugendlichen, die er vor dem Hintergrund materialistischer Sozialisationstheorien und der Psychoanalyse analysiert. Die These vom ‚jugendlichen narzisstischen Sozialisationstypus' beschreibt Jugendliche, deren charakteristisches Merkmal eine ausgesprochene Selbstbezogenheit und Selbstverliebtheit ist, versehen mit einer geringen Leistungsorientierung und einer hohen Konsumfreudigkeit. Nach Ziehe wird dieser narzisstische Sozialisationstypus durch die Familie hervorgebracht: Die frühkindliche Sozialisation, das Verschwinden des autoritären Vaters oder die vaterlose Familie durch Ehescheidungen und Trennungen sowie die überbehütende Mutter, die die Beziehung zu ihrem Kind zur Stabilisierung ihrer eigenen Aufwertung nutzt, führen dazu, dass die Jugendlichen ein starkes Vermeidungsverhalten entwickeln, einen gegenwartsbezogenen Hedonismus ausprägen und sich vorrangig an ihrer Peer-Group orientieren. Danach sind es vor allem die Eltern, die diese jugendlichen Lebensformen vorbereiten und genau dieses Verhalten der Jugendlichen unterstützen. Hier werden die Eltern zu potenziell Schuldigen erklärt, die das Handeln und die Lebensorientierung der Jugendlichen bedingen.

Diese eher negative Sicht auf das Verhältnis von Eltern und Jugendlichen wird in der Folge eher kritisch aufgenommen. Hurrelmann, Rosewitz und Wolf (1985) betonen, dass Jugendliche sich zwar von der Familie ablösen, diese dennoch von enormer Bedeutung ist. „Die Familie übt trotz des einsetzenden Ablösungsprozesses bei Jugendlichen erhebliche Sozialisationseinflüsse aus" (Hurrelmann/Rosewitz/Wolf 1985: 66). Die Familie ist danach ein vielseitig wirksames soziales Beziehungssystem, in das Jugendliche positiv eingebunden und Eltern wichtige Ansprechpartner sind. In der Familie werden die Anforderungen der Schule besprochen, die berufliche Laufbahn geplant und ein Werte- und Normensystem entwickelt. In diesem Kontext entwickeln Jugendliche innerhalb der Familie eine relativ große Eigenständigkeit, wenngleich die Eltern und damit die familiären Interaktionen von grundlegender Relevanz sind. Emotionale Unterstützung der Eltern und Individuationsbestrebungen der Jugendlichen machen die Ambivalenz von familiärer Interaktion aus. Dies bedeutet, dass Eltern und Jugendliche trotz ambivalenter Interaktionsmuster und divergierender Interessen miteinander kommunizieren und auch gemeinsam Lösungen suchen. Die Familie stellt für die Jugendlichen „häufig ein vielseitiges und umfassendes sozio-psychologisches Bezugssystem dar, zu dem intensive emotionale Bindungen bestehen, sodaß Loslösung und Bindung gleichermaßen das Verhältnis der Jugendlichen zu ihrer Familie charakterisieren" (Hurrelmann/ Rosewitz/Wolf 1985: 68). Diese Muster bestehen auch fort, wenn Jugendliche aus dem Elternhaus ausziehen und eine eigene Familie gründen.

3.1.2 Jugendliche Eigenständigkeit und Elternbindung

Jugendliche Eigenständigkeit und Elternbindung schließen sich somit nicht aus (vgl. Tippelt 1988). Familiäre und außerfamiliäre Sozialisation sind gleichermaßen bedeutsam für Jugendliche. Auch wenn sich Jugendliche außerhalb der Familie orientieren, ihre Freizeit in Peers verbringen und erste Beziehungen aufbauen, bleibt die Familie im Prozess des Selbstständigwerdens ein Ort emotionaler Rückbindung. Insofern gilt es auch, sich vom Modell des Generationenkonflikts, das auf einer grundlegenden Distanzierung von den Eltern beruht und die Peer-Group zur zentralen Sozialisationsinstanz erhebt, zu distanzieren. Solche Generationenkonflikte haben aufgrund der zunehmenden gesellschaftlichen Modernisierung, des Wandels vom Befehlen zum Verhandeln und der Anerkennung von Kindheit und Jugend als eigenständige Lebensphase deutlich abgenommen (vgl. Hick 2000).

Zwar ist für die 1960er Jahre noch eine Abnahme der Zustimmung von Jugendlichen über die erfahrene Erziehung ihrer Eltern festzustellen, doch seit dem Wandel des Erziehungsstils vom Befehls- zum Verhandlungshaushalt ab Ende der 1960er nimmt seither die Zustimmung der Heranwachsenden kontinuierlich zu. Die Bindung zwischen Jugendlichen und ihren Eltern ist gegenwärtig für Jugendliche sehr wichtig und wird positiv hervorgehoben (vgl. Schubert 2005). In Familien finden weniger Generationenkonflikte mit einer abrupten Ablösung statt, sondern Eltern und Gleichaltrige sind gleichwertige Diskussionspartner mit relativ gleichen Rechten. So leben Jugendliche mehrheitlich bei ihren Eltern und auch der Wunsch, später eigene Kinder zu haben, ist unverändert hoch.

Schon in der Shell-Jugendstudie von 1975 geben 70 % der Befragten zwischen 15 und 24 Jahren an, dass sie bei ihren Eltern wohnen und ca. 73 % befürworten die elterliche Zuwendung als gerade richtig (vgl. Jugendwerk der Deutschen Shell 1975: 34). Nur 10 % der Jugendlichen bemängeln, dass sie zu wenig Beachtung von ihren Eltern erhalten. Konflikte zwischen Jugendlichen und Eltern entstehen, wenn schulische Probleme existieren oder die Alltagsorganisation divergent ist. Weniger wird dagegen über politische Einstellungen gestritten. Die Eltern praktizieren mit ihren adoleszenten Kindern Interaktionsmuster des Verhandelns. Sie unterstützen die Jugendlichen in ihren Entscheidungen und beraten sie anstatt zu befehlen (vgl. Schütze 1993: 345).

3.1.3 Familie und jugendliche Lebensformen

Die kommunikativen Interaktions- und Beziehungsformen zwischen Eltern und Jugendlichen bestätigen sich auch in qualitativen Studien (vgl. Fuchs-Heinritz/ Krüger/Ecarius 1990). Die Bedeutsamkeit der Familie für die Jugendlichen wird vor allem sichtbar in narrativen biographischen Erzählungen: Das Familiengeschehen, die Erfahrungen, Auseinandersetzungen und Unterstützungen mit und durch die Eltern sind für die Jugendliche elementar für die Identitätsbildung; sie sind ein wesentliches Strukturelement der biographischen Erzählung, der Erzählung vom eigenen biographischen Werden. Entlang familiärer Ereignisse werden biographische Erfahrungen der Jugendlichen in ihren Selbsterzählungen aufgeschichtet und argumentativ begründet. So finden sich neben hedonistischen, subjektorientierten und maskulinen Handlungstypen auch familienorientierte Jugendliche (vgl. Lenz 1988). Für diese Jugendlichen haben die Eltern einen ganz zentralen Stellenwert in der Gestaltung der jugendlichen Lebensphase. Die Familie als Ort der Lebensorientierung wird hier besonders herausgestellt und in die biographische Erzählung eingeflochten. Aber auch die anderen drei jugendlichen Handlungstypen sind davon charakterisiert, dass die Umgangsweisen und Erfahrungen mit den Eltern wesentlicher Bestandteil ihres jugendlichen Lebens sind.

Auch wenn es sicher richtig ist, dass die familiäre Erziehung aufgrund der gesellschaftlichen Differenzierung alleine nicht ausreicht, um Jugendliche auf die Gesellschaft außerhalb der Familie vorzubereiten (vgl. Tenbruck 1962; Schelsky 1957; Eisenstadt 1966), so ist dennoch die Familie ein wichtiger Ort des Rückhaltes: Dort werden intime, persönliche Bindungen erlernt, erarbeitet und alltäglich praktiziert, und die Eltern unterstützen in vielfältiger Weise ihre adoleszenten Kinder. Genauso aber auch wie – in der Regel – Heranwachsende positiv unterstützt werden, existieren auch äußerst problematische Beziehungsstrukturen. Zudem fließen in die familiäre Interaktion Muster sozialer Ungleichheit ein, durch die Jugendliche ungleiche Teilhabechancen erwerben. Folglich fordert die Schulpolitik eine stärkere staatliche Unterstützung der Jugendlichen, da in Familien aufgrund ihrer sozialen Eingebundenheit milieuspezifische Bildungsinteressen transportiert werden. Daraus resultieren für die Jugendlichen Vor- und Nachteile, die durch die Schule aufgebrochen werden sollen. So fordert Girschner (1974) schon in den 1970er Jahren, dass nicht nur die Jugendlichen zu fördern sind, sondern auch der Bildungs- und Lernprozess der Eltern zu unterstützen sei, um Verhaltensänderungen wie z.B. eine stärkere Kritikbereitschaft durch die Familie zu unterstützen. Aus der Perspektive der Lernbedürftigkeit der Jugendlichen wird Familie als Bildungsort diskutiert, der nicht den Anforderungen der Schule genügt. Es wird die Forderung laut, dass Eltern sich ganz bewusst den Anforderungen der Moderne stellen, ihre Bildungsinteressen verbessern und die familiären Interaktionsmuster aktualisieren sollen – selbst in den Bereichen Sexualität und Aufklärung. Interessant ist hierbei, dass die Bildung der Eltern aus der Perspektive der Jugendlichen und ihrer Fördermöglichkeiten formuliert wird: Jugendlichen soll in der Familie eine optimale Bildung zur Verfügung stehen, die sie anschlussfähig macht an die schulische Bildung. Weniger geht es hier um eine Bildung der Eltern aus deren Lebenssituation und ihren Interessen heraus.

Während die Familie in der alten Bundesrepublik in Bezug auf die Jugendlichen bis zu Beginn der 1990er Jahre kritisch betrachtet und eher die Konflikthaftigkeit der Beziehung betont wurden, hatte die Familie in der ehemaligen DDR für die Jugendlichen aufgrund des sozialistischen Gesellschaftssystems eine andere Bedeutung (vgl. Nickel 1991). Die Familie war dort in jener Zeit eine private Nische für die Jugendlichen; sie fungierte in der Regel als geschützter Ort gegenüber der formalisierten, institutionalisierten Erziehung der FDJ. Die Familie bildete einen Ort familiärer ‚Nischenwirklichkeit' für die Heranwachsenden, konnte aber auch zu einem Ort des Widerstands werden. Generell aber überwiegte in der ehemaligen DDR bei den Jugendlichen eine positive Einstellung gegenüber ihren Eltern (vgl. Hille/Jaide 1990).

3.1.4   Jugend als Familien- und Bildungsjugend

Betrachtet man gegenwärtige Ansätze zu Familie und Jugend, wird Familie nun auch in theoretischen Ansätzen als Strukturkategorie eingeflochten. In diese Ansätze fließen gleich mehrere Grundannahmen ein, wobei die Sozialisationsinstanz Familie als eigenständige Größe verstanden wird. Nach Ferchhoff (1999) sowie Ecarius und Fromme (2000) wird Jugend insgesamt als eine individualisierte Jugend verstanden, die ihre Lebensbereiche selbsttätig gestaltet und die reflexiv zu einem eigenen Welt- und Selbstbild gelangt. Als individualisierte Jugend ist sie gleichermaßen *Bildungs- und Familienjugend*. Die Familie ist der Ort der emotionalen Unterstützung und der persönlichen Beratung. Sie stellt wesentliche Ressourcen bereit und erbringt zentrale Unterstützungsleistungen. Über die familiäre Interaktion werden aufgrund deren Eingebundenheit in soziale Milieus Jugendliche in ihren Freizeit-, Bildungs- und Peerinteressen maßgeblich beeinflusst, da die Jugendlichen in der Regel mit den Eltern oder einem Elternteil zusammen leben. Familiales Leben ist die typische private jugendliche Lebensform.

Die Verschulung der Jugend seit dem 19. Jahrhundert geht mit einer Familialisierung der Jugendphase einher. Jugendliche leben auch aufgrund ihrer ökonomischen Unselbstständigkeit in einer Familie. Zivilisatorische Informalisierungs- und Intimisierungsprozesse (vgl. Elias 1976) führten dabei zu liberalen familiären Interaktionsformen zwischen (sozialen) Eltern und Jugendlichen. Die Familienformen haben sich im letzten Jahrhundert zunehmend pluralisiert. Insofern leben Jugendliche gegenwärtig in unterschiedlichen familiären Konstellationen (beide oder ein Elternteil, Halbgeschwister, wechselnde Partner des Vaters oder der Mutter etc.).

Gegenwärtig erfahren Jugendliche in der Regel – unabhängig der privaten Lebensform – einen modernen, liberalen Erziehungsstil des Verhandelns und Argumentierens bei gleichzeitiger Respektierung ihrer Bedürfnisse (vgl. Ecarius 2007). Strukturelle Merkmale der Jugendphase sind vor dem Hintergrund einer globalisierten und medialisierten modernen Welt (vgl. Sander 2001) Schule und Arbeitsferne sowie familiäre Bindungen und eine Peerorientierung: In diesem Geflecht lernen Jugendliche die Ambivalenz von Autonomie und Abhängigkeit kennen, die sie produktiv für die Identitätsbildung nutzen können. Da das Machtgefüge zwischen Eltern und Jugendlichen größtenteils gleichberechtigt und damit tendenziell begradigt ist, treten Generationenkonflikte selten oder gar nicht auf. Unterschiede bestehen eher aufgrund differenter Lebensbereiche der Eltern bzw. familiären Bezugspersonen und Jugendlichen.

Die Beziehungen zwischen Heranwachsenden und ihren (sozialen) Eltern sind vom Prozess der Individuation der Jugendlichen geprägt. Bildung, Freizeit, Medien und Konsum sowie Sexualität sind Themen, die die Jugendlichen teilweise mit den Eltern und teilweise ohne die Eltern diskutieren, leben und aktiv ausgestalten (vgl. Buhl 2007). Jugendliche stehen vor der Aufgabe, verschiedene Sozialisationsfelder wie Familie, Freizeit und Schule auszubalancieren und eine eigene Biografie zu entwickeln. Die Familialisierung der Jugendphase und Jugend als Schul- und Bildungsjugend gehen somit einher mit Jugend als Gleichaltrigenjugend. Im Kontext dessen ist Jugend geschlechtsspezifisch, ethnisch und nach sozialem Milieu strukturiert. Heranwachsende werden in der Jugendphase mit Entwicklungsaufgaben konfrontiert: Sie stehen vor der Aufgabe, in Auseinandersetzung mit den Sozialisationsbereichen Familie, Schule und Peers die darin enthaltenen Wahlmöglichkeiten und Optionen innerhalb einer globalen-medialisierten und sozial ungleichen Gesellschaft auszubalancieren, eine eigene Biographie zu entwickeln und ein Selbstbild aufzubauen.

3.1.5 Familiale Unterstützung und jugendliches Selbstverständnis

Die Bedeutung von Familie und Jugend lässt sich auch anhand der Ergebnisse der Shell-Jugendstudien illustrieren. Eindrücklich verdeutlicht die Shell-Jugendstudie 2000 den Zusammenhang von Jugend und Familie, da sie jugendliche Lebensformen im Kontext von Familie und familiärer Unterstützung untersucht. Empirisch sichtbar wird die enge Verbindung von jugendlicher Werteeinstellung, biographischem Selbstverständnis und Zukunftseinstellung im Kontext von familiärer Unterstützung. Die empirische Untersuchung von 4.544 Jugendlichen, die repräsentativ alle sozialen Milieus, Geschlechter und ethnische Gruppierungen berücksichtigt, macht aufschlussreiche Zusammenhänge deutlich:

> Originalzitat:
> „Gegenwartsorientierung, schwere Herausforderungen in der Zukunft, Rückwärtsgewandtheit und Commitment auf Widerruf haben jeweils die höchsten Koeffizienten bei elterlichem Zutrauen (negativ) und bei ängstlicher Besorgtheit (positiv). Alle vier Einstellungen also sind mitbestimmt durch ein Erziehungsklima, dass das Bewusstsein des Kindes und vielleicht auch seine Sicherheit im Dasein nicht nur gefördert, sondern seine problematischen Seiten und seine Entwicklungsgefahren betont hat." (Fuchs-Heinritz 2000: 90)

Die Zuversicht in die Zukunft, die Jugendliche haben, ist stark beeinflusst von der Art der elterlichen Zugewandtheit. Jugendliche mit einer geringen oder keiner elterlichen Unterstützung sind eher gegenwartsorientiert, blicken düster in die Zukunft und haben Angst vor schweren Herausforderungen. Dagegen haben Jugendliche mit einer elterlichen Zugewandtheit (soziale und emotionale Unterstützung) eine positive Zukunftsvorstellung und verfügen über einen klaren Lebensplan. Sind sie mit ihren Eltern respektvoll verbunden, sind sie zugleich zu einem größeren Anteil sportlich aktiv, besuchen Jugendzentren und interessieren sich für Politik. Zugleich möchten sie ihre Kinder genauso erziehen wie sie selbst erzogen worden sind (vgl. Fuchs-Heinritz 2000: 75).

Auch ist die Werteorientierung der Jugendlichen vom elterlichen Einfluss maßgeblich abhängig. Die Werte Selbstmanagement und Familienorientierung der Jugendlichen stehen in einem engen Zusammenhang zur Befürwortung und der Erfahrung einer respektvollen Verbundenheit mit den Eltern. Die Jugendlichen entwickeln ein Autonomiebewusstsein, Liberalität und eine positive Berufs- und Familienorientierung, wenn sie elterliches Zutrauen in die eigene Person erlebt haben. Jugendliche bedürfen damit der achtungsvollen, emotionalen Zuwendung der Eltern, der respektvollen Verbundenheit im familiären Generationengeflecht und den Stolz der Eltern auf die Lebensform der Jugendlichen (vgl. Fritzsche 2000: 121). Unterschiede des Zutrauens und der emotionalen familiären Eingebundenheit bestehen für Jugendliche je nach sozialem Milieu bzw. der Herkunft der Eltern. Jugendliche aus den unteren sozialen Milieus erleben den größten Zuspruch, wenn Jugendliche sich selbst managen und organisieren; Jugendliche aus den mittleren sozialen Milieus erfahren Unterstützung in den Werten Familienorientierung, Attraktivität und Authentizität; und Jugendliche aus den höheren Bildungsniveaus erlernen durch ihre Eltern die Werte Berufsorientierung, Autonomie, Modernität und Menschlichkeit.

Auch gibt die Shell-Jugendstudie einen differenzierten Überblick über den Zusammenhang von Familie, Ethnie, Geschlecht und Bildung. Die fünf Wertetypen (die Distanzierten, die Freizeitorientierten, die Vielseitigen, die Modernen und die Traditionellen) verdeutlichen Lebensformen der Jugendlichen. Vorgestellt werden hier drei Typen:

1. Die Jugendlichen der Gruppe der *Vielseitigen*, die 25 % der Stichprobe ausmacht und zu 49 % aus Mädchen besteht, sind im Durchschnitt 19,4 Jahre alt und mehrheitlich SchülerInnen (Realschule). 10 % der Jugendlichen sind Ausländer und die Eltern gehören insgesamt dem mittleren Bildungsniveau an. Die familiäre Interaktion ist von einer respektvollen Verbundenheit, einer kindlichen Eigenständigkeit, einem elterlichen Zutrauen sowie einer elterlichen Anteilnahme geprägt. Die Jugendlichen verfügen entsprechend über hohe Persönlichkeitsressourcen, 63 % von ihnen sind leistungsorientiert und 65 % streben längerfristige Ziele an. Ein Gegenwartsbezug oder gar eine Rückwärtsgewandtheit findet sich hier so gut wie gar nicht. Die Jugendlichen sind technikinteressiert (71 %) und streben eine Balance zwischen Beruf und Familie an.
2. Zu der Gruppe der *traditionellen Jugendlichen* gehören 20 %, für sie sind wichtig Familien- und Berufsorientierung, Selbstmanagement und überdurchschnittliche Menschlichkeit. Weniger wichtig sind ihnen Authentizität und Attraktivität. Im Durchschnitt sind die Jugendlichen 19,7 Jahre alt und 53 % sind älter als 20 Jahre. Diese Gruppe der traditionellen Jugendlichen weist das höchste Bildungsniveau auf: nur 19 % haben einen Hauptschulabschluss. Auch finden sich in dieser Gruppe wenig AusländerInnen (11 %). Die Eltern dieser Jugendlichen sind wenig ängstlich besorgt und das elterliche Zutrauen in ihre Kinder ist sehr groß. Die Jugendlichen sind leistungsorientiert (68 %), ihnen ist Gemeinsamkeit wichtiger als Individualität (62 %) und sie favorisieren längerfristige Nützlichkeitserwägungen (71 %). Entsprechend sind sie politikinteressiert und blicken überdurchschnittlich positiv in die Zukunft.
3. Die Jugendgruppe der *Distanzierten* macht ca. 17 % der Gesamtuntersuchung aus; sie sind im Durchschnitt 19,6 Jahre alt. 56 % von ihnen sind männlich.In dieser Gruppe befinden sich die meisten ausländischen und vor allem türkischen Jugendlichen. Mehrheitlich sind sie Berufsschüle-

rInnen, junge Arbeiter oder Arbeitslose, auch ist das elterliche Bildungsniveau niedrig. Über einen Hauptschulabschluss oder keinen Abschluss verfügen 50 % der Väter. Diese Jugendlichen geben zu 44 % an, dass sie streng oder sehr streng erzogen worden sind und sie äußern den Wunsch, dass sie ihre eigenen Kinder anders erziehen möchten. Auch sind die eigenen Eltern nur selten Bezugspersonen, es überwiegt die ängstliche Besorgtheit der Eltern. Die Jugendlichen blicken pessimistisch in die Zukunft und erwarten schwere Herausforderungen. Hier fügt sich ein, dass sie keine klare Zukunftsplanung haben, eher gegenwartsbezogen denken und Commitment auf Widerruf präferieren. Auch sehen 80 % der Jugendlichen täglich mehr als eine Stunde Fernsehen.

Diese drei Haupttypen verdeutlichen insgesamt die enge Verbindung von Familie, sozialem Milieu, Ethnizität und Geschlecht mit jugendlichen Werteorientierungen und Handlungsmustern. Die Formen der sozialen und materiellen Unterstützung, die Muster der familiären Interaktion und das damit verbundene soziale Milieu wirken auf die Einstellungen und Lebensformen der Jugendlichen. Selbst die Zukunftseinstellungen sind von den Eltern beeinflusst.

3.1.6 Familiales soziales Milieu und Kompetenzen von Jugendlichen

Gegenwärtig nimmt die Familienorientierung sogar weiter zu. So äußern sich in der Shell-Jugendstudie 2006 72 % der Jugendlichen dahingehend, dass sie davon überzeugt sind, dass man eine Familie braucht, um ein gutes Leben zu haben. Fast 90 % der Jugendlichen zwischen 12 und 25 Jahren geben an, dass sie mit ihren Eltern gut zurecht kommen und sie betonen zugleich, dass die Familie der Ort der Sicherheit, der emotionalen Unterstützung und des sozialen Rückhaltes ist. Auch wenn gleichzeitig sichtbar wird, dass die Peers von großer Bedeutung sind, besteht ein enger Zusammenhang zwischen biographischen Orientierungen, familiärer Interaktion und familiärem Status. Auch sind die Freizeitinteressen der Jugendlichen je nach sozialem Milieu der Eltern unterschiedlich: So sind die Jugendlichen aus den unteren sozialen Milieus zum großen Teil Technik-Freaks, und die Jugendlichen aus den oberen sozialen Milieus gehören der kreativen Freizeitelite an.

Ein zentrales Ergebnis der Shell-Jugendstudie 2006 ist, dass das ökonomische Kapital eine wesentliche Voraussetzung der Eltern ist, ihre Kinder optimal zu unterstützen. So sorgen 30 % der Eltern, die über genügend ökonomische Mittel verfügen, dafür, dass ihre Kinder sehr gute Bedingungen zur Entwicklung erhalten und sie befördern gleichzeitig das Selbstvertrauen und die soziale Kompetenz der Jugendlichen. Ein weiteres Drittel verfügt nicht über die gleichen materiellen Ressourcen, aber den Eltern ist es immer noch möglich, ihren Kindern und Heranwachsenden vergleichsweise günstige Voraussetzungen mitzugeben. Dem stehen Eltern mit einem niedrigen Bildungsabschluss gegenüber (das untere Drittel), die den Jugendlichen nur schlechte Bedingungen offerieren können. Diese Ergebnisse korrespondieren mit der Beurteilung der Jugendlichen über die Familienbeziehungen. Jugendliche aus den oberen sozialen Milieus geben zu 48 % an, dass sie mit ihren Eltern bestens zurechtkommen. In den unteren sozialen Milieus sind es nur noch 20 % der Jugendlichen (vgl. Shell Deutschland Holding 2006: 60). Dies wiederum hängt eng zusammen mit dem erfahrenen Erziehungsstil der Eltern. 27 % der Jugendlichen aus dem unteren sozialen Milieu haben einen regelgeleiteten Verhandlungshaushalt erfahren. Die Jugendlichen aus den oberen sozialen Milieus erleben zu 58 % einen regelgeleiteten Verhandlungshaushalt. Trotz dieser sozialen Unterschiede ist der Stellenwert der Familie für alle befragten Jugendlichen hoch: 76 % der Mädchen und 69 % der Jungen betonen, dass man nur glücklich sein kann, wenn man eine Familie hat.

Blickt man auf internationale Studien, so bestätigt sich die enorme Bedeutung der Familie für die Jugendlichen (vgl. Meil 2006; Ponce/Soledad 2006). Internationale Studien machen sichtbar, dass die Familie für Jugendliche in Polen, Litauen, Spanien, Chile, Südkorea und Deutschland einen hohen Stellenwert hat (vgl. Busch/Scholz, 2006). Generell ist die Familie bedeutsam für die eigene Zukunftsplanung in Bezug auf Partnerschaftsbindungen, den Wunsch der Jugendlichen eine eigene Familie zu gründen und die Planung der eigenen Biographie in der Zukunft. Die Untersuchung mit 1.400 Jugendlichen je Land verdeutlicht, dass Jugendliche trotz unterschiedlicher Erfahrungen je nach Land und Herkunft eine eigene Familie planen, auch wenn darin Interimsphasen oder Übergangsmodelle von einem Leben ohne Trauschein oder kurzfristigen Partnerschaften vor der Ehe eingebaut sind. Ziel ist, dass die unterschiedlichen privaten Lebensformen sich in eine Familiengründung transformieren lassen.

Ungleiche Chancen der Jugendlichen ergeben sich vor allem aus geschlechtsspezifischen, ethnischen und milieuspezifischen familiären Erfahrungen (vgl. King 2002, 2006). Die besonderen Lebenslagen von Migrantenjugendlichen, die dem Familienhintergrund entspringen, beeinflussen Bildungserfolge und -misserfolge (vgl. Hummrich 2006; Boos-Nünning/Karakaşoğlu 2005) und die Gestaltung der jugendlichen Lebensformen (vgl. von Wensierski/Lübcke 2007). Die Familie wirkt im Hintergrund auf die Lebenseinstellungen und die Gestaltung der Peers in Freizeit und Konsum und die Möglichkeiten im Bildungssystem. Selbst Analysen über gewaltbereite Jugendliche in rechtsextremen Milieus zeigen die Bedeutung von Familie (vgl. Möller/Schumacher 2007). Die Hintergründe der Entstehungsbedingungen von gewalttätigem Handeln liegen oft – wenn auch nicht immer – in der familiären Interaktion begründet. Mit diesen empirischen

Ergebnissen kommt auch die Frage auf, welche Lernprozesse Eltern zu durchlaufen haben, um den Bedürfnissen der Kinder und Jugendlichen gerecht zu werden, ihnen eine positive Zukunftsplanung zu ermöglichen und genügend Selbstsicherheit für die Bildung eines Selbst- und Weltbildes zur Verfügung zu stellen (vgl. Schmidt-Wenzel 2008; Wissenschaftlicher Beirat für Familienfragen 2005).

3.2 Jugend und Schule

Jugendliche verbringen ihre Zeit nicht nur in Familien sondern auch in Bildungsinstitutionen, worunter im Allgemeinen solche Einrichtungen verstanden werden, die entweder einer staatlichen oder kommunalen Verordnung folgen und einen originären Bildungsauftrag besitzen oder denen ein indirekter Bildungsauftrag zugesprochen wird, weil auch sie sich der Förderung eines produktiven Selbst- und Weltbildes annehmen. Bildungsinstitutionen sind sowohl im Bereich der öffentlichen Bildung zu finden als auch in freier Trägerschaft, wobei besonders Kommunen – gemäß dem Subsidiaritätsprinzip – freie Träger mit öffentlichen Bildungsaufgaben betrauen: Nicht die Kommunen erbringen in diesem Fall die Leistungen, sondern sie fördern andere gesellschaftliche Institutionen (Verbände der freien Wohlfahrtspflege, Kirchen und Religionsgemeinschaften sowie anerkannte Jugendverbände), die diese Aufgabe übernehmen. Wenn von Bildungsinstitutionen gesprochen wird, dann ist damit also eine Vielzahl von Einrichtungen gemeint – etwa: Kindergärten, Horte, Schulen auf der Primar-, Sekundar- und Tertiärstufe, berufsbildende Einrichtungen, Hochschulen, Institutionen der Erwachsenenbildung sowie Museen und Bibliotheken.

Die Bildungsinstitution, die im Jugendalter die zentrale Rolle einnimmt, ist wohl ohne jeden Zweifel die Schule. An der Schule kommen junge Menschen aufgrund der Schulpflicht – als gesetzlich kodifizierte Norm – auch kaum vorbei. Und wenn doch, so stellt dies einen Verstoß dar, der sanktioniert, gesetzlich geahndet und unter dem Fachausdruck „Schulabsentismus" (z.B. Ricking 2006) zu einer pädagogischen Herausforderung wird. Neben der Schule sind dann auch die Hochschulen und das Berufsausbildungssystem als Sozialisationsagenturen für Jugendliche bedeutsam, weil sie die Übergänge in die nachfolgenden Bereiche des Bildungssystems darstellen und mit neuen Chancen, aber auch Risiken für den jugendlichen Sozialisationsprozess verbunden sind (vgl. Heinz 1998; Horstkemper/ Tillmann 2008). Jenseits dieser Institutionen formaler Bildung spielen im Alltag der Jugendlichen zudem die Angebote der offenen Jugendarbeit in Jugendfreizeiteinrichtungen, die Aktivitäten der Jugendverbände, internationale Jugendbegegnungen sowie die Jugendhilfe eine Rolle. Auch wenn im Unterschied zu anderen Arbeitsfeldern der Pädagogik in der Jugendarbeit das Angebot an öffentlich geförderten Maßnahmen in den letzten Jahren zurückgegangen ist, so gerät – konträr zu diesem Trend – die Bedeutung der so genannten non-formalen Umwelten vermehrt in das Interesse wissenschaftlicher Forschung. Auch und gerade deshalb wird vermehrt nach den sozialisatorischen Bedingungen und Effekten dieser Agenturen gefragt (vgl. Böhnisch/Schefold 1998).

Wie stellt sich nun die Sozialisation von Jugendlichen in und durch Bildungsinstitutionen dar? Eine Beantwortung dieser Frage wird im Folgenden vorgenommen, indem vertiefend auf Schulen und Hochschulen als Sozialisationsagenturen geblickt wird. Zugleich lassen sich auf diese Weise unterschiedliche jugendliche Lebensphasen betrachten. Die Schule wird als eine Bildungsinstitution behandelt, die den Sozialisationsprozess von der frühen bis zur späten Adoleszenz mitgestaltet. Als Bildungsinstitution, die in der Postadoleszenz sozialisatorisch mitwirken kann, wird die Hochschule betrachtet (siehe Kap. 3.3).

3.2.1 Strukturlogik und Funktionen der Schule

Neben der Familie stellt die Schule einen wichtigen Sozialisationskontext für Jugendliche dar. Denn der Umgang mit der Schule steht ab dem sechsten Lebensjahr und für mindestens neun Jahre im Mittelpunkt alltäglicher Anstrengungen aller Heranwachsenden, so dass sie die Lebensphase Jugend entscheidend konstituiert. Jugendlichsein bedeutet insofern nicht nur, dass man ein jüngeres Familienmitglied ist, sondern heißt ebenso Schülersein, und das häufig bis zum Beginn der Volljährigkeit bzw. des dritten Lebensjahrzehnts (vgl. Münchmeier 2008: 19). In der alltäglichen Lebensführung tritt die Schule somit als bedeutsamer gesellschaftlicher Teilbereich neben die Familie.

Schule und Familie unterscheiden sich aber voneinander. Das kann mit einer Gegenüberstellung familiärer und schulischer Interaktionsprozesse, die der Psychologe Franz Wellendorf unter Bezugnahme auf Unterscheidungen von Talcott Parsons herausgearbeitet hat, verdeutlicht werden.

Originalzitat:
„a) Während das Verhalten und die Leistungen der Interaktionspartner in der Familie unter Berücksichtigung der Alters- und Geschlechtsunterschiede und besonderer persönlicher Charakteristika beurteilt werden (...), lernen die Schüler im Interaktionssystem der Schule, daß sie als Mitglieder universell gültiger Kategorien (d.h. als Schüler einer Klassenstufe, eines Schulzweiges etc.) je gleichen Erwartungen und Forderungen gerecht werden müssen. Die Kategorisierung der Schüler macht diesen deutlich, daß im

Interaktionssystem der Schule die persönlichen und individuellen Qualitäten und Fähigkeiten den spezifischen Charakteristika untergeordnet werden (und werden müssen), hinsichtlich derer sie als gleich betrachtet werden.

b) Da die Interaktionspartner in der Familie in sehr verschiedenen Situationen sich beobachten, kennenlernen und miteinander umgehen können und lange und eng zusammenleben, beurteilen und behandeln sie einander unter einer Vielzahl von Gesichtspunkten. Demgegenüber werden die Interaktionen in der Schule immer wieder auf den offiziellen Organisationszweck: Unterricht und Erziehung bezogen. Auf Grund des spezifischen Charakters der schulischen Interaktionsprozesse erfahren die Schüler, daß sie sich nicht wie in der Familie mit ihrer gesamten Individualität, sondern nur mit spezifischen Aspekten von ihr im Interaktionszusammenhang der Schule darstellen können.

c) Die auf den offiziellen Organisationszweck der Schule bezogenen Aktivitäten der Schüler werden an Standards unabhängiger, individueller Leistung gemessen. Selbst von den Schülern, die diesen Standards nicht gerecht werden (können), wird erwartet, daß sie weiterhin an den Interaktionen teilnehmen, die zu ihrem Versagen führen, und daß sie in den im Interaktionssystem der Schule institutionalisierten Leistungsprämissen festhalten, von denen ihr Scheitern abhängt. Demgegenüber erfahren die Kinder in der Familie, daß ihre Aktivitäten von den Interaktionspartnern eher danach beurteilt werden, inwieweit sich in ihnen individuell zugeschriebene Qualitäten ausdrücken." (Wellendorf 1979: 44f.)

Diese Gegenüberstellung ist äußerst aufschlussreich, weil sie aufzeigt, dass familiäre und schulische Interaktionen auf unterschiedlichen Strukturlogiken beruhen und andersartiges Rollenhandeln evozieren. Idealtypisch lassen sich so Unterschiede in der normativen Orientierung, den Verhaltenserwartungen und den Erfahrungsmodi deutlich machen. Im Vergleich zur Familie zeichnet sich die Schule nämlich zum einen durch spezifische und zum anderen durch universalistische Orientierungen aus. Sie weist insofern eine spezifische Orientierung auf, als sie nicht die gesamte Persönlichkeit des Jugendlichen im Blick hat, sondern ihn in seiner begrenzten Schülerrolle betrachtet. Universalistisch orientiert ist die Schule deshalb, weil sie nicht in der besonderen elterlichen Beziehung zu den SchülerInnen steht und sie so in ihrer Einzigartigkeit betrachtet, sondern es mit einer größeren Schülerpopulation aus verschiedenen Elternhäusern zu tun hat. Die von ihr formulierten Rollenanforderungen sind damit unabhängig von den Besonderheiten des Einzelfalls. Aus diesen unterschiedlichen Strukturlogiken ergibt sich, dass die Familie als soziales System beschrieben werden kann, in der partikularistische Wertorientierungen herrschen. Soziale Beziehungen sind vor allem affektiv konnotiert und bestehen weitestgehend ohne Leistungshintergrund. Die Schule dagegen erwartet von ihren Mitgliedern ein Rollenhandeln, das als affektiv neutral, spezifisch, universalistisch, leistungsbezogen und kollektivorientiert zu kennzeichnen ist (vgl. Parsons 1968: 161ff.).

Neben diesen strukturlogischen und auf Rollenhandeln ausgerichteten Unterschieden lässt sich auch noch ein weiterer Unterschied zwischen der Familie und der Schule als Sozialisationsagentur feststellen. Die sozialisierende Funktion der Schule unterliegt nämlich auch einer stärkeren pädagogisch-didaktischen Rahmung als in der Familie. Sie umfasst die Einweisung des Jugendlichen in die Kulturtechniken sowie die Übertragung des grundlegenden Wissens, das als gesellschaftlich relevant angesehen wird. Dazu nutzt sie Formen des organisierten Unterrichts. Im Modus des Lehrens und Lernens soll die Weitergabe von Normen, Werten, Symbol- und Interpretationssystemen zur Affirmation einer umgreifenden Gesellschaftsordnung führen, die Jugendlichen die Aufnahme in bestehende Strukturen der Gesellschaft ermöglicht und erleichtert. Für Helmut Fend, der sich wie Wellendorf auf das Erklärungsgerüst von Parsons beruft, es allerdings kritisch weiterentwickelt, sind Schulsysteme deshalb Institutionen gesellschaftlich kontrollierter und veranstalteter Sozialisation, in denen sich ein pädagogischer Interaktions- und Kommunikationsprozess zwischen LehrerInnen und SchülerInnen ereignet und einer dialektischen Doppelfunktion nachzukommen versucht: der Reproduktion der Gesellschaft einerseits und dem Aufbau der Persönlichkeit andererseits (vgl. Fend 1974: 11ff. und 2008: 53f.). Diese Doppelfunktion lässt sich nochmals genauer untergliedern. Nach Fends „Neuer Theorie der Schule" (2008), in der er die strukturfunktionalistische Theorie aus einem pädagogischen Handlungsinteresse heraus weiterentwickelt, sind es vier keineswegs unverbunden nebeneinander stehende Funktionen: die Enkulturationsfunktion (1.), die Qualifikationsfunktion (2.), die Allokationsfunktion (3.) sowie die Integrations- und Legitimationsfunktion (4.). Die Kenntnis dieser Funktionen ist nach Fend für ein adäquates Verständnis der Schule als Sozialisationsinstanz unerlässlich (vgl. Fend 2009: 44).

1. Die *Funktion der Enkulturation* bezieht sich auf die Reproduktion grundlegender kultureller Fertigkeiten und kultureller Verständnisformen der Welt und der Person. Im Schulsystem ist die Reproduktion kultureller Sinnsysteme institutionalisiert und reicht von der Beherrschung der Sprache und Schrift bis zur Internalisierung grundlegender Wertorientierungen (vgl. Fend 2008: 49).

2. Die *Funktion der Qualifizierung* bezeichnet die Vermittlung von Fertigkeiten und Kenntnissen, die zur Ausübung konkreter Tätigkeiten im Ar-
   beitsprozess erforderlich sind. Unterricht und Lehre bildet das institutionalisierte Arrangement zur Erfüllung der Qualifikationsfunktion. Dabei
   geht es beispielsweise um den Erwerb spezifischer Berufsqualifikationen
   sowie um über- und außerfachliche Kompetenzen wie Genauigkeit, Ver-
   lässlichkeit und Sorgfalt – allesamt Qualifikationen, die zur Aufrecht-
   erhaltung und Verbesserung der wirtschaftlichen Wettbewerbsfähigkeit
   erforderlich sind. Kulturelle Tools werden dadurch zukunftsbezogen um-
   gesetzt (vgl. ebd.: 50; Fend 2009: 45).

3. Die *Funktion der Allokation* bezieht sich direkt auf die Sozialstruktur
   einer Gesellschaft, d.h. auf die Gliederung derselben nach Bildung,
   Einkommen, Kultur und sozialen Verkehrsformen. Mit dieser Funktion
   reproduziert das Schulsystem die bestehenden sozialen Positionsverteilungen und schafft über das Prüfungswesen Zuordnungen zwischen den
   Leistungen der SchülerInnen und ihren beruflichen Laufbahnen. So ka-
   nalisiert es sie in höhere und niedrigere berufliche Positionen (vgl. Fend
   2008: 50).

4. Die *Funktion der Integration und Legitimation* hat eine übergeordnete
   Bedeutung. Mit ihr wird nicht nur die Rechtfertigung schulischer Qua-
   lifizierungs- und Allokationsprozesse geliefert, sondern auch die Reproduktion von Normen, Werten und Weltsichten institutionalisiert, die zur
   Stabilisierung der sozialen und politischen Verhältnisse dienen. Das geschieht im Schulsystem auf z.T. sehr subtile Weise, indem nachfolgende
   Generationen in ihrem Heranwachsen so beeinflusst werden, dass sie die
   etablierten Strukturen nicht gänzlich negieren, sondern die Befähigung
   erhalten, sich in diesen zurechtzufinden, soziale Beziehungen zu organisieren und selbst zu Trägern sozialer Systeme zu werden (vgl. ebd.; Fend
   2009: 46f.).

Wenn von einer Doppelfunktion der Schule die Rede ist, dann ist sie jedoch
nicht nur auf die Gesellschaftsreproduktion zu beziehen sondern auch auf die
Individuation (vgl. Fend 2008: 53). Für Jugendliche stellt sich die Individuation
– als Chanceneröffnung positiv gewendet – folgendermaßen dar:

1. Die *Funktion der Enkulturation* bietet dem Jugendlichen die Chance, die Autonomie der Person im Denken und Handeln zu stärken.
2. Der *Funktion der Qualifikation* entspricht die Chance, Wissen und Fähigkeiten zu erwerben, die eine selbstständige berufliche Lebensführung ermöglichen.
3. Der *Funktion der Allokation* korrespondiert die Möglichkeit, den beruflichen Aufstieg und die berufliche Stellung durch eigene Lernanstrengungen und schulische Leistungen in die Hand zu nehmen.
4. Der *Funktion der Integration* entspricht die Chance der Begegnung mit den kulturellen Traditionen eines Gemeinwesens, wodurch Identitätsbildung, Identifikation und soziale Bindung ermöglicht wird (vgl. ebd.).

Über insgesamt vier Funktionen wird die Gesellschaft über Generationen hinaus also überlebens- und das Individuum handlungsfähig gemacht (vgl. ebd.: 53; Fend 2009: 49f.). Was in diesen und ähnlichen Beschreibungen zum funktionalen Stellenwert der Schule allerdings weitestgehend unbeleuchtet bleibt, sind die eigentlichen Effekte der Schule, obwohl sich hierauf gerade diverse kritische Stimmen zur schulischen Sozialisation beziehen. Sie verdeutlichen, dass die Schule von Kindern und Jugendlichen ein hohes Maß an Anpassungsleistungen abverlangt und kritisieren z.B. die Aufsplitterung von Inhalten in einzelne Unterrichtsfächer, den starren zeitlichen Rahmen, in dem diese Inhalte vermittelt werden und die asymmetrisch-hierarchische Kommunikationsstruktur, die dabei zum Einsatz kommt. Auch wird festgestellt, dass die Schule durch ihre Struktur häufig kein expansives, d.h. durch den Zuwachs von Wissen geprägtes Lernen hervorbringt, das für den Sozialisationsprozess und den souveränen Umgang mit gesellschaftlichen Anforderungen wesentlich ist. Vielmehr produziert sie ein defensives Lernen. Dieses bleibt allerdings ohne subjektive Bedeutung für die SchülerInnen, so dass sich sagen lässt, dass die Schule sowohl im Widerspruch zu den wesentlichen Ideen der pädagogischen Aufklärung als auch im Widerspruch zu den Interessen der Einzelnen funktioniert (vgl. Faulstich-Wieland 2004: 17). Problematisiert und in Frage gestellt wird dabei gerade die im Vordergrund der Schule stehende Orientierung an gesellschaftlich Nutzbringendem. Denn diese – so wird moniert – zeichnet sich dafür verantwortlich, dass die beanspruchte pädagogische Leitvorstellung der Schule, nämlich die Förderung von Individualität, Autonomie und Selbstständigkeit zu bewirken, durch den gesellschaftlichen Horizont überlagert und konterkariert wird. Im Rahmen einer Streitschrift mit dem Titel „Entschulung der Gesellschaft" hat Ivan Illich schon 1972 eine fundierte Kritik an diesem utilitaristischen Primat der Schule formuliert. Für ihn ist sie nämlich nicht an einer Veränderung der Gesellschaft zum Besseren, zu größerer sozialer Gerechtigkeit, interessiert, sondern nutzt vielmehr bestimmte Strategien, damit die Gesellschaft so bleibt, wie sie ist. Indem sie Kinder und Jugendliche auf ein Leben unter Leistungs- und Konsumdruck vorbereitet, ist sie – so Illich – maßgeblich an einer Ausbreitung sozialer Ungleichheit beteiligt. Für eine umfassende Ermöglichung von Bildung und Persönlichkeitsentwicklung steht sie demnach gar nicht ein.

3.2.2 Schulische Sozialisation und schichtbezogene Benachteiligung

Fragen nach jenen Effekten, die spezifische Merkmale der schulischen Umwelt auf Seiten der Individuen hervorrufen, bringen allerdings nicht nur kritische Töne dieser Couleur hervor. Sie leiten zudem eine Betrachtung der konkreten Mechanismen in die Wege, mit denen die Auslese der SchülerInnen im Schulsystem erfolgt. Selektion ist dabei als Kehrseite der Sozialisation zu sehen. Darauf hat im Wesentlichen Hans-Günter Rolff (1997) mit den von ihm vorgelegten Sekundäranalysen über „Sozialisation und Auslese in der Schule" seine Aufmerksamkeit gelenkt. In dieser bedeutsamen Studie zeigt er das zirkuläre Zusammenspiel von Schichtzugehörigkeit, Schulerfolgschancen und Statuszuweisungen auf, um – zugleich auf empirische Befunde gestützt – zu demonstrieren, inwiefern es zu einer schichtspezifischen Benachteiligung in der Schule kommt. Dazu bezieht er sich auf die organisatorisch und didaktisch voneinander getrennten und in der Regel unabhängigen Schulzweige und untersucht die darin praktizierten Ausleseverfahren. Wenngleich seine Analyse der Auslesepraktiken einige Unterschiede für die verschiedenen Schulzweige ergibt, so wird in der Gesamtschau deutlich, dass die Schule den Sozialcharakter der Mittelschicht favorisiert (vgl. Rolff 1997: 118ff.). Das heißt, dass die Schule an den Verhaltensweisen, Werten und Normalitätsvorstellungen der Mittelschicht ausgerichtet ist, so dass Jugendliche, die der Mittelschicht entstammen, eine bessere Passung an diese Bildungsinstitution aufweisen als Jugendliche der Unterschicht. Damit Schüler aus Arbeiter- bzw. Unterschichtfamilien in der Schule erfolgreich sein können, müssen sie – so Rolff – einen Bruch mit dem familiären Sozialisationsprozess vollziehen und die allgemeinen Werte und Umgangsformen des Elternhauses durch die kulturellen Standards der Schule ablösen (vgl. Rolff 1997: 233). Deshalb lässt sich sagen, dass die Bildungsinstitution Schule den Sozialisationsprozess in zwei Gleise aufspaltet:

Originalzitat:

„Das eine Gleis, dem die Schüler aus der Mittelschicht folgen oder doch zu folgen versuchen, führt ziemlich geradlinig von den im Sozialisationsprozeß der Familie der Mittelschicht bereits angelegten Verhaltensmustern, Wertorientierungen und Sprachformen über das Hinzulernen von Kenntnissen, Fähigkeiten und Fertigkeiten in den weiterführenden Schulen zu Rollendispositionen, die Ausgangsstation sind für weiterführende Berufspositionen, die vornehmlich der Mittelschicht vorbehalten sind. Das andere Gleis, dem die Schüler aus der Arbeiterschaft mehr oder weniger folgen müssen, führt den im Sozialisationsprozeß der Arbeiterfamilie bereits angelegten Verhaltensmustern und Sprachformen über das Hinzulernen der notwendigen Kenntnisse und Fertigkeiten in der Haupt- und Realschule zu Rollendispositionen, die normalerweise nicht einmal ein individuelles Weiterkommen ermöglichen, geschweige denn eine kollektive Emanzipation." (Rolff 1997: 229)

Rolff macht also deutlich, wie die Schule die Unterschiede zwischen den Sozialcharakteren der Schüler, die durch den schichtengebundenen Sozialisationsprozess in der Familie angelegt werden, aufrechterhält oder sogar vergrößert. Statusvorteile werden von ihr prämiert, Statusnachteile konserviert. Sie bevorzugt diejenigen, die sowieso schon im Vorteil sind. Diejenigen, die dagegen immer schon im Nachteil waren, benachteiligt sie auch weiterhin. Die Schule erweist sich daher als eine Bildungsinstitution, die die bestehende soziale Schichtung reproduziert und stabilisiert (vgl. Rolff 1997: 229f.).

Vor allen Dingen dort, wo Studien im Anschluss an die erste PISA-Studie (2001) eine wissenschaftlich fundierte Klärung jener Mechanismen vornehmen, die dafür sorgen, dass trotz vielfältiger Interventionen durch Politik und Pädagogik Bildungsungleichheiten auf schichtbezogener Ebene immer noch existieren, werden Erkenntnisse erzielt, die deutlich machen, welche Ausprägungen und Konsequenzen die Bildungsbenachteiligung von Jugendlichen aus niedrigen sozialen Schichten hat. So konnte im Rahmen der Analysen zu den PISA-Studien etwa ein enger Zusammenhang zwischen der sozialen Herkunft und dem Schulerfolg festgestellt werden. Zwar ist ein solcher Zusammenhang bei allen an PISA teilnehmenden Ländern festzustellen. In Deutschland ist er jedoch am engsten, und so zeigen sich hier „herkunftsbedingte Disparitäten" (Baumert/Stanat/Watermann 2006) in besonders eklatanter Form: Fast ein Viertel der 15-jährigen Schülerinnen und Schüler aus Deutschland verfügt lediglich über die Fähigkeit, nur wirklich offensichtliche Verbindungen zwischen dem Gelesenen und allgemein bekanntem Alltagswissen herstellen zu können. Und insbesondere Jugendliche aus unterprivilegierten Gesellschaftsmilieus mit großer Distanz zur deutschen Sprache sind kaum in der Lage, über dieses Kompetenzniveau hinaus zu gelangen. Da die Fähigkeit zu Lesen als eine Basiskompetenz zur Teilhabe am gesellschaftlichen, wirtschaftlichen und politischen Leben aufzufassen ist, teilen die auf diesem Kompetenzniveau befindlichen Jugendlichen somit fast zwangsläufig das Schicksal von Exklusionskarrieren. Besonders betroffen sind vor allen Dingen die 15-Jährigen, die in solchen Hauptschulen lernen müssen, in denen sich eine sozial besonders problematische Schülerschaft konzentriert (vgl. Schümer 2004). Indem die PISA-Studien aufzeigen, dass herkunftsbedingte Privilegierungen und Nichtprivilegierungen in der Schule nahezu ungebrochen fortgeschrieben werden, bestätigen und erweitern sie – wenngleich auf anderen Theoriemodellen beruhend – mehrere von Hans-Günter Rolff angeführte Befunde aus früheren Vergleichsstudien, in denen zum Teil beträchtliche Schulleistungsunterschiede in Abhängigkeit von der sozialen Herkunft festgestellt wurden (vgl. Ehmke/Baumert 2007).

Zur Erklärung der Fortdauer einer hohen sozialen Selektivität der Schule finden dabei im Wesentlich zwei wissenschaftliche Ansätze Verwendung: einerseits die auf Pierre Bourdieu zurückgehende Reproduktionstheorie und andererseits die Rational-choice-Theorie, die akteursspezifische Bildungsinvestitionen als Kosten-Nutzen-Kalküle betrachtet. Die auf den französischen Soziologen Bourdieu zurückgehende Theorie, die zusammen mit Jean-Claude Passeron entwickelt wurde, erklärt schulische Selektivität mittels distinktiver Mechanismen der modernen Klassenherrschaft (vgl. Bourdieu/Passeron 1971). Die Schule behandelt demnach Kinder und Jugendliche aus unterschiedlichen Klassen trotz ihrer verschiedenen Ausgangsvoraussetzungen so, als ob sie gleich seien. Damit naturalisiert sie ressourcenbezogene Unterschiede als Differenzen in der Begabung und des Lerneifers, womit sich zugleich die von ihr propagierte Chancengleichheit als Illusion erweist (vgl. Wernet 2003: 97ff.).

Die auf Erklärungen der Rational-choice-Theorie zurückgehenden Überlegungen zur schulischen Selektivität konzentrieren sich demgegenüber auf Opportunitätsstrukturen und Kosten-Nutzen-Kalküle. Sie argumentieren nutzentheoretisch. Hier wird angenommen, dass Eltern bei der Bildungsentscheidung jene Alternative auswählen, die bei Abwägung von Kosten und Nutzen der Ausbildung sowie wahrscheinlichem Bildungserfolg ihrer Kinder den größten Nutzen erbringt. Die Frage, warum sich Eltern überhaupt um den Bildungserfolg ihrer Kinder kümmern, wird mit dieser Theorie zwar nicht beantwortet (vgl. Kopp 2009: 69f.). Allerdings kann sie erklären, dass sich die Kosten-Nutzen-Abwägungen für soziale Gruppen unterschiedlich darstellen und so zu klassenbzw. milieuspezifischen Wahlprozessen führen (vgl. Becker/Lauterbach 2008). In bildungsfernen Elternhäusern fällt etwa die Entscheidung für das Gymnasium

– im Vergleich zu bildungsnäheren Elternhäusern – erst bei deutlich höheren Schulleistungen der Kinder. Damit also zwei Schüler unterschiedlicher sozialer Herkunft ein identisches Bildungsziel ansteuern, muss bei jenem Schüler aus einer niedrigeren Gesellschaftsschicht eine höhere Bildungsaspiration vorliegen.

3.2.3 Jugendliche Migranten im Schulsystem

Eine Bildungsbenachteiligung wird zudem fortgesetzt und erweitert in einer ethnischen Schichtung des schulischen Bildungssystems. Zwar lässt sich im Rückblick auf die letzten zwei Jahrzehnte von einer Verringerung der Bildungsbenachteiligung jugendlicher Migranten sprechen. Allerdings ist festzustellen, dass Jugendliche mit Migrationshintergrund in den weiterführenden Schulen unterrepräsentiert, in den Förder- und Hauptschulen dagegen deutlich überrepräsentiert sind (vgl. Die Beauftragte der Bundesregierung für Migration, Flüchtlinge und Integration 2007: 43). Mit Blick auf die Erforschung von Sozialisationsprozessen ist hier der Umstand bemerkenswert, dass jene jugendlichen Migrantinnen und Migranten schulisch am schlechtesten abschneiden, die zwischen dem 12. und 17. Lebensjahr nach Deutschland einreisen und somit als Quereinsteiger in das Bildungssystem gelangen. Bei diesen Jugendlichen wirkt die sprachliche Sozialisation als entschiedener Belastungsfaktor. Wegen der starken Abhängigkeit des Schulerfolgs vom Sprachvermögen sind Jugendliche mit Migrationshintergrund von der Ungleichheit der Bildungschancen daher besonders betroffen. Dabei treten chancenbezogene Unterschiede nicht nur zwischen Migranten und deutschen Jugendlichen auf sondern auch innerhalb der Nationalitätengruppen. Vor allem italienische und türkische Jugendliche besuchen überproportional häufig die Hauptschule und weisen zugleich die niedrigsten Gymnasiastenquoten auf. Zudem zeigt sich, dass fast 20 % der Jungen und knapp 13 % der Mädchen mit Migrationshintergrund die allgemeinbildende Schule ohne Abschluss verlassen (vgl. ebd.: 44). Männliche Migranten sind also nochmals stärker vom Scheitern im Schulsystem betroffen, und in der Tat weisen empirische Befunde darauf hin, dass es heute – plakativ und als Kunstfigur zu verstehen – ‚der italienische bzw. türkische Gastarbeitersohn' ist, der Bildungsbenachteiligungen am wirkmächtigsten in sich vereint (vgl. Hunger/ Thränhardt 2006: 65). Wenn männliche Jugendliche mit Migrationshintergrund daher sowohl innerhalb als auch außerhalb schulischer Strukturen mit konfliktorientiertem Verhalten und Dominanzgebahren auftreten, dann kann dies durchaus als eine Form der Kompensation schulischer Misserfolge verstanden werden. Über maskulines Dominanz- und Abgrenzungsverhalten wird nämlich Selbstwert geschöpft, Anerkennung gesucht und Selbstwirksamkeit inszeniert (vgl. Böhnisch 2004: 165).

Die eigentlichen Ursachen für den geringeren formalen Schulerfolg von Jugendlichen mit Migrationshintergrund im Vergleich zu deutschen Schülerinnen und Schülern lassen sich einerseits auf individueller und andererseits auf schulischer Ebene verorten (vgl. Diefenbach 2008: 87). Dabei können es auf der individuellen Ebene etwa persönliche Eigenschaften (z.B. enorme Sprachdefizite) oder Ausprägungen der konkreten Migrationssituation (z.B. familiäre Rückkehrorientierungen) sein, die für einen schulischen Misserfolg verantwortlich sind. Auch eine Erklärung durch kulturell bedingte Defizite wird hier angeführt. Diese besagt, dass Jugendliche mit Migrationshintergrund aufgrund ihrer kulturellen Herkunft nicht über Verhaltensweisen, Kenntnisse und Fähigkeiten verfügen, die ihre Altersgenossen ohne Migrationshintergrund mitbringen. Auf schulischer Ebene sind es Kontextbedingungen sowie Effekte der institutionellen Strukturen, Programme, Regeln und Routinen, die Bildungsnachteile von SchülerInnen mit Migrationshintergrund gegenüber SchülerInnen ohne Migrationshintergrund erklären (vgl. ebd.).

Eine beachtenswerte Bedeutung zur Analyse dieser Bildungsbenachteiligung im schulischen Sozialisationsprozess von jungen MigrantInnen erlangt hier der Ansatz der „institutionellen Diskriminierung" (Gomolla/Radtke 2007). Als *institutionell* begründet wird diese Form der Diskriminierung gesehen, da deren Ursachen nicht als direkte und intentionale wirken, sondern in der Organisationskultur eingelagert sind. Es handelt sich also um Diskriminierungen, die aus der Verfolgung von Organisationsinteressen resultieren. Da Organisationen auch und gerade an ihrem Erhalt interessiert sind, werden von ihnen jene Personen ausgelagert, die diesen bedrohen oder sich nicht in die jeweilige ‚Logik' der Organisation einfügen; dies ist der ‚Sachverhalt', auf den Gomolla und Radtke sich in ihrer Untersuchung richten. Auf der Grundlage von Interviews mit und Gutachten von LehrerInnen, SchulleiterInnen und RepräsentantInnen der Schulbehörden zeigen sie dabei auf, wie Diskriminierungen von jungen MigrantInnen als Ergebnis organisatorischen Handelns in Schulen im Zusammenhang mit einwanderungs- und bildungspolitischen Rahmenbedingungen entstehen. Hier verfolgen sie die Rekonstruktion institutioneller Wissensbestände und ‚Deutungshaushalte', die Problemdefinitionen bestimmen, Lösungswege vorgeben und Entscheidungen im Interesse der Aufgabenerfüllung sowie Bestandserhaltung der Schule als Organisation legitimieren. Dabei kommen Gomolla und Radtke zu dem Resultat, dass es nicht allein schulische Leistungen und Passungsschwierigkeiten zwischen Herkunfts- und Schulkultur sind, die die Zuweisung von jungen MigrantInnen in vergleichsweise ungünstige Bildungsgänge verantworten. Vielmehr sind es ethnisch-kulturelle Zuschreibungen in der Schulpraxis, welche als Instrument der Aus- und Abgrenzung funktionieren und als Argumentationsgrundlage für schulische Selektionsentscheidungen dienen.

Als Argumente zur Legitimierung von Aus- und Abgrenzungen dienen etwa fehlende bzw. lückenhafte Kindergartenbesuche. Auch diskriminierende Praktiken an früheren Stellen in der individuellen Schullaufbahn wie die Zurückstellung von der Einschulung und die Empfehlung einer Klassenwiederholung aufgrund von Sprachdefiziten machen junge MigrantInnen zu bevorzugten KandidatInnen für sowohl ausgrenzende als auch schulzeitverlängernde Förderstrategien an späteren Stellen in der Schullaufbahn (vgl. Gomolla/Radtke 2007: 222). So kommt es dann dazu, dass sie zur Förderung in Vorbereitungsklassen unterrichtet werden und damit vom Besuch der Regelklasse ausgeschlossen sind oder auch im Interesse leistungs- und altershomogener Klassen an den Regelschulen auf eine Förderschule überstellt werden. Insofern lässt sich dabei von institutionellen Diskriminierungen sprechen, die dazu führen, dass diejenigen Schüler ‚aussortiert' werden, durch deren ‚Abwesenheit' eine Entlastung für die Institution erreicht wird (vgl. Diefenbach 2007 und 2009: 444).

3.2.4 Region und Geschlecht als schulisch bedeutsame Sozialisationsfaktoren

Regionale und geschlechtsspezifische Aspekte erweitern das Spektrum der Benachteiligungen im Schulsystem. Zwar treten geschlechtsspezifische Benachteiligungen und regionale Disparitäten längst nicht mehr so deutlich hervor wie noch in den 1960er Jahren. Vollends aufgehoben sind sie allerdings keineswegs.

Regionale Differenzen zeigen sich für den Besuch der Hauptschulen zwischen den verschiedenen Bundesländern. In einigen Teilen von Bayern, Rheinland-Pfalz und ländlichen Randkreisen Nordrhein-Westfalens findet die Hauptschule, inzwischen häufig als Restschule diffamiert, beispielsweise eine vergleichsweise hohe Akzeptanz. (vgl. Ditton 2008: 641). Auch die Zahl der jugendlichen Schulabgänger ohne Hauptschulabschluss variiert regional: in Baden-Württemberg im Vergleich der kreisfreien Städte beispielsweise zwischen 5,8 und 13,3 % (vgl. ebd.: 642). In Bezug auf die Übergangsquoten auf Gymnasien sind Unterschiede zwischen sehr ländlichen und großstädtischen Regionen festzustellen, da der Grad der Versorgung mit höheren schulischen Angeboten regional sehr unterschiedlich ist: das Angebot von Gymnasien in ländlichen Regionen ist zuweilen recht gering (vgl. Ditton 2007). Für die Jugendlichen und ihren schulischen Sozialisationsprozess heißt dies, dass der regionale Standort der Schule durchaus eine Bedeutung für die Persönlichkeitsentwicklung haben kann. Das illustrieren auch die deutschen Ergänzungsstudien zu PISA (2005), die Differenzen im erreichten Leistungsniveau zwischen den Bundesländern feststellen und die praktische Bedeutsamkeit dieses Befunds betonen. So zeigt sich, dass die Leistungsvarianz zwischen Schulen unterschiedlicher Bundesländer durch gesellschaftliche Rahmenbedingungen aufgeklärt werden kann, indem etwa die durchschnittliche jährliche Quote der Sozialhilfeempfänger oder die der Arbeitslosen als Kontextdimensionen berücksichtigt werden (vgl. PISA-Konsortium Deutschland 2005: 348).

Auch geschlechtsspezifische Benachteiligungen im Schulsystem werden nach wie vor deutlich, obwohl das auf den ersten Blick womöglich gar nicht so recht einleuchten mag. Weibliche Jugendliche, die in den 1960er Jahren als bildungsbenachteiligt in den Blick gerieten, sind – gemessen an den erreichten Abschlüssen – im allgemeinbildenden Schulsystem inzwischen nämlich erfolgreicher als männliche. Sie frequentieren weniger häufig als ihre männlichen Altersgenossen die Hauptschule und müssen Klassenstufen seltener wiederholen. Mädchen und junge Frauen zählen laut der letzten Shell-Jugendstudie deshalb zu den Gewinnerinnen der ‚pragmatischen Generation' (vgl. Shell Deutschland Holding 2006: 66). Jungen dagegen werden in den Diskussionen um schulische Sozialisationsprozesse zuweilen als die neuen ‚Sorgenkinder' des Schulsystems in den Blick genommen, wobei diese Feststellung der Heterogenität unter Jungen nicht gerecht wird und insofern als simplifizierend bewertet werden muss (vgl. Koch-Priewe u.a. 2009). Jungen werden nämlich etwa auch öfter als hochbegabt identifiziert und gehören häufiger zu den Klassenüberspringern (vgl. Stamm 2008: 111). Während Mädchen vor 50 Jahren an den Gymnasien allerdings noch deutlich unterrepräsentiert waren, ist ihre Gymnasialbeteiligung gegen Ende der Sekundarschulzeit inzwischen mit 36 % um etwa fünf Prozentpunkte höher als die Beteiligung der Jungen (vgl. vbw 2009: 95).

Benachteiligungen, die sich aufgrund von geschlechtsspezifischen Kurs- und Fächerwahlen einstellen, zeigen sich keineswegs mehr in aller Deutlichkeit. Tatsächlich weisen Daten aus PISA 2006 nämlich darauf hin, „dass am Ende des Sekundarbereichs etwas mehr Mädchen als Jungen Pflichtunterricht in den drei naturwissenschaftlichen Fächern erhalten" (vbw 2009: 97). Dabei zeigen sich weder statistisch signifikante Kompetenzunterschiede, noch lassen sich Evidenzen dafür finden, dass Mädchen in den mathematisch-naturwissenschaftlichen Fächern durch eine benachteiligende Zensurengebung entmutigt werden (vgl. ebd.: 99, 103). Auf der Basis dieser Zahlen lässt sich insofern nicht behaupten, dass die Bildungschancen von Mädchen im schulischen Sozialisationsprozess eingeschränkt seien und man deren Potenzial – wie es die Soziologin Helge Pross (1969) Ende der 1960er Jahre noch beklagte – ungenutzt ließe.

Allerdings kann auf der Ebene der quantitativen Bildungsbeteiligung die Frage nach geschlechtsspezifischer Benachteiligung von weiblichen Jugendlichen durch die Schule nur unzureichend beantwortet werden. Bei einer differenzierten Betrachtung relativiert sich deshalb der skizzierte Siegeszug der Mädchen. So zeigt sich etwa, dass Lehrkräfte ihren Schülerinnen einerseits hohe verbale

Fähigkeiten, andererseits aber auch ein geringes räumliches Vorstellungsver-
mögen sowie geringere Fähigkeiten für Naturwissenschaften und Technik zuschreiben. Gute Leistungen werden bei Mädchen auf Fleiß und Sorgfalt zurückgeführt. Auch werden sie – trotz guter Schulerfolge – über diffizile schulische
Mechanismen insofern in der Ausbildung eines positiven Selbstbildes behindert,
als sie im Unterricht im Vergleich zu den Jungen weitaus weniger Beachtung
erfahren und der Selbstzweifel an weiblichen Fähigkeiten in Schüler-Lehrer-
und Peerinteraktionen bestärkt wird (vgl. Horstkemper 1995; Krüger/Grunert
2009: 644). Und schließlich geraten Mädchen und junge Frauen häufiger als
ihre männlichen Altersgenossen in Ausbildungsgänge und Bildungsverläufe, die
in weniger gut bezahlte oder von Arbeitslosigkeit besonders betroffene Berufs-
bereiche münden. Der hohe schulische Ausbildungsgrad und die beträchtliche
Leistungsbereitschaft der jungen Frauen schlagen sich bislang also nicht gleichermaßen in ihrem beruflichen Erfolg nieder (vgl. Shell Deutschland Holding
2006: 36f.).

3.2.5 Jugend und Schule in lebensweltlich-biographischer Perspektive

Wenngleich nun mit Hilfe dieser Einsichten ein umfassender Blick auf die Ein-
bettung der Schule in die Gesellschaft geworfen werden kann, so bleibt die Verortung der Jugendlichen darin zuweilen verengt. Denn die schulischen Mikro-
prozesse werden aus der sozialen Logik heraus gedacht, womit die Gefahr einer
„subsumtionslogischen Ableitung des Jugendlichen als Objekt der Reprodukti-
onsprozesse" (Helsper/Böhme 2010: 620) einhergeht. Die genaue Reichweite
und das tatsächliche Ausmaß schulischer Sozialisation auf die Persönlichkeit
eines Menschen lassen sich pauschal und generalisierend jedoch gar nicht bestimmen. Vielmehr bedarf es eines genauen empirischen Blicks, der das Verhältnis von Jugend und Schule in der Mikrototalität betrachtet.

Andere Arbeiten zur schulischen Sozialisation richten ihre Aufmerksamkeit
deshalb nicht so sehr auf die Mechanismen und Effekte der Schule, sondern
wenden sich den SchülerInnen als konkrete Akteure zu. Auf der Basis von in-
teraktionistischen Ansätzen, die die Bedeutung schaffende, Weltverständnis und
Identität aufbauende Rolle des sozialen Miteinanders betonen, interessieren
hier v.a. solche Interaktionen, die im schulischen Kontext zwischen den SchülerInnen und LehrerInnen sowie den SchülerInnen untereinander erfolgen (vgl.
Tillmann 2006: 136ff.). Insofern sind diese Arbeiten dezidiert auf die Eigen-
handlungen der jeweiligen Akteure gerichtet und unterscheiden zwischen institutionellen Forderungen und individuellen Handlungen. Akteure können dabei
als ‚produktiv Realität verarbeitende Subjekte' verstanden werden, die eigensin-
nig, also nicht vollends vorhersehbar, handeln und dabei auch nicht selten vom

normierten Verhalten abweichen. Denn es gilt: „Gleiche Umweltbedingungen (etwa in einer Schulklasse) können von verschiedenen Menschen durchaus unterschiedlich verarbeitet werden und damit zu unterschiedlichen ‚Sozialisationseffekten' führen" (ebd.: 158).

Vor dem Hintergrund dieser Ausgangsbasis erstellte Studien zur schulischen Sozialisation beschreiben den Prozess der jugendlichen Identitätsbildung und fragen nach der persönlichkeitswirksamen Kraft der Schule als Institution und Lebenswelt (vgl. Ecarius/Fuchs/Wahl 2008: 109ff.). Dabei wird deutlich, inwiefern unter dem Gesichtspunkt der Sozialisation die Schulzeit als eine biographisch bedeutsame Phase zu betrachten ist. Die Schule besitzt nämlich nicht nur während sondern – das haben Hurrelmann/Wolf (1986) in einer Studie aufzeigen können – auch noch nach der Schullaufbahn einen identitätsbeeinflussenden Stellenwert. Hierin zeigt sich, dass gerade Schulversagen langfristige Auswirkungen auf die Identität hat. Auch sorgt die Schule dafür, dass SchülerInnen über die Erfahrung von gewährter oder vorenthaltener Anerkennung Identitätsentwicklungen vollziehen, die für sie von gesamtbiographischer Relevanz sind (vgl. Wiezorek 2005). Dies geschieht beispielsweise, wenn Jugendliche feststellen, dass die Wertschätzung ihrer Person von den erbrachten schulischen Leistungen abhängt oder wenn sie in der Schule die Erfahrung machen, dass die Zugehörigkeit zu einer Familie aus dem bildungsfernen Arbeitermilieu die Vorenthaltung von Respekt nach sich zieht (vgl. ebd.: 304).

In sozialisationstheoretischen Studien aus lebensweltlich-biographischer Perspektive wird aber auch deutlich, dass die Bildungsinstitution Schule nicht davon ausgehen kann, dass ihre Doppelfunktion vorbehaltlos Geltung beanspruchen und Anerkennung finden kann. So zeigt sich, dass die Schule mancherorts ganz erheblich an Prägekraft auf die Jugendlichen verliert (vgl. Helsper 2008). Sie gerät in eine Anerkennungskrise. Auflehnungen gegenüber den Anforderungen der Schule aufgrund von Erfahrungen der Langeweile, Sinnlosigkeit und Monotonie sind keineswegs eine Seltenheit. Sie waren es allerdings bereits auch in früheren Zeiten nicht, wie Heinrich Dietz in seiner Arbeit über die „Schulverdrossenheit moderner Jugend" (1964) deutlich macht. So zeigt sich, dass zwischen dem, wie Jugendliche Schule erleben und dem, was Schule im Sinn hat, eine Kluft bestehen kann (vgl. Hornstein 1990: 85). Seit den 1980er Jahren wird dieser Sachverhalt des Ambivalenzverhältnisses zwischen Jugend und Schule mit Bezug auf das Konzept der reflexiven Modernisierung erklärt (vgl. Beck 1986). Demnach ist von einer neuen Qualität gesellschaftlicher Differenzierungen auszugehen, in deren Folge alte Strukturen erodieren, durch neue überlagert oder abgelöst werden und das Verhältnis von Individuum und Gesellschaft neu bestimmen. Jugendliche sehen sich dabei zuweilen einem Entfremdungs-, Anpassungs- und Leistungsdruck ausgesetzt, den sie individuell zu verarbeiten haben. So ist auch zu erklären, dass sich in Jugendbiographien eine Mischung aus Bedeutungsgewinn und Bedeutungsverlust der Schule zeigt. Auf der einen Seite ist angesichts der Verknappung von Ausbildungs- und Arbeitsplätzen die Notwendigkeit eines guten Schulabschlusses offensichtlich – und die Mehrzahl der Jugendlichen strebt heute unter der Maxime „Aufstieg statt Abstieg" (Shell Deutschland Holding 2006: 39) einen mittleren bzw. höheren Abschluss an. Andererseits verliert die Schule in der Erfahrung der Jugendlichen an Bedeutung, weil und insofern selbst ein guter Schulabschluss kein Garant mehr für eine reibungslose Berufseinmündung und einen höheren sozialen Status ist (vgl. Hornstein 1990: 54). Immer seltener glauben Jugendliche der unterschiedlichen Schulformen an die Erfüllung ihrer beruflichen Wünsche (vgl. Shell Deutschland Holding 2006: 71).

Durch Modernisierungs-, Enttraditionalisierungs- und Individualisierungsprozesse haben sich indes nicht nur die Lebensbedingungen von Heranwachsenden erheblich verändert sondern auch ihr Verhalten. Jugendliche legen zunehmend eine Eigenweltorientierung an den Tag, so dass alles, was nicht unmittelbar an die eigenen Deutungssysteme angeschlossen werden kann, bei ihnen auf Verstehens- und Akzeptanzprobleme trifft (vgl. Ziehe 1999 und 2007: 109ff.). Sie stellen eigene Bedürfnisse und Erwartungen neben oder sogar vor die Ansprüche der Bildungsinstitution Schule. Insofern werden – vor allen Dingen im Kontrast zum Schülersein der 1950er bis 1970er Jahre – Wandlungen der Mentalität diagnostiziert. Für Jugendliche wird eine Lebensweltnähe der Schule zum Normalanspruch, Generationsbeziehungen erfahren eine Informalisierung und Muster der Verselbstständigung lösen das schulische Konzept der Leistungsaskese ab, so dass die Bereitschaft, für spätere Belohnungen aktuell Verzicht zu üben, obsolet wird (vgl. Ziehe 1999).

Die schulische Sozialisation Jugendlicher zeigt so die für Individualisierungsprozesse kennzeichnende Gleichzeitigkeit von positiven und negativen Auswirkungen: Auf der einen Seite stehen höhere Freiheitsgrade und Verwirklichungsmöglichkeiten. Auf der anderen Seite Entscheidungszwänge und Problembelastungen (vgl. Melzer/Hurrelmann 1990: 55). Gerade für die SchülerInnen, die mit den sozialen und intellektuellen Erwartungen der Schule nicht adäquat umgehen können, stellen solche Erfahrungen Gefahren dar, die ihren Ausdruck etwa nicht nur in Schulgewalt, sondern auch in Schulstress und Schulangst finden können. Das haben v.a. Studien der 1990er Jahre deutlich machen können (vgl. Hurrelmann 1990; Holtappels/Heitmeyer/Melzer/Tillmann 1997). Die Schule als Bildungsinstitution kann deshalb auch als ein Mitverursacher von Suchtverhalten und psychosomatischen Belastungen angesehen werden (vgl. Helsper/Böhme 2010: 631ff.; siehe die Kap. 4.3 und 4.4).

3.3 Jugend und Hochschule

Hochschulen vermitteln wie andere Bildungsinstitutionen explizit und in systematischer Weise Qualifikationen und tragen durch die Weitergabe von Orientierungen, Werten und Verhaltensweisen teils offen, teils latent zur Sozialisation bei (vgl. Müller u.a. 2009: 281). Mit der Sozialisation in Hochschulen beschäftigt sich die Hochschulsozialisationsforschung, die im Nachklang des bildungspolitischen Reformklimas ab der zweiten Hälfte der 1970er Jahre einsetzt. Sie untersucht den Prozess, in dem sich der Mensch während des Studiums an der Hochschule als gesellschaftliches Subjekt in tätiger Auseinandersetzung mit der sozialen Umwelt entwickelt, indem sie prüft, welche Dispositionen, die im Laufe der bisher vollzogenen Sozialisation angeeignet wurden, sich unter den Bedingungen eines Hochschulstudiums verstärken bzw. verändern (vgl. Huber 1998: 419). Die vier Funktionen der Gesellschaftsreproduktion und Individuation, die im Teilkapitel 3.2.1 anhand des Modells von Helmut Fend (2008) für die Bildungsinstitution Schule verdeutlicht wurden, können auch auf die Hochschule übertragen werden:

1. *Enkulturationsfunktion*: In der Hochschule ist die Reproduktion wissenschaftlicher Normen, Werte und Interpretationsmuster institutionalisiert. Sie führt in gesellschaftlich relevante Wissensbestände ein und offeriert analytische, methodisch kontrollierte Weltzugänge. Studierenden bietet sie die Chance, die Autonomie der Person zu erweitern.
2. *Qualifikationsfunktion*: In der Hochschule erfolgt die Vermittlung spezialisierter Fertigkeiten und Kenntnisse. Vorlesungen, Seminare, Übungen, Tutorien usw. bilden das institutionalisierte Arrangement. Studierenden bietet die Hochschule die Chance, Wissen und Fertigkeiten zu erwerben, die berufsqualifizierend sind.
3. *Allokationsfunktion*: Mit dieser Funktion reproduziert das Hochschulsystem die bestehenden sozialen Positionsverteilungen und schafft über das Prüfungswesen Zuordnungen zwischen den Leistungen der Studierenden und ihren beruflichen Laufbahnen. Es erfolgt also die Verteilung auf die verschiedenen sozialstrukturellen Positionen einer Gesellschaft. Studierende erhalten die Möglichkeit, durch eigene Lernanstrengungen die berufliche Stellung zu steuern.
4. *Integrations- und Legitimationsfunktion*: Die Hochschule trägt zur Stabilisierung der sozialen und politischen Bedingungen bei. Indem sie Normen, Werte und Weltsichten begründet, sichert sie Herrschaftsverhältnisse. Studierenden ermöglicht sie die Begegnung mit den kulturellen Traditionen eines Gemeinwesens und fördert Identitätsbildungen.

Die aktive Mitarbeit des Subjekts an seiner Persönlichkeitsentwicklung tritt in der Bildungsinstitution Hochschule dabei besonders hervor. Denn die Studierenden suchen sich ‚passende' Studiengänge, Seminarangebote, Arbeitsgruppen usw. in größerem Maße aus, als dies z.b. in der Schule möglich ist (vgl. Horstkemper/Tillmann 2008: 297). Im Vergleich zu Forschungen, die sich mit der Sozialisation von Jugendlichen in der Schule beschäftigen, sind wissenschaftliche Analysen zur Hochschulsozialisation allerdings weitaus weniger ausgeprägt (vgl. ebd.). Zudem vermischen sich z.T. Arbeiten, die Hochschulsozialisationsforschung betreiben und solche, die – primär mit quantitativen Daten und auf Querschnitt-Analysen basierend – die Verteilung bestimmter Phänomene in der studentischen Population analysieren. Einblicke in die sozialisierenden Effekte der Bildungsinstitution Hochschule geben daher vor allen Dingen Forschungen, die theoriegeleitet untersuchen, wie gesellschaftliche Entwicklungen – etwa Öffnung der Hochschulen für bildungsferne Schichten, Frauenstudium, Ausdifferenzierung des Studienangebots, die Bedingungen der ‚Massenuniversität' usw. – sich in der konkreten Lebenssituation von Studierenden niederschlagen. Diese Arbeiten erhellen damit auch den Zusammenhang von „Jugend und Studium" (Esser 1989; Friebertshäuser/Egloff 2010). Ein Studium zu ergreifen geht nämlich mit einer Verlängerung der Adoleszenzphase einher. Die Phase des Erwachsenseins und die damit verbundenen Verpflichtungen werden so zugunsten eines institutionell strukturierten Sozialisationsprozesses hinausgezögert (vgl. Koring 1989: 17). Eben dieser Umstand macht plausibel, StudentInnen als Teil der Jugendgeneration zu betrachten.

3.3.1 Studierende und Studium

In Deutschland gibt es derzeit über zwei Millionen Studierende. Deren Durchschnittsalter beträgt 24,9 Jahre (vgl. Isserstedt 2007: 120). Dieses vermeintlich hohe Alter hängt nicht allein mit langen Studienzeiten zusammen, die gegenwärtig durch die Einführung von Studiengebühren und Bachelor-/Masterstudiengängen zu reduzieren versucht werden. Es hängt auch mit dem Umstand zusammen, dass nicht alle ihr Studium direkt im Anschluss an den schulischen Abschluss beginnen. Ein wachsender Anteil absolviert vor dem Studium eine berufliche Ausbildung oder geht einer Berufstätigkeit nach (vgl. Huber 1998: 419; Friebertshäuser/Egloff 2010: 683). Zudem leisten nach wie vor zwei Drittel der männlichen Studierenden an den Hochschulen vor dem Studium ihren Wehr- oder Zivildienst ab, was die Hauptursache dafür ist, dass Männer fast doppelt so häufig wie Frauen das Studium verzögert aufnehmen (vgl. Friebertshäuser 2008: 617). Folglich sind weibliche Studierende bei Beginn des Studiums zumeist etwas jünger als männliche Studierende: Im Wintersemester 2007/08 lag das Durchschnittsalter der Studentinnen bei 21,1 Jahren, dasjenige der Studenten bei 21,9 Jahren (vgl. Heine u.a. 2008: 94f.). Auch ist die Zahl der Studienanfängerinnen höher als die Zahl der Studienanfänger. Sie hat zuletzt die Quote von 58 % an den Universitäten und 54 % an den Fachhochschulen erreicht (vgl. Bargel/Ramm/Multrus 2008: 1). Insofern ist für den Hochschulbereich – ähnlich wie in der Bildungsinstitution Schule – in den letzten 40 Jahren ein elementarer Wandel zu diagnostizieren. Denn in den 1960er Jahren war das Studium nur für wenige junge Frauen zugänglich. Der Anteil der „studierenden Mädchen" (Gerstein 1965) betrug zu dieser Zeit nur etwa 25 %. Der Grund für dieses unausgeglichene Verhältnis von weiblichen und männlichen Studierenden muss v.a. in geschlechtsspezifischen Sozialisationsbedingungen in Familie und Schule erblickt werden. So wurden nur wenige Angehörige der weiblichen Jugendgeneration überhaupt auf die Hochschule vorbereitet, und diese wiederum hielt sie aufgrund männlich geprägter Lern- und Interaktionskulturen gewissermaßen fern (vgl. Peisert 1967; Esser 1989: 487). Erst um das Jahr 1970 herum erlangte das weibliche Geschlecht eine größere Repräsentanz an den Hochschulen, was auf gesellschaftliche Veränderungen zurückzuführen ist. In die späten 1960er und frühen 1970er Jahre fielen nicht nur bildungsreformerische Bemühungen; es entwickelte sich auch die Frauenbewegung, deren Anliegen es zu dieser Zeit war, auf patriarchalische Strukturen hinzuweisen, die Rolle der Frauen, ihre Leistungen und ihr Leben in Geschichte und Gegenwart sichtbar zu machen und so eine Defizitperspektive auf das Weibliche zu überwinden. Die hierdurch hervorgebrachte Aufmerksamkeit kam einer Erhöhung des Studentinnenanteils an Hochschulen sichtlich zugute. Mit dem Beitritt der neuen Länder Anfang der 1990er Jahre erfolgte ein zusätzlicher Schub.

Auch wenn heute das Verhältnis von weiblichen und männlichen Studierenden insgesamt betrachtet ausgeglichen ist, so hat sich mit der Erhöhung des Studentinnenanteils im „Dschungel der Hörsäle" (Ecarius 1988) eines jedoch nicht wesentlich geändert: Die Mehrzahl aller Studienanfängerinnen folgt in ihrer Fächerwahl weiterhin traditionellen Mustern. Sie setzen bei der Fachwahl auch andere Prioritäten als männliche Studenten. Die eigene Begabung ist ihnen tendenziell wichtiger. Häufig entscheiden sie sich für ein Fach aus den Sprach- und Kulturwissenschaften, aus den Sozialwissenschaften, für einen Studiengang im Bereich Gesundheit und soziale Dienste oder für ein Lehramtsstudium (vgl. Friebertshäuser/Egloff 2010: 690). Zwar hat sich auch der Anteil der Studentinnen in natur- und ingenieurswissenschaftlichen Studiengängen inzwischen etwas erhöht. Mit prozentualen Anteilen zwischen 26 % (Bauingenieurwesen) und 8 % (Elektrotechnik) sind weibliche Studierende in diesem Fächerspektrum aber weiterhin deutlich unterrepräsentiert. Männliche Studierende sind wiederum in der Romanistik (12 %) und der Psychologie (17 %) unterrepräsentiert (vgl.

vbw 2009: 132). Betrachtet man diese Verteilung von Studierenden auch vor dem Hintergrund der zukünftigen Berufspositionen, zu denen das Fachstudium führt, so zeigt sich, dass Studentinnen in jenen Studienfächern überrepräsentiert sind, die zu Berufspositionen führen, die dem Dienstleistungssektor zuzuordnen und mit relativ geringem Einkommen bzw. sogar einem erhöhten Arbeitsmarktrisiko verbunden sind. Dagegen führen die häufiger von Studenten bevorzugten Studienfächer Maschinenbau und Elektrotechnik zu Berufspositionen, die im privatwirtschaftlichen industriellen Sektor mit relativ hohem Einkommen und Status angesiedelt sind (vgl. Engler 2006: 173). Hier stellen nur Medizin und Jura eine gewisse Ausnahme dar, da sich in diesen Fächern eine Trendwende vollzogen hat. Seit 1993 ist eine besonders starke Zunahme des Frauenanteils in der Medizin (von 46 % auf 71 %) und in der Rechtswissenschaft (von 40 % auf 61 %) zu konstatieren (vgl. Bargel/Ramm/Multrus 2008: 2).

3.3.2 Soziale Reproduktion in der Hochschule

Zugleich sind Medizin und Rechtswissenschaft aber auch die Fächer, in denen die höchste akademische Reproduktion vorherrscht: Studierende der Medizin haben zu 66 % und Studierende der Rechtswissenschaft zu 50 % mindestens einen Elternteil mit Universitätsabschluss (vgl. ebd.). Auf diesen Sachverhalt bezogen ist die Quote im Sozialwesen an Fachhochschulen mit nur 21 % am geringsten (vgl. ebd.). Aus dem Blickwinkel der Hochschulsozialisationsforschung ist dieser Umstand deshalb interessant, da er die hohe Bedeutung der sozialen Herkunft im Allgemeinen und die der Eltern im Besonderen bis ins Studium hinein aufzeigt. Ob jemand in das Hochschulsystem gelangt und was er bzw. sie dort erreicht, ist stark von ungleichen Ausgangsbedingungen der sozialen Herkunft beeinflusst. „Deshalb ergeben sich die sozialen Disparitäten in den Chancen auf ein Hochschulstudium weitestgehend aus der Summe der in den Stufen bis zum Abitur akkumulierten Disparitäten und der durch das Bildungsverhalten nach dem Abitur noch hinzukommenden Disparitäten" (Müller u.a. 2009: 291).

Die sozialen Ungleichheiten in den Studienchancen sind dabei mittels der gleichen allgemeinen Modelle wie in anderen Bildungsbereichen zu erklären. Auch hier wird auf das Kosten-Nutzen-Modell rekurriert, um deutlich zu machen, warum Angehörige unterschiedlicher sozialer Herkunft sehr unterschiedliche Bildungschancen haben. Dabei sind jedoch die besonderen Bedingungen einer Entscheidung fürs Studieren zu berücksichtigen (vgl. ebd.). Bei der Bildungsentscheidung nach dem Abitur wirken die Kosten-Nutzen-Kalküle nämlich erheblich schwerwiegender als bei der Entscheidung zwischen den verschiedenen Bildungsgängen beim Übergang in den allgemeinbildenden Sekundarbereich. Während im Sekundarbereich ohnehin Schulpflicht besteht und Kostenunterschiede zwischen den schulischen Bildungsgängen eher marginal sind, kommt es beim Hochschulstudium je nach Studienfach und -ort zu erheblichem monetären Aufwand. Für Jugendliche aus gehobenen Schichten stellt das Hochschulstudium dabei eine wichtige Absicherung für den Statuserhalt dar, so dass sie und ihre Eltern die Kosten dafür in Kauf nehmen (müssen). Für Jugendliche aus Arbeiterfamilien hingegen ist eine Verbesserung des Status häufig bereits mit dem Abitur erreicht (vgl. ebd.: 293). Je nach Herkunft ergeben sich für Jugendliche mit Abitur damit unterschiedliche Entscheidungssituationen, die verschiedenen Restriktionen unterliegen, andere Ressourcen bereithalten und Ungleiches bedeuten können. Beispielsweise ist die Berufsausbildung für Jugendliche aus Arbeiterfamilien oder der unteren Mittelschicht eine durchaus attraktive Option, für die sie sich schon früh entscheiden, obwohl sie die Fähigkeiten für eine Fortsetzung des formalen Bildungsgangs besitzen. Söhne aus einer Akademikerfamilie bevorzugen dagegen die Aufnahme eines Universitätsstudiums gegenüber einer Berufsausbildung, und das 2,5-mal stärker als Abiturienten mit Eltern ohne Abitur (vgl. ebd.: 309). Zudem zeigt sich, dass Abiturienten aus Akademikerhaushalten bei gleichem Notendurchschnitt häufiger ein Universitätsstudium beginnen als Abiturienten aus niedriger Herkunft.

Ungleiche Chancenrealisierung bei gleichen formalen Zugangsvoraussetzungen lassen sich aber nicht nur bei Arbeiterkindern sondern auch bei der weiblichen Jugendgeneration sowie Jugendlichen mit Migrationshintergrund feststellen (vgl. Huber 1998: 425). Bei gleichen Noten entscheiden sich Abiturientinnen deutlich häufiger als ihre männlichen Altersgenossen dafür, ihre Studienoption nicht einzulösen und stattdessen eine Ausbildung in Betrieben, Behörden oder an Berufsfachschulen zu absolvieren (vgl. Heine/Spangenberg 2004: 193; Friebertshäuser 2008: 618). Bei Jugendlichen mit Migrationshintergrund ist die hochschulbezogene Bildungsbeteiligung insgesamt sehr gering. Bei einem quantitativen Blick auf ihre Situation hat die 18. Sozialerhebung des Deutschen Studentenwerks (Isserstedt u.a. 2007) zudem einige Besonderheiten festgestellt, die als Belastungen für die Sozialisation in der Hochschule zu werten sein dürften. Die soziale Herkunft der Studierenden mit Migrationshintergrund unterscheidet sich nämlich deutlich von der aller Studierenden. Sie kommen deutlich häufiger aus Familien mit einem niedrigen sozio-ökonomischen Status. Um ihren Lebensunterhalt zu sichern, sind sie häufiger auf Bafög oder den eigenen Verdienst während des Studiums angewiesen (vgl. ebd.: 442ff.). Dass die Bewertung ihrer aktuellen Wohnsituation – verglichen mit der Gesamtheit der Studierenden – deutlich schlechter ausfällt, kann als Symptom ihrer schwierigen Lage verstanden werden (vgl. ebd.: 445).

Mittels einer öffentlichen Studienförderung wird daher versucht, Studierende aus nicht-akademischen und einkommensschwächeren Elternhäusern für ein Studium zu gewinnen und studienerfolgsbeeinträchtigende Faktoren, wie den Zwang zur studienbegleitenden Erwerbstätigkeit, einzuschränken (vgl. Autorengruppe Bildungsberichterstattung 2008: 125). Öffentliche Studienförderung wird als ein Instrument verstanden, um die soziale Selektivität des Studienzugangs zu verringern. Allerdings zeigt sich, dass – gerade vor dem Hintergrund der Einführung von Studienbeiträgen in einer Reihe von Bundesländern – die Lebenssituation heutiger Studierender vielfach durch den Zwang zum Jobben oder zur phasenhaften Erwerbsarbeit gekennzeichnet ist (vgl. Krüger/Grunert 2009: 651). Auch ist derzeit noch offen, ob sich die neue Studienstruktur auf Chancengleichheit und Bildungsgerechtigkeit positiv auswirkt. Eine Öffnung für neue Kreise der Bildungsaufsteiger, d.h. Studierende mit Eltern ohne Hochschulerfahrung, zeigt sich für die letzten Jahre zumindest nicht, was jedoch für die bildungs- und arbeitsmarktpolitisch angestrebte Ausweitung des Hochschulbesuchs (Steigerung des AkademikerInnenanteils) notwendig wäre. Potenziell allerdings ist die Umgestaltung der Hochschullandschaft in der Lage, eine Verringerung sozialselektiver Effekte zu bewirken. Denn zum einen stellt das sechssemestrige Studium einen überschaubaren Zeitraum dar, der die Studierbereitschaft steigern und den Verlust der Motivation im Verlauf des Studiums unterbinden könnte. Zum anderen sollte die Modularisierung und die damit einhergehende ‚verschulte‘ Struktur gerade den Studierenden entgegenkommen, die sich mit den großen Wahlmöglichkeiten zwischen verschiedenen Fächern, Lehrveranstaltungen und Studienschwerpunkten weniger gut arrangieren können (vgl. Baumgart 2009). Insofern lässt sich die neue Studienstruktur – bei aller Kritik – auch als förderlich für die Persönlichkeitsentwicklung der Studierenden auffassen.

Allerdings ist die Notwendigkeit, sich zurechtzufinden und zu entscheiden, unter den aktuellen Studienbedingungen selbstverständlich nicht aufgehoben. Gerade weil das komplexe System Hochschule von den Studierenden einen enormen Orientierungsaufwand abverlangt und sowohl fachbezogene als auch organisatorische Informationen zur Verarbeitung überlässt, führt es – so haben ältere biographieanalytische Arbeiten im Rahmen des Hamburger Projekts „Studentenbiographien" (Kokemohr/Marotzki 1989; Marotzki/Kokemohr 1990) aufzeigen können – zu Belastungen, Verunsicherungen, mithin zu biographischen Krisen. Nur jenen Studierenden, die in der Lage sind, ihre bisherigen Selbst- und Weltreferenzen so zu verändern, dass sie den Anforderungen der Bildungsinstitution Hochschule und den wissenschaftlichen Fragestellungen entsprechen können, gelingt es, sich zu orientieren, die Statuspassage Studium zu meistern und Identitätsentwicklungen zu vollziehen (vgl. Kokemohr/Marotzki 1989). Um die sozialisierenden Effekte von Hochschulerfahrungen detailliert zu erfassen, haben diese Studien mittels narrativ-autobiographischer Interviews die jeweiligen Erlebnis- und Orientierungsrahmen, die für die Verarbeitung und Aneignung von Erfahrung vor Studienbeginn bestimmend waren, so weit rekonstruiert, dass die bis dahin ausgebildeten Identitäts- und Persönlichkeitsstrukturen erkennbar wurden (vgl. Wellner/Bauer 1990: 45). Studien- und Orientierungsprobleme konnten so auf ihre Verortung in biographischen Erfahrungen und Dispositionen befragt werden.

3.3.3 Hochschulsozialisation als Fachsozialisation

Ob und inwiefern die Hochschulsozialisation in den einzelnen Fachrichtungen unterschiedlich abläuft, ist eine Frage, mit der sich die Fachsozialisations- bzw. Fachkulturforschung beschäftigt. Sie kommt verstärkt in den 1980er Jahren auf und beschäftigt sich mit der Sozialisationsfunktion der Hochschule, indem sie nach fachkulturellen Besonderheiten der einzelnen Studienfächer fragt (vgl. Liebau/Huber 1985; Apel 1989). Dabei geht sie zusammen mit einigen typisierenden Studien davon aus, dass die unterschiedlichen Studiengänge verschiedene ‚Persönlichkeiten' ansprechen und hervorbringen. Im zehnten Studierendensurvey, der seit 1983 alle zwei bis drei Jahre Studiensituation und studentische Orientierungen erhebt, wurden so etwa neben dem *Typus des fachlichen Idealisten*, der vorrangig unter den Studierenden der Geisteswissenschaften zu finden ist, auch ein *utilitaristisch-ökonomischer Typus*, welcher die Studienaufnahme vorrangig unter dem Nutzenaspekt sieht und sich mehrheitlich in den Wirtschaftswissenschaften findet, sowie ein *pragmatisch-professioneller Typus* ausgemacht (vgl. Bargel/Ramm/Multrus 2008: 8). Dieser letztgenannte Typus ist v.a. unter den Medizin- und Jurastudierenden sowie angehenden Ingenieuren verbreitet und zeichnet sich sowohl durch ein hohes Fach- und Berufsinteresse als auch einer Neigung zu materieller Absicherung aus.

An solche und ähnliche Typologien setzt die Fachkulturforschung (Apel 1989; Engler 1993) tendenziell an, geht aber insofern über sie hinaus, als sie das Studentendasein nicht nur in Bezug auf Meinungen und Einstellungen oder hinsichtlich der Beziehung zur Hochschule untersucht. Ihr Erkenntnisinteresse liegt in der Beantwortung der Frage, *wie* und *unter welchen Voraussetzungen* sich Studierende gemeinsame Weltbilder und Problemsichten aneignen. Die Fachkulturforschung ist dabei von Bourdieus kultursoziologischer Arbeit „Die feinen Unterschiede" (1982) beeinflusst, die sich mit der Differenziertheit der Lebensstile in modernen Gesellschaften auseinandersetzt. So wie Bourdieu darin kenntlich macht, dass in unterschiedlichen Lebensstilen unterschiedliche Klassenlagen hervortreten, so macht die Fachkulturforschung deutlich, dass den unterschiedlichen Studienfächern fachkulturelle Besonderheiten immanent sind. Verknüpft ist damit auch die Annahme, dass sich die Sozialisation in ein Studienfach nicht ausschließlich auf kognitiver Ebene, d.h. durch Wissensvermittlung und -erwerb vollzieht. Vielmehr erstreckt sie sich auf die Gesamtheit der Dispositionen eines Subjekts.

Um nun fachkulturelle Besonderheiten ausfindig zu machen, bedarf es allerdings eines besonderen analytischen Blicks, der die relative Homogenität der Studierenden aufbricht und ihre Heterogenität deutlich machen kann. Relativ homogen ist die Gruppe der Studierenden auf einen ersten, unspezifischen Blick etwa deshalb, weil der Lebensabschnitt Studium durch einige allgemeine Merkmale geprägt ist: z.B. geringe finanzielle Ressourcen, die weitere Einschränkungen zur Folge haben.

Originalzitat:

„Die geringen finanziellen Mittel von Studierenden manifestieren sich in weitgehend ähnlichen Wohnsituationen (meist beengte Wohnverhältnisse) in den konsumierten Lebensmitteln, den Aufwendungen für Kleidung und ähnliches mehr. Ein wichtiges Merkmal dieses Lebensabschnitts ist, dass das Studium verbunden ist mit Statusdiskrepanzen, und zwar sowohl gegenüber der sozialen Position der Herkunftsfamilie als auch gegenüber der zukünftigen Positionierung. Solche Diskrepanzerfahrungen sind allen Studierenden gemeinsam (...). Ebenso ist allen Studierenden das Bestreben gemeinsam, ‚kulturelles Kapital' in Form eines akademischen Bildungstitels zu erwerben." (Engler 2006: 172)

Wenngleich nun bestimmte Merkmale die Statuspassage Studium prägen, so lassen sich dennoch deutliche Unterschiede zwischen den Studierenden der einzelnen Studienfächer feststellen – und zwar dann, wenn man vier verschiedene „Kulturen" unterscheidet:

1. die Herkunftskultur der Studierenden
2. die studentische Kultur
3. die akademische Fachkultur
4. die antizipierte Berufskultur.

Durch dieses ‚Kulturen-Raster' wird die Hochschule als Bildungsinstitution nicht als autonomes Feld betrachtet, sondern – wie Bourdieu sagt – im sozialen Raum verankert. Zugleich wird damit das identitätsverändernde Handlungsfeld der Studierenden beleuchtet. Mit der Berücksichtigung der Herkunftskultur gelingt es dabei herauszustellen, „in welcher Weise die in der Vergangenheit liegenden Einflüsse, soziale Herkunft, Bildungskapital des Elternhauses, ökonomische, soziale, kulturelle Kapitalien, kurz: die Herkunftskultur wie die schulische und außerschulische Sozialisation der Studierenden sowohl für die Studienfachwahl wie für die Bewältigung studienspezifischer Anforderungen bestimmend ist" (Friebertshäuser/Kraul 2002: 165). Hier zeigt sich, dass Studierende aus unteren und mittleren sozialen Herkunftsgruppen deutliche größere Anpassungsleistungen zu erbringen haben und öfter in Selbstzweifel darüber geraten, ob sie überhaupt den richtigen Bildungsweg eingeschlagen haben. Studierenden aus oberen Sozialmilieus bereitet die akademische Sprache und der analytische Zugang weitaus weniger Probleme (Lange-Vester/Teiwes-Kügler 2006: 88). Die Beachtung der studentischen und akademischen Kultur kann politische Orientierungen, gängige Interaktionsstrukturen, Kontaktdichte zwischen Studierenden und Lehrenden, Partizipationschancen oder auch Geschmackspräferenzen deutlich machen (vgl. Huber 1998: 435ff.). Der Einbezug der antizipierten Berufskultur macht die für einen bestimmten Beruf bzw. für ein Berufsfeld typischen Wahrnehmungsweisen, Kommunikationsformen und langfristigen Persönlichkeitsprägungen transparent. Unter dem Einfluss dieser vier Kulturen bringen Studierende dann spezifische Wahrnehmungs-, Denk-, Urteils- und Handlungsmuster hervor. Aus Schulabgängern werden so ‚Juristen‘, ‚BWLer‘, ‚Pädagogen‘ und ‚Soziologen‘, die je eigene Weltbilder und Problemsichten, normative Orientierungen und Leistungsstandards – m.a.W. einen Habitus entwickeln (vgl. Horstkemper/Tillmann 2008: 299). Die hohe Erklärungsreichweite dieses theoretischen Ansatzes führt daher auch zu der Aussage: „Hochschulsozialisation ist immer Fachsozialisation" (Huber 1998: 421).

In diesem Kontext ist v.a. auch das Theorem der fachkulturellen Passung relevant. Dieses besagt, dass spezifische biographische Dispositionen Studierende dazu motivieren, ein bestimmtes Fach, etwa Erziehungswissenschaft, Rechtswissenschaft, Elektrotechnik oder Maschinenbau, zu studieren. Die fachkulturelle Passung beschreibt dabei den Grad der Übereinstimmung zwischen den biographisch erworbenen Dispositionen, Bewältigungsstrategien und Haltungen von Studierenden auf der einen und dem spezifischen Habitus der jeweiligen Fachkultur auf der anderen Seite (vgl. Friebertshäuser/Kraul 2002: 165). Eine fehlende Übereinstimmung zwischen den individuellen Dispositionen und der studentischen sowie akademischen Kultur macht in der Regel verstärkte Anstrengungen der Studierenden erforderlich und kann Studienprobleme – letztlich sogar Studienabbrüche – herbeiführen (vgl. ebd.). Dass die Bildungsinstitution Hochschule mit der Ausgestaltung ihrer Strukturen einem solchen Scheitern entgegenwirken kann, konnte in einer Studie über den biographischen Sinn des Studierens aufgezeigt werden (vgl. Kreitz 2000). Die Identifikation mit dem Fach gelingt nämlich dann, wenn im Studium Spielräume zur Bearbeitung ganz persönlicher Probleme bestehen und wenn es die Möglichkeit gibt, eigene wissenschaftliche Entdeckungen zu machen. Mit der Beachtung solcher Gelingensbedingungen des Studierens wird eine Aufklärung über Sozialisationsprozesse in Bildungsinstitutionen geleistet, die angesichts sich abzeichnender gesellschaftlicher Veränderungen immer wieder und aufs Neue zu erforschen sind (vgl. Horstkemper/Tillmann 2008: 302).

3.4 Peer-Groups und Jugendkulturen

Wenn es um Gruppenbildung im Jugendalter geht, wurden und werden unterschiedliche Begriffe zur Bezeichnung der vielgestaltigen Phänomene verwendet. Die Nomenklatur für jugendliche Gemeinschaften bietet u.a. folgende Begriffe an: Peer-Group, Clique, (formelle oder informelle) Jugendgruppe, Jugendkultur, Teilkultur, (Jugend-) Subkultur und Szene. Es kommt hinzu, dass diese Begriffe in der wissenschaftlichen Literatur manchmal unspezifisch verwendet werden, bisweilen werden sie schlicht in einem Atemzug genannt. Dies ist auf den jeweiligen Thematisierungskontext zurückzuführen, hängt aber auch damit zusammen, dass sich trennscharfe Unterscheidungen auf der Ebene von Begriffen zwangsläufig relativieren, wenn sich in der ,Wirklichkeit' jugendlichen Zusammenseins auch Nuancen und Schattierungen zeigen.

Dieses Teilkapitel beginnt mit einer Skizze der sozialhistorischen Voraussetzungen für jugendliche Gemeinschaften, an die sich ein konkretes Beispiel anschließt. Vorgestellt wird der ,Wandervogel' als Teil der bürgerlichen Jugendbewegung, an ihm lässt sich ein genuin pädagogisches Verständnis von Jugendkultur veranschaulichen. Der Wandervogel, der zu Beginn des 20. Jahrhunderts entstand, kann auch als Beispiel für den engen Zusammenhang von Gruppen- und Jugendkultur herangezogen werden. Die beteiligten Jugendlichen formierten sich zu Gruppen und bedienten sich dabei der Gestaltungsmittel einer übergreifenden Jugendkultur. Beide Phänomene blenden hier ineinander. Im weiteren Verlauf dieses Teilkapitels wird dieser enge Zusammenhang jedoch gelöst, es werden unterschiedliche Betrachtungsweisen jugendlicher Gesellungsformen präsentiert, die jeweils eigene Akzente setzen. Die Darstellung der Peer-Group greift dabei auf grundlegende jugendsoziologische und entwicklungspsychologische Erkenntnisse zurück. Unter dem Begriff der Subkultur erfolgt eine Einführung in den jugendtheoretischen Beitrag der britischen Cultural Studies. Anschließend soll es um jugendkulturelle Szenen gehen. Die Darstellung wird durch zwei Beispielstudien abgerundet.

Gegenwärtige Peer-Groups können zwar einen fließenden Übergang zu Jugendkulturen bzw. Szenen aufweisen, müssen dies aber keineswegs. Freundschaftsnetze existieren häufig ohne die Einbindung der beteiligten Jugendlichen in eine jugendkulturelle Gemeinschaft, gleichwohl liegen in der Regel diffuse Orientierungen an allgemein jugendkulturell geprägten Lebensstilen vor. Somit folgt die hier gewählte Darstellungsweise einem spezifischen Begriff von Jugendkultur, der ihre Existenz an das Vorhandensein distinkter ‚Gruppenstile‘ bindet, sowie an die Kopräsenz jugendlicher AnhängerInnen in bestimmten sozialen Räumen. Ein prominentes und breit rezipiertes Modell geht davon aus, dass die meisten gegenwärtigen Jugendkulturen adäquat als ‚Szenen‘ beschrieben werden können (vgl. Gebhardt/Hitzler/Pfadenhauer 2000; Hitzler/Bucher/ Niederbacher 2005). Damit wird zugleich zum Ausdruck gebracht, dass diese Gesellungsformen ‚mehr sind‘ als Peer-Groups. Obwohl die Analyse von Szenen in ihren zentralen Anknüpfungspunkten deutliche Unterschiede zu Subkulturkonzepten aufweist, können bestimmte Szenen gleichwohl auch subkulturelle Züge annehmen und Protest artikulieren. Um die Jugendspezifik der hier interessierenden Szenen hervorzuheben, wird von jugendkulturellen Szenen gesprochen. Generell ist die Ausgangssituation für Jugendliche in der Gegenwartsgesellschaft dadurch gekennzeichnet, dass sich seit den 1960er Jahren „die Bedeutung informeller Gleichaltrigenbeziehungen für Jugendliche erhöht, das Spektrum freizeitbezogener Öffentlichkeiten ausgeweitet und die Wahlmöglichkeit für kulturelle Lebensstile enorm vergrößert [hat]" (Grunert/Krüger 2000: 202).

3.4.1 Sozialhistorische Voraussetzungen jugendlicher Gemeinschaftsformen

Für ein tieferes Verständnis jugendlicher Gemeinschaften ist die Kenntnis ihrer sozialhistorischen Voraussetzungen notwendig. Im 19. Jahrhundert haben sich mit dem Übergang zur Industriegesellschaft weitreichende Veränderungen im Altersgefüge der Gesellschaft eingestellt. Vor der Industrialisierung lebten Jugendliche meist in altersgemischten Gruppen (bspw. Großfamilien in der landwirtschaftlichen Produktion). Es folgte die sukzessive Herauslösung aus altersheterogenen und das wachsende Gewicht altershomogener Gruppen. Dafür wichtige Umstände waren u.a. die Einführung beruflicher Ausbildungsgänge und die allgemeine Schulpflicht, die zur Beschulung der Heranwachsenden nach Altersjahrgängen führte (vgl. Scherr 2009: 92f.). Ferner konnten junge Menschen in zunehmendem Ausmaß Freizeit erleben und mit Gleichaltrigen zusammen sein.

Freilich haben die Heranwachsenden in sehr unterschiedlichem Ausmaß von der Zusammenführung in Altersgruppen profitiert, und diese Situation wurde nicht von allen Jugendlichen gleichermaßen als bedeutungsvoller Möglichkeitsraum erfahren. Der Aufschub von den Erwachsenenpflichten setzte sich maßgeblich in der bürgerlichen Jugend durch, während die Jugendzeit für die Angehörigen unterer Schichten kurz und eher von Entbehrungen geprägt war (vgl. Grunert/Krüger 2000: 193). Auch ist diese Entwicklung nicht allein an punktuellen Ereignissen festzumachen, sondern in geschichtliche Verläufe eingebettet, die bis ins 18. Jahrhundert zurück reichen und ihren Kontext im Ideenfundament der bürgerlichen Gesellschaft haben (vgl. Griese 2000c: 219). So spielten etwa die pädagogischen Reflexionen Jean-Jacques Rousseaus (1712-1778) eine bedeutende Rolle, sie förderten die gezielte Gestaltung der Erziehungsverhältnisse (vgl. Andresen 2005: 18f.; Scherr 2009: 94f.). Bislang wurde geschildert, wie homogene Gruppen durch absichtsvolle Maßnahmen gebildet und zum Objekt von (pädagogisch) strukturierten Handlungen wurden. Für unseren Zusammenhang ist ferner wichtig, dass Gleichaltrige innerhalb dieser Entwicklung nun *eigene Deutungen* sowie eine Teilautonomie gegenüber den Erwachsenen entwickeln konnten. Das Lebensgefühl ‚jugendlich‘ zu sein verweist somit auf seine Verankerung in Erfahrungszusammenhängen und gruppenbildenden Verhaltensweisen. Daraus folgt, dass mit der Beschreibung der fortschreitenden Altersseparierung zugleich etwas anderes erfasst wird: Die Herausbildung einer allgemein verbreiteten Lebensphase Jugend. Der Auftakt zur Sozialgeschichte jugendlicher Cliquen und Gemeinschaften markiert also überhaupt den Beginn von Jugend als ein eigener Lebensabschnitt mit intensiven Erfahrungen und besonderen Bedeutungsaufladungen. Moderne Jugend als eine gesellschaftliche und biographische Tatsache ist somit maßgeblich an strukturelle Voraussetzungen geknüpft (vgl. Hurrelmann 2004: 19ff.). Damit wird der Auffassung widersprochen, dass dieser Lebensabschnitt ausschließlich als naturgegebener Sachverhalt und unter Verweis auf die biologische und psychologische Entwicklung beschrieben werden kann (siehe Kap. 2.1).

Die historische Perspektive macht auch darauf aufmerksam, dass Jugendliche der Eigenständigkeit ihrer Lebensphase häufig durch kulturelle ‚Sonderwelten‘ Ausdruck verliehen haben, mit denen sie sich von der Erwachsenenwelt abgrenzten. In einer historischen Situation, in der das selbstverständliche Einrücken in die Generationenfolge fraglich wird, in der die kollektiv auferlegten Lebensumstände solidarische Bewältigungsformen nahelegen, können Gruppen sich ihrer selbst vergewissern, indem sie Gemeinsamkeiten in jugendkulturellen und jugendbewegten Ausdrucksstilen entwickeln und so Distinktionsmarken setzen. „Auch die Cliquen und Gruppen im Kontext der (organisierten) bürgerlichen und der proletarischen Jugendbewegung sind Phänomene jugendlicher Gesellungsform zu Beginn des 20. Jahrhunderts und dann in der Weimarer Republik“ (Hafeneger/Jansen 2001: 10). Zu solchen prägnanten kulturellen ‚Sonderwelten' zählen bspw. der ‚Wandervogel', aber auch großstädtische (männliche) Jugendbanden der Unterschicht, wie bspw. die ‚wilden Cliquen' der 1920er oder die ‚Edelweißpiraten' der 1930er Jahre (vgl. Ecarius/Fromme 2000: 140ff.). Bei diesen Beispielen sind Gruppencharakter und Jugendkultur eng verbunden.

3.4.2 Die Wurzeln der Jugendkultur im ‚Wandervogel'

Unsere Vorstellung von Jugendkultur verweist auf die deutsche Jugendbewegung in Gestalt des so genannten ‚Wandervogels' und somit auf das beginnende 20. Jahrhundert. Vor allem innerhalb der Pädagogik lassen sich vorherrschende Leitbilder und Jugendideale darauf zurück führen (vgl. Griese 2000c: 220). Der Begriff ‚Jugendkultur' als Bezeichnung für eine selbstbestimmte Lebensform unter Jugendlichen wurde von dem Pädagogen Gustav Wyneken (1875-1964) durch seine Auseinandersetzung mit der zeitgenössischen Wandervogelbewegung popularisiert. Wyneken veröffentlichte 1914 eine programmatische Schrift mit dem Titel „Was ist Jugendkultur?" (vgl. Linse 1986: 405). Hervorzuheben ist auch, dass zu dieser Zeit die pädagogische und psychologische Ausarbeitung von Jugendtheorien einsetzte (siehe Kap. 2.3.1). Das Selbstverständnis von Jugendverbänden, aber auch die von Kirchen, Parteien und Gewerkschaften verantwortete Jugendpädagogik und Jugendarbeit entstanden maßgeblich unter dem Eindruck der Jugendbewegung (vgl. Scherr 2009: 97; Griese 2007: 6).

Verständlich wird dies alles, wenn man bedenkt, dass Jugendliche im Wandervogel erstmals als Altersgruppe in Erscheinung traten und überhaupt Anspruch erhoben haben auf eine selbstverantwortliche Gestaltung ihrer Jugendzeit (vgl. Herrmann 2004: 62). Im Zentrum ihrer Bestrebungen stand dabei das Wandern in der Gemeinschaft Gleichaltriger als eine zeitlich begrenzte Ablösung von Familie und Schule mit ihren Disziplinierungszwängen. Somit war ein neuartiger Erfahrungsraum geschaffen, in dem man sich selbst als ‚jugendlich' entdecken und einen jugendgemäßen Lebensstil kultivieren konnte. Folglich bildete die Jugend im Wandervogel eine ‚Generationsgestalt', war es auch vorrangig die männliche, bildungsbürgerliche Gymnasialjugend, für die dieser Lebensstil zu einer Kollektiverfahrung wurde (vgl. Griese 2000c: 220). Hinzu kam die Aufwertung dieser Jugendgeneration, die zum kulturellen Leitbild einer erneuerungsbewegten Gesellschaft wurde (vgl. Ferchhoff 2007: 35f.).

Dieses Selbstverständnis der bildungsbürgerlichen Jugend ist in der vielzitierten ‚Meißner-Formel' (siehe Kap. 2.2), noch deutlicher aber in dem Aufruf zum ‚Ersten Freideutschen Jugendtag' vom 10. bis 12. Oktober 1913 auf dem Hohen Meißner dokumentiert:

Originalzitat:
„Die deutsche Jugend steht an einem entscheidenden Wendepunkt. Die Jugend, bisher nur ein Anhängsel der älteren Generation, aus dem öffentlichen Leben ausgeschaltet und auf eine passive Rolle verwiesen, beginnt sich auf sich selbst zu besinnen. Sie versucht, unabhängig von den Geboten der Konvention sich selbst ihr Leben zu gestalten. Sie strebt nach einer Lebensführung, die jugendlichem Wesen entspricht, die es ihr aber zugleich auch ermöglicht, sich selbst und ihr Tun ernst zu nehmen und sich als einen besonderen Faktor in die allgemeine Kulturarbeit einzugliedern. Sie möchte das, was in ihr an reiner Begeisterung für höchste Menschheitsaufgaben, an ungebrochenem Glauben und Mut zu einem adligen Dasein lebt, als einen erfrischenden, verjüngenden Strom dem Geistesleben des Volkes zuführen." (Zit. n. Giesecke 1981: 22)

Nun zu den geschichtlichen Eckdaten: 1901 wurde der Ursprungsverein „Wandervogel. Ausschuss für Schülerfahrten" von Karl Fischer (1881-1941) am Gymnasium von Steglitz in der Nähe von Berlin gegründet. Unternahm man zunächst kürzere Wanderungen im Umkreis von Berlin, erweiterte sich später der Aktionsradius des Wandervogels. Am Wochenende ging man ‚auf Fahrt‘, in den Schulferien dann auf ‚große Fahrt‘, was eine ein- oder mehrwöchige Wanderung auch in entfernten Gegenden bedeutete. Bemerkenswert ist die rasche Verbreitung des organisierten Jugendwanderns. Die Zahl der teilnehmenden Jugendlichen schoss rasant in die Höhe; für das Jahr 1913 gehen Schätzungen von 25.000 bis 35.000 Wandervögeln aus (vgl. Ferchhoff 2007: 41).

Bald nach seiner Entstehung wurde der Wandervogel zu einer heterogenen Bewegung mit einer Fülle von Gründungen, Abspaltungen, Zusammenschlüssen und Auflösungen von Gruppierungen (vgl. Giesecke 1981: 21f.). Viele Wandervogelgruppen wurden 1913 in der „Freideutschen Jugend" vereinigt. Erst ab ca. 1907 nahmen auch Mädchen und junge Frauen an den Aktivitäten der Wandervögel teil, wenngleich die Öffnung für das weibliche Geschlecht umstritten blieb (vgl. ebd.: 28f.; Linse 1986: 404). Das Ende des Wandervogels wird meist mit dem Beginn des Ersten Weltkriegs gleichgesetzt. Nach 1918 wurden die Traditionen des Jugendwanderns unter veränderten kulturellen Vorzeichen wieder aufgegriffen (vgl. Ecarius/Fromme 2000: 141).

Der durch Kleidung und Musik geprägte *jugendkulturelle Lebensstil* unterschied sich vom Erscheinungsbild des gewöhnlichen Jugendlichen. Die Vorstellungen von der ‚stilechten‘ Wandervogel-Kluft haben sich zwar im Laufe der Jahre gewandelt und zunehmend an die Bedürfnisse dieser Freiluft-Kultur angepasst, aber die ideologisch geführten Auseinandersetzungen, die sich um scheinbar belanglose Details wie z.B. den ‚richtigen‘ Hemdkragen rankten, zeigen den hohen Identifikationswert der Wandervogel-Bekleidung (vgl. Linse 1986: 403). Gemeinsamer Gesang, vornehmlich von der Gitarre begleitet, erfreute sich großer Beliebtheit, und die Liedersammlung „Zupfgeigenhansl", die von Hans Breuer (1883-1918) 1909 herausgegeben wurde, durfte im Marschgepäck nicht fehlen (vgl. Feuchter 1986: 418).

In den verschiedenen Ritualen, etwa dem gemeinsamem Kochen und dem Herrichten des Nachtlagers, realisierte sich ein selbstgestaltetes Gruppenleben, „und erst durch die Gemeinschaftsbildung erwuchs aus der mehr unwillkürlichen Muskelbewegung des ‚Klotzens‘ [extrem lange Wanderungen, Anm. die Verf.] eine eigene Wandervogelkultur, die als Freizeitkultur neben die bürgerliche Lebensform zwischen Familie und Schule mit ihren patriarchalisch-autoritären Strukturen trat" (Linse 1986: 402).

Einige Anmerkungen zur soziologischen Analyse des Wandervogels sollen die Darstellung abschließen. Das Primärerlebnis ‚Wandern‘ wurde v.a. in der Außendarstellung der Bewegung, aber auch in den Stimmen von sympathisierenden Pädagogen mit vielfältigen Bedeutungen überfrachtet. Einerseits wurde das Wandern als naturschwärmerische, romantisch verklärte Lebenssinnsuche und als Heilmittel gegen ‚Zivilisationsgifte‘ (Nikotin und Alkohol, aber auch die seelische Entfremdung des Großstadtlebens) angepriesen (vgl. ebd.: 399; Ferchhoff 1990: 43ff.; Ferchhoff 2007: 39). Andererseits war das angebliche ‚Aufbegehren‘ dieser Jugendbewegung ein v.a. in der pädagogischen Publizistik verbreitetes Thema, in dem emanzipatorische, gegen die Erziehungsautoritäten (Schule und Elternhaus) gerichtete Züge ins Zentrum gestellt wurden (vgl. Baacke 1999: 142; Griese 2000a: 39).

Für die Elterngeneration und somit auch für das Generationsverhältnis war dabei eine historisch-spezifische Ausgangslage kennzeichnend: Bildungsbürgerliche Teile der Mittelschicht, welche die neuhumanistische Bildung repräsentierten, wurden infolge des ökonomisch-gesellschaftlichen Wandels im Zuge der Industrialisierung von Entwertung und *Statusunsicherheit* bedroht. Der Berufsstatus der Beamtenschaft, der akademischen freien Berufen, v.a. aber der Gymnasiallehrer und Professoren wurde herabgesetzt, ihr Arbeitsethos taugte nicht mehr als Modell für die Industriearbeit. Das aufstrebende Wirtschaftsbürgertum war fortan tonangebend.

Für die Kinder dieser bildungsbürgerlichen Mittelschicht hatte es schon vorher deutliche Lockerungen in den Erziehungsverhältnissen in Schule und Elternhaus gegeben. Die realen Verhältnisse entsprachen somit bereits weitgehend dem, was in der Wandervogel-Rhetorik als Veränderungsziel ausgerufen wurde. Die Abgrenzung von den Eltern fand also grosso modo in einem von diesen gebilligten Toleranzspielraum statt. Aus der Perspektive des Bildungsbürgertums konnte dieser zugestandene Schon- und Selbstfindungsraum der Jugend sogar ‚eigennützig' interpretiert werden, ließen sich mit ihm doch Zukunftshoffnungen verbinden. Der Wandervogel wurde als sichtbarer Ausdruck eines bereits vorhandenen Jugendkultes wahrgenommen, der den Erhalt der alten Statussicherheiten in Aussicht stellte. Mit der damit einhergehenden Aufwertung der Jugend konnten nämlich auch diejenigen Berufsgruppen aufgewertet werden, die sich vorrangig um die Jugend kümmerten, also viele der klassisch bildungsbürgerlichen Berufe (vgl. Giesecke 1981: 13ff.).

Die Autonomieansprüche der Jugendlichen führten mithin kaum zu Streit und krisenhaften Ablösungsprozessen von den Eltern, war man doch auf deren Erlaubnis zur Teilnahme an den Wandervogel-Aktivitäten angewiesen. Ferner wäre die Gründung wie auch der weitere Verlauf der Bewegung ohne wohlwollende Unterstützung durch Erwachsene gar nicht denkbar gewesen. Direkte Konfrontationen mit Schule und Elternhaus blieben somit weitgehend aus, und die Gestaltungswünsche der Jugendlichen richteten sich ausschließlich auf die Freizeit (vgl. ebd.: 27).

Einen besonderen Einfluss auf die Ausdeutung dieser Jugendkultur hatte Gustav Wyneken. Er zählte zu den bedeutendsten Personen im Umkreis der Wandervogel-Bewegung und entwarf ein idealistisch- überzogenes Bild von ihr. Als einer der Wortführer der pädagogischen Publizistik konstatierte er eine Absetzungsbewegung der Jüngeren von den Älteren, was dann zu einer Polarisierung der Generationen in den Debatten um den Wandervogel führte (vgl. Baacke 1999: 141f.). „Die Spekulationen von Blüher und Wyneken führten zu der völlig einseitigen Deutung der Entstehung und des Wesens des Wandervogels als einer Jugendrebellion gegen Schule und Elternhaus (…). Eine jugendbewegte Lebensform als bewusste Gegen-Welt zu den bürgerlichen Sozialisationsinstanzen der Erwachsenen gab es jedoch nicht" (Linse 1986: 406).

Wenn der Wandervogel nun im Fahrwasser eines weit verbreiteten ‚Jugendkultes' lag, wenn sein Protestcharakter doch maßgeblich eine Erwachsenen-Projektion und ein publizistisches Ereignis war, bleibt die Frage bestehen: Gab es ursprüngliche Erfahrungsgehalte des Wandervogels, die mehr waren als das Ergebnis von ‚äußeren' Instrumentalisierungsansinnen? Hermann Giesecke sieht die Kernerfahrung der Wandervogel-Jugend u.a. in der Arbeit an der *eigenen Identität*. Die rasante gesellschaftliche Modernisierung machte ein problemloses Einrücken in die Generationsabfolge unmöglich. Um erwachsen zu werden reichte es nicht, das vorgegebene Lebensmodell der wilhelminischen Gesellschaft mit seinen Normen und Werten zu übernehmen, es musste stattdessen zum Gegenstand einer subjektivierten Auseinandersetzung werden.

> *Originalzitat*:
> „Das Problem der Wandervögel war weniger die Unterdrückung durch Familie und Schule – jedenfalls nicht im Vergleich zu anderen Gleichaltrigen –, sondern umgekehrt in relativ offen gewordenen Lebenshorizonten eine Identität zu finden, die nicht mehr durch Identifikation mit einem objektiv vorgesehenen Wertkanon zustande kommen konnte, sondern nur durch verinnerlichte Aneignung der Werte aus ‚innerer Wahrhaftigkeit' (…). Dieses Problem der neuen Identitätsfindung haben sich die Jugendlichen nicht ausgesucht, es ist ihnen durch den kulturellen Wandel aufgezwungen worden, und der Wandervogel war ein Reflex darauf. In dieser Sozialisationslage wurden die gleichgestimmten Gleichaltrigen eine Hilfe, weil sie dieselben Probleme hatten und ihren menschlichen ‚Wert' sich gegenseitig bestätigen konnten." (Giesecke 1981: 30f.)

Die Bedeutung des Wandervogels liegt darin, dass Jugend sich erstmalig in jugendkulturellen Formen ausgedrückt hat und damit als Sozialgruppe die gesellschaftliche Bühne betrat. Es sind also nicht die vielen Details der Wanderkultur das Wichtige daran, wenngleich man dieses Phänomen ohne sie nur schwer begreifen kann. Mit dem Wandervogel hat sich eine akzeptierende Sichtweise in der Erwachsenengeneration eingestellt, wonach den Jugendlichen das Recht zugestanden wird, *anders zu sein*. Ebenso müssen ihnen eigene Lebensperspektiven und Erwartungshorizonte eingeräumt werden, die sich von denen der älteren Generation unterscheiden dürfen.

Der Begriff Jugendkultur besitzt somit eine spezifisch pädagogische Tradition als ein notwendiger, der Selbstfindung dienender Freiraum. Jugendkultur sollte nach Wyneken sogar als ‚Anreger' für die Reform der pädagogischen Institutionen fungieren (vgl. Baacke 1999: 141ff.). Mit der Möglichkeit, dass Jugend ihre Zukunft aktiv gestalten kann, ist zugleich ein Problemzusammenhang gegeben. Denn als Trägerin der ‚Gesellschaft von morgen' wird sie seither von BeobachterInnen aus Wissenschaft und Öffentlichkeit kritisch geprüft. In das Bild, das man sich von der jeweiligen Jugendgeneration macht, ist der Vorausblick auf die gesellschaftliche Zukunft gleichsam eingelagert. Einerseits sind die jungen Menschen als zukunftsgestaltende gesellschaftliche Gruppe gefragt, andererseits ergeben sich vielfältige Konfliktpotenziale aus dem Spannungsverhältnis von Bewahren und Erneuern. „Ihre Aufgabe ist, Überkommenes auf seine Angemessenheit zu prüfen, um die Moderne zu begründen." (Abels 2000: 76) Zugleich werden gesellschaftliche Veränderungen nun an der Jugend ‚ablesbar', weshalb sie in einer verbreiteten Metapher zum ‚Seismografen' gesellschaftlicher Entwicklung erklärt wird. Auch die Frage nach Generationsverhältnissen und ihrem Wandel als ein weiteres Generalthema moderner Gesellschaften taucht mit dem Wandervogel erstmals auf (vgl. Herrmann 2004: 63ff.).

3.4.3 Peer-Groups

Definition Peer-Groups

Das englischsprachige Wort peer bedeutet sowohl Gleichaltrige(r), als auch Gleichgestellte(r)/Gleichrangige(r). Synonym zum Begriff der Peer-Group wird in wissenschaftlichen Kontexten auch von Peers, Clique, Gleichaltrigen, informeller Gruppe, Freundeskreis und bisweilen auch von Jugendkultur und neuerdings von Netzwerken Gleichaltriger gesprochen.

Als Peer-Groups bezeichnet man Gruppen von etwa gleichaltrigen Kindern oder Jugendlichen, die meist im Umfeld von Bildungsinstitutionen entstehen, aber freiwillig zustande kommen und sich dem direkten Einfluss Erwachsener mit zunehmendem Alter entziehen. Im Mittelpunkt dieser Kleingruppen stehen gruppenspezifische Interessen und Freizeitaktivitäten im Rahmen von face-to-face-Beziehungen. Peer-Groups bilden einen informellen Sozialisationskontext, dessen Bedeutung im Verlauf des Jugendalters generell zunimmt und dem meist günstige Einflüsse auf die Persönlichkeitsentwicklung, auf soziales Lernen und die Verselbstständigung gegenüber dem Elternhaus zugeschrieben werden. Entsprechend kann die fehlende Einbindung in Freundschaftsbeziehungen und Cliquen auch ein belastender Faktor für die Entwicklung Heranwachsender sein, da ihnen positive Lernerfahrungen vorenthalten bleiben. Als Unterstützungsressource kommt den Peers angesichts der zunehmend komplexeren sozialen Umwelt eine große Bedeutung zu. Es werden aber auch riskante und deviante Verhaltensweisen Jugendlicher mit bestimmten Peer-Groups in Verbindung gebracht, vom Konsum legaler und illegaler Drogen bis hin zu Kriminalität, Rechtsextremismus und Gewalt. In Peer-Groups finden Selektionsprozesse nach Schichtzugehörigkeit, Ethnizität und Bildungsniveau statt, sie reproduzieren somit Dimensionen sozialer Ungleichheit (vgl. Oswald 2008: 321ff.; Fend 2005: 304ff.; Scherr 2010: 73ff.; Hurrelmann 2004: 126ff.; Hafeneger 2004: 67).

Grundsätzlich ist von einem Bedeutungszuwachs der Peer-Kontakte ab den 1960er Jahren auszugehen, was den zeitlichen Umfang der Kontakte, aber auch die Dimension der jugendspezifischen Erfahrungsproduktion mit Gleichaltrigen betrifft (vgl. Bohnsack u.a. 1995: 9; Scherr 2009: 166). Aktuell bestätigt sich dieses Bild, wonach den Peer-Groups in der subjektiven Wahrnehmung der Jugendlichen ein ähnlich hoher Stellenwert wie den Familien zukommt. Verschiedene Jugendsurveys jüngeren Datums können empirische Belege liefern, die in diese Richtung weisen. Die Shell-Jugendstudie 2006 ermittelt für die Zugehörigkeiten zu Peer-Groups: 63 % der 12- bis 14-Jährigen, 76 % der 15- bis 21-Jährigen und 67 % unter den 22- bis 25-Jährigen (vgl. Shell Deutschland Holding 2006: 83f.).

Den Gleichaltrigengruppen kommt in der Sicht der Jugendlichen eine hohe Bedeutung zu, wie der Jugendstudie „null zoff & voll busy" zu entnehmen ist (vgl. Zinnecker/Behnken/Maschke/Stecher 2002). Zinnecker u.a. haben in ihrer Panorama-Studie mit nordrhein-westfälischen 10- bis 18-jährigen Kindern und Jugendlichen u.a. Fragen zu deren wichtigsten Bezugspersonen gestellt. Jugendliche weisen durchschnittlich dem guten Freund/der guten Freundin auf der Rangliste der wichtigen Bezugspersonen einen der Mutter und dem Vater nachgeordneten, aber den Geschwistern übergeordneten Platz zu. Die Freundesgruppe rangiert immerhin praktisch gleichauf mit den Geschwistern. Damit zählt die Freundesgruppe in der Bewertung der befragten Jugendlichen zu den ‚sehr wichtigen' Bezugspersonen. Der hohe Stellenwert der Peers für die Jugendlichen wird im Vergleich zu den Bewertungen der Kinder deutlich. Die Freundesgruppe gehört für die Kinder gar nicht zu den ‚sehr wichtigen' sondern nur zu den ‚wichtigen' Bezugspersonen (vgl. ebd.: 25ff.). Auf die Frage ‚Was verbindet Deine Gruppe?' geben 39 % der Jungen und 72 % der Mädchen ‚Freundschaft' als Grund an. ‚Spaß' sowie ‚Stressabbau' werden von 50 % der Jungen und 54 % der Mädchen genannt (vgl. ebd.: 61f.). Dies weist auf die Bedeutung von vergnüglicher Geselligkeit hin, Peers haben für Jugendliche eine Ausgleichsfunktion im Rahmen der Alltagsbewältigung.

Allerdings sind nicht alle Jugendlichen in Cliquen eingebunden, und deren Abwesenheit muss nicht immer ein ungewollter und belastender Mangelzustand sein. Manche Jugendlichen halten sich von den Gleichaltrigen bewusst fern, weil sie deren Themen oder Umgangsformen missbilligen (vgl. Göppel 2005: 163). Auch kann die Fokussierung auf die mit dem Wort Peer-Group qualifizierten Gruppen zur Vernachlässigung anderer Beziehungsformen im Jugendalter führen. Vielfach wird darauf hingewiesen, dass die Freundschaft zum ‚besten Freund' oder zur ‚besten Freundin' in der Sichtweise Jugendlicher ein besonderes Erfahrungsfeld im Umgang mit Gleichaltrigen darstellt. Die Bedeutung dieser Zweierbeziehungen bei Jugendlichen ist insgesamt weniger gut erforscht als die von Peer-Groups (vgl. Scherr 2009: 167).

Überdies halten Jugendliche sich auch in formellen Jugendgruppen auf. Hier mag man einerseits an organisierte Gruppen der offenen Kinder- und Jugendarbeit oder an kirchliche Gruppen denken, deren Angebote zwar auf freiwilliger Teilnahme basieren, in denen Jugendliche aber in der Regel auf unabhängig von ihnen existierende Zusammenschlüsse treffen. Lerngruppen unter SchülerInnen können hier ebenfalls gemeint sein. Andererseits sind die (Sport-)Vereine zu nennen, die meist einen höheren Verpflichtungsgrad und eine geregelte Mitgliedschaft aufweisen. Sie stellen die wichtigsten formellen Begegnungsräume dar und in ihnen kommen 40 % aller Jugendlichen zusammen (vgl. Shell Deutschland Holding 2006: 126).

3.4.4 Peer-Groups in der Jugendsoziologie

Eine klassische jugendsoziologische Perspektive fragt nach der Weitergabe von gesellschaftlichen Wissensbeständen, Normen und Werten an die heranwachsende Generation (vgl. Scherr 2009: 62ff.). Im Rahmen dieser Perspektive kann der Akzent auf ‚Jugend' als Faktor der gesellschaftlichen Bestandssicherung gelegt werden. Dieser Zusammenhang soll anhand der Arbeit des israelischen Soziologen Samuel Eisenstadt (geb. 1923) vertieft werden, der sich mit der systembezogenen Funktion von Sozialisation und der Bedeutung der altershomogenen Gruppen auseinandergesetzt hat (vgl. Abels 1993: 272ff.). Den Hintergrund für Eisenstadts Hauptwerk „Von Generation zu Generation" (1966) bildet die strukturfunktionalistische Theorie von Talcott Parsons (1902-1979), die in der amerikanischen Soziologie der 1930er und 40er Jahre vorherrschend war (vgl. ebd.; Korte 1998: 171). In Deutschland wurde die Jugendtheorie Eisenstadts ab den 1960er Jahren – noch vor ihrer deutschen Übersetzung – durch die Arbeiten von Friedrich Tenbruck (1919-1994) in die wissenschaftliche Diskussion eingebracht, aber auch modifiziert (vgl. Abels 2000: 85). Tenbrucks jugendsoziologisches Hauptwerk trägt den Titel „Jugend und Gesellschaft" (1962). An die Darstellung der Grundgedanken Eisenstadts schließt eine knappe Skizze der Theorie Tenbrucks an (siehe Kap. 2.3.2).

Eisenstadt greift bei der Ausarbeitung seines Ansatzes auf die strukturfunktionalistische Theorie von Parsons zurück. Dieser beabsichtigte, einen zeit- und kulturübergreifenden Entwurf vorzulegen, der nicht Entwicklungsprozesse und gesellschaftliche Veränderungen thematisiert, sondern Stabilität und Kontinuität des Gesellschaftssystems und seiner Teilsysteme erklären soll (vgl. Korte 1998: 173ff.). Im Anschluss an diese Grundannahmen geht Eisenstadt von der abnehmenden Sozialisationsfunktion der Familie im fortgeschrittenen Stadium moderner Industriegesellschaften aus, die jedoch durch die Entstehung von Gleichaltrigengruppen als informelle Sozialisationsinstanzen gewissermaßen ausgeglichen wird (vgl. Griese 2007: 124). Die Auseinandersetzung mit der gesellschaftlichen Situation der Jugend bleibt also an die Kontinuitätsperspektive auf das gesellschaftliche Gesamtsystem gebunden.

Die Sozialisation des Individuums, so die Annahme Eisenstadts, vollzieht sich in allen bekannten Gesellschaften im Durchgang durch Altersstufen, deren Anzahl und zeitliche Ausdehnung von Gesellschaft zu Gesellschaft variieren können. Ihnen entsprechen kulturell festgelegte *Altersrollen*, die erlernt werden müssen, wobei die Erwachsenenrolle den Status als Vollmitglied der Gesellschaft definiert (vgl. Tillmann 1995: 200). Die Erwachsenenrolle wird mit dem Übergang von der Herkunftsfamilie zu einer eigenen Familie erlangt, laut Eisenstadt bildet sie den Wendepunkt, „da sich hierdurch der endgültige Wechsel der Altersrollen vom Empfänger zum Vermittler kultureller Tradition, vom Kind zur Elternschaft, vollzieht" (Eisenstadt 1966: 23). Die Übernahme der Erwachsenenrolle garantiert somit die Kontinuität gesellschaftlicher Strukturen, Normen und Werte.

Ein wichtiger Unterschied hinsichtlich des Übergangs in die Erwachsenenrolle ergibt sich aber aus dem Stadium gesellschaftlicher Entwicklung. In *wenig komplexen Gesellschaften* können die Heranwachsenden den vollen Mitgliedsstatus durch die in der Herkunftsfamilie erlernten Verhaltensmuster erreichen (vgl. ebd.: 37). Im Rückgriff auf Parsons charakterisiert Eisenstadt die Familienrollen als affektiv, zugeschrieben, diffus und partikularistisch (vgl. Abels 1993: 276ff.). Das familiäre Rollenhandeln wird ferner durch das Prinzip der Solidarität gestützt. Vor dem Hintergrund moderner Gesellschaften kann verdeutlicht werden, was ‚partikularistisch' meint: Die familiären Umgangsformen sind nicht prinzipiell auf andere Sozialbeziehungen übertragbar, weil man in der Familie als ‚ganze Person' in die wechselseitigen Interaktionen eingebunden ist. So ist bspw. das Verhältnis zwischen Verwandten gänzlich anders als die Beziehung zwischen einem Verwaltungsangestellten und einer Antragstellerin, in welcher ein ‚universalistisches' Rollenverständnis vorherrscht.

In *modernen Gesellschaften* ist die Sozialstruktur nun stärker ausdifferenziert, und die Heranwachsenden müssen einen langwierigen Lernprozess durchlaufen, um den Erwachsenenstatus zu erlangen. Dies ist laut Eisenstadt deshalb so, weil hier die gesellschaftlichen Rollen nahezu gegensätzlich zu den Familienrollen konzipiert sind. Die Individuen müssen sich in solchen Rollen an allgemeinen Erwartungsnormen orientieren (vgl. Eisenstadt 1966: 114). Die familiäre Sozialisation kann somit nicht mehr alle notwendigen Orientierungen vermitteln. Berufsrollen etwa als stark institutionalisierte Rollen sind tendenziell affektiv neutral, erworben, spezialisiert und universalistisch (vgl. Abels 1993: 276ff.; Ferchhoff 1990: 26).

Den Jugendlichen obliegt die Lernaufgabe, ihr Handeln nach universalistischen Prinzipien auszurichten, wie es die gesellschaftlichen Rollen verlangen. Damit ist gemeint, dass sie sich den Erwartungen der sozialen Realität aussetzen, dass sie die Beurteilung ihrer Handlungen und Leistungen nach allgemein gültigen Prinzipien akzeptieren und die partikularistischen Orientierungen der intimen Familienbeziehungen hinter sich lassen. Überdies müssen Jugendliche eine instrumentelle Haltung entwickeln, denn gesellschaftliche Rollen müssen erworben werden, sie werden nicht zugeschrieben. In modernen Gesellschaften kommt es somit im Übergang von der Altersrolle des Kindes zu der des Erwachsenen zu einem Bruch und in der Konsequenz zu der Einschiebung der Altersstufe ‚Jugend' als Durchgangsphase.

Nun ist allerdings auch von fortbestehenden Bedürfnissen nach familiärer Nähe und Solidarität auszugehen. Es entstehen Peer-Groups, die auf die Erwachsenenrollen vorbereiten und dem Einzelnen dennoch emotionale Sicherheit und Solidarität vermitteln und ihn so vor den Anforderungen des Erwachsenenstatus zugleich ‚schützen' (vgl. Griese 2007: 111). Peer-Groups beinhalten Merkmale sowohl der familiären als auch der gesellschaftlichen Rollen. Für die Peer-Kontakte sind die Emotionalität und Diffusität partikularistischer Rollen genauso kennzeichnend wie Konkurrenz- und Leistungsorientierung, also universalistische Prinzipien (vgl. Ferchhoff 1990: 28). Gleichaltrigengruppen stellen laut Eisenstadt einen *institutionalisierten Verbindungsbereich zwischen Familien- und Erwachsenenrollen* dar (‚interlinking-sphere') und gewährleisten die Kontinuität des sozialen Systems sowie die Integration der Persönlichkeit in die Gesellschaft.

Originalzitat:

„In den nach universalistischen Kriterien und Werten geregelten Gesellschaften, die sich in ihrer Beschaffenheit von Familien- und Verwandtschaftssystem unterscheiden, entwickeln die Mitglieder der Gesellschaft an den Übergangspunkten von verwandtschaftlich zu andersartig institutionalisierten Rollen ein Bedürfnis nach Interaktionen und sozialen Beziehungen, die nach anderen diffusen und zugeschriebenen Kriterien geregelt werden als in der Blutsverwandtschaft und allen Gesellschaftsgliedern gemeinsam sein können. Es entwickelt sich ein Bedürfnis, primäre Solidaritätsgruppen zu gründen oder sich ihnen anzuschließen, Gruppen, die entsprechend aufgebaut sind und die zum Teil der Abwehr gegen, zum Teil der Orientierung an den zukünftigen Rollen dienen. Für solche Zwecke eignen sich am besten altershomogene Gruppen, in denen das ‚Image' einer gegebenen Altersstufe zum wichtigen Symbol kollektiver Identifikation wird." (Eisenstadt 1966: 45)

Eingedenk der eingangs skizzierten strukturfunktionalistischen Perspektive ließe sich mit Eisenstadt nun sagen: Die Peer-Group und die ihr eigene Jugendkultur erscheint zwar zunächst als ‚Ausstieg' aus der Erwachsenenwelt und Infragestellung des Sozialisationsprozesses, insgesamt aber garantiert sie als eine Art ‚Selbsthilfereaktion' der Gesellschaft geradezu deren Fortbestand. „Altershomogene Gruppen von Jugendlichen entstehen letztlich auf Grund *funktionaler Notwendigkeiten* des sozialen Systems" (Griese 2007: 111; Hervorh. die Verf.). Die Sichtweise Eisenstadts hat maßgeblich zu einem Verständnis von Jugend als einer notwendigen und allgemein akzeptierten Lebensphase geführt. Jugend konnte nicht mehr ohne weiteres zum Problem erklärt werden, da sie selbst ja die Lösung eines gesellschaftlichen Problems darstellt. Allerdings war sich auch Eisenstadt bewusst, dass Peers nicht zwangsläufig sozialintegrative Wirkungen entfalten und dass sie auch zum Austragungsort für abweichendes Verhalten werden können (vgl. Eisenstadt 1966: 318ff.).

Als Kritik am Entwurf Eisenstadts lässt sich anmerken, dass der soziale Wandel erklärungsbedürftig bleibt, da auf die Bestandssicherung des Gesellschaftssystems fokussiert wird. Es fehlt an der Unterscheidung von systemstabilisierenden, systemverändernden und systemgefährdenden Verhaltensformen im Jugendalter. Bspw. können die ‚Jugendunruhen' der 1960er Jahre als systemgefährdend oder aber unter dem Blickwinkel der durch sie ausgelösten Reformschübe als systemverändernd und -stabilisierend eingestuft werden (vgl. Griese 2007: 112ff.). Damit hängt zusammen, dass mit Eisenstadts Theorie abweichendes Verhalten nicht ‚innovativ' im Hinblick auf sozialen Wandel gedeutet werden kann (vgl. Scherr 2009: 72). Auch kann es nicht ‚ideologiekritisch' als Effekt sozialer Ungleichheit in den Blick geraten, da klassen- und schichtspezifische Ausprägungen von Jugend keine Beachtung finden.

Nun zu einer knappen Skizze von Friedrich Tenbrucks „Jugend und Gesellschaft". Hier kann die Beobachtung den Anfang bilden, dass sich Jugendliche stark mit Altersgleichen identifizieren und die Orientierung an der Erwachsenenrolle nicht zwingend ist. Die Unterscheidung zu der Sichtweise Eisenstadts ist wichtig, nach der die Altersrollen einen Zusammenhang als fortschreitende Stufenabfolge bilden und den Erwerb der Erwachsenenrolle ins Zentrum stellen. Wenn die jugendlichen Gesellungsformen nun aber eigene Inhalte und kulturelle Muster hervorbringen, die selbst zum Maßstab für die (Erwachsenen-) Gesellschaft werden, dann wird die Vorstellung von Jugend als Übergangsphase problematisch. Es zeigt sich dann die Tendenz einer „Sozialisierung in eigener Regie" (Tenbruck 1962: 92). Allerdings sollte erwähnt werden, dass Tenbruck in einer allgemeineren Weise vom jugendlichen Zusammensein spricht, als es der Begriff ‚Peer-Group' gemäß der weiter oben explizierten Bedeutung nahelegt.

Im Zentrum der Jugendtheorie Tenbrucks steht die Beobachtung, „dass die gesellschaftliche Entwicklung in eine Richtung geht, in der die Annahme einer strukturellen, funktionalen Notwendigkeit generationsspezifischer Differenzierung und Sozialisation obsolet zu werden droht" (Abels 1993: 288). Tenbruck geht von einer Nivellierung der Altersrollen aus und hebt die strukturelle Bedingtheit von Jugend hervor. Sie müsse als *soziale Gruppe* analysiert werden, die eine *eigene Teilkultur* besitzt. Für die Gruppen Jugendlicher sind dabei die allgemeinen Merkmale sozialer Gruppen kennzeichnend. Diese sind durch geteiltes Denken und Handeln sowie durch starke wechselseitige Identifikation der Gruppenmitglieder gekennzeichnet (vgl. ebd.: 289).

Nach Tenbruck geht die Gruppenbildung auf die Institutionalisierung von Jugend zurück: „Jugend als Institution – das ist die Gesamtheit der institutionalisierten oder institutionell ermöglichten Einflüsse auf die Jugend, erwogen im Hinblick auf die Kontinuität der Gesellschaft." (Tenbruck 1962: 107) Neben dem Bildungs- und Ausbildungssystem fördern auch pädagogische oder kommerzielle Freizeitangebote, Kulturangebote u.v.m. die Gruppenbildung. Tenbruck hebt hervor, dass die Angehörigen dieser Altersgruppe in ihren institutionellen Kontakte ausschließlich als Jugendliche behandelt werden und – insofern sie derart von der Gesellschaft ‚eingehegt' werden – sich gruppenbildend verhalten und einen eigenen geistigen und sozialen Raum hervorbringen (vgl. Abels 1993: 295).

Tenbruck zu Folge wird sich die Persönlichkeitsbildung immer mehr in die jugendlichen Gruppen verlagern, die „ihrerseits den Rang von echten Sozialisierungsträgern erwerben und zur wahren Brücke des Jugendlichen in die Gesellschaft werden." (Tenbruck 1962: 69f.) Diese Auffassung ist auch daran gebunden, dass Jugendlichen ein weitreichender Zugang zu der Lebenswirklichkeit der Erwachsenen gewährt wird. Obwohl nicht ausdrücklich erwähnt hat Tenbruck hier wohl die Massenmedien im Sinn (vgl. Abels 1993: 304). Damit ist ein Element benannt, dessen Bedeutung sich in der gegenwärtigen sozialkulturellen Umwelt von Kindern und Jugendlichen verstärkt entfaltet hat. „Die junge Generation nimmt ungefragt an Inszenierungen, den Erwachsenenerfahrungen mit deren Wirklichkeitsbereichen und deren ‚Geheimnissen', an allem Geschehen in der Welt teil – ob Katastrophen, Kriege, Gewalt, Tod, Sexualität, Banalität, Privatsphäre oder Intimität." (Hafeneger 2004: 12) Die Teilkultur der Jugend charakterisiert Tenbruck folgendermaßen:

Originalzitat:

„An die Stelle des Zwanges, den eigenen Lebensstil zu verbergen oder doch an den Werten der Gesamtkultur zu messen und notfalls gegen sie zu rechtfertigen, ist die instrumentale Benutzung der Gesamtkultur zu eigenen Zwecken getreten. Bei dieser Selbstständigkeit überrascht es nicht, dass die jugendliche Teilkultur fast souverän alle Lebensgebiete erfasst. Die Jugendlichen haben nicht nur ihre unverwechselbaren Formen des Umgangs, Sports, Vergnügens, sie besitzen auch ihre eigene Mode, Moral, Literatur, Musik und Sprache." (Tenbruck 1962: 49)

An dieser Stelle sollen die veränderten Peer-Welten der Gegenwartsgesellschaft in den Blick genommen werden. Die Arbeiten Eisenstadts und Tenbrucks sind in ihrer zeitspezifischen Ausgangslage verwurzelt, seitdem haben sich mit den Veränderungen des gesamtgesellschaftlichen Gefüges auch die Erscheinungsformen jugendlicher Gruppen gewandelt. Die gesellschaftliche Entwicklung verweist dabei auch auf eine erneute Konjunktur der Ausdehnung von Peer-Netzwerken. Dies wird vielfach mit der begrifflichen Formel der Individualisierung von Lebenslagen und Pluralisierung von Lebensstilen in Verbindung gebracht wird. Die komplexen Integrationsanforderungen, die an Jugendliche gerichtet werden, zeigen sich vor diesem Hintergrund als ein „Mehr an Optionen und Identitätsmöglichkeiten im Spannungsfeld zwischen Vergesellschaftung und Freisetzung, von Autonomie und Abhängigkeit" (Hafeneger/Jansen 2001: 9). Vom Einzelnen wird somit verlangt, dass er sich ‚wirklichkeitstüchtig' in den für ihn relevanten sozialen Bezügen zurecht finden kann, wobei diese Suchbewegungen in Gleichaltrigengruppen gleichsam abgestimmt werden können.

Ein vollständigeres Bild ergibt sich, wenn die Individualisierungsprozesse auf den *Strukturwandel der Jugendphase* bezogen werden (siehe Kap. 2.3.4). Grunert/Krüger (2000) verdeutlichen den umfassenden Wandel der Lebenslaufmuster durch einen Vergleich der 1950er Jahre mit den 1980er/1990er Jahren. Was man sich unter Jugend vorzustellen hatte, ließ sich in den 1950er Jahren recht eindeutig über ihren Vorbereitungs- und Vermittlungscharakter für das Erwachsenenalter bestimmen (vgl. Grunert/Krüger 2000: 199ff.). Dies entspricht der theoretischen Perspektive Eisenstadts, der Jugend als institutionalisierte Übergangsphase im Lebenslauf betrachtet und sie ‚funktional' interpretiert (vgl. Schmidt 2004: 70f.). War Jugend in den 1950er Jahren von den soziokulturellen Nahwelten, Milieus und Institutionen der Erwachsenengesellschaft geprägt, geriet sie in der Folgezeit zunehmend unter den Einfluss der Bildungs- und Ausbildungsinstitutionen, und der Erwerb von Bildungszertifikaten trat in den Vordergrund. Zugleich war damit eine größere Distanz zu den Institutionen der Erwachsenengesellschaft gegeben, die eine partielle Verselbstständigung gegenüber Erwerbsarbeit und Familiengründung bewirkte. Jugend bedeutete fortan, zunehmend in einem autonom gestalteten Jugendalltag zu leben (vgl. Tully 2007: 406). In diesem Kontext ist auch der Anstieg von Zeitbudgets und Freizeitoptionen von Jugendlichen zu verorten. Es bleibt anzumerken, dass für die dargestellte Entwicklung überdies auch schicht- bzw. geschlechtsspezifische Faktoren zu berücksichtigen sind. Allgemein ist jedoch für den hier zu Grunde gelegten historischen Abschnitt von der *Verlängerung* der Altersphase ‚Jugend' und ihrer *wachsenden Eigenständigkeit* auszugehen (vgl. Grunert/Krüger 2000: 199ff.; Hafeneger/Jansen 2001: 14f.).

Als verbreitetes Muster hat sich bis zum heutigen Zeitpunkt ein Nebeneinander von verstärkter Bildungsorientierung und gleichzeitigem Autonomiegewinn eingestellt. Dieser zeigt sich typischerweise nicht als ökonomische Unabhängigkeit sondern als sozio-kulturelle Selbstbestimmung im Freizeit- und Konsumbereich und in Lebensstilen, die von der Erwachsenengesellschaft abweichen können. Im Rahmen dieser Entwicklung wird die Heterogenität von Jugendverläufen mit dem Stichwort *Entstrukturierung* zum Ausdruck gebracht. Jugend ist demnach kaum noch als standardisiertes Muster einer kollektiven Statuspassage beschreibbar, stattdessen zeigt sie sich als variables Muster zeitlich versetzter teilsystemspezifischer Übergänge ins Erwachsenenalter (vgl. Olk 1985: 294; Grunert/Krüger 2000: 199ff.). Entsprechend haben sich Lebensformen und Lebensstile im Jugendalter stark pluralisiert. „Zusammenhängend mit der Entstrukturierung der Jugendphase haben informelle, nicht-organisierte Gruppen sowie geflechtartige Spontanbeziehungen zugenommen." (Schmidt 2004: 86)

Die verhältnismäßig lange Jugendzeit, ihre eigenen phasentypischen Bewältigungsformen sowie die tendenziell frühe Ablösung von der Herkunftsfamilie führen zu erweiterten Aufgaben und Dimensionen von Peer-Groups. Diese erfüllen wichtige Orientierungsfunktionen und gewinnen Bedeutung als ein gesellschaftlich notwendiger informeller Sozialisationskontext neben den formellen Sozialisationsinstanzen wie Familie, Schule, Ausbildungsstätten, Freizeitangebote, Einrichtungen der Jugendhilfe wie Erziehungsberatungsstellen usw. (vgl. Hurrelmann 2004: 70f.).

In Diskussionszusammenhängen, welche die gestiegene Bedeutung von nicht-institutionellen, informellen Lernprozessen im Jugendalter thematisieren, werden diese eher als Ergänzung denn als Gegensatz zum schulischen Lernen gesehen. Diesem lebensweltlich-situativen Lernen entsprechen *informelle Lernorte*. Die selbstgesteuerten Auseinandersetzungen mit den Medienwelten stellen bspw. solche Lernorte dar, v.a. die Aneignung von Computerwissen erfolgt typischerweise in informellen Lernprozessen. Ebenso zählen auch die Peers zu bedeutsamen informellen Lernorten (vgl. Tully 2007: 403ff.). Da diese Lernorte in der Freizeit von Jugendlichen liegen, hat Harring (2010) die Pluralität jugendlicher Freizeitwelten empirisch-quantitativ untersucht und fragt nach ihren Bildungsfunktionen (vgl. Harring 2010: 23ff.). Freizeitaktivitäten spielen sich generell häufig im Rahmen von Peer-Kontakten ab. „Entsprechend berichten Jugendliche davon, dass sie den meisten Freizeitaktivitäten nicht alleine, sondern vielmehr zusammen mit Peers nachgehen." (Ebd.: 32) In dieser Untersuchung wird eine Typologie jugendlicher Freizeitwelten entwickelt, die fünf Typen herausarbeitet und den Akzent auf Bildungsprozesse legt. Besonders hervorgehoben wird dabei der als ‚peerorientierter Allrounder' bezeichnete Typus, für den die Peers gemäß der Kontakthäufigkeit und der Vielfalt der Sozialformen besondere Relevanz besitzen. Gleichzeitig existieren bei diesem Typus vielfältige Handlungsmöglichkeiten und kulturelle Güter rund um die Peer-Beziehungen (vgl. ebd.: 42ff.).

3.4.5 Doing Peer-Group

Einen Entwurf zur theoretischen Re-Konzeptualisierung von Peer-Groups hat Schmidt (2004) unter dem Titel „Doing peer-group" vorgelegt (vgl. Schmidt 2004). Dieses ‚doing' meint, dass die Auseinandersetzung mit selbstgewählten, jugendlichen Gruppen an deren Umgangsformen ansetzen und die *faktische Interaktions- und Handlungspraxis* analysieren soll, als deren Resultat die spezifische ‚Kultur' dieser Gruppen entsteht. Gruppeninterne Prozesse sind somit nicht allein aus ihrem Verhältnis zur Erwachsenenwelt zu verstehen. *„[P]eerculture'* ist insofern als *eigenständiger Handlungsraum* zu begreifen, als dass sich Kommunikationsformen und Interaktionsroutinen ausbilden, deren Regeln und Implikationen nicht unmittelbar aus Strukturen und Bedingungen der Erwachsenengesellschaft ableitbar sind." (Schmidt 2004: 79; Hervorh. i. O.) Darüber wird auch Kritik an traditionellen Konzepten der Jugendforschung geübt, die Schmidt zufolge Peerkultur häufig umstandslos aus dem Rekurs auf lebensphasenspezifische Problemlagen erklären, welche den latenten Mittelpunkt der Peer-Aktivitäten bilden sollen (vgl. ebd.: 88). Damit findet eine Einengung auf die spezifische ‚Funktion' von Peer-Groups zur Bewältigung dieser Problemlagen statt, welche die Vorstellung von Jugend als ‚Übergangsphase' nahelegt. Für eine theoretisch gehaltvolle Konzeption von Peer-Groups werden drei Aspekte benannt, welche die Analyse von ‚peer-culture' anleiten sollen:

1. Unter ‚Generationslagenspezifik' wird im Anschluss an Karl Mannheim verstanden, dass das gemeinsame Erleben eines bestimmten historischsozialen Zeitraums die kollektive Teilhabe an zeittypischen Umständen und Lebensbedingungen bedingt. Insofern sind Jugendliche auch Angehörige einer gemeinsamen Jugendgeneration (vgl. ebd.: 80f.) (siehe Kap. 2.3.2).
2. ‚Lebensphasenspezifik' meint entwicklungsspezifische Merkmale des Aufwachsens und die gesellschaftliche Einflussnahme, die sich auf solche Merkmale Jugendlicher bezieht. Damit sind bspw. ontogenetische Bedingungen wie körperliche Veränderungen (Pubertät) und darauf bezogene sozialisatorische Maßnahmen der Gesellschaft gemeint, etwa wenn die Auseinandersetzung mit Geschlechtsidentität als jugendpädagogisches Ziel zum Tragen kommt (vgl.: ebd.: 81f.).

3. Jugend wird hier gewissermaßen unabhängig von der Übergangsthematik als eigenständige Teilkultur verstanden. Dabei wird die symbolische Ausgestaltung der Peerkultur als Reaktion auf gesamtgesellschaftliche Bedingungen verstanden. Als konstitutiv für die Peerkultur wird die Pluralisierung von Lebensstilen und die zunehmende Freizeit- und Konsumorientierung angesehen. Dies impliziert, dass die Gemeinschaftsbildung durch kommerzialisierte Angebote des Kultur- und Mediensektors überformt wird. Die Gleichaltrigengruppen handeln nun aus, welche Elemente des jugendkulturellen Symbolvorrats sie in ‚ihre Wirklichkeit‘ aufnehmen wollen (vgl. ebd.: 83f.).

Insgesamt geht es um eine stärkere Betonung der Eigenstrukturiertheit der Peerkultur. Konkrete Interaktionsmuster in den Peers sollen detailliert beschrieben und gedeutet werden (vgl. ebd.: 89ff.). Der oben angedeutete, integrative Rahmen ermöglicht es, unterschiedliche theoretische Bezüge zusammen zu denken und an konkreten Phänomenen von Peerkultur empirisch auf ihren jeweiligen Erklärungswert zu prüfen. Das Erkenntnisinteresse ist dabei auf den ‚Eigensinn‘ von Gruppenkulturen und auf deren ‚Vollzugswirklichkeit‘ gerichtet.

Schmidt (2004) hat zur näheren Bestimmung der Konstitutionsprozesse von Peer-Groups herausgearbeitet, dass diese wesentlich auf kommunikativem Austausch gründen. ‚Doing peer-group‘ wird somit mittels spezifischer kommunikativer Regeln und Verfahren vollzogen (vgl. ebd.: 364ff.). Normen, Hierarchien, Grenzen sowie Selbstbilder von informellen Gruppen werden kommunikativ hergestellt, bleiben jedoch eher implizit, als dass sie thematisch in den Vordergrund der Kommunikation drängen. Bedürfnisse nach schlichtem Spaß und Unterhaltung, sowie nach Selbstdarstellung und Identitätsbildung werden im kommunikativen Miteinander ebenso realisiert wie ein Mindestmaß an Gruppenzusammenhalt. Mit welchen kommunikativen Routinen dies bewerkstelligt wird, hat Schmidt eingehend beschrieben (vgl. ebd.: 367ff.).

Der damit verbundene Zugang zu der ‚Vollzugswirklichkeit‘ von Peer-Groups findet sich bereits in einigen älteren Studien, in denen es um den Zusammenhang von Gewalt und Gruppe geht. Hier wird die Gruppenbildung auf peerspezifische *Abgrenzungsbestrebungen* zurückgeführt. Dabei wird angenommen, dass Gruppen ihr Selbstwertgefühl häufig aus der Abgrenzung gegenüber anderen Gruppen gewinnen, die in ihrer Steigerung aber auch zu Abwertung, Feindseligkeit und Gewalt diesen anderen Gruppen gegenüber führen kann (vgl. Eckert/Reis/Wetzstein 2000: 17ff.; Scherr 2009: 165f.).

Eine klassische Studie zum Zusammenhang von Cliquenzugehörigkeit und Gewalt stammt von Bohnsack, Loos, Schäffer, Städtler und Wild (vgl. Bohnsack u.a. 1995). Dabei stehen jugendliche Hooligan-Gruppen im Mittelpunkt, die gemeinsame Orientierungen durch die Inszenierung einer kollektiven Handlungspraxis herstellen. Deren Peerkultur wird ‚erlebbar' in dem Sinne, dass sie gänzlich im Aktionismus der gewaltbetonten Auseinandersetzungen aufgeht. „Es ist gerade die verlaufskurvenförmig sich verselbständigende, nicht antizipierbare Dramaturgie in der Situation des Kampfes und der Randale und das daraus resultierende Aufeinander-Angewiesen-Sein, welche eine elementar ansetzende Kollektivität konstituieren – eine *episodale Schicksalsgemeinschaft.*" (Ebd.: 26f.; Hervorh. i. O.) Damit wird auch darauf aufmerksam gemacht, dass hier Gewalthandeln nicht im engeren Sinn ‚zweckrational' zur Verfolgung vorher festgelegter Ziele eingesetzt wird. Stattdessen könnte man pointiert sagen, dass Gewalt für das Gruppenerleben funktionalisiert wird. Die Autoren betonen, dass der Gruppenzusammenhalt der Hooligans aktionistisch erzwungen wird. Nicht die abweichenden Motive führen in abweichendes Verhalten, sondern umgekehrt erzeugt abweichendes Verhalten abweichende Motive (vgl. ebd.: 27).

Von ihrem Problemverständnis her ähnlich gelagert ist die Studie „Ich will halt anders sein wie die anderen!" (vgl. Eckert/Reis/Wetzstein 2000). Hier werden unterschiedliche Gruppengebilde von Jugendlichen untersucht und in Zusammenhang mit der Identitätsbildung der einzelnen Gruppenmitglieder gebracht. Neben der sozialen Herkunft werden die innerhalb der Gruppen vorfindlichen Sichtweisen auf die Gruppenwirklichkeit und auf die Gruppenperipherie rekonstruiert. Besonders die mit dem Fokus auf ‚Intergruppenbeziehungen' erhobenen Daten sind relevant, insofern die ForscherInnen die erkennbaren Abgrenzungsmuster als bedeutsame Elemente des Gruppenprozesses und des Selbstbildes als Gruppe begreifen. Auch in dieser Studie liegt ein Schwerpunkt auf Gewalt, Abgrenzungsbedürfnisse werden als Bedingung für abweichende und gewaltaffine Handlungen in den Gruppen gesehen (vgl. ebd.: 20ff.). „Bei Gruppen mit feindschaftlichen Intergruppenbeziehungen wird positiver Selbstwert durch die massive Abwertung und Bekämpfung von anderen Gruppen erreicht." (Ebd.: 406) Allerdings werden in dieser Studie keineswegs nur gewaltnahe Gruppen untersucht, Gruppenwirklichkeiten erscheinen hingegen in ihrer Vielfältigkeit. In die Untersuchung eingegangen sind bspw. eine Gruppe von ‚Breakbeatern', eine türkische Stadtteilclique, eine Dorfclique, Technos, Wagendorfbewohner und obdachlose Punks. Verschiedene Erklärungsansätze für Jugendkriminalität und -gewalt werden an späterer Stelle eingehend behandelt (siehe Kap. 4.1).

Jugend- und gruppensoziologische Erkenntnisse bilden generell einen wiederkehrenden Bezugspunkt für die Erklärung devianten Verhaltens in Peer-Groups, wie bspw. Konsum legaler und illegaler Suchtmittel (siehe Kap. 4.3.4). Stärker als in entwicklungspsychologischen Herangehensweisen werden Erkenntnisse hier aus den Merkmalen des Gruppentyps und aus den gruppenhaften

Strukturierungsprinzipien gewonnen. Peer-Groups konstituieren sich üblicherweise als Kleingruppen mit informellen Beziehungen. Daraus folgt, dass sie sich nicht an übergeordneten Systemzwecken (Betriebe, Bildungsinstitutionen, Verwaltungsapparate etc.) sondern an persönlichen Bedürfnissen orientieren (vgl. Schmidt 2004: 31ff.). Zur Charakterisierung solcher informeller Kleingruppen wird ferner das Konzept der Primärgruppe mit ihren Merkmalen angeführt. Primärgruppen sind nicht auf das zeitliche Kriterium der ontogenetisch primären Sozialisation in der Familie beschränkt, sondern bezeichnen überdies eine generelle Beziehungsqualität. Personen interagieren in solchen Gruppen direkt und persönlich, sie werden als ‚ganze Person' integriert und entwickeln emotionale Bindungen.

Dies läuft darauf hinaus, dass Primärgruppen Zugehörigkeit und Geborgenheit bieten und darüber zugleich die für Normeninternalisierung nötige Identifikation stiften. Solche Gruppen steuern das Verhalten Einzelner also tendenziell über deren Bedürfnis nach Anerkennung und Gemocht-Werden, entsprechend ist die soziale Kontrolle weniger auf äußeren Zwang angewiesen. Der Primat der ‚ganzen Person' und der hohe Grad an Gegenseitigkeit führen zu starker Kohäsion in Primärgruppen (vgl. ebd.: 36ff.).

Hier ist die Relevanz dieser starken Gruppenbindung für die Erklärung abweichenden Verhaltens Jugendlicher hervorzuheben. Es ist offensichtlich, dass sich negative Verhaltenszuschreibungen im Jugendalter vielfach auf Handlungen in Gruppenkontexten beziehen. Der Konsum von Tabak, Alkohol, aber auch illegalen Drogen wird mit starker Peerorientierung in Verbindung gebracht. Allerdings ist anstatt von ‚Gruppenzwang' eher von dem Wunsch nach Anerkennung und der Selbstbindung an die Gruppe auszugehen (vgl. Oswald 2008: 326).

3.4.6 Peer-Groups in der Entwicklungspsychologie

Zunächst soll es um die Beschreibung der Entwicklungsaufgabe gehen, die mit der produktiven Gestaltung von Freundschaften unter Gleichaltrigen verbunden wird. Dabei geht man allgemein davon aus, dass die Beziehungsstruktur der Gleichaltrigen-Netzwerke einen positiven Lernort für Jugendliche darstellt. Im Weiteren wird auch nach belastenden Verläufen bei der Beziehungsgestaltung gefragt, wobei dieser Aspekt im Rahmen der Zusammenschau von Peer- und Eltern-Beziehungen behandelt wird. Mit Blick auf die Wechselseitigkeit dieser beiden relevanten Beziehungsfelder sind Chancen und Risiken für die Persönlichkeitsentwicklung einschätzbar.

Die Entwicklungsaufgabe, Beziehungen zu Gleichaltrigen aufzubauen
Erkenntnisse zu den Lern- und Erfahrungsmöglichkeit in den Peer-Groups machen auf die großen Unterschiede zur Eltern-Kind-Beziehung aufmerksam (vgl. Göppel 2005: 158f.). Bei dieser sind die Verhaltensmuster der beteiligten Personen stark eingespielt und insofern ‚gegeben', während sie im Umgang mit den Peers ‚aufgegeben' sind. Die Beziehungen zu ihnen sind tendenziell labil, was die Lernaufgabe eröffnet, im Kreis der Gleichaltrigen einen gemeinsamen Verstehenshorizont zu konstruieren. Praktische Erfahrungen der Gleichberechtigung sind dafür unentbehrlich. Besonders Normen der Gegenseitigkeit, Perspektivenübernahme und Aushandeln können hier gelernt werden (vgl. Oswald 2008: 322; Fend 2005: 305ff.).

Damit hängt zusammen, dass die Freundesgruppe Lernanlässe nicht nur für pro-soziale Haltungen bietet sondern auch für ‚Beziehungsfähigkeit'. Hierzu zählt die Fähigkeit, Kontakte aufnehmen, aufrechterhalten, aber auch abbrechen zu können, sich auf ‚sozialverträgliche' Weise in die Gruppe einbringen und sich in Beziehungen öffnen zu können und Intimität zuzulassen (vgl. Fend 2005: 309). Da Peer-Kontakte leicht beendet werden können, verlangen sie nach besonderen Konfliktlösestrategien. Dafür bietet die Familie mit ihren stärker eingespielten, ‚behütenden' Beziehungsmustern kaum Lerngelegenheiten (vgl. Hurrelmann 2004: 128).

Die Gleichaltrigen unterstützen auch die Individuation, da sie dabei helfen, die wachsende Distanz zu den Eltern durch neue tragfähige Beziehungen auszugleichen. Dies bildet eine eigenständige Entwicklungsaufgabe, die in klassischen Konzepten noch als Ablösung von den Eltern bezeichnet wurde. Angemessener ist es, von einer Reorganisation oder dem Umbau der Eltern-Kind-Beziehung zu sprechen, geht es doch nicht darum, diese ganz hinter sich zu lassen (Göppel 2005: 141f.).

Gleichaltrigenbeziehungen bieten auch einen zentralen Resonanzraum für die Identitätsentwicklung. Dass Jugendliche ihre Sichtweise auf Alltagserfahrungen und auch auf sich selbst in ständigem Abgleich mit den Peers entwickeln, zeigt sich schon in dem häufig unersättlichen Bedürfnis nach Kommunikation, die teilweise scheinbar Belangloses zum Inhalt hat. Peer-Kontakte lassen überdies provisorische und temporäre Identitäten zu (vgl. Fend 2005: 307). Sie geben Gelegenheiten zu sozialem Probehandeln, welches in der Familie so nicht möglich ist. Dabei kann sich der Jugendliche überhaupt nur in der Differenz zu anderen als autonomes ‚Ich' entdecken (vgl. Baacke 2003: 202).

Die Frage, was nun aber als Motivation des Einzelnen anzusehen sei, sich in die reziproken Beziehungen der Peers hinein zu begeben, ist nach Fend psychoanalytisch mit der Verschiebung der Libido und neuen Bedürfnissen nach gegengeschlechtlichen Beziehungen zu beantworten (vgl. Fend 2005: 307).

Peer-Groups ermöglichen die Anbahnung von intimen Zweierbeziehungen, sie stellen ein wichtiges Erfahrungsfeld für erotische und sexuelle Bedürfnisse dar. Im Stadium der Präadoleszenz sind die Gruppen noch eher geschlechtshomogen, und erst danach kommt es verstärkt zu gemischtgeschlechtlichen Cliquen (vgl. Oswald 2008: 323f.). Im Gegensatz zu den eher hierarchischen Familienbeziehungen sind Peers durch symmetrische Beziehungen gekennzeichnet, was die Bearbeitung heikler und emotionaler Themen ermöglicht. Gruppen- und Paarbeziehungen schließen sich in den Freundesgruppen nicht aus (vgl. Fend 2005: 311f.; Göppel 2005: 166).

Zuletzt ist noch zu nennen, dass Peers eigene Sinnbezüge und Stile (Jugendkultur) entwickeln können und darüber ihre Gruppenidentität im Kontrast zur sozialen Umwelt verfestigen (vgl. Ferchhoff 1990: 28f.; Hitzler 2008: 59).

Jugendliche zwischen Peer-Kontakten und Eltern-Kind-Beziehung
Was die veränderte Gewichtung dieser beiden Beziehungsfelder im Zeitverlauf anbetrifft, geht man allgemein von einer Bedeutungsaufwertung der Peers im Alter zwischen 14 und 16 Jahren aus. Zwischen zehn und 13 Jahren ist der Elterneinfluss noch stark, und in der späten Adoleszenz werden Jugendliche hinsichtlich beider Beziehungsfelder autonomer (vgl. Fend 2005: 312f.). In dieses Bild fügen sich empirische Daten ein, in denen sich der Wert von Erfahrungen der Erwachsenen aus der Sichtweise Jugendlicher dokumentiert. Etwa stimmen 13- bis 18-Jährige zu 59 % der Aussage zu: ‚Bei gleichaltrigen Freunden und Freundinnen lerne und erfahre ich mehr als bei Erwachsenen' (vgl. Zinnecker/ Behnken/Maschke/Stecher 2002: 147).

Für die Frage, wie Beziehungserfahrungen im Elternhaus den Aufbau von Freundschaftsbeziehungen modifizieren, liegen verschiedene Befunde vor. Dabei geht es zunächst um günstige Effekte auf das Gelingen der Peer-Integration. In Untersuchungen der Bindungsforschung hat sich die Vermutung bestätigt, dass sicher gebundene Kinder eine positivere Erwartungshaltung aufbauen können und bei Freundschaftsanbahnungen erfolgreicher sind. Auch die familiären ‚Modelle' für Freundschaften und ihr Einfluss wurden untersucht. Die Größe und Qualität des elterlichen Freundschaftsnetzwerks wirken sich förderlich auf das soziale Netz der Kinder aus. Vielfach verfügen diese dann auch über ein differenzierteres Freundschaftskonzept (vgl. Fend 2005: 325). Ein weiteres Ergebnis bezieht sich auf die Einschätzung der Eltern-Kind-Beziehungen durch die Jugendlichen: Werden die Beziehungen zu den Eltern positiv eingeschätzt, haben die Jugendlichen im Allgemeinen auch selbst bessere Beziehungen zu Freunden. Ebenfalls korrelieren damit die soziale Einstellung, die Hilfsbereitschaft und die Fähigkeiten zum Verständnis sozialer Situationen (vgl. ebd.: 326).

Ein komplexeres Bild ergibt sich aus dem Wechselspiel der Beziehungsfelder von Peer- und Eltern-Beziehungen. Die beiden darauf bezogenen Entwicklungsaufgaben können nicht isoliert voneinander betrachtet werden, denn die jugendliche Entwicklung ist stets auf den Gesamtkontext von Beziehungserfahrungen bezogen. Die Auftrennung nach ‚Entwicklungsaufgaben' muss in der subjektiven Wahrnehmung Heranwachsender somit höchst künstlich erscheinen. Es ist auch darauf hinzuweisen, dass die Verselbstständigung auf der Verhaltensebene (etwa indem man Probleme nun vorrangig mit Gleichaltrigen bespricht) nicht zur Auflösung des emotionalen Bezugs zu den Eltern führen muss. Für eine gelingende Reorganisation der Eltern-Beziehung trifft es viel eher zu, dass diese weiterhin als positiv und haltgebend erlebt wird, während gleichzeitig neue Beziehungen zu Gleichaltrigen aufgenommen werden. Es lassen sich vor diesem Hintergrund vier idealtypische Eltern-Freunde-Konstellationen unterscheiden (vgl. ebd.).

Einmal kann die Bilanz der Jugendlichen sowohl bei der Eltern-Beziehung, als auch bei der Integration in die Freundesgruppe positiv ausfallen. Diese Jugendlichen sind optimal sozial integriert, sie sind selbstbewusst, zeigen soziales Interesse, sind verantwortungs- und leistungsbereit. Heranwachsende, bei denen die Bilanz geradezu spiegelbildlich ausfällt und die von beiden Sozialkontexten gleichermaßen ‚entfremdet' sind, bewegen sich in der ungünstigsten Konstellation. Sie neigen zwar nicht zu jugendlichem Risikoverhalten, können aber Depressionen, somatische Beschwerden und Schulängste entwickeln (vgl. ebd.).

Für Rückschlüsse hinsichtlich des wechselseitigen Einflusses beider Beziehungsfelder sind die ‚Zwischengruppen' am Interessantesten. Berichten Jugendliche positive Beziehungen zu Gleichaltrigen, aber zugleich problematische Elternbeziehungen, können letztere in ihren negativen Auswirkungen begrenzt werden, da das Selbstwertgefühl tendenziell durch die Peer-Kontakte gehoben wird. Dies hat für diejenigen mit dieser Konstellation aber seinen Preis: Schul- und Lernanforderungen werden hier weniger beherzigt und man neigt zu einem cliquenförmig gebundenen Risikoverhalten (Rauchen, Alkohol trinken). Haben Jugendliche hingegen kaum Freundschaftsbeziehungen, aber ein positives Verhältnis zu den Eltern, zeigt sich folgendes Bild: Hier ist die schulische Leistungsbereitschaft von allen Konstellationen am Höchsten, diese Jugendlichen sind in der Schule angepasst und zeigen sich gegenüber jugendlichem Risikoverhalten distanziert. Zugleich erhalten sie von MitschülerInnen wenig Aufmerksamkeit und schätzen sich als schüchtern und sozial wenig interessiert ein. In dieser Konstellation sind sich die Heranwachsenden ihrer sozialen Distanz zu den Gleichaltrigen bewusst und zeigen ein deutlich vermindertes Selbstwertgefühl (vgl. ebd.: 327).

Der Relation der beiden Einflusssphären Peer-Group und Elternhaus kommt auch eine Indikatorstellung für das Generationenverhältnis zu. Wenn sich zeigt, dass ein ausgewogenes Verhältnis zwischen Peer- und Eltern-Beziehungen entwicklungsförderlich ist, dann sind dies auch Hinweise auf das Generationenverhältnis (siehe Kap. 3.1.2). Im Vergleich zu früheren Jugendgenerationen scheint die Rede von einem ‚Generationenkonflikt' für die Gegenwart nicht mehr stimmig zu sein (vgl. Göppel 2005: 177).

3.4.7 Jugendkulturen als Subkulturen

Im Zusammenhang mit den Annahmen Tenbrucks war die Rede von *der* Jugend als Teilkultur. Die spezifische Begriffsverwendung deutet an, dass dort so etwas wie die Abgrenzung einer bestimmten jugendlichen Subkultur von der Mehrheit der unauffällig angepassten Jugendlichen oder von anderen Subkulturen gar nicht vorgesehen ist. In der theoretischen Perspektive Tenbrucks ist nur die Erwachsenengeneration von der in sich homogenen Gleichaltrigen-Kultur verschieden. Der Begriff ‚Subkultur' hat dagegen eigene wissenschaftliche Traditionen begründet, ist aber keineswegs eindeutig besetzt. Wir beschränken uns hier auf das anspruchsvolle klassentheoretische Subkulturkonzept der Cultural Studies (CCCS) (siehe Kap. 2.3.6). Die begrifflichen Wurzeln reichen jedoch in die amerikanische Soziologie der 1920er Jahre zurück, diese Vorläufer von Subkulturtheorien im Kontext von Studien zur Jugendkriminalität und Devianz werden hier nicht behandelt (vgl. Lamnek 2001: 142ff.) (siehe Kap. 4.1.1).

Für das vom CCCS ausgehende Verständnis von Subkultur paradigmatisch wurde der Band „Resistance through Rituals" (1976), der in Deutschland unter dem Titel „Jugendkultur als Widerstand" (Clarke u.a. 1979) erschien. Vor einem marxistischen Theoriehintergrund begreifen die Autoren Kultur als Praxis, in der soziale Gruppen ihren Lebensverhältnissen einen sinnvollen Ausdruck verleihen. Obwohl von ‚Praxis', also von bedeutungsvollem Handeln die Rede ist, klingt das marxistische Grundmuster des Klassendeterminismus an (vgl. Marchart 2008: 100). Damit ist gemeint, dass kulturelle Lebensformen ihre tiefste Wurzel in der kapitalistischen Ökonomie und dem daraus resultierende Klassengegensatz von lohnabhängigen Arbeitern und Kapitaleigentümern haben. In der Sichtweise der Cultural Studies besitzen die beiden fundamentalen Klassen jeweils eigene Klassenkulturen. In Analogie zur sozialen Position und Macht der beiden gesellschaftlichen Klassen bilden auch ihre jeweiligen Kulturen eine Hierarchie aus (vgl. Clarke 1979: 42).

Originalzitat:

„Mit dem Wort ‚Kultur‘ meinen wir jene Ebene, auf der gesellschaftliche Gruppen selbständige Lebensformen entwickeln und ihren sozialen und materiellen Lebenserfahrungen *Ausdrucksform* verleihen. (...) Die ‚Kultur‘ einer Gruppe oder Klasse umfaßt die besondere und distinkte Lebensweise dieser Gruppe oder Klasse, die Bedeutungen, Werte und Ideen, wie sie in den Institutionen, in den gesellschaftlichen Beziehungen, in Glaubenssystemen, in Sitten und Bräuchen, im Gebrauch der Objekte und im materiellen Leben verkörpert sind." (Clarke u.a. 1979: 40f.; Hervorh. i. O.)

In diesem Ansatz bilden jugendliche Subkulturen *Untereinheiten* der als ‚Stammkulturen‘ bezeichneten Klassenkulturen. Vorrangig wurden populäre Subkulturen aus der Arbeiterklasse im England der 1960er Jahre untersucht, etwa die ‚Mods‘ und die britischen Skinheads (vgl. Ferchhoff 1990: 54). Während etwa Eisenstadt mit seinem Generationsansatz die Klassenbasis als Formprinzip von jugendlichen Gruppen vernachlässigte, betonen Clarke u.a. die sozialstrukturellen Einflüsse auf Jugendsubkulturen (Arbeitserfahrungen und Wohnverhältnisse der Herkunftsfamilien, Position der Jugendlichen im Bildungssystem oder auf dem Arbeitsmarkt). Dennoch – und dies ist das Besondere – zeigen sich auf der Grundlage dieser ‚Strukturabhängigkeit‘ subkulturelle Stile als eigenständige Interpretationsleistungen der Jugendlichen (vgl. Scherr 2009: 79). Mit anderen Worten, innerhalb gewisser Grenzen sind die subkulturellen Akteure in der Lage, die vorgefundenen Verhältnisse mitzugestalten. Der Zugang der Cultural Studies zum Problem der Subkulturen wurde beispielhaft für eine Richtung der Jugendforschung, die Fragen der sozialen Ungleichheit in die Analyse jugendlicher Vergemeinschaftungen einbezogen hat. Inspirierend wirkte dieser Zugang somit für die methodische und theoretische Beachtung sozialer Heterogenität und den sie bedingenden sozialstrukturellen Variablen im Jugendalter (vgl. Thole/Schoneville 2010: 145) (siehe Kap. 2.4).

Ein gutes Beispiel für dieses Verständnis von Subkulturen bilden die ‚Mods‘. Die Ursprünge der englischen Mods (‚Modernists‘) reichen in die frühen 1960er Jahre zurück. Die musik- und tanzfreudigen Mods bevölkerten die Nachtclubs und städtischen Zentren, fühlten sich dem Vorbild des ‚coolen‘ italienischen Mafiosi verpflichtet und pflegten einen demonstrativen Konsum. Gebügeltes Hemd und knapp geschnittener Anzug mit schmaler Krawatte, sowie der unverzichtbare, chromglänzende Motorroller prägten ihr Auftreten. Die Mods stammten jedoch aus der Arbeiterklasse, hatten meist schlecht bezahlte Jobs als angelernte Arbeiter oder als Büroangestellte. Ihr Stil kann somit als ‚symbolische‘ Verwirklichung ihres kaum realisierbaren Aufstiegswunsches interpretiert werden.

Mods entschädigen sich für die niedrige Position auf der Statusleiter mit einem hedonistischen, konsumverliebten Freizeitstil und überspielen die eigene soziale Herkunft durch die Inszenierung bessergestellter Verhältnisse (vgl. Baacke 1999: 72ff.; Hebdige 1979: 158ff.).

Im Verhältnis der Subkulturen zu den sie umgebenden sozialen Kräften zeigt sich eine doppelte Positionierung: Zunächst wenden sich Subkulturen gegen ihre eigene Stammkultur, deren klassenspezifische Probleme und Widersprüche sie zum Ausdruck bringen. Obwohl sie sich klassenkultureller Handlungsmuster bedienen, artikulieren sie zugleich eine Generationserfahrung und grenzen sich darüber von den Herkunftsfamilien ab. Als Subsysteme unterscheiden sie sich partiell von ihrer Stammkultur, und trotzdem trifft es zu, dass sie „stets innerhalb der umfassenderen Kultur der Klasse, der sie entstammen, existieren und mit ihr koexistieren" (Clarke u.a. 1979: 47).

Ferner richten sich Jugendsubkulturen mit der zweiten Positionierung gegen die dominante Kultur der herrschenden bürgerlichen Klasse. Diese verkörpert den offiziellen Standard und legitimiert die Unterscheidung von ‚anerkannter' und ‚untergeordneter' Kultur. Solche dichotomen Vorstellungen von Kultur sind auch heute nicht ganz verschwunden. Wenn sich jemand bspw. in die Lektüre von Goethes Faust versenkt, erscheint diese kulturelle Tätigkeit bereits durch den Gegenstand selbst nobilitiert. Den Besuch im Fußballstadion als geistvolle Tätigkeit und als kulturell bedeutsam anzusehen, fällt hingegen aufgrund verbreiteter Vorstellungen von ‚wertvoller' Kultur schwer.

Allerdings ist die dominante Kultur gemäß den Cultural Studies nicht stabil und homogen sondern Gegenstand permanenter Auseinandersetzungen (vgl. Hörning/Winter 1999: 9). Sie wird auch von den Jugendsubkulturen fortlaufend herausgefordert. Diese grenzen sich gegen die Normen, Werte und Stile der vorherrschenden Kultur ab, was sich bspw. in der Ablehnung schulischer Normen ausdrücken kann, da die Institution Schule von Angehörigen der Arbeiterklasse als mittelschichtgeprägt wahrgenommen wird. Die klassenspezifischen Interessen schlagen sich also in den Auseinandersetzungen auf dem Feld der Kultur nieder, es herrscht ein Kampf um die Verteilung kultureller Macht (vgl. Marchart 2008: 101).

Welche sozialen Funktionen haben Jugendsubkulturen nun in der Auseinandersetzung mit den Widersprüchen ihrer Stammkultur? Die Cultural Studies gehen davon aus, dass der sozio-ökonomische Wandel, dem die Arbeiterklasse ausgesetzt war, einen kulturellen Wandel der Stammkultur hervorrief, der auf die Jugend in dieser Stammkultur übergriff und von Teilen von ihr (den Subkulturen) in besonderer Weise erlebt und verarbeitet wurde. Die jeweiligen Jugendsubkulturen ‚lösen' die entstehenden Widersprüche nun auf je eigene ‚symbolische' oder ‚imaginäre' Weise über ihren Stil. Am Beispiel der Mods wurde deutlich, wie diese über ihre ‚materialistische' und konsumorientierte Selbstdarstellung ihre tatsächliche Lage als Arbeiter vergessen machen wollen. Allerdings räumen die TheoretikerInnen der Cultural Studies diesen imaginären Lösungsversuchen keinen bleibenden Erfolg ein. „Das Problem der Selbsterfahrung als untergeordnete Klasse kann bloß ‚durchlebt', verarbeitet oder abgelehnt werden; aber sie kann nicht auf dieser Ebene [der symbolischen, die Verf.] oder mit diesen Mitteln *gelöst* werden." (Clarke u.a. 1979: 95; Hervorh. i. O.) Im Gegenteil lassen sich die in den Subkulturen gefundenen ‚Scheinlösungen' sogar als Beitrag zur Reproduktion der gesellschaftlichen Verhältnisse und somit als Form der Herrschaftsausübung thematisieren (vgl. Griese 2000b: 47f.).

Mit Blick auf die aktuelle gesellschaftliche Situation von Jugendkulturen müssen einige kritische Aspekte hervorgehoben werden. Darin wird zugleich deutlich, warum gegenwärtig verstärkt von jugendkulturellen Szenen gesprochen wird. Die Hierarchisierung kultureller Praktiken, die der Ansatz der Cultural Studies unterstellt, ist heute weitgehend obsolet geworden (vgl. Gebhardt 2002: 287). Eindeutige Bestimmungen, etwa was die ‚anerkannte' Hochkultur sein soll, existieren nicht mehr. Der Subkulturbegriff ist daher problematisch, denn er suggeriert, es handle sich dabei um ein gering geschätztes kulturelles Segment ‚unterhalb' der Ebene anerkannter Kultur (vgl. Baacke 1999: 133). Umgekehrt ergibt sich für heutige Jugendkulturen aus dieser Enthierarchisierung aber auch, dass kaum noch klar abgegrenzte Kulturformen als ‚dominante Kultur' identifizierbar sind, von der sie sich dann symbolisch abgrenzen könnten (vgl. Rink 2002: 3). Stattdessen ist von einem ‚Mainstream der Minderheiten' (Holert/Terkessidis 1997) auszugehen.

Der wichtigste Einwand gegen den Ansatz des CCCS bezieht sich aber auf die Annahme, dass Jugendsubkulturen in die sie umgebende Klassenkultur rückgebunden, also im Kern klassendeterministisch erklärt werden können. Klassen- und Schichtungsmodelle von Gesellschaft sind infolge der Individualisierungsdebatte seit den 1980er Jahren in Frage gestellt worden. Allerdings wurde die Sichtweise des CCCS schon früher kritisiert, führt das Argument der Klassenspezifik doch „tendenziell zur Reduktion von Subkulturanalyse auf eine Unterdisziplin von Klassenanalyse, wodurch nicht-klassenförmige Identitäten aus dem Blick gedrängt wurden" (Marchart 2008: 103). Demzufolge bestehen die Erfahrungsräume von Jugendsubkulturen immer auch aus solchen Elementen, die gewissermaßen quer zur klassengebundenen Herkunft liegen, aber von späteren Studien im Umfeld des CCCS auch teilweise berücksichtigt wurden. Hier ist die Rolle von Mädchen und jungen Frauen zu nennen oder die Frage nach Faktoren wie Rassismus und Arbeitslosigkeit (vgl. Griese 2000b: 47). Scherr (2009) hebt diese Aspekte einer kritischen Würdigung der CCCS-Jugendstudien ebenfalls hervor, es sei „zweifellos erforderlich, nicht mehr von der Annahme einer eindeutigen sozialstrukturellen Verortung von Jugendkulturen auszugehen" (Scherr 2009: 190). Allerdings könne nicht auf die Frage nach sozial bedingten Erfahrungen verzichtet werden, die in Form von „Ungleichheit, Benachteiligung und Diskriminierung – als Grundlage jugendkultureller Stile und Praktiken (…) sowie als Grundlage der Vergemeinschaftung in Jugendszenen relevant sind" (vgl. ebd.).

3.4.8 Die gegenwärtige Jugendkulturlandschaft

Prominente Jugendkulturen wie Techno oder HipHop begeistern weltweit Millionen junger Menschen und blicken z.T. auf eine jahrzehntelange Geschichte zurück. Längst haben sie ihr Nischendasein verlassen, sind weithin akzeptiert und scheinen sogar von der Opposition gegenüber der ‚Erwachsenenwelt' unabhängig geworden zu sein. So präsentieren sich die großen gegenwärtigen Jugendkulturen als internationale und *globalisierte Stilgemeinschaften*, die meist auf popmusikalischen Trends basieren. Die jeweils präferierte Musik bildet seit der Entstehung von Jugendkulturen mit dem ‚Wandervogel' zu Beginn des 20. Jahrhunderts das „magische Bindemittel" (Breyvogel 2005: 12) der Mehrzahl jugendkultureller Gemeinschaften.

Jugendkulturelle Zeichen und Symboliken sind als Orientierungsangebote mittlerweile allgegenwärtig, da Jugendliche „in einer durch und durch kommerzialisierten und medialisierten Welt leben. Der mit jugendkulturellen Stilensembles handelnde Markt blüht und erfüllt jugendkulturell orientierten Jugendlichen jegliche materiellen und symbolischen Bedürfnisse" (Müller-Bachmann 2007: 138). In ihrer gegenwärtigen, globalisierten Gestalt sind die Szenen an die Voraussetzung gebunden, dass ihre Stilmittel – v.a. Musik und Kleidung – über Marktstrukturen vermittelt und angeeignet werden. Von daher ist die Entgegensetzung von ‚authentischen' und ‚vermarkteten' Jugendkulturen angesichts des enttraditionalisierten Grundmusters dieser Bewegungen kaum noch angemessen. V.a. für die Situation in Deutschland ist es offensichtlich, dass beinah alle Jugendkulturen ihren Entstehungskontext in anderen Ländern haben und insofern marktförmige und ‚importierte' Kulturen darstellen. Allerdings kann Authentizität auch unter solchen Vorzeichen möglich sein.

Die Frage nach dem Zusammenhang von Jugendkulturen und Globalisierung wird u.a. darauf bezogen, ob sich die Lebensformen Jugendlicher unter dem Globalisierungseinfluss zu kulturellen Einheitsbildern wandeln (vgl. Villanyi/Witte/Sander 2007: 10). Eine gängige Position stützt diese Homogenitätsannahme und lässt sich auf die Kulturindustriethese von Horkheimer und Adorno zurückführen (vgl. Horkheimer/Adorno 1944/1992). Demnach wurde die Vermarktung zum primären Zweck der Produktion kultureller Güter, die so zur bloßen Ware werden (siehe Kap. 3.5.2). Diese Annahme der Kulturindustrie wird auf den globalen Maßstab übertragen, indem ihr die weltweite Tendenz zu kultureller Gleichmachung und Auflösung lokaler Traditionen unterstellt wird. Klein und Friedrich (2003) übertragen diese Überlegungen auf die Popkultur und wenden ein, dass der globalen Distribution und Vereinheitlichung von Kultur eine lokal variierende Aneignung von Kulturwaren gegenüber zu stellen sei (vgl. Friedrich/Klein 2003: 80).

Popkultur(en) – also der gesamte Symbolvorrat, aus dem Jugendszenen schöpfen – sind hybride Kulturen und „konstituieren sich im ‚Dazwischen' von Globalem und Lokalem" (ebd.: 81). Damit ist gemeint, dass die *global verbreiteten Stile*, Zeichen und Bilder der Popkulturen *in lokale Kontexte* gestellt und somit prinzipiell modifiziert und weiter entwickelt werden. Dies ist bspw. dann der Fall, wenn im Rap in Folge solcher Re-Kontextualisierungen in der jeweiligen ‚Muttersprache' getextet wird. Darüber können wiederum authentische Erfahrungen bearbeitet werden. In der Fortsetzung dieses Gedankens wird das Verhältnis der lokalen und globalen Ebene unter Verweis auf den Begriff der ‚Glokalisierung' dialektisch gefasst. Das Abhängigkeitsverhältnis zwischen beiden Ebenen ist dabei wechselseitig, das Lokale steht unter dem Einfluss des Globalen, lokale Praktiken wirken aber auch auf den Prozess der Globalisierung ein (vgl. ebd.: 82ff.; Villanyi/Witte/Sander 2007: 13).

Als Agenturen des Globalisierungsprozesses fungieren die *Medien*. Detaillierte Einblicke in die Nutzung der digitalen Medien in verschiedenen Jugendkulturen hat Hugger (2009) zusammengestellt. Dabei wird auch gefragt, welcher Stellenwert diesen Medien als konstituierende Elemente von Jugendkulturen zukommt (vgl. Hugger 2009: 7). Unter dem Einfluss der Globalisierung ist von einer rasanten *Vermehrung* und *Ausdifferenzierung* innerhalb der Jugendkulturlandschaft auszugehen (vgl. Hitzler 2008: 58). Neue Stilbildungen lösen die Stile vergangener Epochen keineswegs ab, sondern existieren parallel zu ihnen. Stilschöpfungen scheinen nur noch mit den Mitteln von Montage und ‚Sampling' möglich.

Vielfach wurde versucht, die wichtigsten jugendkulturellen Trends und Stile zu rubrizieren. Solche Systematisierungsvorschläge sollen hier nicht dargestellt werden. Verschiedene Gesamtdarstellungen legen den Akzent auf die Vielfalt der Stile und Szenen (vgl. Ferchhoff 2007; Farin 2006; Neumann-Braun/Richard 2005; Hitzler/Bucher/Niederbacher 2005; Eckert/Reis/Wetzstein 2000; Moser 2000; Baacke 1999). Das Internet-Portal www.jugendszenen.com hält aktuelle Informationen zu Jugendkulturen bereit. Systematisierungsvorschläge stehen allerdings unter dem Vorbehalt, dass sie kaum Schritt halten können mit der Veränderungsdynamik im Bereich von Jugendkulturen. Selbst ausgewiesene Kenner können nicht mehr alle jugendkulturellen Erscheinungsformen überblicken. Der Bielefelder Jugendforscher Wilfried Ferchhoff (2005) beschreibt diese Entwicklung so:

Originalzitat:
„Die Infragestellung des konsensuellen Standpunktes der dominanten Kultur, die beobachtbare Enthierarchisierung, Entstrukturierung und Entpolitisierung, die zunehmende Mediatisierung nicht nur durch MTV und VIVA, die Kommerzialisierung und Globalisierung kultureller Lebenswelten sowie die heute meistens fehlenden und aufgeweichten internen Polaritäten historischer Jugend*sub*kulturen (wie bspw. Mod-Rocker, Skinhead-Greaser, Skinhead-Hippie, Punk-Hippie, Ted-Punk, Skinhead-Punk usw.) haben den entsubstantialisierten Plural eklektizistischer, gemixter, modisch stilbezogener und lifestyleaffiner Jugendkulturen zum Durchbruch verholfen." (Ferchhoff 2005: 114; Hervorh. i. O.)

Bei der Einschätzung der Sozialisationsrelevanz von Jugendkulturen taucht die Frage nach ihrer quantitativen Verbreitung unter Jugendlichen auf. Häufig wird darauf verwiesen, dass die überzeugten Szeneanhänger zwar eine Minderheit innerhalb der Jugendpopulation bilden, aber trotzdem anzunehmen sei, dass jeder/jede Jugendliche irgendwann einmal zu den AnhängerInnen der sehr durchlässigen Jugendkulturen gehören könnte. Überdies ist der Einfluss von Jugendkulturen nicht auf den engeren Kreis der Szenegänger begrenzt. Vormals distinktionsfähige Stile wandeln sich nach einer gewissen Zeit zu allgemeinen Modetrends und werden zum Inventar eines jugendbetonten Lebensstils. Aussagen zu der Bedeutsamkeit von Jugendkulturen lassen sich aber anhand der Selbstverortungen Jugendlicher treffen.

Pfaff (2007) hat auf der Datenbasis eines Jugendsurveys mit 4.700 13- bis 16-jährigen SchülerInnen allgemeinbildender Schulen in Sachsen-Anhalt und Nordrhein-Westfalen zehn Formen der jugendkulturellen Selbstverortung vorgestellt (vgl. Pfaff 2007: 103ff.). Den Jugendlichen wurde im Survey die Möglichkeit gegeben, sich gegenüber 23 verschiedenen Gruppen nach Nähe und Distanz zu verorten, hier standen neben expliziten Musikszenen auch die so genannten neuen sozialen Bewegungen und Protestkulturen zur Auswahl (vgl. Pfaff 2006: 104f.). Ein Teil der Jugendlichen verortet sich zu allen abgefragten Gruppen ‚global' mit durchgängiger Sympathie, Ablehnung oder Indifferenz. Vereinfacht gesagt sind diese Jugendlichen entweder ‚pro' oder ‚contra' Jugendkulturen eingestellt. Hier fällt auf, dass nur 3 % der Jugendlichen die Welt der Stile und Szenen rundweg ablehnen. Ein größerer Teil von Heranwachsenden neigt zu einer ‚spezifischen Selbstverortung', gegenüber den populären Stilen äußern bei ‚HipHop' und bei ‚Pop' jeweils 9 % Zustimmung. 12 % zählen sich selbst zu den ‚Computerfreaks'. In den weiteren identifizierten Mustern zeigen 4 % der Jugendlichen eine ‚Nähe zu Skinheads, Neonazis und Hooligans' und 7 % eine ‚Nähe zu Punk, Gothic, Metal und Antifa' (vgl. Pfaff 2007: 105).

3.4.9 Jugendkulturelle Szenen als posttraditionale Gemeinschaften

Viele heute klassische Jugendstudien betonen die Widerstandspotenziale von provokativen Verhaltensweisen in bestimmten Subkulturen und fragen nach den Bedeutungen von Regelverstößen für die involvierten Jugendlichen. Gegenwärtig erscheinen Jugendkulturen kaum noch im Lichte von Verweigerung und Protest. Im Gegenteil bilden Verbreitung und zunehmende Normalisierung die wichtigen Trends, denn Jugendkulturen prägen fast selbstverständlich das Bild unserer Gesellschaft. In ihren Orientierungen werden sie von wenigen Ausnahmen abgesehen (wie bspw. rechtsextremistische Jugendcliquen) weitestgehend als gesellschaftskonform eingeschätzt (vgl. Rink 2002). Dies hängt freilich auch damit zusammen, dass heutige Eltern selbst als ‚Kinder der Freiheit' aufwuchsen, vielfach mit jugendkulturellen Ausdrucksmöglichkeiten experimentierten und der gewünschten Selbstentfaltung ihrer eigenen Kinder daher in der Regel mit großer Offenheit begegnen (vgl. Prisching 2008: 37).

Vor allem stehen die gegenwärtigen Jugendkulturen in ihrer Mehrheit im Unterschied zu den Subkulturen allen interessierten Jugendlichen offen und lassen sich nicht mehr *eindeutig* über sozialstrukturelle Merkmale ihrer Mitglieder bestimmen (vgl. Thole/Schoneville 2010: 147). Bereits in den 1990er Jahren haben einige Autoren darauf hingewiesen, dass Lebensstile weniger auf kollektiven Lebenslagen gründen, sondern verstärkt der subjektiven Gestaltbarkeit unterworfen sind. In einschlägigen Arbeiten der Jugendforschung wurde der Wandel von Subkulturen zu Szenen diagnostiziert, allerdings ohne den Szenebegriff theoretisch zu begründen (vgl. Ferchhoff 1990; Vollbrecht 1995; Vollbrecht 1997).

Die Ausbreitung szeneförmiger Gebilde etwa ab den 1980er Jahren wurde von einem gesellschaftlichen *Individualisierungsschub* eingeleitet, der als ‚Freisetzung' des Einzelnen aus traditionalen Sozialformen und als Auflösung klassenkulturell geprägter Sozialisationsmilieus beschrieben wurde (siehe Kap. 4.2.4). Um der besonderen Beschaffenheit dieser Gemeinschaftsgebilde gerecht zu werden, wird in neueren Diskussionszusammenhängen von ‚Szenen' ausgegangen (vgl. Gebhardt/Hitzler/Pfadenhauer 2000; Hitzler/Bucher/Niederbacher 2005). Als ‚wolkige Formationen' binden sie ihre Mitglieder auf eher unverbindliche Weise an sich:

Originalzitat:

„Weil Szenen, anders als formalisierte Organisationen und anders auch als manche anderen jugendkulturellen Gesellungsformen, also – auch in einem metaphorischen Sinne – keine Türen haben, weder hinein noch hinaus, bewegt man sich in einer Szene eher wie in einer Wolke oder in einer Nebelbank: Man weiß oft nicht, ob man tatsächlich drin ist, ob man am Rande mitläuft, oder ob man schon nahe am Zentrum steht. Gleichwohl realisiert man irgendwann ‚irgendwie‘, dass man ‚irgendwie‘ dazugehört. Und da die Ränder der Szene ohnehin verschwimmen, hat man in der Regel einen problemlosen Zugang zu ihr und kann sie ebenso problemlos auch wieder verlassen" (Hitzler 2008: 57).

Jugendszenen werden überdies als „Brutstätten posttraditionaler Vergemeinschaftung" (ebd.: 55) bezeichnet, womit zum Ausdruck gebracht wird, dass sich in ihnen lediglich verdichtet, was als eine generelle Tendenz der Gemeinschaftsbildung in individualisierten Gesellschaften unterstellt wird (vgl. Gebhardt 2002: 287). Posttraditionale Gemeinschaften gewähren im Unterschied zu traditionalen Gemeinschaften, in welche man hineingeboren oder -sozialisiert werden muss, weitgehende soziale Teilhabe ohne die von der Gemeinschaft üblicherweise zugemuteten Verpflichtungen (vgl. Hitzler 2008: 55f.). Damit entsprechen sie in dieser Theorieperspektive der ‚postmodernen‘ Sozialkulturvorgabe einer allseitigen Flexibilität und der Vermeidung einengender Festlegungen, was sich eben auch auf die eher locker geknüpften Kontaktnetze von Menschen bezieht (vgl. Prisching 2008: 37).

Die Kohäsion der Szenegemeinschaft ergibt sich somit aus der freiwilligen Selbstbindung des Einzelnen auf der Grundlage der prinzipiellen Freiheit, aus einem schier unüberschaubaren Spektrum an Stilgruppen eine bestimmte Szene als relevantes Erlebnisangebot ‚bis auf weiteres‘ auszuwählen. Entsprechend gilt für Szenen im Allgemeinen, dass in ihnen die *Verführung individualitätsbedachter Einzelner* zu einer meist ästhetischen Gesinnungsgemeinschaft dominiert. Daher werden ihre Vorgaben typischerweise nicht als aufdringlich und alternativlos erlebt, sondern sie erlauben auch parallele Mitgliedschaften (vgl. Hitzler/Bucher/Niederbacher 2005: 18). Szenen sind sozusagen ‚auf Fluktuation‘ hin angelegt.

Szenen verfügen über „eigene Regeln, Relevanzen, Routinen und Weltdeutungsschemata – allerdings mit Lebensbereichs-, Themen- und/oder gar situations-spezifisch beschränkter, also auf jeden Fall ‚partieller‘, nicht-exkludierender Geltung" (ebd.). Sie entwerfen sich mithin kaum noch *gegen* anerkannte gesellschaftliche Institutionen, wie es bei Subkulturen tendenziell der Fall ist.

Vielmehr geht es in ihnen darum, sich in einem durchaus vordergründigen Sinn ‚in Szene zu setzen', also um die expressive Darstellung eines bestimmten, unterscheidungsfähigen Stils als dem entscheidenden Identifikationsinhalt. Die gekonnte Selbststilisierung dient dementsprechend als Ausweis der Authentizität eines Szenegängers (vgl. ebd.: 215f.; Farin 2006: 91f.). Die Definition von Szene lautet:

Originalzitat:
„Szenen, auf der Basis jugendlichen Sprachgebrauchs und unter Berücksichtigung einschlägiger theoretischer Literatur (v.a. Irwin 1977 und Schulze 1992) – vorläufig – ideal- typisierend definiert, sollen heißen: Thematisch fokussierte kulturelle Netzwerke von Personen, die bestimmte materiale und/oder mentale Formen der kollektiven Selbststilisierung teilen und Gemeinsamkeiten an typischen Orten und zu typischen Zeiten interaktiv stabilisieren und weiterentwickeln" (Hitzler/Bucher/Niederbacher 2005: 20).

Jede Szene hat ein hinlänglich abgrenzbares Thema, sei es ein Musikstil, eine weltanschauliche ‚Idee', eine Sportart oder bestimmte Konsumgegenstände. Hier liegt der Anknüpfungspunkt für den Stil. Als Stil kann der jeweils typische, sinnlich erfahrbare Gebrauch von Symbolen, Ritualen, und Verhaltensmustern in einer Szene verstanden werden. Stil ist in diesem Sinn als ‚Interpretationsanleitung' für einen eingeweihten Beobachter sowie für den Stilisierenden selbst zu verstehen. Einzelne, häufig alltägliche Zeichen werden ästhetisch überhöht und fungieren als Signale, die auf das gesamte Zeichenensemble als einer ‚Sinnfigur' hindeuten. Stil ist so v.a. Resultat sozialer Interaktionen, er „wird nicht nur von einem sich selbst oder bestimmte Produkte stilisierenden Handelnden hervorgebracht, sondern ebenso von bestätigenden oder ergänzenden Interpretationen der Beobachter und Interpreten" (Soeffner 1986: 321).

Hitzler u.a. (2005) betonen, dass Szenen nur als *Inszenierungsphänomene* existieren können und auf die raumzeitliche Kopräsenz ihrer Mitglieder angewiesen sind, die typischerweise an den jeweiligen Szenetreffpunkten stattfindet (vgl. Hitzler/Bucher/Niederbacher 2005: 22). Die Szenegemeinschaft ist überlokal, gründet in einer Vielzahl von Teilgruppen und basiert nicht, wie es bei den Peer-Groups der Fall ist, auf der persönlichen Bekanntschaft aller Mitglieder. Wenn die Interaktion innerhalb der Teilgruppen auch dichter ist als zwischen ihnen, so ist doch gerade die übergreifende Interaktion im Szenenetzwerk das ausschlaggebende Element (vgl. ebd.: 25).

Hier kommt dem Stil eine bedeutende Rolle zu. Einander eigentlich fremde Menschen können „durch den Anschluss an ein Zeichenensemble, eine Veränderung ihrer Haare, eine unter dem Gesäß hängende Hose eine Zugehörigkeit zu einer Gruppe erreichen. Das geschieht wortlos, bedarf keiner Zustimmung, findet täglich tausendfach statt und funktioniert" (Farin 2006: 91). Hervorzuheben ist dabei, dass SzenegängerInnen ihren Stil als authentischen Selbstausdruck begreifen, während sie zugleich für AußenbeobachterInnen als gruppenkonforme Mitglieder einer Gruppe von Nonkonformisten erscheinen.

Idealtypisch zeigen sich die Eigenschaften von Jugendszenen als ästhetische, situativ immer wieder von neuem herzustellende Gesinnungsgemeinschaften in der Techno-Szene (vgl. Hitzler 2001: 12f.). Wie die Beliebtheit von als ‚Raves' bezeichneten Großveranstaltungen bei den Technos zeigt, reicht es in der Regel nicht aus, dass die Szenen in ihren jeweiligen Szenetreffs zusammen kommen, um sich ‚ihr' Thema gemeinschaftsbildend anzueignen. Die Interaktionen an den Szenetreffs haben alltäglichen Charakter, um sich der eigenen Zugehörigkeit aber ‚ganzheitlich' zu vergewissern, sind herausgehobene, außeralltägliche Erlebnisse wichtig. Ein solches Kollektiverlebnis soll der Event liefern.

Events können anhand besonderer Merkmale näher bestimmt werden. Events sind zunächst planmäßig erzeugte Ereignisse, denn sie werden „unter Einsatz modernster technischer Hilfsmittel, ‚nach der Uhr' durchgeführt und oftmals von einer ebenfalls professionellen Reflektionselite mit ‚Sinn' und ‚Bedeutung' versehen" (Gebhardt 2000: 19). Ferner sollen Events durch ihre Einzigartigkeit bestechen. Sie sollen Distanz zum Alltag und seinen Zwängen aufbauen und eine verlockende, außeralltägliche Gegenwelt erzeugen, was mitunter dadurch erzielt wird, das sie an außergewöhnlichen ‚locations' stattfinden. Weiterhin kann man das Merkmal eines kulturellen und ästhetischen Synkretismus herausstellen, welcher in der Verschmelzung unterschiedlicher und eigentlich nicht-zusammengehöriger ästhetischer Ausdrucksformen besteht. Hierzu zählen Musik, Tanz, Theater, bildende Kunst, Lichtgestaltung u.v.m. (vgl. ebd.: 20).

3.4.10 Beispielstudien

Nachfolgend sollen die Techno- und die Gothic-Szene eingehender behandelt werden, um die vorangegangene Darstellung in exemplarischer Weise zu vertiefen. Ferner sollen die konkreten jugendkulturellen Lebenswelten vor dem Hintergrund übergreifender Theoriebildung nicht aus dem Blick geraten. Barbara Stauber (2004) hat unter dem Titel „Junge Frauen und Männer in Jugendkulturen. Selbstinszenierungen und Handlungspotentiale" eine Studie zu jungen AnhängerInnen der *Techno-Szene* vorgelegt (vgl. Stauber 2004). Das Grundthema dieser Untersuchung besteht darin, die Selbstinszenierungen in der Techno-Kultur als Bearbeitungsformen von prekären Übergängen vom Jugend- ins Erwachsenenalter zu analysieren. Dabei wird durchgängig auf die nach Geschlecht differenzierte

Gestaltung dieser Übergänge aufmerksam gemacht. „Ausgangsthese ist, dass sich das Thema des jeweils Symbolisch-Jugendkulturellen mit anderen Übergangsthemen schneidet und damit sozial relevante Fragen aufwirft." (Stauber 2004: 48)

Die Autorin beanstandet, dass sich die Jugendforschung mit der lebenslaufbezogenen Übergangsforschung, die vorrangig die ausbildungs- und arbeitsmarktbezogene gesellschaftliche Integration Jugendlicher thematisiert, und der Jugendkulturforschung in zwei kaum verbundene Bereiche ausdifferenziert hat. Angesichts dieses Defizits wird der Szenetheorie bescheinigt, dass sie über ihren Zugang zu Jugendkulturen für die Übergangsthematik anschlussfähig ist. Szenen liegen gewissermaßen quer zu den anderen Gesellungsformen und stellen das informelle und selbstorganisierte Handeln der Jugendlichen ins Zentrum. Diejenigen Aktivitäten, die häufig als randständige und ‚bloß' symbolische Ausdrucksformen gedeutet werden, können durch den Anschluss an die Thematik der Übergänge sozialwissenschaftliche Relevanz für die Erklärung des Jugendalters erhalten. Es finden in ihnen Auseinandersetzungen mit kulturellen Normalitätsvorstellungen und Aushandlungen von Richtlinien für die eigene Lebensführung statt (vgl. ebd.: 48f.). Hinter den jugendkulturellen Stilisierungen steckt somit ein Sinnzusammenhang, den Stauber u.a. an der Gestaltung der Geschlechterverhältnisse in Jugendkulturen festmacht. Folglich versteht sich ihre Arbeit auch nicht als ein dezidierter Beitrag zur Szeneforschung, sondern geht der allgemeinen Frage nach dem Zusammenhang von jugendkulturellen Symbolisierungen und der Struktur der Übergänge am Beispiel von Techno nach (vgl. ebd.: 63f.).

Nebenbei sei angemerkt, dass damit auch eine wichtige Anforderung an die wissenschaftliche Auseinandersetzung mit Jugendkulturen erfüllt wird: Die Analyse soll neben der Beschreibung der kulturellen Binnenverhältnisse auch die spezifischen Lebensbedingungen und gesellschaftlich zugemutet Erfahrungen der Jugendlichen einbeziehen und damit auf die subjektiven Verarbeitungen von gesellschaftlichen Strukturen abzielen. Darüber entfaltet sich dann eine sozialisationstheoretische Perspektive. Solche Aspekte werden in der vorliegenden Studie über die Struktur von Übergängen behandelt: Übergänge sind laut Stauber nicht mehr verlässlich hinsichtlich der Vorstellung eines klar umrissenen Erwachsenenlebens als dem End- und Zielpunkt von Übergängen. Stattdessen wird deren individualisierter, fragmentierter und pluralisierter Charakter hervor gehoben (vgl. ebd.: 13ff.). Da Übergänge kaum noch als lineare Abfolge von Passagen beschreibbar sind, wird ihre Bedeutung für das Ende der Jugend- und den Beginn der Erwachsenenphase ebenfalls relativiert. Hier wird insbesondere die Vorläufigkeit von Übergangsereignissen als so genannte Yo-Yo-Bewegungen betont (siehe Kap. 2.3.5). Biographische Relevanz gewinnen die riskant gewordenen Übergänge in bestimmten Übergangsthemen, hierzu zählen: Arbeit und Bildung, Familie und Wohnen, Geschlecht und Identität, Körperlichkeit und Sexualität, Partnerschaft und Familiengründung sowie als letztgenannten Aspekt Lebensstil, Jugendkultur und Konsum (vgl. ebd.: 17ff.).

> *Originalzitat:*
> „So prägt es das Lebensgefühl im Übergang, im einen Bereich hochverant-
> wortlich eine quasi-Erwachsenen-Rolle zu übernehmen (zum Beispiel in der
> Herkunftsfamilie), in anderen Lebensbereichen (zum Beispiel in der Schu-
> le) sich abhängig zu fühlen, mit wenig Spielraum für autonomes Handeln,
> zugleich jedoch (zum Beispiel im Hinblick auf die berufliche Orientierung)
> selbständig wichtige Entscheidungen treffen zu müssen, die vereinbar sein
> sollten mit dem Freundeskreis, der vielleicht gerade wieder an Bedeutung
> gewonnen hat, weil eine Liebesbeziehung zuende gegangen ist. Die Zu-
> sammenschau solcher Lebensbereiche als Übergangsthemen sensibilisiert
> für die nach Geschlecht unterschiedlichen Prozesse und Mechanismen: die
> Lebensbereiche stehen für junge Frauen und Männer auf unterschiedliche
> Weise im Zusammenhang, sie werden dadurch auf unterschiedliche Art zu
> Übergangsthemen." (Stauber 2004: 17)

Für die Bearbeitung dieser Übergänge geht Stauber von der zentralen Rolle von ‚Selbstinszenierungen' aus. Das Verblassen von traditionellen Lebensläufen und Normalbiographien führt zu einer gesteigerten Rolle der symbolischen Darstellung relevanter Inhalte der Lebensführung. Dadurch wird die Begründung der eigenen Biographie vor anderen und sich selbst und die Erfahrung von Sinnhaftigkeit möglich. Das symbolische Handeln hat also durch seinen Verweis auf bestimmte Sinngehalte stets auch eine identitätsrelevante Bedeutung (vgl. ebd.: 30ff.). Selbstinszenierungen sind zu einem gesellschaftlichen Tatbestand (nicht nur für Jugendliche) geworden, der Schlüsselbegriff der Selbstinszenierung hebt zugleich den vermeintlichen Widerspruch von Sein und Schein, von Wahrheit und Simulation auf. Er vermag ferner, performative, körperbezogene Aneignungsprozesse bspw. in der Herstellung von sozialer Zugehörigkeit einzubeziehen (vgl. ebd.: 33). Dies wurde im Kontext der Szenetheorie bereits mit dem Hinweis auf die kollektive Selbststilisierung als Konstitutionsbedingung von Jugendszenen angesprochen (vgl. Hitzler/Bucher/Niederbacher 2005: 20). Stauber macht darauf aufmerksam, dass bei Untersuchungen zu Jugendkulturen die Ebene des Körperlichen häufig vernachlässigt wird, die Betrachtung von Selbstinszenierungen setzt nun genau daran an (vgl. Stauber 2004: 65f.).

In der Subkulturtheorie der Cultural Studies geht es ebenfalls um das Thema, wie Jugendliche mittels Inszenierungen Übergänge symbolisch bearbeiten, exemplarisch verdeutlicht am Beispiel der Mods. Im theoretischen Rahmen des

CCCS gründen die symbolischen Bewältigungsversuche jedoch auf einem klassentheoretischen Gesellschaftsmodell. Vernachlässigt man aber diesen Aspekt, können diese auch als ‚imaginär‘ bezeichneten Lösungen laut Stauber auf die gegenwärtige gesellschaftliche Situation übertragen werden, denn „sie schaffen ein Gefühl bzw. die konkrete Erfahrung von *Handlungsfähigkeit*, die im Zusammenhang mit der Gestaltung von Übergängen zentral werden, sind sie doch aufgrund der Strukturbedingtheit der Übergänge eine äußerst knappe Ressource" (ebd.: 34; Hervorh. i. O.).

Der subjektive Gewinn von Selbstinszenierungen besteht nach Stauber darin, dass über sie die Aspekte ‚Handlungsfähigkeit‘, ‚soziale Zugehörigkeit‘ und ‚Sinn‘ angesichts struktureller Defizite hergestellt werden können. Am Beispiel ‚Handlungsfähigkeit‘ etwa wird deutlich, dass sich junge Frauen und Männer in riskanten Übergängen einer permanenten Handlungsaufforderung ausgesetzt sehen, ihnen zugleich jedoch häufig die strukturellen Ressourcen vorenthalten bleiben, um Übergänge tatsächlich eigenverantwortlich zu gestalten (bspw. durch Jugendarbeitslosigkeit). Die Selbstinszenierungen zeigen nun ein Doppelgesicht zwischen Symbolisieren und Generieren. Ein Beispiel: Der Raumaneignung von Skatern liegt die Symbolisierung von Handlungsfähigkeit zu Grunde, wenn diese provokativ die Grenzen der ‚offiziellen‘ städtischen Raumnutzung missachten; andererseits sind diese Inszenierungen selbst bereits Handeln, generieren also Handlungsfähigkeit. Ebenso symbolisieren Selbstinszenierungen durch Verweis auf eine Stilgemeinschaft soziale Zugehörigkeit, sind aber konkret auch Anlässe zur Kontaktschließung in solchen Gemeinschaften (vgl. ebd.: 52ff.). Es werden mit ‚Gemeinschaft‘, ‚Körper‘, ‚(Sozial)-Raum‘ und ‚Identität‘ vier Dimensionen der Selbstinszenierung dargestellt.

Stauber führt in diejenige Jugendkultur ein, die bei den Untersuchungspersonen den Rahmen für ihre Selbstinszenierungen liefert: Die Techno-Szene. Diese ist besonders augenfällig in ihrer Art der Selbstdarstellung und liefert zugleich Anknüpfungspunkte für die Analyse der Bearbeitung von Übergangsthemen in Selbstinszenierungen. Die Untersuchungsgruppe stammt überwiegend aus dem ländlichen, süddeutschen Raum und besteht aus dreizehn 20- bis 32-jährigen jungen Männern und Frauen der Techno-Szene, die mit ihrer Gruppe einen organisationsstrukturellen Kern der Szene bilden (vgl. ebd.: 75f.).

Abschließend soll ein zentraler Aspekt aus den Befunden der Studie herausgegriffen werden. Dabei wird der bislang dargestellte Kontext auf die Geschlechterorientierung in den Selbstinszenierungen bezogen. Zunächst ist in diesem Zusammenhang auf die generell große Bedeutung der körperlichen Erfahrungsebene hinzuweisen. Die Techno-Szene als eine dezidierte Tanzkultur ermöglicht auf vielfältige Weise eine Selbstvergewisserung der Subjekte, die über den Körper verläuft. Besonders der Körper kann i.S. der imaginären Lösungen als Zentrum der autonomen Gestaltung wahrgenommen werden – zumindest kann von ihm die Verheißung solcher Eigenständigkeit ausgehen (vgl. ebd.: 129). Dieser Zugang zum Phänomen Techno ist maßgeblich auf die richtungsweisende Studie von Gabriele Klein zurückzuführen, in der das Monitum einer ‚leibvergessenen‘ Erforschung der Techno-Szene durch eine theoretisch gehaltvolle Thematisierung der leiblichen Erfahrungsdimensionen überwunden wird (vgl. Klein 1999).

Techno liefert seinen AnhängerInnen Geschlechtsrollenbilder, die sich unmittelbar in das eigene Verhaltensrepertoire übernehmen lassen (etwa bei Fragen des modischen Stylings oder des Tanzes), die neben der Inszenierung aber auch Anlass für wichtige biographische Erfahrungen werden können. Etwa wenn sowohl Männer wie Frauen Vertrauen gewinnen können, sich in ihrem Körper zu bewegen und somit außeralltägliche Erfahrungen machen können. Gerade das Spielerisch-Inszenierte, der Wechsel zwischen der realen und der symbolischen Ebene kann Freiräume für Entwürfe anderer Geschlechterbilder und auch für neuartige Interaktionen zwischen den Geschlechtern eröffnen. Dies gilt prinzipiell für beide Geschlechter.

Originalzitat:

„Im Hinblick auf die Veränderungsmöglichkeiten des Geschlechterverhältnisses ist nun wichtig, dass in diesen Prozessen geradezu unwillkürlich eine – wie auch immer bewusste – Auseinandersetzung mit den gegebenen – traditionellen wie modernisierten – Geschlechtsrollenbildern stattfindet: (...) es kommt zu Anleihen aus einer Vielzahl von Geschlechterbildern, vieles davon wird nicht ernsthaft übernommen, sondern ironisch zitiert, es werden Muster der traditionellen geschlechtsspezifischen Inszenierung aufgebrochen – insbesondere das Homosexualitätstabu – es entstehen neue ‚gesampelte‘, jugendkulturell passende Geschlechterbilder. Genauso finden Interaktionen mit dem anderen Geschlecht in einem Spannungsfeld zwischen Bekanntem, ‚Einsozialisiertem‘ und neu Ausprobiertem statt. In diesen Auseinandersetzungsprozessen wird also Struktur aufgegriffen und Struktur verändert: insofern nämlich Freiräume für ein Experimentieren jenseits der Geschlechtsrollendiktate und neue (symbolische) Bezugspunkte für die Selbstinszenierung als junge Frau, als junger Mann geschaffen werden." (Stauber 2004: 244)

Unter dem Titel „Die Welt der Gothics – Spielräume düster konnotierter Transzendenz" (2008a) haben Axel Schmidt und Klaus Neumann-Braun eine Studie vorgelegt, welche nach konstitutiven Gemeinsamkeiten der *Gothic-Szene* fragt (vgl. Schmidt/Neumann-Braun 2008a). Der häufig als ‚schwarze Szene' bezeichneten Gruppierung wird v.a. von ihren Anhängern unterstellt, sie sei wegen ihres facettenreichen Stils kaum auf einen gemeinsamen Nenner zu bringen. Außenstehende hingegen reagieren gegenüber dieser Szene (immer noch) vielfach mit stereotypisierenden Zuschreibungen, in denen der auffällige, provokativ aufgeladene Stil mit ‚abnormen' Motiven seiner TrägerInnen in Verbindung gebracht wird. Der Verdacht fällt dabei auf Okkultismus bzw. Satanismus oder glaubt eine gefährliche Nähe zu Tod und Suizid bei den Szeneanhängern zu erkennen. Die Autoren fragen nun nach dem Zusammenhang von szenetypischen Selbststilisierungen, die Satanismus und Okkultismus assoziieren, und den damit zum Ausdruck gebrachten Orientierungen und Handlungsformen der SzenegängerInnen. Dabei interessiert sie, ob diese Ästhetik angemessen als Ausdruck satanistischen Gedankenguts verstanden werden kann oder ob der Gothic-Stil für individuelle Aneignungsprozesse von Bedeutungen offen ist (vgl. ebd.: 11ff.).

Die Fragestellung der Studie bezieht sich sowohl auf die vorherrschenden Szenestrukturen, als auch auf die geteilten Handlungspraktiken, Überzeugungen und Stilpraxen. Diese beiden Ebenen sind insofern aufeinander bezogen, als eine gemeinsame Stilpraxis die Voraussetzung für Strukturbildung liefert, welche sich im Aufbau von interaktiven Netzwerken (Treffpunkte, Events, Medien) zeigt (vgl. ebd.: 18ff.). Die Untersuchung schließt explizit an den Szenebegriff von Hitzler u.a. an (vgl. ebd.: 21, 36ff.). Das Grundmuster geteilten Wissens (also Handlungspraktiken, Überzeugungen und Stilpraxen) in der schwarzen Szene soll an der ‚Sinnfigur' des idealtypischen Szenegängers herausgearbeitet werden. In dieses Schema fallen Personen, „die die Szene samt den je typischen Aktivitäten, Einstellungen, Motive und Lebensstile maßgeblich repräsentieren. Die Chance, kompetente Auskunft zur je szenetypischen Kultur zu erhalten, ist bei diesen Personen am größten" (vgl. Hitzler/Bucher/Niederbacher 2005: 213). Methodisch orientiert sich die Studie an einem ethnographischen Zugang, wobei die teilnehmende Beobachtung ‚im Feld', v.a. aber die über Leitfaden-Interviews erhobenen Selbstauskünfte von SzenegängerInnen und -experten den Kern der Datenbasis bilden (vgl. Schmidt/Neumann-Braun 2008a: 27ff.).

Zunächst sollte erwähnt werden, dass aus vorhergehenden Untersuchungen bereits Erkenntnisse zur schwarzen Szene vorliegen. Die aufschlussreiche Studie Werner Helspers (1992) legt den Akzent auf Sinnkonstruktionen und subjektive Bewältigungsfunktionen des ‚Jugendokkultismus' der Gothics, der in den 1980er und 1990er Jahren häufig missverstanden wurde (vgl. Helsper 1992). Der Zugang zu dieser Jugendkultur verläuft laut Helsper über die Verarbeitung eines besonderen Lebensgefühls, das allgemein von Trauer, Trennungen, Verlusten und Zurückweisungen gekennzeichnet und häufig auf brüchige Familienbeziehungen zurückzuführen ist. Weitere Problembelastungen der Jugendlichen können hinzu treten, etwa Misserfolge in der Schule, Isolation und enttäuschende erste Liebesbeziehungen. „Die Szene der Schwarzen und Gruftis bildet eine Art ‚jugendlicher Trauergemeinde' und stellt symbolisch-kulturelle Ausdrucksformen bereit, die der lebensgeschichtlich niedergelegten Traurigkeit und Melancholie eine öffentlich-kulturelle Artikulation ermöglichen." (Ebd.: 232f.) Damit relativiert Helsper stereotype Fremdzuschreibungen im Hinblick auf die Suizidgefährdung unter den Gothics: Die ‚Todesnähe' und die vorhandenen Suizidgedanken werden innerhalb der Szenegemeinschaft also nicht verstärkt, sondern im Gegenteil tendenziell bewältigt. Wegen des hohen Stellenwerts von Individualität sei die Etikettierung der schwarzen Szene als okkulte Jugendreligion oder Jugendsekte unzutreffend (vgl. ebd.: 26f., 285).

Insgesamt hebt Helsper die Funktion der Krisenkompensation und die Bedeutung von individualbiographischen Problemkonstellationen für die Wahl der schwarzen Szene hervor (vgl. Schmidt/Neumann-Braun 2008a: 85f.). Die hier vorgestellte Untersuchung stellt hingegen Strukturen der modernisierten Gegenwartsgesellschaft ins Zentrum und fragt, für welche kollektiven Problemkonstellationen die Gothic-Szene eine ‚Lösung' darstellen könnte. „Diese Erfahrungen sind keine Einzelschicksale, sondern *generationsspezifisch* und somit Grundlage einer Ähnlichkeit der Lebenslagen und Umgangsformen mit diesen spezifischen Lebenslagen. Gothic – so soll im Folgenden deutlich gemacht werden – stellt hierbei *eine Variante (post-)moderner Lebensbewältigung* dar." (Ebd.: 86; Hervorh. i. O.)

Damit wird der Gothic-Stil also tendenziell als eine frei wählbare Lebensstilvariante betrachtet. Gleichsam als Kehrseite der provokativen Wirkung ihrer stilistischen ‚Oberfläche' zeigen Gothics häufig eine intensive Beschäftigung mit ‚religionsähnlichen' Fragen und gesellschaftlich verfügbaren Sinnangeboten. Ihre „als irrational abgestempelte Symbolik kann die Unzufriedenheit mit der Institution Kirche und der durchrationalisierten modernen Zivilisation ausdrücken." (Richard 1997: 131)

Den thematischen Fokus der schwarzen Szene bilden Schmidt und Neumann-Braun zufolge Lebenssinn- und Transzendenzfragen, an denen sich geteilte Überzeugungen und Stilisierungen orientieren (vgl. Schmidt/Neumann-Braun 2008a: 285). Der Gothic-Stil ist einerseits sinnlich wahrnehmbares ‚Zugehörigkeitssignal', weist seinen Träger aber andererseits auch als Anhänger bestimmter Überzeugungen aus. Letztlich kreisen sämtliche Leitthemen der Szene um Lebenssinn- und Transzendenzfragen. Sie manifestieren sich in den wichtigen Bezugspunkten, wie vergangene Kulturen und Epochen (v.a. Mittelalter und Romantik) oder ‚übersinnliche' Welterklärungen (Religionen, Okkultismus, Magie usw.). Dazu zählt auch die Beliebtheit solcher Orte, die gesellschaftlich ‚ausgegrenzt' sind und die symbolisch für die Auseinandersetzung mit existenziellen Fragen wie bspw. dem Tod stehen können (Friedhöfe, Ruinen usw.) (vgl. ebd.: 78ff.). Mit all diesen Themen wird die Transzendierung des Alltags oder gar dessen ‚Wiederverzauberung' angestrebt (vgl. Schmidt/Neumann-Braun 2008b).

Die Auswertung der Interviewdaten im Rahmen der Studie ergab, dass die auf verbreitete Wertvorstellungen und Überzeugungen bezogenen Auskünfte von SzenegängerInnen thematisch im Vordergrund stehen (vgl. Schmidt/Neumann-Braun 2008a: 131). Die Szene erwartet von ihren AnhängerInnen jedoch kein Bekenntnis zu einem feststehenden Wert- oder Glaubenssystem, welches man in der schwarzen Kultur ohnehin vergeblich suchen würde. Stattdessen ist festzustellen, dass das Individuum hier als Begründungsinstanz für die Wahl von Sinnangeboten stark gemacht wird (vgl. ebd.: 306ff.). Die inhaltliche Seite des Stils wird in der Folge zunehmend entgrenzt.

Originalzitat:

„Entscheidend und hoch geschätzt in der Szene sind demzufolge nicht fest gefügte, ‚stimmige' oder quasi-dogmatische Deutungssysteme und Ideologien, sondern vielmehr konsistente und ‚authentische' Lebenswege, die die intensive und zweifelnde Suche eines Einzelnen jenseits des gesellschaftlichen ‚Mainstreams' zu dokumentieren vermögen. Zu diesem Zweck werden im weiteren Sinne religiöse Inhalte und Elemente verschiedener Glaubenssysteme in eklektizistischer Manier re-de-kombiniert; Resultat sind mehr oder weniger idiosynkratische Synkretismen und *Religions-Bricolagen*." (Schmidt/Neumann-Braun 2008b: 234; Hervorh. i. O.)

Die SzenegängerInnen stilisieren sich somit als Suchende, die offen und schonungslos mit sich selbst und der Welt umgehen und auch vor den ‚dunklen' Seiten des Lebens (gesellschaftlich tabuisierte Themen) nicht zurückschrecken (vgl. Schmidt/Neumann-Braun 2008a: 155ff.). Man kann hinzu fügen, dass ‚Oberflächlichkeit' für viele das einzige Tabu darstellt (vgl. ebd.: 205). Sich solcher Sinnfragen zu stellen, führt in den Augen von SzeneanhängerInnen auch zu einer überlegenen Sichtweise auf die Welt. Über diese sich selbst zugeschriebene Tiefsinnigkeit verlaufen auch die Abgrenzungsprozesse gegenüber der ‚Normalgesellschaft', deren Verdrängungen und deren stumpfes Glücklichsein abgelehnt werden (vgl. ebd.: 230ff.). In diesem Zusammenhang wird häufig die Techno-Szene als Negativfolie bemüht. Neumann-Braun und Schmidt attestieren der schwarzen Szene daher einen subkulturellen Stil (vgl. Schmidt/ Neumann-Braun 2008b: 233).

Der vermeintlich exklusive Zugang zu einer Art ‚Geheimwissen' führt teilweise zu einem elitären Gestus, der dazu beiträgt, dass sich ein Teil der Szene erkennbar für rechte Ideologie öffnet. Da die ideologischen Versatzstücke in ästhetischer Form präsentiert werden, ist ihre Funktion nicht ausschließlich darin zu sehen, Ideologieangebot für die Szene zu sein. Ideologiefragmente können auch in ihrer Vergemeinschaftungsfunktion und ihrer Verwobenheit mit dem spezifischen Stil betrachtet werden. Hier ist der ‚Neofolk'-Stil gemeint (vgl. Eulenbach 2007). Einige Beobachter gehen davon aus, dass es der so genannten Neuen Rechten teilweise gelungen ist, ein eigenes Netzwerk innerhalb der Szene zu etablieren. Prinzipiell ist hier nach dem Ausmaß und den Folgen dieser Unterwanderung zu fragen. Ebenso ist bislang ungeklärt, ob von Rekrutierungsprozessen durch das organisierte rechte Spektrum auszugehen ist.

In Bezug auf die gesamte Szene bleibt erklärungsbedürftig, was angesichts der thematischen Breite religiöser/transzendenter Inhalte nun das einheitsstiftende Prinzip der Gothics darstellen soll. Wie kann sich der Einzelne überhaupt auf eine übergeordnete Gemeinschaft beziehen? Hier kommen religionssoziologische Erklärungen der Studie zum Tragen, mit denen die Autoren sich der eingangs aufgeworfenen Frage nähern, auf welche kollektive Problemkonstellation das Phänomen Gothic eine Antwort sein könnte. Darauf kann hier nicht in gebührender Weise eingegangen werden, eine äußerst knappe Erklärung soll dennoch angeführt werden:

Dass Szenen Möglichkeiten der Gemeinschaftsbildung unter den Bedingungen von Individualisierung und Pluralisierung bereit stellen, lässt sich auch auf die religiöse Vergemeinschaftung übertragen. Der Einzelne ist bei der Suche nach Sinnhorizonten, die die gesellschaftliche Ordnung und die Alltagswelt transzendieren können, auf sich selbst zurück geworfen. Ein dauerhaftes, verbindliches Bekenntnis zu einem bestimmten Glaubensinhalt kommt einer Festlegung gleich, die wiederum die Möglichkeiten der religiösen Selbstbestimmung schwinden lassen würde. Daher erscheinen dem Individuum eher solche Gemeinschafts- und Sinnangebote attraktiv, welche die transzendenten Inhalte und Überzeugungen in einem offenen Spielraum belassen und welche darin mit der existenziellen Situation des Einzelnen kompatibel sind. Die Gothic-Szene liefert so gesehen ein Forum für eine individualisierte Form von Religiosität. Die Szene-Gemeinschaft wird in dieser Ausgangssituation letztlich durch den geteilten Stil hergestellt.

Originalzitat:

„Als kollektiv einheitlich – und damit gemeinschaftsstiftend – erweist sich zunächst also nicht der *spezifische* Inhalt, sondern die Form bzw. der Stil, der prinzipiell damit als *Superzeichen* fungiert und darauf verweist, dass die Szene und ihre Mitglieder sich mit ‚Inhalten‘ (verstanden als normative Kategorie) beschäftigen. Die Verschiebung der religiösen ‚Botschaft‘ auf gegenkulturelle Objektivationen, kurz: auf den subkulturellen Stil der Szene erzeugt eine enorme Polysemie und damit einen Spielraum für mannigfache Phantasien und Identifikationen rund um das mehr oder weniger *‚düster konnotierte Transzendente‘.*" (Schmidt/Neumann-Braun 2008b: 235; Hervorh. i. O.)

3.5 Jugend und Medien

Medien prägen unseren Alltag in fundamentaler Weise. Bei Jugendlichen und Erwachsenen kommt im Unterschied zu Kindern das gesamte Medienspektrum in den Blick. Hier sind zu nennen: Fernsehen, Radio, Kino, DVD-Filme, Musik, Computerspiele, Printmedien wie Bücher, Zeitungen und Illustrierte, neben diesen Massenmedien aber auch Medien der Individualkommunikation wie (Mobil-) Telefon, SMS, E-Mail-Provider, Internet-Dienste (‚Instant Messenger‘ oder ‚icq‘), sodann teilöffentliche Angebote im Internet wie bspw. Chatrooms, Diskussionsforen oder Personennetzwerke (MySpace, Facebook, schülerVZ, studiVZ). Das ‚Multimedium‘ Computer und das Internet nehmen einen besonderen Stellenwert in der Freizeitgestaltung Jugendlicher ein. Der PC hat aber auch den beruflichen Alltag vieler Erwachsener erobert und soll zukünftig am Lernort Schule stärker als bislang verankert werden. Die Aussage „Medienwelten sind Lebenswelten, Lebenswelten sind Medienwelten" ist zur griffigen Formel für die Omnipräsenz der Medien im Alltag geworden (Baacke 2004: 21). Die empirischen Daten zur Häufigkeit, mit der Jugendliche sich dem von ihnen präferierten Medienensemble widmen (Fernsehen, Computer, Handy, Internet, MP3) attestieren den Medien schon aufgrund der hohen zeitlichen Zuwendung eine wichtige Rolle als Sozialisationskontext (vgl. mpfs 2008: 12f.). Heranwachsende stellen überdies einen Bevölkerungsanteil dar, dessen unbefangener und spontaner Umgang mit Medien ins Auge springt, erfahren Kinder und Jugendliche die Ausweitung der Medienausstattung und ihr technisches Entwicklungsniveau doch weitgehend als etwas, was für sie ‚schon immer‘ da war (vgl. Vollbrecht 2003: 14).

Medien gehören zum Alltag, aber problematische Medienpraktiken Jugendlicher bzw. diesen zugeschriebene Folgen beherrschen immer wieder auch öffentliche und politische Debatten. Hauptsächlich wird dabei nach *Wirkungszusammenhängen* zwischen gewalthaltigen Inhalten im Fernsehen, Internet oder in PC-Spielen und realen Gewalthandlungen Jugendlicher gefragt. Im Fall von Robert S., der 2002 in Erfurt in seiner ehemaligen Schule 16 Menschen und anschließend sich selbst tötete, orientierte sich die öffentliche Debatte um die Beweggründe für diesen Gewaltexzess stark an der Frage nach den Wirkungen von ‚Egoshootern‘, denen der Täter sich angeblich im Übermaß hingab (vgl. Otto 2008: 13f.). Diese Auseinandersetzungen forcierten dann auch die Novelle des Jugendschutzgesetzes, die am 1. April 2003 in Kraft getreten ist und die Prüfung und Alterskennzeichnung von Computerspielen durch die Unterhaltungssoftware Selbstkontrolle (USK) vorschreibt (vgl. Fromme 2009: 931f.).

Fragen der Mediensozialisation begründen ein interdisziplinär ausgerichtetes Theorie- und Forschungsfeld. Als wissenschaftliche Disziplinen lassen sich v.a. Medienpädagogik, Mediensoziologie, Kommunikations- und Medienwissenschaften, Medienpsychologie und Medienphilosophie zuordnen, die Beiträge zum Diskurs der Mediensozialisation liefern. Die unterschiedlichen disziplinären Perspektiven und die changierenden theoretischen Bezugsrahmen führen zur Ausdifferenzierung des Gegenstandsbereichs in vielfältige Fragestellungen, Problemausschnitte und empirische Zugänge. Die komplexe Struktur des Feldes betrifft selbstredend auch die Einschränkung auf medienbezogene Phänomene im Jugendalter.

Eine eigenständige Mediensozialisationstheorie existiert nur in Ansätzen, ebenso wie ein umfassendes Modell der Medienrezeption Jugendlicher bislang noch aussteht (vgl. Hoffmann 2007: 11; Kübler 2010: 23). Ein wichtiger Anstoß für die Fundierung der Mediensozialisationstheorie liegt in der Forderung, dass sie die verschiedenen Ebenen *Individuum*, *Medien* und *Gesellschaft* in ihren *Wechselwirkungen* einbeziehen soll (vgl. Theunert/Schorb 2004: 203; Schorb/Mohn/Theunert 1998: 495). Darüber kann der Anschluss an das gegenwärtige sozialisationstheoretische Paradigma des ‚produktiv Realität verarbeitenden Subjekts‘ gelingen. „Dieses Modell stellt das menschliche Subjekt in einen sozialen und ökologischen Kontext, der individuell aufgenommen und verarbeitet wird, der in diesem Sinne auf das Subjekt einwirkt, aber zugleich immer auch durch das Subjekt beeinflusst, verändert und gestaltet wird." (Hurrelmann 2006: 21)

Die Medien als Bestandteile dieses Kontextes sind in ihrer strukturellen Dimension sowie historisch-gesellschaftlichen Verfasstheit zu betrachten. Bspw. unterliegen Zeitungen/Zeitschriften nicht nur redaktionellen sondern auch wirtschaftlichen Maximen, sie müssen auf dem Anzeigenmarkt erfolgreich sein und ihre Finanzierung u.a. auch über entsprechende Anzeigenerlöse sichern (vgl. Schütz 2002: 493). Dies nimmt wiederum auf ihre redaktionelle Gestaltung und die Ansprache bestimmter Zielgruppen Einfluss. Oder man denke an die Etablierung der privat-kommerziellen Sender im Fernsehen, die mit großen Veränderungen der Programmangebote einher ging und sich als Öffentlichkeitswandel apostrophieren lässt (vgl. Göttlich/Nieland 1998: 36).

Für den Standort des Individuums im Wechselverhältnis zu Medien und Gesellschaft sind nun neben den Medien selbst auch andere Sozialisationskontexte bestimmend (Familie, Schule, Peer-Groups etc.). Somit sind gesellschaftliche Bedingungen auch auf Seiten der Individuen zu berücksichtigen. Der individuelle Medienumgang ist jedoch zugleich *subjektives Handeln*, welches in konkreten Lebenswelten situiert ist und sich durch Selektion und subjektive Sinngebung ausdrückt (vgl. Theunert/Schorb 2004: 203). Die Annahme eines solch komplexen Bedingungsgefüges richtet sich somit gleichermaßen gegen die Vorstellung einer weitreichenden Medienmacht gegenüber passiv-ausgelieferten Subjekten und gegen die Vorstellung autonomer Subjekte, die mit einer quasi voraussetzungslosen Souveränität über Medien verfügen.

Durch den Einbezug sozialisationstheoretischer Überlegungen hat sich auch das Verständnis dessen gewandelt, was vormals als exakt bestimmbare *Medienwirkung* erschien. Medienwirkungen werden *diffus*, wenn Medien und Alltag sich komplex durchdringen und viele Elemente der Sozialkultur mediatisiert sind (Kommunikation, Information, Unterhaltung, Konsum, Beziehungsgestaltung). Der Einfluss der Medien lässt sich dann kaum noch als ‚Wirkung‘ einzelner Medien oder Inhalte identifizieren. Die Tatsache, dass die Mediennutzung im Alltag in vielfältige psychische und soziale Interaktionen eingebunden ist, öffnet den Blick für die unterschiedlichen Konstellationen der Medienrezeption und die damit verbundenen Sozialisationsfunktionen (vgl. Kübler 2010: 19). Darüber wird die Überwindung der medienzentrierten Sichtweise und ihres verengten Blickwinkels auf die Medienphänomene möglich. So melden Jugendliche über Medienkonsum auch Ansprüche auf Autonomie an und beschleunigen symbolisch den Eintritt ins Erwachsenenalter (vgl. Süss/Hipeli 2010: 142). Ebenso sind *Gruppenbeziehungen* und ihre Rolle für den Bedeutungsaufbau im Umgang mit Medien zu berücksichtigen. Bei Kindern etwa sind Medien im Alltag deutlich an die Routinen des Familienalltags und die Gestaltung familiärer Beziehungen gebunden. Bei Jugendlichen sind Nutzungsmuster meist stärker durch die *Peer-Group* gerahmt. Medien werden gemeinsam genutzt, sie können eine gemeinschaftskonstituierende Funktion haben und der Gruppenabgrenzung dienen, aber auch der Selbstverortung Einzelner innerhalb des Gruppengefüges (vgl. ebd.: 145ff.). Ferner können ‚innengerichtete‘ Bedeutungen im Gruppenkontext Kontur gewinnen, wenn Mediengeschichten von einzelnen Jugendlichen zum Anlass genommen werden, ‚indirekt' über sich selbst, über eigene Wertvorstellungen und Verhaltensweisen zu sprechen. Der hohe Stellenwert von Anschlusskommunikation für Jugendliche während oder im Nachgang der Mediennutzung kann diesen Aspekt verdeutlichen (vgl. ebd.: 147). Medien wirken somit stets in bestimmte *lebensweltliche Kontexte* hinein.

Grundsätzlich werden Medien als Ressourcen von *Identität* thematisiert, wie es in den oben genannten Beispielen bereits angeklungen ist. In den Arbeiten Erik H. Eriksons wurde die menschliche Identitätsentwicklung maßgeblich auf das Jugendalter bezogen. In neueren Ansätzen wird Identität hingegen als nicht abschließbare Konstruktionsleistung der Subjekte aufgefasst und eine Akzentverschiebung hin zur fortwährenden Identitätsarbeit vorgenommen (vgl. Wegener 2010: 56f.). Solche Ansätze orientieren sich meist an einem (post-) modernen Gesellschaftsbild, Identitätsangebote zeichnen sich unter solchen Bedingungen durch gesteigerte Optionsvielfalt aus. Die Medien gestalten diesen Prozess mit, der sich als Pluralisierung von Sinnbezügen (Werte, Vorbilder, Stilvorgaben, Handlungsmodelle, Beziehungsformen u.v.m.) beschreiben lässt. Identitätsbildung wird fortan zu einer komplexen Anforderung an den Einzelnen. Im Kern geht es darum, dass der Einzelne das ‚Problem' der Identitätsbildung letztverantwortlich bearbeiten muss, da „*kein* übergreifender, ordnender Sinnzusammenhang mehr existent ist, der eine für den einzelnen nachvollziehbare Verknüpfung von Sozialstruktur und Einzelexistenz herstellen könnte" (Charlton/Neumann-Braun 1992: 108; Hervorh. i. O.). Medien fungieren nun als Lieferanten von identifikationsfähigen Inhalten, die jedoch nicht einfach adaptiert, sondern in die *Aushandlung* der eigenen Identität einbezogen werden. Dabei können Figuren und Szenerien aus Medien auch dadurch identitätsbildend wirken, dass man sich durch Widerspruch und Abgrenzung auf sie bezieht (vgl. Hoffmann 2007: 22f.).

Neben der Ausformung von Identität dienen Medien aber auch der *Präsentation des Selbstbildes*. Der jeweils präferierte Musikstil etwa kann die Außendarstellung der eigenen Persönlichkeit begleiten, bestimmte Handymodelle genießen bei Jugendlichen hohes Ansehen als Statussymbole. In jüngster Zeit kann man Zeuge der kollektiven Darstellung von Identität über selbstgestaltete Homepages und persönliche Profile in Kommunikationsforen wie studiVZ, schülerVZ, Facebook etc. werden (vgl. Wegener 2010: 58ff.). Diesen ‚Mehrwert' der Mediennutzung als semantische Erweiterung der eigenen Persönlichkeit haben auch die Medien selbst entdeckt. Werbeslogans wie ‚Hinter der FAZ steckt immer ein kluger Kopf' verdeutlichen dies (vgl. Reinhardt 2005: 40). Wie diese Ausführungen und die Einzelbeispiele zeigen, ist es für eine angemessene sozialisationstheoretische Perspektive auf jugendliches Medienhandeln unerlässlich, die Fixierung auf die Medien selbst zu überwinden und eine Langzeitperspektive auf den Rezipienten und seine Identitätsbildung mit Medien zu gewinnen. Diese wäre den häufig als flüchtig und diffus betrachteten einzelnen Medienerfahrungen entgegen zu setzen (vgl. Mikos 2007: 28).

3.5.1 Einblicke in die ‚klassische' Medientheorie

Im Rahmen dieses Teilkapitels sollen zunächst Grundannahmen der klassischen Medientheorie vorgestellt werden. Vor dem Hintergrund der sozialisationstheoretischen Perspektive erscheint ihr Erklärungsbeitrag zunächst begrenzt, da sie Medienkommunikation tendenziell als gegenwartsbezogenen Vorgang in eng definierten Situationen analysiert. Auf ‚Nutzen' ausgerichtete Ansätze unterstellen intentionale und bewusste Motive, die dem Mediengebrauch zu Grunde liegen. Die *biographische Bedeutung* solchen Handelns kommt dabei nicht in Blick (vgl. Hoffmann 2007: 20, 24). V.a. die traditionelle Wirkungsforschung löst die Medienepisoden von den vorhandenen lebensweltlichen und entwicklungsbezogenen Kontexten ab. „Dabei werden die Medieninhalte als einzelne, getrennte Stimuli betrachtet, um die Wirkungen möglichst unabhängig von den übrigen inhaltlichen Kontexten untersuchen zu können." (Moser 2006: 123) Kritische Einwände richten sich hier v.a. gegen die Vorstellung von eindeutigen und messbaren Wirkungen, die von den Medieninhalten ausgehen sollen. Allerdings sind solche einseitigen Wirkungsannahmen noch heute verbreitet, weshalb die Darstellung der damit verbundenen Grundannahmen geboten erscheint (vgl. Kübler 2010: 18ff.).

Zur Klärung des Medienumgangs von Menschen werden häufig zwei Fragen aufgeworfen, die heuristischen Zwecken dienen: *Was machen die Medien mit den Menschen?* und *Was machen die Menschen mit den Medien?* (vgl. Aufenanger 2008: 87). Damit ist eine behelfsmäßige und reichlich grobe Unterscheidung eingeführt, die keine differenzierte Sondierung des Theorieangebots leisten kann. Dennoch erleichtert sie das Verständnis aktueller handlungs- und subjekttheoretischer Ansätze.

‚Was machen die Medien mit den Menschen?'
Diese Frage richtet sich perspektivisch auf die Wirkungen des Mediengebrauchs, welche sich als Veränderungen auf der Einstellungs- oder Verhaltensebene der Rezipienten zeigen. Diese dem naturwissenschaftlichen Kausalitätsdenken verwandte Vorstellung zeigt sich besonders deutlich in dem so genannten ‚Stimulus-Response-Modell', das auch als ‚Reiz-Reaktions-Modell' bezeichnet wird (vgl. Jäckel 2005: 60). Bezugspunkt ist hier der ‚enge' Wirkungsbegriff der traditionellen Medienforschung. In der Analyse des Mediengebrauchs werden nun bestimmte Wirkungen (Reaktionen) als durch die Medieninhalte ausge-

löst betrachtet, welche ihrerseits als Ursachen (Reize) für jene fungieren (vgl. Grimm 2008: 318). Damit ist auch die *Wirkungsrichtung* festgeschrieben. Dies entspricht einem weit verbreiteten alltagstheoretischen Verständnis von Kausalität, bspw. wenn eine Veränderung (motorische Unruhe eines Schulkindes) unversehens auf eine bestimmte Ursache (Konsum nicht-altersgemäßer Fernsehsendungen am Vorabend) zurückgeführt wird.

Das Erkenntnismodell der Medienwirkung reicht bis zur Propagandaforschung von Harold Laswell zurück, der nach dem Ersten Weltkrieg in den USA den Einsatz von Propagandabotschaften in der psychologischen Kriegsführung untersuchte (vgl. Otto 2008: 77). Berühmt wurde er mit der Laswell-Formel: „Who says what in which channel to whom with what effect?" (Laswell zit. n. Schweiger 2007: 23). In diesem Kontext ist ebenfalls die Verbindung der Massenkommunikationsforschung mit der psychologischen Schule des so genannten *Behaviorismus* zu verorten, welche die Medienwirkungstheorie nachhaltig prägte. Der Behaviorismus strebt nach einem naturwissenschaftlichen Erkenntnisideal in der Psychologie, wonach diese menschliches Verhalten kausal erklären und vorhersagen soll. „Laswell verbindet das behavioristische Stimulus-Response-Modell mit einem technisch geprägten, aus der mathematischen Informationstheorie stammenden Sender-Empfänger-Modell" (Otto 2008: 83). Damit wurde eine Sichtweise auf Medien begründet, die von eindeutigen und starken Wirkungen ausgeht, welche mehr oder weniger zwangsläufig einsetzen, sobald ein Kommunikator mit seiner Botschaft die gewünschten Adressaten erreichen kann.

‚Was machen die Menschen mit den Medien?'
Diese zweite Frage dreht die Wirkungsrichtung gewissermaßen um, den Rezipienten von Medienbotschaften wird eine aktive Rolle zugeschrieben. Im Gegensatz zur Wirkungsperspektive werden Individuen hier nicht als abhängige Größen in einem nicht-umkehrbaren Kommunikationsfluss betrachtet. Ihre *aktive Rolle* zeigt sich schon darin, dass sie Medien und Medieninhalte offensichtlich auswählen und damit ja bereits Entscheidungen treffen. Einflussreich wurde dieses Verständnis durch den so genannten ‚Uses-and-Gratifications-Approach' (U&G-Ansatz). Dieser Ansatz ist annähernd so alt wie die sozialwissenschaftliche Wirkungsforschung und erlebte seine Hochphase in den 1970er und 1980er Jahren. Zentral sind hier die Bedürfnisse und Motive des Rezipienten, die der Selektion aus dem verfügbaren Medienangebot zu Grunde liegen (vgl. Schweiger 2007: 60). Die Nutzungsforschung hat folglich ein hohes Interesse daran, die unterschiedlichen Bedürfnisse zu klassifizieren (vgl. ebd.: 80ff.).

Diese Überlegungen enthalten Implikationen, die verdeutlichen, dass hier die Rezipienten zum Ausgangspunkt gemacht werden: „Medien(inhalte) stellen also nur eine von prinzipiell mehreren Handlungsmöglichkeiten dar, den eigenen Bedürfnissen nachzukommen. Deshalb muss die Analyse immer auch andere ‚funktionale Alternativen' (Merton 1949) zu den Medien in Betracht ziehen" (Hugger 2008: 173). Aufgrund seiner Basisannahmen wurde der U&G-Ansatz vielfach als Überwindung des Wirkungsparadigmas betrachtet. In der deutschen Diskussion wurde er unter der Bezeichnung ‚Nutzenansatz' rezipiert (vgl. Kübler 2010: 21). Allerdings ist dem mit quantitativer Methodik erbrachten Nachweis von rubrizierbaren Bedürfnissen anzulasten, dass er kein tieferes Verständnis der *individuellen Sinnperspektive* und Alltagseinbindung dieser Bedürfnisse ermöglicht. Moser (2006) zu Folge ist mit dem U&G-Ansatz lediglich ein „halber Schritt auf dem Weg zur Rehabilitierung der Rezipienten und ihrer eigenen Bedürfnisse" vollzogen (Moser 2006: 124).

Indes lässt sich eine trennscharfe Unterscheidung der mit den beiden Leitfragen verbundenen theoretischen Perspektiven nicht treffen. So macht Schweiger (2007) als erklärter Vertreter der Nutzungsforschung geltend, dass sich die empirischen Medienphänomene nicht nach den Perspektiven von Medienwirkung und Mediennutzung klassifizieren lassen (vgl. Schweiger 2007: 25). Eine logische Unterscheidung der Ebenen ist bspw. bereits dann nicht mehr möglich, wenn ein Fernsehzuschauer durch eine Magazinsendung von einem bestimmten Thema ‚angesteckt' wird (Wirkung) und anschließend aktiv nach weiterer Informationen zu diesem Thema sucht (Nutzen). Auf ‚Wirkung' ausgerichtete Theorien haben sich von dem simplen Stimulus-Response-Modell verabschiedet. Dennoch bleibt es das erklärte Ziel einer dergestalt erweiterten Wirkungsforschung, *„Aussagen über Wirkungswahrscheinlichkeiten von Stimulustypen bei einer bestimmten Rezipientengruppe"* zu formulieren (Grimm 2008: 319; Hervorh. i. O.).

Originalzitat:
„Im Grunde geht es gerade auch im Bereich der Medien- und Kommunikationsforschung um die *Frage, ob menschliches Handeln als ein im weiteren Sinne dinglich verursachtes Ereignis oder aber eher als Ergebnis von – innerhalb spezifischer Randbedingungen – selbstverantwortlich bestimmten Willensäußerungen eines aktiven und selbstreflexiven Subjekts angesehen werden soll"* (Charlton/Neumann-Braun 1992: 24; Hervorh. i. O.).

3.5.2 Medienkritik

In einer historischen Perspektive zeigt sich, dass die Medienentwicklung seit ihren Anfängen von medienkritischen Stimmen begleitet wurde, die sich auf das jeweils neue Medium ausrichteten (vgl. Niesyto 2008: 129). Wie Merkert (1992) aufzeigt, lässt sich anhand der Entwicklung von Photographie über Film, Hörfunk und Fernsehen ein Grundmuster der Medienkritik durch die ‚Gebildeten' als Repräsentanten einer pädagogisch engagierten Öffentlichkeit herausstellen. Dabei reagierte man auf das jeweils neue Medium stets mit bewahrpädagogischen Vorbehalten, an die sich mit einer gewissen zeitlichen Verzögerung kritisch-konstruktive Herangehensweisen anschlossen. Der Kinofilm wurde bspw. in der Frühphase seiner Verbreitung als bildungsfernes Medium gegeißelt, denn er war zunächst auf den Jahrmärkten zuhause. Als Stummfilm zeigte er bewegte Bilder ohne Dialoge und man ging allgemein davon aus, dass sich die bewegten Bilder der sprachlichen Reflexion gänzlich entziehen. Daraus folgte, dass Kinder und Jugendliche vor dem Film zu schützen seien. Mit der Entwicklung zum Tonfilm 1925 waren die Voraussetzungen für den künstlerischen Film geschaffen. In den Folgejahren setzte schließlich eine Normalisierung ein, man konnte sich auf die spezifische Wirklichkeitsrepräsentation dieses neuen Mediums einlassen, ohne es im eigenen Sinne, etwa zu bloß didaktischen Zwecken, umdeuten zu wollen (vgl. Merkert 1992: 12ff.).

Bewahrpädagogische Positionen sind jedoch nicht völlig verschwunden. Sie thematisieren im Allgemeinen nicht die AdressatInnen oder die Verarbeitungsprozesse von Medienbotschaften, sondern wollen dem Medium selbst schädigende oder abträgliche Eigenschaften einschreiben. Damit beruhen sie auf einem linearen Wirkungsbegriff, der zu Beginn dieses Teilkapitels bereits dargestellt wurde. Insgesamt ist jedoch in Rechnung zu stellen, dass sich zeitparallel zu der Neuausrichtung der Sozialisationstheorie eine Perspektive einstellte, die ‚Medienkritik' zugunsten der Vorstellung des ‚autonomen' Rezipienten hintangestellt hat. Waren bewahrpädagogische Konzepte vormals stark mit einem anpassungsmechanistischen Sozialisationsmodell verknüpft, welches vorrangig auf funktionale Rollenübernahme abzielte, wurde mit der Betonung der aktiven Auseinandersetzung des Sozialisanden mit seiner Umwelt auch der Medienrezipient zum selbstgesteuerten Akteur erklärt (vgl. Niesyto 2006: 54f.). Heute haben sich, so Horst Niesyto, „vor allem *handlungstheoretische* Ansätze etabliert, die – ausgehend vom Wechselverhältnis von Mensch und Medien – besonders nach den sozialen und soziokulturellen Implikationen der Medienaneignung fragen." (ebd.: 56; Hervorh. i. O.)

Niesyto hat angesichts dieser Ausgangslage verschiedentlich einen stärkeren Einbezug der Medienkritik in die Sozialisationstheorie gefordert (vgl. Niesyto

2006, 2008, 2010). So sei es geboten, die strukturellen Dimensionen des Medienhandelns wieder stärker zu beachten. Dazu zählt er u.a. Veränderungen der gesellschaftlich bedingten medialen Angebotsstrukturen, sozialisationsrelevante Einflüsse und ungleich verteilte kulturelle, soziale und bildungsmäßige Ressourcen (vgl. Niesyto 2006: 58). Dies läuft auf eine stärkere Berücksichtigung von Risiken in der Mediennutzung hinaus. Als beispielhaft für den ‚makrostrukturellen Blick' wird auf die Kritische Theorie (Frankfurter Schule) verwiesen. Sie kann begriffliche Mittel für die Analyse von Massenkultur und Medien bereitstellen. Mit der These von der so genannten Kulturindustrie (Horkheimer/ Adorno 1944/1992) verbindet sich ihr umfassender Anspruch, Medienkritik und Gesellschaftskritik als Zusammenhang zu denken. Da diese Theorie nun aber die Chancen der NutzerInnen zur Mediengestaltung unterschätzt hat, erscheint eine Rückkehr zu ihr gleichwohl nicht wünschenswert. Dennoch kann sie wichtige Impulse in der gegenwärtigen Situation liefern, in der das riesige Einflusspotenzial der (Massen-)Medien und ihre Verquickung mit ökonomischer Macht nicht zu leugnen sind.

Die Kulturindustrie-These steht maßgeblich für eine ideologiekritische Medienkritik. Der sozialisatorische Einfluss der Medien wird hier nicht am Einzelmedium oder der einzelnen Nutzungsepisode fest gemacht sondern an der Massenkultur in ihrer Ganzheit. Diese betreibe die Manipulation der individuellen Bedürfnisse und ist darauf ausgerichtet, die kapitalistische Herrschaftsordnung auf dem Feld der Kultur ideologisch abzusichern. Dafür steht der Begriff ‚Kulturindustrie'. Die mit diesem Begriff kritisierte Kultur ist die Populärkultur, der Horkheimer und Adorno in polarisierender Weise die authentische bildungsbürgerliche Kunst gegenüber stellen.

Zur Kulturindustrie werden in erster Linie die Massenmedien gezählt, aber auch andere Einrichtungen des Kultursektors, wie Museen, Theater, Musik- und Filmkonzerne, das Sportwesen, Werbung usw. (vgl. Müller-Doohm 2005: 132). Für dieses Netzwerk der Kulturvermittlung, so die Annahme, gelte die kapitalistische Verwertungslogik: In Produktion und Vertrieb unterscheiden sich die kulturellen Erzeugnisse nicht wesentlich von industriell hergestellten Gütern, und so entstehen standardisierte Unterhaltungsprodukte. Für die Popmusik als Tonträgermarkt liegt eine durch die ‚Kulturindustrie' angeleitete Analyse vor (vgl. Gurk 1996). Ein Blick auf die Produktionsbedingungen des bei Jugendlichen beliebten TV-Genres ‚Daily Soap' kann solche Einschätzungen ebenfalls stützen (vgl. Göttlich/Nieland 2001: 31f.). Der Warencharakter der kulturindustriellen Angebote wird insbesondere mit dem Argument belegt, dass diese vorrangig kommerzielle Absichten verfolgen und ihre Autonomie durch die Unterwerfung unter den marktbezogenen Tauschwert verlieren (vgl. Müller-Doohm 2005: 132). Ein Beispiel dafür ist das Diktat der Einschaltquote, das vorrangig der

Profitorientierung geschuldet ist und über Erfolg oder Misserfolg von Fernseh-
produktionen entscheidet, wobei inhaltliche Begründungen hier irrelevant sind.

Im Zentrum dieser Perspektive steht der Vorwurf, die Kulturindustrie trage
anti-emanzipatorische, gegen die Idee der Bildung und Aufklärung gerichtete
Züge (vgl. Nolda 2002: 40). Im Unterschied zum Kunstwerk soll sich an den
kulturindustriellen Produkten kein kritisches Bewusstsein für die gesellschaftlichen Verhältnisse herausbilden können. Mit der ständigen Inszenierung von
Amüsement verschleiere die Kulturindustrie ihre ideologischen Interessen, die
sich auf die Entlastung des Konsumenten von der und für die erwartete Arbeits-
leistung unter kapitalistischen Bedingungen richten. Die Kulturindustrie hat
folglich affirmativen Charakter. Wenn sie dergestalt als ideologischer Sinngeber
für den Systemerhalt und als Ebenbild kapitalistischer Herrschaftsverhältnisse
wahrgenommen wird, dann beansprucht die These der Kulturindustrie nicht weniger, als Medienkritik und Gesellschaftskritik in komplexer Weise zusammen
zu führen (vgl. Kübler 2006: 20).

Originalzitat:
„Amusement ist die Verlängerung der Arbeit unterm Spätkapitalismus. Es
wird von dem gesucht, der dem mechanisierten Arbeitsprozeß ausweichen
will, um ihm von neuem gewachsen zu sein. Zugleich aber hat die Mecha-
nisierung solche Macht über den Freizeitler und sein Glück, sie bestimmt so
gründlich die Fabrikation der Amüsierwaren, daß er nichts anderes mehr erfahren kann als die Nachbilder des Arbeitsvorgangs selbst. Der vorgebliche
Inhalt ist bloß verblaßter Vordergrund; was sich einprägt, ist die automati-
sierte Abfolge genormter Verrichtungen. Dem Arbeitsvorgang in Fabrik und
Büro ist auszuweichen nur in der Angleichung an ihn in der Muße. Daran
krankt unheilbar alles Amusement. Das Vergnügen erstarrt zur Langeweile,
weil es, um Vergnügen zu bleiben, nicht wieder Anstrengung kosten soll
und daher streng in den ausgefahrenen Assoziationsgleisen sich bewegt."
(Horkheimer/Adorno 1944/1992: 145)

3.5.3 Medien und Gewalt

Obwohl monokausale Wirkungsannahmen gegenwärtig von den meisten AutorInnen nicht geteilt werden, lassen sich einzelne Autoren wie Glogauer (1999)
und Spitzer (2005) eindeutig dieser Theorielinie zuordnen. Der Mediziner und
Psychiater Spitzer geht in dem Band „Vorsicht Bildschirm!" auf viele Fragen
im Kontext von Fernsehen und PC ein. Über Sekundäranalysen quantitativer
Studien werden bspw. die Krankheitsfolgen des starken TV-Konsums bilanziert.

Auch die Auswirkungen des Fernsehens auf die schulischen Leistungen Heranwachsender und auf späteres Gewalthandeln werden thematisiert, sowie die den Computerspielen zugeschriebene Brutalisierung. Spitzer geht dabei von eindeutigen Zusammenhängen aus: „Das Fernsehen macht also nicht nur diejenigen gewalttätig, die hierzu ohnehin neigen, sondern auch diejenigen, die eigentlich nicht dazu neigen" (Spitzer 2005: 196). Moser (2006) weist angesichts dieser provokativen Thesen darauf hin, dass darüber die bewahrpädagogische Medienkritik durch einen medizinalisierten Diskurs ersetzt werde, der die Auswirkungen von Medien mit den physiologischen Folgen von Drogenkonsum gleichsetzt (vgl. Moser 2006: 121). Die Argumentation Spitzers führt in der Konsequenz zu einer Generalabrechnung mit den Bildschirm-Medien und dem Hinweis auf Medienverzicht als einziger Ausweg. So wird den Eltern unter den LeserInnen geraten, ihrem Kind keinen Computer zu kaufen (vgl. Spitzer 2005: 258).

Solche Auffassungen kontrastieren in auffälliger Weise mit dem aktuellen Forschungsstand der Gewaltwirkungsforschung. Kunczik und Zipfel (2008) resümieren, dass sich im Gesamtbild der empirischen Befunde zu den Auswirkungen von Gewaltdarstellungen auf aggressives Verhalten keine statistisch signifikanten Korrelationen auffinden lassen, die einem positiven Zusammenhang das Wort reden. Dies treffe auch auf Computerspiele und Aggressivität zu (vgl. Kunczik/Zipfel 2008: 452). Allerdings geben diese Befunde keinen Anlass zur Entwarnung, denn Mediengewalt kann den Autoren zu Folge einer von mehreren Faktoren bei der Entstehung von realer Gewalt sein. Das schwache Zusammenhangsmaß bei den gesichteten Befunde gilt für den Durchschnitt aller Rezipienten. Dies lässt sich auch so deuten, dass unterhalb der Schwelle statistischer Signifikanz sehr wohl *starke Effekte* bei bestimmten Rezipientengruppen vorhanden sein können, die im Sample gewissermaßen ‚untergehen' (vgl. ebd.).

An dieser Stelle können nicht alle existierenden Theorieansätze zur Erklärung möglicher Gefahren durch medial präsentierte Gewalt vorgestellt werden. Ein ausführlicher Überblick findet sich bei Kunczik/Zipfel (2006), die wie Lukesch (2008) die sozial-kognitive Lerntheorie Banduras (1976) als Rahmentheorie für die Integration anderer aktueller Ansätze in besonderer Weise hervor heben. Grundsätzlich geht es Bandura darum, dass der Beobachter eines modellierten Verhaltens Regeln und Reaktionsweisen dieses Modells abstrahiert, aus denen er ähnliche Verhaltensmuster erzeugen kann (vgl. Bandura 1976: 40). Vereinfachend wird auch von Nachahmungslernen gesprochen. Dabei kann es sich auch um in den Medien beobachtetes Verhalten, also auch um Gewalthandlungen handeln (vgl. Kunczik/Zipfel 2006: 149). Wichtig ist nun die Unterscheidung zwischen dem Erwerb des Verhaltensmusters und der Ausführung des Verhaltens. Allerdings ist der Lernvorgang selbst nicht auf die Ausführung des Verhaltensmusters angewiesen.

Soll ein gelerntes, aber latentes Verhalten in die tätliche Ausführung übergehen, müssen differenzierte ‚Passungen' zwischen dem Modell (Medieninhalt), seinem Beobachter (Beobachtereigenschaften) und der Situation (situative Bedingungen) vorliegen (vgl. Kunczik/Zipfel 2006: 150ff.). Zu diesem Bedingungsgefüge gehören bspw.: Belohnung/Bestrafung des beobachteten Modells, Erwartungen des Beobachters hinsichtlich der eigenen Belohnung/Bestrafung bei Nachahmung des Modellverhaltens sowie Löschung von Hemmungen durch Bekräftigung noch vor der Beobachtung des Modells. So sind „bereits zur Aggression disponierte Individuen nach dem Konsum violenter Medieninhalte am aggressivsten" (vgl. ebd.: 150). Weiterhin sind Beobachtereigenschaften bedeutsam wie das Aufmerksamkeitsniveau, frühere Erfahrungen, die Persönlichkeit u.a. Situative Bedingungen können z.b. familiäre Umgangsformen (auch mit Medien) und Normen und solche in der Peer-Group sein.

Die Autoren listen typische Merkmale von Fernsehgewalt auf, welche dafür sprechen, dass hier begünstigende Voraussetzungen für das Modelllernen vorliegen. Bspw. agieren die gewalttätigen Protagonisten meist zumindest kurzfristig erfolgreich, und auch die ‚guten' Helden setzen für ihre ‚gerechten' Ziele häufig Gewalt ein (vgl. ebd.: 151). Es sollte deutlich geworden sein, dass der Erklärungsgehalt des Modelllernens auf vielfältigen Faktoren beruht, die einerseits miteinander interagieren und andererseits eine prozessuale Perspektive ermöglichen, welche das ‚davor' und ‚danach' der Nutzungssituation mit berücksichtigt. Eindeutige Kausalzusammenhänge, wie Spitzer sie unterstellt, existieren also für die sozial-kognitive Lerntheorie nicht: „Keinesfalls bedeutet Lerntheorie, dass der Fehler begangen wird, von Inhalten direkt auf Wirkungen zu schließen." (Kunczik/Zipfel 2006: 157)

Lukesch (2008) betont die Anschlussfähigkeit der sozial-kognitiven Lerntheorie für die Annahme, dass bei der Medienexposition so genannte Priming-Effekte eintreten (vgl. Lukesch 2008: 388). Damit ist gemeint, dass gewalthaltige Medienbotschaften einen Assoziationseffekt in einem Subsystem des semantischen Gedächtnisses anstoßen. Es wird von netzwerkartigen Verbindungen zu allgemein aggressiven Gedanken und Einstellungen ausgegangen, die angetippt werden und so genannte Skripts aggressiven Verhaltens ausbilden. Das wiederholte Betrachten gewalthaltiger Szenen verfestige solche Skripts, die durch Erinnerungshinweise (dafür reichen bspw. Poster von Waffen) aktiviert werden können (vgl. ebd.: 389). Bereits die nur oberflächliche Ähnlichkeit einer späteren Situation mit der ursprünglichen Gewaltszene reiche aus, um das erlernte Muster zu aktivieren. Auch bei diesem Ansatz wird zwischen Skripterwerb und Skriptausführung unterschieden, die Ausführung wird durch nachfolgende Bekräftigungen wahrscheinlicher (ähnlich der antizipierten Belohnung/Bestrafung bei Bandura), aber das Skript kann durch nachträgliche Erfahrungen auch rückwirkend geändert werden (vgl. ebd.). Insgesamt ist aber zu konstatieren, dass hier, trotz der festgestellten Parallelen, weit weniger als in der sozial-kognitiven Lerntheorie Banduras von möglichen kognitiven Prozessen ausgegangen wird. Die Priming-Effekte sollen tendenziell unbewusst ablaufen.

Auf Grund der bisherigen Ausführungen ergibt sich ein kompliziertes Bild: Eine eindeutige Bestimmung des Einflusses, den beobachtete mediale Gewalt auf gewalttätige Verhaltensweisen Heranwachsender hat, ist schlichtweg nicht möglich. Viel eher zeigt sich ein multifaktorielles Geschehen:

Originalzitat:
„Negative Folgen von Mediengewalt sind am ehesten zu erwarten bei *jüngeren, männlichen, sozial benachteiligten Vielsehern*, die bereits eine *violente Persönlichkeit* besitzen, in *violenten Familien* mit *hohem Medien(gewalt)konsum* aufwachsen, in der Familie *viel Gewalt erfahren* und *violenten/delinquenten Peer-Groups* angehören. Dies gilt v.a. wenn sie Medieninhalte konsumieren, in denen Gewalt in einem *realistischen und/oder humorvollen Kontext* präsentiert wird, *gerechtfertigt* erscheint, von *attraktiven, erfolgreichen, dem Rezipienten ähnlichen Protagonisten* mit einem *hohen Identifikationspotenzial* ausgeht, *nicht bestraft* wird und *dem Opfer keinen erkennbaren Schaden zufügt*. Im Hinblick auf die weitere Konkretisierung und das Zusammenspiel dieser Risikofaktoren besteht allerdings noch weiterer Forschungsbedarf." (Kunczik/Zipfel 2008: 452; Hervorh. i. O.)

3.5.4 Der medientheoretische Beitrag der Cultural Studies

Wirkungstheorien klammern interpretatorische Möglichkeiten in der Auseinandersetzung mit den Medien aus. Es wird davon ausgegangen, dass Medien in ihren Bedeutungsgehalten gleichsam prädestiniert sind. Vorherrschend ist somit ein informationstechnisch verkürztes Verständnis von Kommunikation, in welchem ein Sender eine Botschaft an einen Empfänger ‚verschickt' und diese Botschaft dort ‚identisch' ankommt (vgl. Marchart 2008: 137). Sachverhalte wie die Modifikation oder Bedeutungserweiterung der Medieninhalte durch ein ‚widerspenstiges' Publikum sind in dieser Perspektive nicht vorgesehen.

Der aus den Cultural Studies hervorgegangene Rezeptionsansatz geht hingegen von der Prämisse aus, dass die Aneignung der sozialen Umwelt als kultureller Prozess zu verstehen ist, in dessen Zentrum das Subjekt und seine Bedeutungskonstruktionen stehen (siehe Kap. 2.3.6). Menschen werden von Einflüssen aus ihrer sozialen Umwelt also nicht einfach geprägt, sondern geben ihnen auf der Grundlage eigener Ziele und Wertsetzungen persönliche Bedeutungen. Auch Medienkommunikation im Jugendalter ist gemäß dieser Sichtweise vor allem ein *kultureller Vorgang* und impliziert „die Vorstellung von einem aktiven Zuschauer, der in Auseinandersetzung mit der Zeichenstruktur der medialen Botschaften Bedeutungen schafft" (Winter 1995: 83). Vor allem Stuart Hall (geb. 1932) hat mit seinem Kodieren/Dekodieren-Modell eine wichtige Grundlage für diese Vorstellung geschaffen.

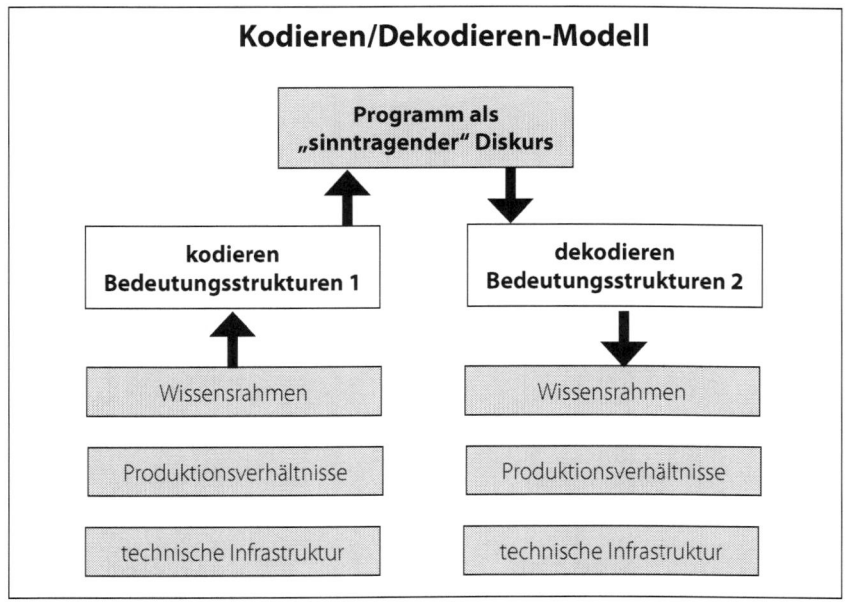

Abb. angelehnt an Hall 1999: 97

Im Folgenden soll es um den Bezug dieses Modells zu semiotischen Überlegungen und um seinen Ertrag für die Medientheorie gehen. Grundsätzlich wendet sich Hall gegen die oben beschriebene Vorstellung von Kommunikation als einem substanzhaften Transport von Inhalten (vgl. Krotz 2009: 214). Die linke Seite steht für den Produktionskontext einer Medienbotschaft, Hall wählt zur Verdeutlichung das Beispiel von Fernsehnachrichten. Mit den Stichworten ‚Produktionsverhältnisse' und ‚technische Infrastruktur' sind die institutionelle und technische Seite bezeichnet, etwa eine Rundfunkanstalt, die unter bestimmten Bedingungen ein Programm produziert und eine technische Apparatur für seine Verbreitung einsetzt (vgl. Hall 1999: 95). Die Nachricht ist das Ergebnis dieses Vorgangs und zugleich die Kodierung. Auf der rechten Seite ist die individuelle Verarbeitung dieser Medienbotschaft angesiedelt, die Dekodierung. Damit ist die

Rückführung in einen spezifischen Deutungshorizont gemeint, die letztlich ‚verstehen' ermöglicht. Das Charakteristische des Modells liegt jedoch darin, dass der gesamten Kommunikationsprozess nach Hall „durch die Artikulation miteinander verbundener Praktiken entsteht, von denen jede in ihrer Unverwechselbarkeit erhalten bleibt und ihre spezifische Modalität, ihre eigenen Existenzformen und -bedingungen hat" (ebd.: 93). Ferner wird das Modell mit Grundannahmen der *Semiotik* in Verbindung gebracht. Was ist nun damit gemeint?

Als Ausgangspunkt dient die Annahme, dass ‚Wirklichkeit' niemals unmittelbar zur Erfahrung gebracht werden kann, sie muss über ein *symbolisches Zeichensystem* Bedeutung erlangen (vgl. Krotz 2009: 215). Dies ist eine Prämisse auch der Medieninhalte. Hall zufolge sind mediale Zeichen nun auf eine bestimmte Weise organisiert, die eine Analogie zur menschlichen Sprache bildet. Stets geht es um bedeutungstragende Zeichen, die *medialen Kodes* haben neben der sprachlichen aber auch eine visuelle Seite (‚Bildsprache'). Unter Rückgriff auf Überlegungen der Semiotik wird nun davon ausgegangen, dass ein Zeichen nicht aus seinem außersprachlichen Referenzobjekt hervorgeht (dem damit bezeichneten ‚Ding') sondern aus dem Akt kultureller Konventionalisierung in Diskursen.

Originalzitat:
„Der Hund im Film kann bellen, aber er kann nicht beißen! Wirklichkeit existiert außerhalb von Sprache, doch wird sie kontinuierlich durch Sprache vermittelt: Und was wir wissen und aussprechen können, muß im Rahmen und mittels von Diskursen produziert werden. Diskursives ‚Wissen' ist nicht das Produkt der unmittelbaren Erscheinung des ‚Realen' in der Sprache, sondern das der Artikulation von Sprache zu realen Verhältnissen und Bedingungen. Somit gibt es keinen Diskurs ohne das Funktionieren eines Kodes." (Hall 1999: 99)

Der Hinweis auf die Vermittlung von ‚Wirklichkeit' durch bestimmte Kodes ist deshalb bemerkenswert, weil Kodes häufig ‚naturgegeben' erscheinen und als *kulturell hergestellte Bedeutungen* nicht mehr identifizierbar sind. Der eigentliche Kodierungsvorgang ist dann durch seine ‚Naturalisierung' unsichtbar geworden (vgl. ebd.). So mag uns die Darstellung körperlicher Schönheitsideale im Fernsehen als Abbild ‚wirklicher' Frauen und Männer erscheinen, es sind aber produzierte visuelle Zeichen von Frauen und Männern. Dass dies ideologische Züge annehmen kann, wird in dem besagten Beispiel sogleich deutlich. Hall macht an dieser Stelle auf den konnotativen Bedeutungsanteil von Zeichen aufmerksam, der in besonderer Weise von situationsbedingten Ideologien besetzt werden kann und für neue Akzentuierungen offen ist (vgl. ebd.: 101). Ein Zeichen, so lässt sich schließen, besitzt also *keinen ‚objektiv' feststellbaren Inhalt*, dieser wird erst durch seine Diskursumgebung und Kodierung hergestellt. Dieses semiotische Modell führte auch zur Anwendung eines erweiterten Textbegriffs auf Medieninhalte, so wird häufig von *Medientexten* gesprochen, diese können prinzipiell unterschiedlichen ‚Lesarten' unterzogen werden (vgl. Moser 2006: 227ff.).

Wir kehren nun zum Hall'schen Modell zurück. Auf der linken Seite beginnend bringt nun ein Medienanbieter ein bestimmtes Ereignis in ‚Nachrichtenform'. Dabei sind die Bedeutungsstrukturen und Kodes mit einem gesellschaftlich verbreiteten Diskurshorizont verbunden. Wenn ein Ereignis etwa nur mit randständigen Diskursen in Verbindung gebracht werden kann, besitzt es keinen Nachrichtenwert (vgl. Marchart 2008: 145). Der Kommunikationsprozess als Ganzes wird jedoch nicht allein durch die Kodierung sondern erst durch ihr Zusammenwirken mit der Dekodierung garantiert, wobei diese ein eigenständiges Moment im Gesamtablauf darstellt. Der Dekodierung (rechts im Modell) liegen ihrerseits Bedeutungsstrukturen zu Grunde. Wenn ein Zuschauer sich nun bei der Verarbeitung einer Nachrichtensendung in dem Rahmen ihrer Kodierung bewegt, also mit ebendiesen Kodes dekodiert, wird die Nachricht gemäß der Aussageabsicht verstanden (vgl. Hall 1999: 107).

Die Lesart des Zuschauers kann jedoch in unterschiedlicher Weise mit der Kodierung überlappen, wodurch es an dieser Stelle der Kommunikation zu Brüchen i.S. von Modifikationen kommen kann. Hier nun zeigt sich ein signifikanter Unterschied zur Grundannahme der Wirkungstheorie. Diese geht idealtypisch davon aus, dass Kommunikation nur als Weitergabe von Inhalten gelingt. Die nicht deckungsgleichen Positionen zwischen Kodierer und Dekodierer sind im Rahmen der Wirkungstheorie nur als Störung bzw. Scheitern der Kommunikation zu begreifen. In der Sichtweise der Cultural Studies existiert jenseits eines ‚exakten' i.S. des intendierten Verständnisses ein potenzielles Spektrum anderer Verständnisweisen des Medieninhalts. Damit wird die Sicht auf Kommunikation wesentlich erweitert. Der Idealfall der Wirkungstheorien, der Fall einer vollkommen transparenten Kommunikation, ist nach Hall praktisch ausgeschlossen (vgl. Marchart 2008: 146ff.)!

Obwohl mediale Zeichen damit grundsätzlich als variabel weil interpretationsabhängig erkannt werden, geht Hall von bestimmten *hypothetischen Lesarten* aus. Damit liefert er zugleich eine Erklärung dafür, warum das Verfehlen der gemeinsamen Verständigungsgrundlage nicht zum Normalfall wird und Kommunikation nicht in völlige Beliebigkeit entgleitet. Die prinzipielle Möglichkeit der reziproken Beziehung zwischen Kodierer und Dekodierer wird über ‚hegemoniale' Bedeutungsstrukturen hergestellt (siehe Kap. 2.3.6). Als marxistischer

Denker geht Hall von Klassengegensätzen und entsprechenden Machtsphären in der Gesellschaft aus, Macht verbindet sich dabei mit hegemonialen Deutungshoheiten über die gesellschaftliche Wirklichkeit (vgl. Krotz 2009: 216). Dies zeigt sich in verschiedenen diskursiven Gebieten des gesellschaftlichen Lebens, in denen die institutionelle, politische und ideologische Ordnung als Set ‚bevorzugter Bedeutungen' auftritt (vgl. Hall 1999: 103). Auch die Massenmedien reproduzieren die hegemonialen Diskurse und verhelfen ihnen zu Legitimität. Wenn Kodierer und Dekodierer, wie oben dargestellt, mit dem gleichen Kode operieren, bezeichnet Hall dies als *dominant-hegemoniale Position* (vgl. Hall 1999: 107). Überdies existiert eine Position, in welcher der Rezipient die sich anbietende Lesart ausschlägt und den Medientext auf eine völlig gegensätzliche Weise dekodiert. Dies wird als *oppositionelle Position* bezeichnet, in der die hegemoniale Bedeutung der Medienbotschaft geradezu dekonstruiert wird. Schließlich existiert, gewissermaßen im Zwischenbereich von Sinnübernahme und -negierung, eine *ausgehandelte Position* (vgl. Winter 1995).

Originalzitat:

„Nehmen wir an, eine TV-Sendung zur Haushaltspolitik der Bundesregierung beschreibt ‚notwendige harte Reformen' als unausweichlich. Ein Dekodierer (resp. ein bestimmtes Publikum), der in den dominant-hegemonialen Bedeutungsstrukturen operiert, würde sich der Sicht, dass ‚der Gürtel enger geschnallt' werden müsse, weitgehend anschließen. Ein Dekodierer, der sich dem Programm aus einer verhandelnden Position heraus nähert, würde der Sinnhaftigkeit des Sparens möglicherweise zustimmen, aber bestimmte Modifikationen oder Ausnahmen (z.B. für allein-erziehende Mütter oder für ihn selbst) einfordern. Ein Dekodierer, der einen oppositionellen Kode in Anschlag bringt, würde die Sinnhaftigkeit der Budgetkonsolidierung durch einen Sparkurs generell anzweifeln." (Marchart 2008: 149)

Hall hatte die drei Lesarten nicht als empirische Beschreibungen gedacht sondern eher als an der Realität zu prüfende Konstruktionen. Hier zeigen sich nun theoretische Schwächen, etwa erwies sich der unterstellte starke Einfluss der Klassenspezifik auf den Kommunikationsprozess als empirisch nicht haltbar. Die möglichen Positionen lassen sich nicht ausschließlich über ihr Verhältnis zu klassenförmigen Identitäten bestimmen. Die Nachfolger Halls haben auf weitere Achsen der sozialen Identität wie bspw. Geschlecht hingewiesen, die den Dekodierungsrahmen mit konstituieren (vgl. Marchart 2008: 152ff.). Entsprechend ist nicht nur von einer einzigen oppositionellen Lesart auszugehen, stattdessen können potenziell mehrere widerständige Positionen eingenommen werden (vgl. Krotz 2009: 216). Als

Konsequenz aus diesen Erkenntnissen lag es nahe, für die Medieninhalte selbst erweiterte textuelle Eigenschaften i.S. von polysemantischen Strukturen in Rechnung zu stellen. Mit *Polysemie* ist gemeint, dass ein medialer Text keine geschlossene Bedeutungsstruktur hervorbringt, sondern differentielle Aneignungsweisen zulässt (vgl. Winter 1995: 95). Wenn Medientexte offen angelegt sind, können Menschen aus unterschiedlichen sozialen Gruppen Verbindungen zu ihren eigenen Erfahrungen und Lebenskontexten herstellen (vgl. Hipfl 2010: 90).

Der medientheoretische Ertrag des Kodieren/Dekodieren-Modells lässt sich anhand verschiedener Aspekte beschreiben. Zunächst geht man in semiotischer Hinsicht davon aus, dass Bedeutungen von Medientexten im Aufeinandertreffen von kodierten Medieninhalten und der Dekodierungsaktivität des Zuschauers/ Rezipienten generiert werden (vgl. Moser 2004: 196). Dies lässt sich in allgemeiner Weise auf das Internet übertragen, wo der Medientext ja gewissermaßen im Vollzug des individuellen ‚Surfverhaltens' fortlaufend reorganisiert wird. Mit dem genannten Aspekt ist weiterhin verbunden, dass der Cultural Studies-Zugang den Analysefokus vom Medieninhalt hin zur Interaktion zwischen Rezipient und Medientext verschiebt. Der Rezipient wird ‚produktiv', er ist den Medien nicht wie in den Wirkungstheorien bloß unterworfen (vgl. Marchart 2008: 146f.). Mit der Betonung der an die Medien angelegten subjektiven Sinnperspektive kann zugleich der Brückenschlag hin zur *sozialen Identität* von Individuen und ihrer Herstellung in der alltäglichen Praxis gelingen. Gerade dieser Aspekt kann für die Analyse jugendlichen Medienhandelns fruchtbar gemacht werden. Ferner wird durch dieses subjekttheoretische Modell eine an Regulation orientierte Medienpädagogik herausgefordert. Jugendtypische Medienvorlieben sind folglich in den darin sich dokumentierenden Bedeutungszuweisungen ernst zu nehmen. Die inhaltlichen Vorbehalte Erwachsener gegenüber den Jugendmedien, hinter denen sich häufig Empfindungen kultureller Fremdheit verbergen, sind somit kritisch zu überprüfen. Eine derart einseitige Einschätzung liegt bspw. vor, wenn das TV-Format ‚Daily Soap' mit dem Hinweis auf die indiskutablen schauspielerischen Leistungen der Akteure pauschal als ‚wertlos' abgestempelt wird.

Die medientheoretische Position der Cultural Studies wird häufig als Kontrapunkt zur Kulturindustriethese von Horkheimer und Adorno beschrieben (vgl. Kübler 2006: 20f.; Pirner 2006: 101). Deren Kernaussage hebt die Deformation der Kultur unter den Bedingungen eines vollständig kommerzialisierten Kultur- und Medienbetriebs hervor. Da man hier davon ausgeht, dass die Manipulation des Menschen durch den Machtkomplex der Massenkultur nicht mehr auf Widerstand stößt, erscheinen die Zugänge zu autonomen Perspektiven innerhalb der individuellen Mediennutzung in dieser Theorie von vornherein versperrt. Die Grundperspektive der Kulturindustrie-These ist desillusionierend (vgl.

Mersch 2006: 82). Auch die Cultural Studies konfrontieren das Mediensystem mit Fragen nach gesellschaftlicher Macht, anerkennen jedoch auch Möglichkeiten von *Widerstand* und *Selbstermächtigung* der Subjekte gegenüber den hegemonialen Bedeutungen. In Deutschland hat dies im Verlauf der Rezeption der Cultural Studies zu einer spezifischen akademischen Arbeitsteilung geführt, in der die Populärkultur-Analyse einseitig diesem Ansatz zugeschlagen wurde. Allerdings zeigen sich auch in der klassischen deutschen Kultursoziologie zahlreiche Anschlussmöglichkeiten zum Theorieprogramm der Cultural Studies (vgl. Göttlich/Albrecht/Gebhardt 2002).

3.5.5 Empirische Beispielstudien

‚Daily Soaps'
Für Fragen der Sozialisation im Kontext von Jugendalter und Medien hat das Sendeformat ‚Daily Soap' aufgrund der großen Verbreitung bei seinem jugendlichen und vorwiegend weiblichen Zielpublikum eine hohe Relevanz. Ihren Namen haben die Seifenopern von amerikanischen Radiosendungen aus den 1930er Jahren, in denen Geschichten als Werberahmen für Seife und andere Haushaltsmittel präsentiert und vorrangig an Frauen als Käuferinnen dieser Produkte adressiert wurden (vgl. Götz 2002a: 13f.). Die Geschichte der deutschen Soaps geht auf die australische Produktionsfirma Grundy/UFA und auf RTL zurück, sie haben hierzulande die erste Soap gemeinsam produziert (Gute Zeiten, schlechte Zeiten, Erstausstrahlung Mai 1992) (vgl. Göttlich/Nieland 2001: 26f.). Die Nutzungsdaten für Soaps weisen einen hohen Zuschaueranteil von Jugendlichen aus, vor allem bei jungen Frauen zwischen 14 und 29 Jahren konnten die beliebtesten Soaps über einen längeren Zeitraum hinweg Marktanteile von über 30% behaupten (vgl. ebd.: 53ff.). Inhaltsanalytisch fallen die Endlosserien durch die Darstellung von theatralisch überhöhten Alltagsereignissen auf, die sich in Liebesbeziehungen, Freundschaften, in Familie, Schulalltag und Beruf abspielen. „Mit ihrer typischen Narrationsweise leisten die Soaps eine eigenständige Darstellung von Konflikten und Normverstößen im Alltagsleben ihrer Protagonisten, die eng an die Mittel der Personalisierung, Privatisierung und Intimisierung gebunden sind." (Ebd.: 41)

Das Team um Maya Götz (Götz 2002, 2003) hat 308 Kinder und Jugendliche im Alter von sechs bis 19 Jahren in strukturierten Interviews zur Aneignung von Daily Soaps befragt. Das gesamte Sample war mit 401 Fällen allerdings größer, da zusätzlich die jungen Fans von zwei ‚Soap-ähnlichen' Serien in die Untersuchung aufgenommen wurden (Götz 2002a: 33ff.). Das Erkenntnisinteresse der Studie schließt an die subjekt- und handlungstheoretische Rezeptionsforschung an, für die der Cultural Studies-Zugang einen zentralen Bezugspunkt bildet.

Demnach dienen Fernsehsendungen den Menschen zur Bearbeitung dessen, was sie im Alltag bewegt und diese interaktive Auseinandersetzung ist mit einem identitätsstiftenden Gewinn verbunden (vgl. Schorb/Mohn/Theunert 1998: 504f.).

Die Fragestellung der Studie zielt darauf, wie Kinder und Jugendliche die Inhalte der Soaps ‚lesen‘, wie sie deutend und selektierend auf das zugreifen, was für sie vor dem Hintergrund ihrer ‚handlungsleitenden Themen‘ Orientierung verspricht. Bisherige Erfahrungen der Heranwachsenden, soziale Kontexte, alters- und schulspezifische Unterschiede und insbesondere die weibliche Adoleszenz bilden dabei Kontexte für die Rekonstruktion subjektiver Bedeutungen. Es wird davon ausgegangen, dass die Lebenswelten nicht nur Einfluss auf die Medienrezeption nehmen, sondern umgekehrt die Rezeption zugleich ein gestaltendes Element für die Lebenswelt bildet. Dies ist bspw. dann der Fall, wenn Jugendliche ihren Tagesablauf an den Sendezeiten der Soap ausrichten und die Rezeptionssituation gezielt als persönlicher ‚Freiraum‘ inszeniert wird (vgl. Götz 2002a: 28ff.).

Von den insgesamt zehn in der Studie identifizierten Aneignungsmustern sollen drei exemplarisch vorgestellt werden (vgl. Götz 2002b: 251ff.). Eine erste Gruppe von Rezipienten lässt sich auf die gezeigten Szenarien mit der Erwartung ein, etwas über wichtige Themen wie Krankheiten, Probleme mit Randgruppen etc. zu lernen. Dabei wird den Soaps bisweilen sogar eine explizite Lehrfunktion attestiert. Für diese Jugendlichen sind dort ‚Lebenserfahrungen‘ symbolisch verfügbar. Die Soap-Figuren fungieren aber nicht einfach als ‚Ratgeber‘, von denen man klare Handlungsempfehlungen erwartet, stattdessen interessieren sie in ihrem ‚emotionalen Realismus‘. Damit ist gemeint, dass Jugendliche sich selbst in ein Verhältnis zu den Figuren setzen, wechselnde Perspektiven auf die dargestellten Ereignisse einnehmen und sich den Rollen interpretierend nähern. Dies kann auch zu deren Übernahme in die eigene Realitätsperspektive führen (vgl. Götz 2003: 272f.).

Ein weiteres Aneignungsmuster besteht in der Identifikation mit bestimmten Einzelfiguren, von denen aus die Geschichten ihre Relevanz gewinnen und die im Zentrum der Phantasietätigkeit der jugendlichen Fans stehen. V.a. für Mädchen von 11 bis 16 Jahren ist diese ‚Spiegelfunktion‘ faszinierend. „Mit den individuell ‚gelesenen‘ Figuren fühlen sich die Kinder und Jugendlichen in ihrem Selbstbild bestärkt." (Ebd.: 274)

Für eine dritte Gruppe sind weder die Handlungsabläufe noch bestimmte Figuren wichtig, stattdessen achten diese Jugendlichen v.a. auf jugendtypische Lebensstile und die dargebotene Alltagsästhetik, in ihnen möchte man sich wiedererkennen. Bei einigen Soaps ist die Handlung von diesen Elementen durchzogen, man hört aktuelle Musik, legt Wert auf modische Kleidung und

artikuliert Stilbewusstsein; der Zuschauer kann dies als Trendbarometer und Widerspiegelung des eigenen Lebensgefühls nutzen (vgl. ebd.: 275).

Götz u.a. betrachten die Soaps v.a. als Begleiter durch die weibliche Adoleszenz vorrangig für die 14-15-jährigen Mädchen. Deren Soap-Begeisterung lässt
sich sicherlich teilweise mit der Präsenz von handlungsbestimmenden Frauenfi-
guren in den Geschichten erklären, wie ebenfalls dadurch, dass der narrative Stil
die Ereignisse stets in mittelbarer Form, nämlich im Rahmen von ‚Beziehungs-
gesprächen‘ darstellt. Wenn Mädchen darüber ihre Zuständigkeit für den Bezie-
hungsbereich symbolisch aushandeln, ist dies auch Ausdruck geschlechtsspezifischer Sozialisationsmuster (vgl. Götz 2002c: 306ff.). Darüber hinaus liefern
Soaps gerade in den ‚schwierigen Zeiten‘ der weiblichen Adoleszenz Halt, weil
Mädchen sich mit ihnen gedanklich vom Alltag entlasten können. Als wichtigsten Aspekt heben die AutorInnen hervor, dass die Soap als strikt eingeforderter
‚Rückzugsort‘ auf den ‚Verlust der Stimme‘ gerade in dieser Phase verweist.
Damit ist gemeint, dass die Mädchen in ihren sozialen Beziehungen das zu-
rücknehmen und leugnen, was sie eigentlich denken und fühlen. Die eigenen
Empfindungen werden aus den sozialen Bezügen ausgelagert und höchstens der
besten Freundin oder dem Tagebuch anvertraut (vgl. ebd.: 311ff.).

Originalzitat:
„Die Daily Soap wird zum Raum, den Mädchen sich gestalten, um mit ihren eigenen Gefühlen und ihrem Wissen um Beziehung in Kontakt zu bleiben. Ihre eigenen, als übergroß erlebten Alltagskrisen finden sie dabei symbolisch in den melodramatischen Stoffen wieder. Die Soap-Begeisterung
wird zur Möglichkeit, (‚trotzdem‘) bei sich zu bleiben. In den Soap-Ge-
sprächen artikulieren die Mädchen symbolisch, was ihnen wichtig ist, und
fordern stellvertretend für sich die Soap-Figuren-Beziehungen ein. Hier ist
die Soap-Begeisterung eine Form des ‚raising their voice‘ (Brown 1998)."
(Götz 2003: 276f.)

Filmrezeption und Mädchencliquen
Mathias Wierth-Heining (2004) geht mit seiner qualitativen Studie in eine ähnliche Richtung, wenn er 14-18-jährige Mädchen in ihren Auseinandersetzungen
mit narrativen Filmen vor dem Hintergrund ihrer Cliqueneinbindung untersucht.
Den bereits skizzierten theoretischen Prämissen folgend geht Wierth-Heining
von den Deutungsleistungen der Subjekte aus, danach „gestalten jugendliche
Rezipienten die Bedeutung einer Filmerzählung aktiv mit" (Wierth-Heining
2004: 17). Die Basisannahmen der Studie beziehen sich u.a. auf die so genannte
strukturanalytische Rezeptionstheorie, die von Neumann-Braun und Charlton

(1992) ausgearbeitet wurde, aber auch auf die Arbeiten Ben Bachmairs (Bachmair 1996, 2007). Dem Kulturbegriff der Cultural Studies widmet sich ein eigenes Teilkapitel. Zentral ist die Annahme der ‚thematischen Voreingenommenheit': „‚Themen' beschreiben die Sinnperspektive der Menschen als Baumeister ihrer eigenen Lebenswelt" (Bachmair 1996: 197).

Die Studie Wierth-Heinings verbindet nun Überlegungen der Rezeptions- mit solchen der Jugendforschung (vgl. Wierth-Heining 2004: 129). Als Medientext zu Grunde gelegt wurde u.a. der Spielfilm „Pearl Harbor", den alle drei untersuchten Mädchencliquen unabhängig voneinander anschauen wollten. Den empirischen Zugang bilden sowohl Gruppen- als auch Einzelinterviews, die über einen längeren Zeitraum vor und nach den gemeinsamen Kinobesuchen erhoben wurden (vgl. ebd.: 141). Das Medienhandeln der Mädchen wird in der eigentlichen Rezeptionssituation eher als individueller Vorgang gerahmt, und es wird von der so genannten ‚parasozialen Interaktion' ausgegangen. Demnach besteht die Möglichkeit, in eine partielle Identifikation mit den Filmfiguren zu treten. „Ein identifikatorischer Nutzen ergibt sich also aus den Möglichkeiten verschiedener Distanzierungen und Identifikationen, in denen die RezipientInnen mögliche Rollen unter entlasteten Bedingungen spielerisch erproben können" (ebd.: 119). Ebenso wichtig ist jedoch, dass die eigentliche Rezeption in der vor- und nachrezeptiven Phase durch die Cliquenaktivitäten sozial gerahmt wird (vgl. ebd.: 337).

Diese Rahmungen durchdringen sich nun wechselseitig: Einerseits vergleichen die Mädchen im Nachgang des Films ihre Deutungen des Gesehenen und treten in einen Bewertungsprozess; die individuelle Aneignung unterliegt somit einer modifizierenden Dynamik. Andererseits tritt das individuelle Filmerleben zugunsten der sozialen Interaktion in der Clique zunehmend in den Hintergrund. Die Mädchen entfernen sich schrittweise von der textuellen Vorgabe, bis der Film bloß noch als ‚Stichwortgeber' dient, um einen Bezug zur eigenen Lebenswelt und zu gruppentypischen Gemeinsamkeiten herzustellen (vgl. ebd.: 334). Besonders deutlich wird diese Funktionalisierung des Films für das Gruppenerleben in der von Wierth-Heining so bezeichneten ‚Lästerkommunikation'. Ganz im Sinne der widerständigen Lesart wird der Film mit Spott bedacht, getreu dem Motto „Der Film war schlecht, aber wir haben uns amüsiert" (ebd.: 333). Ein zentraler Befund aus der Beispielstudie zu den Soap Operas wird in dieser Rezeptionsanalyse bestätigt. Die Thematik Beziehung/Trennung übt eine große Anziehung auf die Mädchen aus. Wierth-Heining betrachtet sie als Rahmen, in dem die Balance zwischen Ablösung und neuen Bindungen außerhalb der Familie hergestellt wird (vgl. ebd.: 335). Identitätsprozesse kommen dann ins Spiel, wenn ausgehend vom Medientext vielfältige andere Bezüge hergestellt werden:

Originalzitat:

„Zum einen sind die Bezüge zu sich selbst *filmszenisch gebunden*: Die Rezipientinnen explizieren ihre Wahrnehmungen, Gefühle und Deutungen von Filmszenen, -handlungen und -figuren (...) Zwar noch Teil der filmszenischen Gebundenheit, aber schon weiter individuell ausgestaltet und persönlicher gefärbt sind die *weiteren Ausgestaltungen,* wenn die Mädchen berichten, wie sie sich in einer solchen Situation verhalten hätten. Hier bringen sie ihre Person und eigene Handlungsoptionen mit ein, indem sie reale wie wunschvolle Bilder von sich entwerfen, wie sie in dieser imaginierten Situation handeln würden. Ein weiterer Schritt des Entfernens vom Film erfolgt durch *konkrete reale Bezugnahmen.* Hier werden die individuellen oder auch gemeinsamen Erfahrungen zur Diskussion gestellt wenn (...) Geschichte, Handlung oder Figuren als Anknüpfungspunkte für weitere Erfahrungen fungieren" (Wierth-Heining 2004: 342; Hervorh. i. O.).

Jugend, Medien und Migration

Das von Heinz Bonfadelli und Heinz Moser initiierte und unter Beteiligung mehrerer WissenschaftlerInnen realisierte Forschungsprojekt „Medien und Identitätsentwicklung bei Jugendlichen mit Migrationshintergrund" ist innerhalb der Thematik von Mediennutzung und Integration zu verorten und behandelt in der Schweiz lebende Jugendliche mit Migrationshintergrund (vgl. Bonfadelli 2007: 7ff.). Dabei liegt eine konzeptionelle Verbindung von quantitativer und qualitativer Erhebung und eine Orientierung an familiären Zusammenhängen zu Grunde. Die im Folgenden vorgestellte qualitative Teilstudie hat acht türkische bzw. kurdische Familien über einen Zeitraum von eineinhalb Jahren mit verschiedenen Einzelmethoden untersucht.

Eine Basisannahme der gesamten Studie bezieht sich auf die Funktion der globalisierten Medienumwelt für die Transformation kultureller Identitäten. Die AutorInnen grenzen sich dabei von einer geläufigen Argumentationsfigur ab: Nach ihr leben Migranten im Aufnahmeland in einer ‚Diaspora‘, bilden also weithin abgeschottete Gemeinschaften in dem neuen lokalen Umfeld, die aber auf das Herkunftsland bezogen bleiben. Diese Tendenz soll nun in Verbindung mit dem globalisierten Zugang zu den ‚Heimatmedien‘ (z.B. durch Satelliten-Fernsehen) sogar zu einem ‚ortsunabhängigen‘ Nationalismus führen können und wird bisweilen unter dem Stichwort ‚Parallelgesellschaften‘ diskutiert (vgl. Moser u.a. 2008: 159). Dem setzt die Studie die Vorstellung einer ‚hybridisierten Diaspora‘ entgegen. Die Idee der ‚imaginierten‘ Verbindung mit der Herkunftsgemeinschaft bei den in der Diaspora lebenden MigrantInnen unterliegt in dieser Sichtweise mehrfachen Brechungen: „Die Globalisierung der Migration wird von den Betroffenen lokal verarbeitet und führt zu ganz unterschiedlichen kulturellen und familiären Milieus, die nicht über einen Leisten geschlagen werden dürfen." (Ebd.: 161)

Dieser Vorstellung entsprechend entwerfen die AutorInnen einen theoretischen Rahmen für Identität in Verbindung mit der kulturell komplexen Migrationssituation. So wie die Migrationssituation selbst wird auch der Modus der Identität als hybrid bezeichnet. Dieses Modell von Identität soll den Schematismus vermeiden, der in einer zweiwertigen Logik von einheimisch/ausländisch besteht und kulturelle Mehrfachzugehörigkeiten und graduelle Abstufungen der Zugehörigkeit ausschließt (vgl. ebd.: 162). Stattdessen wird der Identitätsaufbau bei jugendlichen Migranten als komplexe Syntheseleistung gefasst, die sich einer solchen Einfachstruktur entzieht. Identität gerät für diese Jugendlichen zu einem Balanceakt, der sich auf so unterschiedliche Orientierungsrahmen wie die Herkunftskultur, die Majoritätskultur des Einwanderungslandes und die globalisierte Kultur bezieht.

Letztere verweist auch auf den Umstand, dass sich in den Peer-Groups häufig jugendliche Migranten gleicher Herkunft mit solchen anderer Herkunftsländer und Angehörigen des Aufnahmelandes mischen (vgl. ebd.: 223). Werte, Traditionen und typische Verhaltensweisen, aus denen sich Identitäten formen, bilden somit ein transkulturelles System. „Und es sind die Medien, welche eine nicht unerhebliche Rolle in diesem Prozess der Konstruktion von hybriden Identitäten spielen. In diesem kulturellen Wechselspiel sind sie Mittel sowohl zum Überbrücken (bridging) wie zur Bindung (bonding)" (ebd.: 164). Mit diesen Begriffen ist gemeint, dass Medien einerseits kulturelle Unterschiede überbrücken können (*bridging*), wobei dieser Integrationsaspekt von einem multikulturellen Verständnis ausgeht und somit die wechselseitige Annäherung zwischen den diversen Herkunftskulturen und der Majoritätskultur anvisiert. Andererseits können Medien aber auch zur Bindung an die (Angehörigen der) Herkunftskultur eingesetzt werden (*bonding*) und eine Orientierung an der geteilten kulturellen Identität bewirken (vgl. Bonfadelli 2007: 13).

Dem Mehrgenerationenaspekt folgend wurden in der Studie Medienzugang und -nutzung im Milieu der Migrantinnen und Migranten sowohl über die Bewertung der familiären Situation durch die Eltern als auch mit Blick auf das jugendliche Medienhandeln erhoben. Um den letztgenannten Aspekt zu berücksichtigen, wurden die Jugendlichen ohne die Eltern in ihren Peer-Groups zu ihrem Medienumgang befragt. Generell war auffallend, dass sich die türkischen bzw. kurdischen Familien den einheimischen Schweizer Familien bei der Medienausstattung weitestgehend angenähert haben (vgl. Moser u.a. 2008: 183). Der von den Erwachsenen genutzte Medienmix zeigt im Durchschnitt sowohl türkisch-sprachige wie schweizerische bzw. deutsche Medien, die Gewichtungen spiegeln dabei die Sprachkompetenzen der Elternteile wider (vgl. ebd.:

184). Dabei müssen die vielfältigen Befunde der Studie immer wieder vor dem Hintergrund der Immigration betrachtet werden. Die bei den Eltern identifizierten Nutzungsbedürfnisse ‚Kultur‘ und ‚Information‘ zeigen die aktive Doppelorientierung an der schweizerischen Majoritätskultur und der eigenen Herkunftskultur. Dabei wurde häufig explizit darauf hingewiesen, dass man in kultureller wie politischer Hinsicht an den Ereignissen im Aufnahmeland interessiert sei (vgl. ebd.: 206ff.).

Die Anschaffung eines PC, der fast in allen Familien vorhanden ist, wird mit den darauf bezogenen Bildungschancen für die eigenen Kinder begründet (vgl. ebd.: 198). Dieser Aspekt zeigt auch, dass die Jugendlichen hier klar die Rolle der ‚Medienpioniere‘ einnehmen, sie sind es dann auch, die den PC im eigenen Zimmer nutzen dürfen und denen seitens der Eltern meist das größere Anwendungswissen zuschrieben wird. Eine weitere Differenz zwischen Eltern und Jugendlichen wird im Hinblick auf die Fernsehnutzung deutlich und zeigt sich in den Peer-Interviews: Die Jugendlichen tendieren dazu, Inhalte der globalen Jugendkultur zu konsumieren, die dann über Gespräche Eingang in die Peer-Kontexte finden. Dies sind aufgrund der sprachlich gemischten Cliquen meist deutschsprachige Sendungen v.a. des Musikfernsehens sowie Serien (vgl. ebd.: 191).

Die schwierige Aufgabe der jugendlichen Identitätsfindung wurde ebenfalls in den Peer-Interviews deutlich. Auf ihre ‚Heimat‘ angesprochen schwanken die Jugendlichen zwischen dem Ort, an dem sie aktuell ihren Lebensmittelpunkt haben und sich auch geborgen fühlen und dem Herkunftsland, von dem sie abstammen und das sie von Verwandtschaftsbesuchen her ebenfalls kennen (vgl. ebd.: 224). Die Ausgangssituation ist nur als Ambivalenz beschreibbar: Man kann sich zwar im Familiensystem als einer transnationalen Gemeinschaft verorten, ein unzweifelhaftes Gefühl der Zugehörigkeit zum Herkunftsland will sich aber nicht einstellen, wie es von den Jugendlichen während der dort verbrachten Ferienzeit erfahren wird. Dem steht das Bedürfnis der Jugendlichen gegenüber, einen Wohnort als Ort der Verwurzelung zu besitzen, und der lokale Kontext bildet mithin einen unverzichtbaren Bezugspunkt für Identitätsentwicklung. Doch auch dieses Zugehörigkeitsgefühl ist in den Äußerungen der Jugendlichen nicht frei von Relativierungen. Letztlich stehen sie wie ihre Eltern unter dem Eindruck des Gespaltenseins (vgl. ebd.: 225f.).

Eine weitere Methode, die an den Identitätsentwürfen der Jugendlichen ansetzt und in der Studie zur Anwendung kommt, sind Auswertungen einerseits von Fotografien der Jugendzimmer und andererseits von einer Fotoreportage, die jede/jeder Jugendliche anfertigte. Dabei sollten sie sich vorstellen, ihren Alltag in der Schweiz für einen Verwandten aus der Türkei fotografisch zu dokumentieren (vgl. ebd.: 227). Bei den Fotografien ihrer Zimmer durften die

Jugendlichen drei Gegenstände benennen, die ihnen wichtig sind und die gesondert fotografiert wurden. Bei der Fotoreportage durften sie ausgestattet mit Einwegkameras selbstständig an ihrer Selbstpräsentation arbeiten. Die Analysen der Jugendzimmer wurden von der konzeptuellen Überlegung geleitet, dass dort stets Spuren von Identitätskonstruktionen sichtbar werden und das ‚eigene Reich' der Jugendlichen Teil ihrer symbolischen Lebenswelt ist.

Hier schließen Moser u.a. an den Textbegriff der Cultural Studies an. Die eigene Identität wird über intertextuelle Bezüge zu der sinnstrukturierten Umwelt ergänzt (Möbel, exponierte Gegenstände wie Poster u.a.). Diese kann als Zeichenensemble ‚gelesen' werden (vgl. ebd.: 228). Räume werden in der Ergebnispräsentation der Studie so u.a. als geschlechtsspezifische Entwürfe und als kulturell hybride Texte gelesen. Ein Befund dieser Analysen bestand im Aufweis anderer Dimensionen, wie etwa gender-bezogene Orientierungen oder die Insignien der globalen Jugendkultur, welche das Faktum der Migration deutlich überlagern. Entsprechend zeigen sich kaum Unterschiede zu den Zimmern Gleichaltriger (vgl. ebd.: 233). Dies bestätigt sich auch bei den ‚Lieblingsgegenständen' des eigenen Zimmers, bei denen kaum solche mit Bezug zu der Herkunftskultur der Jugendlichen genannt werden (vgl. ebd.: 240). Allerdings schlagen ‚Medien' mit 40 % bei allen genannten Lieblingsgegenständen zu Buche (vgl. ebd.: 237).

Originalzitat:
„Und dennoch schlägt immer wieder durch, dass die Befragten zuerst Jugendliche sind, die im lokalen Kontext die Probleme des Erwachsenwerdens durchleben. Ihr Migrationshintergrund beeinflusst diese Sozialisationsprozesse zwar insofern, als damit ein Habitus verbunden ist, welcher ihnen soziales und kulturelles Kapital zuschreibt. In diesem Sinne werden diese Jugendliche, oft zusammen mit Peers, die ebenfalls ausländische Wurzeln haben, immer wieder mit ihrer Abstammung konfrontiert: mit Vorurteilen in den außerhäuslichen Lebensbereichen, aber auch mit den spezifischen Normen und Werten ihrer Elternhäuser. Dass bedeutet hingegen nicht, dass sie sich in einer Parallelgesellschaft bewegen. Viel eher bemühen sie sich, die verschiedenen Ansprüche und Erwartungen zu balancieren, um eine eigenständige hybride Identität zu entwickeln. Oft stellt diese allerdings einen fragilen Mix aus unterschiedlichen und manchmal auch widersprüchlichen Elementen dar." (Moser u.a. 2008: 262)

4   Jugend und soziale Probleme

> „Die heutige Jugend ist von Grund auf verdorben.
> Sie ist böse, gottlos und faul (...) Es wird ihr niemals
> gelingen, unsere Kultur zu erhalten."
> (Babylonische Schrifttafel, um 1000 v. Chr.)

In diesem Abschnitt werden einige soziale Probleme von Jugendlichen herausgegriffen, die in soziologischen Überblicken oft unter der Perspektive *abweichendes Verhalten* diskutiert werden. Der Terminus deutet an, dass Jugendsozialisation nicht immer ,gelungene Sozialisation' bedeutet (vgl. Hurrelmann 2004:
157). Diese Formulierung wirft dabei die Frage auf, welche Verhaltensweisen
eigentlich gesellschaftlich als produktiv, erfolgreich, angepasst, integriert etc.
gelten und welche als abweichend definiert werden. Was gesellschaftlich als
jugendliches Devianzverhalten identifiziert wird, erleben Jugendliche eventuell
selbst als Spaß, Unterhaltung, Mutprobe oder Thrill.

Abweichendes Verhalten

Abweichendes Verhalten verstößt gegen die Normen einer Gesellschaft oder
einer spezifischen Gruppe. Was als abweichend definiert wird, ist dabei an
Zeiten, Orten, Situationen und Gruppen gebunden. So ist das Töten eines
Menschen ein krimineller Akt, dies gilt allerdings nicht für Soldaten in
Kriegszeiten. Deviantes Verhalten ist kriminell, wenn gegen Normen versto-
ßen wurde, die durch Gesetze kodifiziert sind. Doch auch Handlungen, die
von einer Gruppe bzw. Gesellschaft einfach nur als unmoralisch, unnormal
oder eigenartig angesehen werden, entsprechen der Definition von abweichenden Verhalten (vgl. Sack/Lindenberg 2001: 170ff.).

Für den Soziologen Emile Durkheim kann abweichendes Verhalten gesellschaftlich durchaus positive Funktionen einnehmen: es kann Katalysator für sozialen
Wandel sein, es zwingt Gesellschaftsmitglieder sich permanent darüber zu ver-
ständigen, was als normal und richtig gelten soll und es stärkt die Solidarität
der normtreuen Mitglieder. Für Durkheim ist abweichendes Verhalten demnach
ein unverzichtbarer Bestandteil sozialen Lebens und ,gesunder Gesellschaften'

(vgl. Durkheim 1895/1976: 67). In diesem Sinne können Generationenkonflikte bzw. Jugendproteste auch Motor für gesellschaftliche Veränderungen sein (siehe Kap. 2.3.2) und jugendliche Devianz kann mitunter als gesellschaftliches Frühwarnsystem für ungelöste gesellschaftliche Probleme interpretiert werden (vgl. von Trotha 1982; Roth 1983). Diskurse über die Gefährdung der Jugend müssen demnach auch im Zusammenhang mit gesellschaftlichen Entwicklungen gesehen werden. Ein Beispiel dafür ist die sozialpolitische und pädagogische Sorge um so genannte ‚Halbstarke' Anfang der 20. Jahrhunderts, welche im Kontext von Industrialisierung, Urbanität, Armut und Kriminalität verortet werden muss. Jugend ist damit ebenfalls ein Reflexionsfeld für soziale Probleme (vgl. Andresen 2005: 40).

Des Weiteren verweisen Formen jugendlichen Problemverhaltens aber auch auf Sozialisationsprobleme und Entwicklungsdefizite, welche den weiteren biographischen Verlauf der Jugendlichen beeinträchtigen (vgl. Hurrelmann 2004: 157ff.). In der Pädagogik spricht man deshalb auch von jugendlichem *Bewältigungsverhalten* in Bezug auf soziale Probleme.

Bewältigungsverhalten

„Für das pädagogische Verstehen von Abweichendem Verhalten gilt, dass dieses solchermaßen öffentlich etikettierte und sanktionierte Verhalten in seinem Kern auch Bewältigungsverhalten, als subjektives Streben nach situativer und biografischer Handlungsfähigkeit und psychosozialer Balance in kritischen Lebenssituationen und –konstellationen erkannt wird." (Böhnisch 2001: 11)

Nach dem belastungstheoretischen Sozialisationsmodell entsteht jugendliches Risikoverhalten demnach aus einer Diskrepanz zwischen psychosozialen Belastungen und unzureichenden personalen oder sozialen Bewältigungs- und Unterstützungsressourcen (vgl. Raithel 2004: 50, 67f.). Wie wir noch sehen werden, kann allerdings nicht jedes Risikoverhalten Jugendlicher auf soziale bzw. persönliche Problemlagen zurückgeführt werden. Jugendlicher Drogenkonsum oder kriminelles Verhalten im Bagatellbereich kann sozialisationstheoretisch auch als entwicklungstypisches Verhalten interpretiert werden, welches bspw. auf Experimentierverhalten, Imagepflege oder Peer-Groupdynamiken basiert.

Nach Hartmut Griese kann das Thema *Jugend und soziale Probleme* diverse Perspektiven umfassen: sozialer Wandel, gesellschaftliche Desintegration, defizitäre Jugendrepräsentationen, soziale Lagen Jugendlicher (Arbeitslose, Migranten, Ostdeutsche, Obdachlose) oder die biographische Verarbeitung Jugendlicher *von* Problemen. Dabei lässt sich eine jugendzentrierte Perspektive (Probleme, die Jugendliche mit der Gesellschaft haben) oder Systemperspektive

(Probleme, welche die Gesellschaft mit Jugend hat) einnehmen. Der Social Problem Approach kann schließlich für Jugendliche selbst zum Problem werden, da diese sich mit negativen Jugendbildern konfrontiert sehen (vgl. Griese 1999). In diesem Kapitel kann lediglich eine Themenauswahl aus diesem Spektrum präsentiert werden. Exemplarisch sollen die Jugendprobleme Gewalt, Kriminalität, Sucht, Rechtsextremismus und Essstörungen fokussiert werden. Der Schwerpunkt Essstörung wurde aufgenommen, da Mädchen bzw. junge Frauen bei den geläufig diskutierten Formen jugendlichen Problemverhaltens oft vernachlässigt werden.

4.1 Jugend, Kriminalität und Gewalt

Die Themen Jugendkriminalität und Jugendgewalt überschneiden sich, sind aber nicht deckungsgleich, denn nicht alle Formen von Gewalt werden juristisch sanktioniert. Deshalb werden beide Themen gesondert voneinander präsentiert. Aufgrund ihrer Gemeinsamkeiten wird allerdings zunächst eine Auswahl theoretischer Erklärungsansätze angeführt, die für beide Themen häufig herangezogen werden. Anschließend geht es um die empirischen Dimensionen von Jugend, Gewalt und Kriminalität sowie um Bezüge zu sozialisationstheoretischen Perspektiven.

4.1.1 Theoretische Erklärungsansätze: Jugendkriminalität und Jugendgewalt

Zur Erklärung von Jugendkriminalität werden diverse Erklärungsansätze herangezogen wie biologisch-genetische Dispositionen, Persönlichkeitsmerkmale oder soziale Lebenslagen. Des Weiteren werden unterschiedliche Sozialisationsfaktoren für die Entwicklung abweichenden Verhaltens Jugendlicher identifiziert z.B. Gewalterfahrungen in der Familie, delinquente Peer-Groups, männliche Geschlechterstereotype oder Mediensozialisation (vgl. Raithel/Mansel 2003; BMI/BMJ 2006). In diesem Abschnitt werden ausgewählte Theorien präsentiert, welche Überlegungen zu Ursachen abweichenden Verhaltens Jugendlicher bereitstellen. Exemplarisch für *soziologische Ansätze* werden die Anomietheorie, Subkulturtheorie und Etikettierungstheorie angeführt. Sie sehen die Ursachen jugendlicher Abweichung primär in gesellschaftlichen bzw. sozialen Bedingungen. Als Beispiel für *psychologische Ansätze* werden die Triebtheorie, Frustrations-Aggressions-Theorie und Lerntheorie porträtiert. Sie stellen eher psychische Dispositionen, Lernprozesse oder Emotionen in der Fokus.

177

Anomietheorie

Die Anomietheorie geht auf den Soziologen Emile Durkheim zurück, der darunter Normlosigkeit bzw. einen Zustand gesellschaftlicher Desintegration versteht. Der Begriff Anomie lässt sich aus dem griechischen *Nomos* (Gesetz bzw. Regel) ableiten. Nach Durkheim macht der Rückgang familiärer Produktionsformen (,mechanische Solidarität') und die Zunahme moderner Arbeitsteilung die Anerkennung sozialer Regeln zwingend notwendig, da Individuen sich aufeinander verlassen können müssen, obwohl sie keine unmittelbaren Beziehungen miteinander führen (,organische Solidarität'). Fehlt ein Kollektivbewusstsein aufgrund von Individualisierung oder sozialem Wandel, gibt es keine gemeinsamen Verbindlichkeiten, Regeln oder Normen mehr. Dies charakterisiert nach Durkheim den gesellschaftlichen Zustand der Anomie (vgl. Durkheim 1893/1977).

Robert K. Merton entwickelt die Anomietheorie in den 1950er Jahren weiter, indem er abweichendes Verhalten auf eine Ziel-Mittel-Diskrepanz zurückführt. Sein Erklärungsansatz basiert auf der Unterscheidung zwischen gesellschaftlichen Erwartungen bzw. kulturellen Zielen und den Mitteln bzw. Chancen, welche zur Realisierung der Ziele zur Verfügung stehen (vgl. Merton 1968). Übertragen auf das abweichende Verhalten Jugendlicher bedeutet dies, dass Merton auf die gesellschaftliche Chancenstruktur verweist, welche Jugendliche mit ungleichen Mitteln bzw. Chancen zur Erreichung gesellschaftlicher Ziele ausstattet. Als Reaktion auf diese Ziel-Mittel-Diskrepanz identifiziert Merton fünf verschiedene Anpassungsformen:

1. *Konformität*: Hier liegt kein deviantes Verhalten vor, da sowohl die Ziele als auch die gesellschaftlichen Mittel befürwortet werden. Jugendliche akzeptieren die Ziel-Mittel-Diskrepanz bzw. versuchen diese durch Anpassung zu überwinden.
2. *Ritualismus*: Die Mittel werden affirmiert bzw. überbetont, wobei die Ziele in den Hintergrund treten bzw. aufgegeben werden. Jugendliche zeichnen sich hier z.B. durch übermäßigen Arbeitseifer aus, gleichwohl die gesellschaftlichen Ziele für sie unerreichbar bleiben.
3. *Eskapismus*: Die Mittel und Ziele werden zurückgewiesen und der gesellschaftliche bzw. soziale Rückzug gewählt. Jugendliche steigen hier innerlich aus der Gesellschaft aus. Drogensucht, Apathie oder der Rückzug in eine Jugendsekte sind dafür Beispiele.
4. *Rebellion*: Ziele und Mittel werden abgelehnt und durch neue, alternative Ziele und Mittel ersetzt. Exemplarisch dafür stehen Jugendproteste wie der politische Teil der Punkbewegung

5. *Innovation*: Hier werden die gesellschaftlichen Ziele befürwortet, jedoch innovative Mittel zur Erreichung dieser Ziele angewandt. Dazu gehören auch illegale Verhaltensweisen Jugendlicher wie Diebstahl, Raub oder Erpressung (vgl. Merton 1951).

Insbesondere der Typus der Innovation kann Jugendkriminalität bzw. Jugendgewalt erklären. Wie wir noch sehen werden, ist Delinquenz auch unter Jugendlichen aus der Mittelschicht weit verbreitet, zumindest im Bereich der Bagatelldelikte. Offenbar erklärt die Anomietheorie abweichendes Verhalten nicht gleichermaßen für alle Jugendliche. Zusammengefasst kommt es nach der Anomietheorie zu delinquentem Verhalten, wenn Jugendliche keine sozialen Chancen haben, gesellschaftliche Ziele wie Konsum, Wohlstand, Erfolg bzw. Anerkennung zu erreichen. Als makrotheoretischer Ansatz definiert die Anomietheorie demnach Jugenddelinquenz als sozialstrukturelles Problem. Den Jugendlichen fehlen materielle Ressourcen bzw. Bildungsabschlüsse, die ihnen eine gesellschaftliche Teilhabe ermöglichen. Aus Ermangelung an legalen Alternativen greifen sie zu innovativen Mitteln, die allerdings gesellschaftlich nicht akzeptiert sind.

Subkulturtheorie

Die Subkulturtheorie ist nicht allein relevant für die Beschreibung von rebellierenden Jugendkulturen (siehe Kap. 3.4.7), sie offeriert ebenfalls einen Erklärungsansatz für abweichendes Verhalten Jugendlicher. Historische Basis der Subkulturtheorie sind ethnographische Studien zu Jugendgangs in den USA. In den 1930er Jahren untersuchte Whyte z.B. die so genannte Norton Gang, die aus 13 männlichen Mitgliedern bestand. Sie waren vorwiegend Nachkommen italienischer Einwanderer, mit Grundschulbildung und arbeitslos bzw. Gelegenheitsarbeiter. Nachmittags bzw. Abends trafen sie sich an ‚ihrer Ecke' zur Unterhaltung oder sportlichen Aktivitäten. Innerhalb ihrer Gang entwickelte sich über viele Jahre eine stabile Struktur mit Hierarchien, regelmäßigen Aktivitäten und einem eigenen Werte- und Normensystem (vgl. Whyte 1943/1996).

Nach Albert Cohen sind Subkulturen gruppenkulturelle Reaktionen auf Anpassungsprobleme, die aus ungleichen sozialen Klassen entstehen und für die eine Gesellschaft keine zureichenden Lösungen zur Verfügung stellt (vgl. Cohen 1961: 51ff.). Diese Definition geht auf Cohens Beobachtung zurück, dass Jugendkriminalität in den USA sich meist in Banden abspielt, die aus männlichen Jugendlichen aus der Unterschicht bestehen. Ihre Strukturen beschreibt er als negativistisch (nicht zweckgerichtet), bösartig, autonom und vielseitig (vgl. ebd.: 17f.).

Vergleichbar mit Merton interpretiert Cohen abweichendes Verhalten Jugendlicher als Anpassungsformen bzw. als Reaktion auf die Diskrepanz zwischen sozialer Ungleichheit (Klassengesellschaft) und demokratischer Ideologie der Chancengleichheit. Männliche Jugendliche aus der Unterschicht haben die Werte der Mittelschicht internalisiert, können diese aber nicht umsetzen. Sie wechseln folglich die Bezugsgruppe und bilden in subkulturellen Zusammenschlüssen eigene Normen und Werte heraus. Diese müssen mit den gesellschaftlich dominanten Normen nicht übereinstimmen. Im Gegenteil: durch die gesellschaftliche Opposition erhalten ihre Mitglieder mitunter wieder Selbstachtung. Denn die Bandenkultur erschafft Statuskriterien, nach denen die Jugendlichen zu leben imstande sind (vgl. ebd.: 91).

Die Subkulturtheorie nimmt dennoch an, dass es stets einige Basisnormen gibt, die von der dominanten Kultur partiell übernommen werden. Bei seinen Studien zu Jugendgangs in den 1980er Jahren kam Jankowski bspw. zu dem Schluss, dass Gangmitglieder sich nicht aus Zwang, Verwahrlosung oder pathologischen Neigungen in Banden zusammenschlossen, *sondern weil sie im Leben vorankommen wollten.* Gangs bieten Zuflucht, physische Schutz, Unterhaltung, Geschäftsorte und stützende Gruppenidentität. Durch eine Mitgliedschaft entgeht man schlechten Jobs, Armut und Hoffnungslosigkeit (vgl. Jankowski 1991).

Etikettierungstheorie (Labeling Approach)

Der Etikettierungstheorie geht es weniger um Ursachen abweichenden Verhaltens sondern um soziale bzw. gesellschaftliche Zuschreibungsprozesse gegenüber TäterInnen. Uninteressant sind damit ebenfalls die Taten bzw. Delikte selber, denn diese werden erst in einem nachträglichen Definitionsprozess als abweichend bzw. deviant definiert. *Im Mittelpunkt der Etikettierungstheorie stehen damit gesellschaftliche Norm- und Zuschreibungsprozesse, die in Interaktionen konstituiert werden* (vgl. Becker 1973). Die Etikettierungstheorie kann folglich in interaktionstheoretische Ansätze eingeordnet werden, welche die Herausbildung von Normen in konkreten sozialen Beziehungen untersuchen. Sie hebt zudem den Prozesscharakter abweichenden Verhaltens Jugendlicher hervor.

Die Gesellschaftsmitglieder haben unterschiedliche Machtressourcen, um eigene Normen und Werte durchzusetzen. Diese Ressourcen sind auf der Basis von sozialer Schicht, Geschlecht, Ethnizität oder Generation ungleich verteilt (vgl. Becker 1973: 15f.; Sack 1968). Folglich kann dasselbe Verhalten unterschiedlich gewertet werden. In der Oberschicht gilt der Konsum Erwachsener von Kokain z.B. weniger deviant als der Alkoholkonsum von minderjährigen Jugendlichen mit niedrigem sozioökonomischen Status. Beides ist gesetzlich verboten. Alter, Schichtzugehörigkeit oder Migrationshintergrund können demnach ausschlaggebend für extrem unterschiedliche Bewertungen und Sanktionierungen sein. Der alleinige Verstoß gegen Normen sagt nach der Etikettierungstheorie noch nichts darüber aus, ob abweichendes Verhalten vorliegt.

Originalzitat:
„Der Mensch mit abweichendem Verhalten ist ein Mensch, auf den diese Bezeichnung erfolgreich angewandt worden ist; abweichendes Verhalten ist Verhalten, das Menschen so bezeichnen." (Becker 1973: 8)

Zentral für die Etikettierungstheorie ist Lemerts Unterscheidung zwischen *primärer* und *sekundärer* Devianz (vgl. Lemert 1951). Die primäre Devianz betrifft die tatsächliche Tat, welche kritische Reaktionen hervorruft. Die sekundäre Devianz umfasst dagegen das weitere abweichende Verhalten eines Jugendlichen, welches durch Etikettierungsprozesse erst hervorgebracht wurde. Sie ist damit für den Erklärungsgehalt der Etikettierungstheorie von größerer Bedeutung.

Etikettierungsprozesse beeinflussen das Selbstwertkonzept des Jugendlichen in negativer Weise. Die Stigmatisierungen können dazu führen, dass Jugendliche die negativen Zuschreibungen in ihr Selbstbild integrieren und eventuell erst deshalb eine kriminelle Karriere beginnen bzw. die als abweichend klassifizierten Verhaltensweisen sich stabilisieren. Gerade Jugendliche reagieren sensibel auf entsprechende Zuschreibungsprozesse, da sie sich in einer brisanten Übergangsphase befinden, in der sie ihre Identität herausbilden und mitunter problematische Verhaltensstrategien erproben (vgl. Albrecht 2010: 862). Nach der Etikettierungstheorie kommt den Kontrollagenturen ebenfalls eine große Bedeutung zu. Darunter können nicht allein Polizei und Strafverfolgungsinstanzen gefasst werden sondern ebenfalls LehrerInnen, SozialarbeiterInnen oder ErzieherInnen. Sie haben großen Einfluss darauf, wie Etikettierungsprozesse von Jugendlichen in Schulen, Freizeiteinrichtungen oder Jugendhilfe verlaufen.

Psychologische Theorien

Während soziologische Theorien primär mit dem Begriff abweichendes Verhalten operieren, beziehen sich psychologische Ansätze vorzugsweise auf den Terminus Aggression. Sie haben deshalb gerade für die Erklärung von Jugendgewalt besonderes Erklärungspotenzial. Exemplarisch werden hier die Triebtheorie, Frustrations-Aggressions-Theorie und Lerntheorie skizziert. Die

Triebtheorie geht von einer angeborenen aggressiven Verhaltensdisposition aus. Demnach können Präventionsansätze aggressives Verhalten nur kontrollieren, nicht aber eliminieren. In gewisser Weise gehört aggressives Verhalten sogar zu einer gesunden Lebensweise, sonst kommt es quasi zu einem Aggressionsstau. Nach Konrad Lorenz übernehmen soziale Rituale wie Sport, Sublimierung oder beruflicher Konkurrenzkampf deshalb wichtige gesellschaftliche Funktionen (vgl. Lorenz 1963). Triebtheoretische Elemente wie der Todestrieb bzw. Sexualtrieb finden sich ebenfalls in Freuds Psychoanalyse (vgl. Freud 1915/1989). Empirisch konnten triebtheoretische Annahmen allerdings nicht bewiesen werden, einige ihrer Elemente werden in der Pädagogik dennoch positiv aufgenommen (vgl. Melzer 2004: 56f.).

Die *Frustrations-Aggressions-Hypothese* verortet den Ursprung aggressiven Verhaltens dagegen reaktiv in Störungen zielgerichteter Tätigkeiten bzw. unangenehmer Ereignisse (vgl. Dollard u.a. 1939). Ein Kausalverhältnis, nach dem Frustration immer Aggression evoziert, konnte empirisch allerdings nicht nachgewiesen werden. Vielmehr fanden sich bei Probanden ebenfalls alternative Reaktionsweisen wie Resignation, Ausweichen, Autoaggression (vgl. Barker u.a. 1941). Umgekehrt lässt sich auch nicht jede Aggression auf Frustration zurückführen (z.B. Erpressung oder Krieg). In Bezug auf Jugendgewalt vermag die Frustrationstheorie zu erklären, warum Jugendliche aufgrund von Provokationen, Kränkungen oder Missachtungen gewalttätig reagieren. Frustrationen können ebenfalls durch Institutionen wie Schulen ausgelöst werden. Des Weiteren offeriert sie Erklärungen für so genannten verschobene Aggressionen, die sich i.d.R. auf ein schwächeres Zielobjekt ausrichten (vgl. Melzer 2004: 58f.).

Lerntheorien gehen davon aus, dass dauerhafte Verhaltensänderungen auf sozialen Lernvorgängen basieren (vgl. Bandura 1979). Beim *Lernen am Modell* wird gewalttätiges Verhalten von Kindern und Jugendlichen durch Beobachtung und Nachahmung erlernt, insbesondere wenn das Aggressionsmodell erfolgreich ist, Macht ausstrahlt, die Handlung moralisch gerechtfertigt wird und die Beziehungen zum Modell positiv besetzt sind. Beim *Lernen durch Erfolg* bzw. Misserfolg lernt der Jugendliche aus den Konsequenzen seines Handelns. Ausschlaggebend sind hier z.B. Lob, Annerkennung oder Spannungsreduktion. Bleibt aggressives Verhalten dagegen erfolglos, so sinkt nach dieser Theorie die Wahrscheinlichkeit der Wiederholung aggressiven Verhaltens. Beim *kognitiven Lernen* verinnerlichen Jugendliche aggressionsrelevante Denkweisen, wie z.B. dichotome Freund-Feind-Schemata, negative Etikettierungen oder Ehrvorstellungen, welche die jugendlichen Wahrnehmungen und Handlungsmuster strukturieren. Sie dienen ebenfalls der Selbstrechtfertigung aggressiven Verhaltens. Lerntheorien erklären nicht nur jugendliches Gewaltverhalten, sie können ebenfalls Orientierung für prosoziales Verhalten bieten (vgl. Melzer 2004: 59ff.).

4.1.2 Jugend und Kriminalität

Wie zu Beginn angeführt, ist abweichendes Verhalten *kriminell*, wenn es gegen strafrechtliche Normen verstößt und durch Strafverfolgungsbehörden sanktioniert wird. Im Zusammenhang mit Jugendlichen wird zudem der Begriff *Delinquenz* verwendet, der aus dem angloamerikanischen Jugendstrafrecht Ende des 19. Jahrhunderts hervorgeht und Ordnungs- bzw. Gesetzesverstöße Jugendlicher von kriminellen Handlungen Erwachsener abgrenzen soll (vgl. Platt 1969). In den 1970er Jahren wurde ebenfalls der Begriff *Dissozialität* in der Bundesrepublik Deutschland diskutiert, der sich progressiv von Vorstellungen bisheriger Diskurse über die ‚Verwahrlosung' von Jugendlichen abgrenzen sollte sowie soziale Ursachen von Jugendkriminalität hervorhob (vgl. Günzel 2001: 77).

Abgemilderte Strafen für Jugendliche gab es zwar bereits im Mittelalter, doch mit der Etablierung von ‚Jugend' als spezifischer Lebensphase in der Moderne wurde Jugendlichen auch eine juristische Sonderstellung zugestanden, welche die spezifischen biologischen, psychologischen und sozialen Entwicklungsbedingungen berücksichtigt. Dies muss allerdings nicht immer die Gewährung eines Schonraumes bedeuten, sondern kann ebenfalls Forderungen nach härterer Behandlung implizieren (vgl. Albrecht 2010: 833). Ein Beispiel dafür ist das Konsumverbot von Tabak und Alkohol für Jugendliche innerhalb bestimmter Altersgrenzen, die das Jugendschutzgesetz definiert.

Sozialisationstheoretisch begründet sich die juristische Sonderstellung in der Annahme, dass Normen, Werte und Regeln des Zusammenlebens sich bei Jugendlichen noch nicht verfestigt haben, sondern konformes Verhalten erst eingeübt werden muss. Zudem wird der Entwicklungsphase Jugend zugestanden, eine Zeit der Identitätssuche, der Probehandlungen und Rollenexperimente zu sein. Jugendliche testen Grenzen aus, sie wollen sich von Erwachsenen abgrenzen, gegenüber ihren Peers beweisen, Spaß haben, sich selbst darstellen (vgl. Scherr 2009: 201).

Auch die Perspektive auf Jugend als Motor für sozialen Wandel prägt das besondere Spannungsverhältnis zwischen Jugend, Recht und Kriminalität. Denn die produktive Auseinandersetzung mit gesellschaftlichen Ordnungsvorstellungen kann dazu führen, dass Jugendliche sich mit ihnen nicht abfinden wollen oder können. In diesem Fall werden z.B. Regelverletzungen durch politisch orientierte Jugendliche mitunter intentional begangen (vgl. Albrecht 2010: 831).

Die sozialisationstheoretischen Überlegungen werden empirisch darüber gestützt, dass delinquentes Verhalten Jugendlicher sich nahezu bei allen Jugendlichen beobachten lässt. Die meisten Delikte bleiben allerdings unentdeckt, und die Jugendlichen entwickeln sich später zu mehr oder weniger gesetzestreuen Bürgern (vgl. Albrecht 2010: 843; Heinz 2006: 38f.). Zumindest im Bereich der Bagatelldelikte ist Jugenddelinquenz demnach ein Übergangsphänomen, welches episodisch begrenzt bleibt und sich empirisch mit dem Erwachsenenalter deutlich reduziert (vgl. BMI/BMJ 2006: 357).

Das aktuelle Jugendstrafrecht in Deutschland stellt demnach das Primat der Erziehung bei seinen Strafmaßnahmen in den Vordergrund. Historisch rekurriert dieser Grundsatz auf das Jugendgerichtsgesetz (JGG) von 1923, nach dem von Strafmaßnahmen abzusehen ist, wenn Erziehungsmaßregeln ausreichen (vgl. Günzel 2001: 70). Dieses Leitbild hatte die Implementierung jugendspezifischer Institutionen bzw. Strafmaßnahmen zur Folge wie Jugendgerichte, Jugendgerichtshilfen, verkürzte Rechtswege, erzieherische Maßnahmen und ein eigenes Jugendstrafrecht.

Das Jugendstrafrecht sieht folgende Maßnahmen bei Jugenddelinquenz vor: Erziehungsmaßregeln, Zuchtmittel und Jugendstrafe. Beispiele für Erziehungsmaßregeln sind Arbeitsweisungen in gemeinnützigen Einrichtungen, Heimunterbringung, Erziehungsbeistand oder Täter-Opfer-Ausgleichs-Programme. Unter Zuchtmitteln werden hingegen Verwarnungen, Geldbußen oder Wiedergutmachung des Schadens verstanden. Sie sollen quasi Erziehung *durch* Strafe bewirken. Jugendarrest schließlich entspricht der registerrechtlichen Kriminalstrafe (vgl. Günzel 2001: 82ff.). Das Jugendstrafrecht gilt für strafmündige Jugendliche im Alter von 14- bis unter 18 Jahren, kann allerdings im Einzelfall auf 18-21-jährige Heranwachsende ausgeweitet werden.

Erziehungsziel des Jugendstrafrechts ist es, erneute Straftaten des Jugendlichen durch befähigende, unterstützende und fördernde Maßnahmen zu verhindern. Die strafrechtlichen Sanktionen zielen deshalb weniger auf die Straftat sondern auf die Persönlichkeit des Täters. Das breite Repertoire an Erziehungs- und Strafmaßnahmen soll der individuellen Biographie des Täters Rechnung tragen und angemessene Lösungen entwickeln.

Empirische Dimensionen von Jugendkriminalität
Die Etikettierungstheorie verweist auf ein Problem, das ebenfalls die Interpretation empirischer Daten zur Jugendkriminalität betrifft. Denn Statistiken über die Zunahme von Jugendkriminalität könnten z.B. Folge eines veränderten Anzeigeverhaltens der Bevölkerung, Schulen, Verkehrsbetriebe oder Kaufhäuser gegenüber Jugendlichen sein. Bestimmte Jugendliche wie Arbeitslose oder Migranten geraten zudem eventuell eher unter Verdacht, da ihnen das Stigma

,Problemjugendliche' anhaftet (vgl. Mansel 1989). Erhöhte Kriminalitätsraten könnten aber auch auf eine gestiegene Ermittlungs- und Sanktionsbereitschaft der Polizei und Strafverfolgungsinstanzen verweisen. Schließlich ist die Kriminalstatistik davon beeinträchtigt, dass nicht alle Straftaten zur Anzeige kommen oder polizeilich ermittelt werden. Das so genannte ,Hellfeld' der Kriminalstatistik muss demnach nicht mit dem ,Dunkelfeld' tatsächlich begangener Straftaten übereinstimmen. Was die tatsächlichen Straftaten Jugendlicher betrifft, muss die Kriminalstatistik folglich mit Vorbehalten interpretiert werden.

Im Folgenden werden einige markante Sachverhalte präsentiert, die sich gegenwärtig empirisch zur Jugendkriminalität festhalten lassen. Empirische Befunde zur Jugendgewalt werden im Anschluss noch einmal gesondert diskutiert:

▪ *Jugendliche bzw. Heranwachsende sind die weitaus größte Bevölkerungsgruppe, die Straftaten begeht.* Diesen Befund belegt z.b. die Tatverdächtigenbelastungsziffer (TVBZ), welche die Tatverdächtigen pro 100.000 Einwohner der altersgleichen deutschen Bevölkerungsgruppe erhebt und Auskunft über polizeilich registrierte Straftaten gibt. Für männliche Jugendliche, die Bevölkerungsgruppe mit der höchsten Delinquenzbelastung, ergibt sich z.b. folgendes Bild: Im Jahr 2007 liegt die TVBZ für unter 8-bis 14-jährige Jungen bei 2.576 und steigt bei männlichen Jugendlichen zwischen 14- und 18 Jahren auf 9.876 an, um bei 18-bis 21-jährigen Heranwachsenden mit 11.589 den Gipfel zu erreichen und bei 25-bis 30-jährigen Erwachsenen auf 6.970 abzusinken (vgl. PKS 2007: 97). Diese Verlaufskurve stützt entwicklungstheoretische Erklärungsansätze, denn ein großer Teil der Jugenddelinquenz ist nur ein episodisches Phänomen. Dieselbe Verteilung zeigt sich im Übrigen bereits 1882 in der ersten amtlichen Kriminalstatistik in Deutschland (vgl. Heinz 2006: 17).

▪ *Die meisten Straftaten Jugendlicher sind Bagatelldelikte.* Typische Straftaten sind z.B. Ladendiebstahl, Leistungserschleichung (Nutzung von Verkehrsbetrieben ohne Fahrkarte), Zweiraddiebstahl, Betrug (Unterschriftenfälschung), Verkehrsdelikte, Rauschgiftdelikte, Körperverletzung, Fahren ohne Führerschein oder Vandalismus bzw. Sachbeschädigung (vgl. Statistisches Bundesamt 2008: 271; PKS 2008: 77). Nach Heinz und Spiess können für das Hellfeld der registrierten Straftaten 62% der Jugenddelinquenz und 48% der Delinquenz Heranwachsender Bagatelldelikten zugerechnet werden (vgl. Heinz/Spiess 2005). Die meisten Tatverdächtigen werden nur einmal registriert und auch bei der selbstberichteten Delinquenz von Jugendlichen finden sich selten gehäufte oder schwerwiegende Straftaten (vgl. Heinz 2006: 19, 37). Da die Straftaten

Jugendlicher nicht gravierend sind, kommt es deutlich seltener zu einer Verurteilung. So machen Jugendliche 2004 nur 20 % der insgesamt verurteilten Straftäter aus (vgl. BMI/BMJ 2006: 366). Schließlich bleiben die meisten Straftaten Jugendlicher unentdeckt: die Quote von Jugendlichen, die aufgrund ihrer Straftaten mit der Polizei in Kontakt kommen, liegt anonymen Befragungen zufolge bei 10-30 % (vgl. BMI/BMJ 2006: 369).

▨ *Opfer und Tatverdächtige sind oft in demselben Alter.* Nach einer Studie der Universität Konstanz gehörten bei den 14-21-jährigen Opfern 59 % der Tatverdächtigen derselben Altersgruppe an. Bei erwachsenen Opfern über 40 Jahre waren hingegen lediglich 11% der Tatverdächtigen unter 21 Jahren (vgl. Heinz 2006: 27). Die Gruppe der Jugendlichen ist zudem besonders häufig Opfer von Gewalttaten: der Anteil der unter 21-Jährigen bei Opfern von Gewalttaten liegt bei 33 % und ist damit 12 % höher als ihr Anteil an der Wohnbevölkerung (vgl. BMI/BMJ 2006: 362).

▨ *Jugendliche sind ebenfalls Opfer von Gewalt.* Nach einer bundesweiten SchülerInnenerhebung des Bundesministeriums des Innern (BMI) aus dem Jahr 2007/2008, bei der 44.610 Jugendliche im neunten Schuljahr befragt wurden, geben männliche Jugendliche häufiger Viktimisierungserfahrungen im Bereich Körperverletzung, Raub und Erpressung an, während Mädchen häufiger von sexueller Belästigung und sexualisierter Gewalt betroffen sind: 11,9 % der weiblichen Jugendlichen gegenüber 1,9 % der männlichen Jugendlichen führen an, in den letzten 12 Monaten Opfer sexueller Belästigung gewesen zu sein. Die 12-Monatsprävalenz für sexualisierte Gewalt hingegen lag bei den weiblichen Jugendlichen bei 1,8 % (vgl. Baier u.a. 2009: 39). Des Weiteren werden Jugendliche in Großstädten und in Ostdeutschland häufiger mehrfach Opfer von Gewalttaten (vgl. ebd.: 40). Opfer von elterlichen Misshandlungen in der Kindheit wurden insbesondere Jugendliche mit Migrationshintergrund und aus Familien, die von staatlichen Leistungen abhängig sind (vgl. ebd.: 54f.). Bei der Befragung gaben allerdings auch drei Viertel der Jugendlichen an, im letzten Jahr keine Erfahrung mit Gewalt gemacht zu haben (vgl. ebd.: 9).

▨ *Mehrfach- und Intensivtäter sind nur eine kleine Gruppe Jugendlicher.* Lediglich eine Minorität Jugendlicher fällt durch mehrfache Straftatbegehung auf. Nach einer Studie der Kriminologischen Forschungsgruppe Bayern kann diese Gruppe der Mehrfachtäter allerdings 50 % der von Jugendlichen begangenen Straftaten für sich verbuchen. Mehrfachauffällig sind meist männliche Jugendliche, ihr Delinquenzspektrum verbreitet sich mit zunehmenden Alter, eine generelle Steigerung der Deliktschwere lässt sich allerdings nichtverzeichnen (vgl. Elsner u.a. 1998). Die soziale Lage dieser Jugendlichen ist typischerweise durch problematische Sozialisationserfahrungen und soziale Ungleichheit gekennzeichnet (vgl. BMI/BMJ 2006: 370), auf die unter dem Aspekt ‚Jugendgewalt' noch einmal eingegangen wird. Doch auch bei dieser jugendlichen Problemgruppe endet oder minimiert sich das delinquente Verhalten im Erwachsenenalter, insbesondere bei gelungener Einbindung in Beruf und Familie (vgl. Heinz 2006: 85f.).

▪ *Aussagen über einen Anstieg von Jugendkriminalität müssen differenziert bewertet werden.* Die Polizeiliche Kriminalstatistik zeigt einen deutlichen Anstieg der Jugendkriminalität seit Mitte der 1980er Jahre. Zwischen den Jahren 1984 und 2001 stieg die TVBZ für Jugendlichen von 3.658 auf 7.015 (vgl. Heinz 2003: 39). Aus unterschiedlichen Gründen erfordern diese Daten allerdings eine umsichtige Interpretation: So zeigt sich dieser Trend in dem genannten Zeitraum für alle Altersgruppen (vgl. Heinz 2006: 47) und kann zum Teil durch den Anstieg staatlicher Aufklärungsquoten erklärt werden (vgl. BMI/BMJ 2006: 375). Des Weiteren stieg die Verurteilungsbelastungsziffer (VBZ), welche den Anteil einer Altersgruppe bezeichnet, der tatsächlich verurteilt wurde, im selben Zeitraum für Jugendliche nur um 0,5%. Schließlich müssen deliktspezifische Unterschiede berücksichtigt werden: Bei Jugendlichen können die Zuwächse vor allem auf Körperverletzung, Rauschgiftkriminalität und einfachen Diebstahl (Ladendiebstahl) zurückgeführt werden, bei den Heranwachsenden primär auf Rauschgiftkriminalität, Körperverletzung und Betrug (vgl. Heinz 2006: 53). Auf den registrierten Anstieg von Jugendgewalt wird im Folgenden gesondert eingegangen. Seit Anfang der Jahrtausendwende geht die registrierte Jugendkriminalität für alle Delikte zurück und erreicht 2004 etwa das Niveau von 1996. Dieser Rückgang wird ebenfalls von Dunkelfeldstudien bestätigt (vgl. BMI/BMJ 2006: 384, 393).

▪ *Jugendkriminalität weist deutliche Geschlechterunterschiede auf.* Männliche Jugendliche haben eine weitaus höhere Delinquenzbelastung als weibliche Jugendliche. Dies betrifft sowohl ihren Anteil an Tatverdächtigen bzw. Verurteilten als auch die Schwere der begangenen Straftaten. Die Geschlechterdifferenzen in den verschiedenen Deliktbereichen sind dabei unterschiedlich ausgeprägt (vgl. BMI/BMJ 2006: 366). Kaum Unterschiede finden sich bspw. bei Ladendiebstahl oder Leistungserschleichung. Ausgeprägte Differenzen sind hingegen bspw. bei schwerer Körperverletzung zu verzeichnen, bei denen das Verhältnis zwischen männlichen und weibliche Jugendlichen 4:1 beträgt. Bei Raub bzw. räuberischer Erpressung ist die Relation sogar 6:1 (vgl. Heinz 2006: 72). Insbesondere bei Jugendgewalt erhalten demnach geschlechtertheoretische Erklärungsansätze besondere Bedeutung. Entwicklungsbedingt liegen die Belastungsspitzen bei männlichen Jugendlichen im Alter von 16-bis 21 Jahren, bei weiblichen Jugendlichen bereits in der Altersgruppe der 14- bis 16-jährigen Mädchen (vgl. PKS 2008: 98).

▪ *Jugendkriminalität ist in allen sozialen Schichten verbreitet.* Der Zusammenhang zwischen Schichtzugehörigkeit und Delinquenz scheint auf der Hand zu liegen. In ihrer Generalität ist diese Annahme allerdings nicht empirisch nachzuweisen. Kriminelles Verhalten Jugendlicher ist in allen sozialen Schichten verbreitet. Der sozioökonomische Status wurde in statistischen Untersuchungen erst bedeutsam, wenn bestimmte Delikttypen (z.B. Körperverletzung) und spezifische Variablen herangezogen wurden wie Männlichkeit, niedriger sozialer Status, geringes Bildungsniveau, Langzeitarbeitslosigkeit (vgl. Walter 2005: 153; Albrecht 2003). Anomietheoretische Ansätze müssen demnach auch Interdependenzen zwischen unterschiedlichen sozialen Kategorien berücksichtigen (siehe Kap. 2.4.3). Ausschlaggebend scheint Schichtzugehörigkeit allerdings für eine selektive Praxis im Anzeige- und Strafverfolgungsverhalten von Bevölkerung, Polizei und Justiz zu sein (vgl. Brettfeld/Wetzels 2003). Denn Jugendliche mit niedrigem Sozialstatus sind in den Kriminalstatistiken und Vollzugsanstalten dennoch überproportional häufig vertreten (vgl. Albrecht 2003: 95). Derartige Befunde bestätigen die Relevanz von Etikettierungstheorien und haben nicht zuletzt die Forschungsbemühungen im Bereich der Dunkelfeldstudien verstärkt, die sich auf selbstberichtete Delinquenz konzentrieren.

▪ *Ein Migrationshintergrund bedeutet nicht zwangsläufig eine höhere Delinquenzbelastung.* Am deutlichsten wird dies, wenn man sich vergegenwärtigt, dass Mädchen mit Migrationshintergrund sogar noch niedrigere TVBZ-Werte aufweisen als deutsche Mädchen (vgl. Walter/Trautmann 2003: 65f.). Berücksichtigt werden muss ferner, dass jugendliche Migranten überdurchschnittlich hoch von sozialer Ungleichheit betroffen sind in Bezug auf Einkommen, Arbeitslosigkeit, Bildungsniveau, Wohnverhältnisse etc. (vgl. ebd.: 69ff.; Walburg 2007). Da diese Faktoren mit dem Zuwanderstatus verknüpft sind ist es schwer zu beurteilen, ob die Ursachen jugendlicher ‚Ausländerkriminalität‘ wirklich auf ethnische Kulturkonflikte rückführbar sind oder auf soziale Ungleichheit, mangelnde Partizipation, Diskriminierung und Anerkennungsdefizite hinweisen. Selten geraten zugewanderte Jugendliche zudem als Opfer physischen und psychischen Rassismus in die kriminalistische Diskussion (vgl. Heinz 2006: 78). In Kriminalstatistiken sind Jugendliche mit Migrationshintergrund unter den Tatverdächtigen, Verurteilten und Inhaftierten gemessen an ihrem Anteil in der Bevölkerung überrepräsentiert (vgl. BMI/BMJ 2006: 372). Problematisiert werden in der Fachliteratur in diesem Zusammenhang allerdings mehrere kriminalstatistische Verzerrungsfaktoren: Der hohe Anteil junger Männer in dicht besiedelten Gebieten unter den Migranten vereint bspw. gleich mehrere Faktoren, die für ein erhöhtes Delinquenzrisiko stehen. Die Anzeigebereitschaft gegenüber Jugendlichen mit Migrationshintergrund ist Studien zu Folge zudem deutlich höher (vgl. Walburg 2007: 244; Baier u.a. 2009: 11). Nicht alle Jugendliche mit Migrationshintergrund werden darüber hinaus statistisch erfasst, denn das Merkmal ‚nicht-deutsche Staatsangehörigkeit' adressiert weder Spätaussiedler noch eingebürgerte Jugendliche. Des Weiteren gehen Verstöße gegen das Ausländer- bzw. Asylgesetz zu Lasten jugendlicher Migranten in Kriminalstatistiken ein. Auch birgt die übliche statistische Bezugnahme auf den Anteil der Gesamtbevölkerung (siehe TVBZ) Probleme, da es für Migranten keine sicheren Bevölkerungsdaten gibt. Schließlich lässt sich seit Mitte der 1990er Jahre ein deutlicher und kontinuierlicher Rückgang der Belastungsquote jugendlicher Migranten erkennen (vgl. Walburg 2007: 242ff.). Bei Dunkelfeldstudien, die auf Selbstauskünften Jugendlicher basieren, minimieren sich einige der angeführten kriminalstatistischen Probleme. Hinsichtlich der Frage, ob die Delinquenzbelastung junger Migranten höher ist als bei deutschen Jugendlichen, kommen regionale Studien allerdings zu unterschiedlichen Ergebnissen. Längsschnittstudien aus Duisburg (vgl. Boers/Walburg/Reinecke 2006) und Bremen (vgl. Othold/Schumann 2003) ergaben keine signifikanten Unterschiede. Repräsentative Querschnittsstudien hingegen, die Anfang 2000 publiziert wurden, identifizieren insbesondere bei Gewaltdelikten eine höhere Belastung bei männlichen Jugendlichen mit türkischem und jugoslawischem Migrationshintergrund in der zweiten und dritten Generation (vgl. BMI/BMJ 2006: 373; Walter 2005: 142). Für diese Tätergruppe sind allerdings auch die sozialen Belastungsfaktoren deutlich stärker ausgeprägt als bei deutschen Jugendlichen. Fallen bspw. relevante Faktoren von Jugendgewalt weg wie familiäre Gewalterfahrungen, delinquente Peers oder Inanspruchnahme der Familie von staatlichen Leistungen, verschwindet der Einfluss des Migrationshintergrundes statistisch gesehen nahezu (vgl. Baier u.a. 2009: 11f., 86). Dies zeigt, dass es eher soziale Faktoren sind, die den Zusammenhang von Jugendgewalt und Migrationshintergrund erklären und nicht ethnische bzw. kulturelle Hintergründe. Uneinheitliche Befunde finden sich schließlich für jugendliche Spätaussiedler (vgl. Reich 2005). Bedeutsame Unterschiede zu deutschen Jugendlichen wurden nur identifiziert, wenn lediglich männliche Jugendliche miteinander verglichen wurden. Die Delinquenzbelastung jugendlicher Aussiedler stieg zudem mit ihrer Aufenthaltsdauer in Deutschland (vgl. BMI/BMJ 2006: 374f.). Jugendliche mit Migrationshintergrund sind allerdings in Jugendvollzugsanstalten deutlich überrepräsentiert. Ende der 1990er Jahre betrug der Anteil jugendlicher Strafgefangener mit Migrationshintergrund im Jugendstrafvollzug 37 % in Nordrhein-Westfalen (vgl. Wirth 1998). Solche Zahlen legen ebenfalls einen unterschiedlichen justiziellen Umgang mit Migranten nahe (vgl. Mansel 1989). Ausländerrechtliche Vorschriften, die bspw. eine Abschiebung der jugendlichen Häftlinge vorsehen, kollidieren zudem mit den eingangs beschriebenen Prämissen kompensatorischer Erziehung bzw. dem Resozialisierungsgrundsatz im Jugendstrafrecht (vgl. Walter/Trautmann 2003: 80).

Zusammenfassend ist Jugendkriminalität in allen sozialen Schichten anzutreffen (ubiquitär), zeitlich begrenzt (episodisch) und verschwindet meist wieder (passager). Jugenddelinquenz im Bagatellbereich lässt sich demnach zum großen Teil entwicklungstheoretisch erklären als Ausdruck lebensphasenspezifischer Probehandlungen im Hinblick auf Normen, Identität und Grenzen. Bei schweren Formen von Kriminalität wie Gewaltdelikten können allerdings auch defizitäre Sozialisationseinflüsse vorliegen, die sich im weiteren Lebensverlauf verfestigen. Deshalb soll das Thema Jugendgewalt noch einmal gesondert in den Blick genommen werden.

4.1.3 Jugend und Gewalt

Durch skandalisierende Medienberichterstattungen hat das Thema Jugendgewalt seit den 1990er Jahren öffentliche Konjunktur. Die dadurch evozierten Ängste führen zu verstärkten Forderungen nach Sicherheit, Kontrolle und pädagogischer Prävention. Historisch betrachtet scheint diese öffentliche Aufmerksamkeit allerdings zyklisch wiederzukehren: in den 1950er Jahren waren es die Krawalle der Halbstarken bzw. Rocker, in den 1960er Jahre die protestierende Studentenbewegung und in den 1980er Jahre Autonome, Punks und Hausbesetzer (vgl. Mansel/Raithel 2003: 7). Dieser Hinweis sollte allerdings nicht die Sorge um rechtsextreme Gewalt Jugendlicher relativieren, welche die Thematisierung von Jugendgewalt in den 1990er Jahren maßgeblich motivierte (siehe Kap. 4.2). Das qualitativ Neue an den Diskursen über Jugendgewalt seit Ende der 1980er Jahre ist allerdings, dass nun nicht mehr spezifische Tätergruppen im Fokus stehen sondern Jugendliche bzw. Schüler insgesamt.

Formen von Gewalt

Das Thema Jugend und Gewalt kann nicht auf physische Gewalt reduziert werden, deshalb unterscheidet die Fachliteratur in der Regel zwischen folgenden Formen von Gewalt:

a) *Physische Schädigung* und körperlicher Zwang, die mit einer Schädigungsabsicht verbunden sind. Körperliche Gewalt ist ein beobachtbares Phänomen und erscheint zunächst fraglos eine eindeutige Form von Gewalt zu sein. Allerdings sind hier auch Normvorstellungen und Kontextabhängigkeiten relevant. So galt die körperliche Züchtigung von SchülerInnen durch Lehrkräfte bis in die 1960er Jahre als legitim und ist heute eine Straftat. Ob eine konkrete Handlung als Gewalt angesehen wird, ist damit auch von sozialen Interpretation abhängig (vgl. Tillmann u.a. 1999: 19f.).

b) Die *Androhung körperlicher Gewalt* hängt mit körperlichem Zwang eng zusammen. Gleichwohl das Opfer nicht unmittelbar geschädigt wird, ist doch die Schädigung als potenzielle Handlungsfolge so präsent, dass eine entsprechende definitorische Zuordnung adäquat erscheint. Des Weiteren kann *Vandalismus* als Form physischer Gewalt gefasst werden, da hier Gewalt gegen Sachen vorliegt. Sie gilt als ‚mittelbare Form' von Gewalt, zumal sie sich gegen Objekte richtet, die sich anderen Gesellschaftsmitgliedern oder Einrichtungen zuordnen lassen (vgl. Böttger/Liang 1996: 5).

c) *Psychische Schädigungen* können für das Opfer eine ebenso schmerzhafte Erfahrung sein wie physische Gewalt. Dazu zählen Ausgrenzung, Abwertung, verbale Attacken, Beleidigungen, Erniedrigungen, verletzende Ironie oder emotionale Erpressung. Psychische Schädigungen sind ebenfalls abhängig von sozialen Interpretationen, denn potenzielle Situationen psychischer Gewalt werden von Betroffenen selbst unterschiedlich gewertet: was für den einen Jugendlichen ein lockerer Spruch ist, wird von den anderen verletzend erlebt (vgl. Tillmann u.a. 1999: 21).

d) *Institutionelle und strukturelle Gewalt* ist nicht an konkrete Personen gebunden sondern an Institutionen, Strukturen, gesellschaftliche Machtverhältnisse. In Bezug auf Jugendgewalt wird z.B. die institutionelle Gewalt der Schule hervorgehoben: ihre Selektionsfunktion, Leistungskontrolle und Disziplinierungsmacht. Den Begriff strukturelle Gewalt prägte insbesondere der Friedensforscher Johan Galtung, der darunter die Einschränkung jeglicher somatischer bzw. geistiger Potenziale eines Individuums versteht (vgl. Galtung 1975). Mit diesem entpersonalisierten Gewaltbegriff geraten Armut, Unterdrückung und Entfremdung in die Kritik. Als weitere Formen entpersonalisierter Gewalt wären kulturelle, politische und symbolische Gewaltverhältnisse zu nennen.

Cybermobbing

Cybermobbing ist ein relativ neues Phänomen von psychischer Gewalt unter Jugendlichen, bei dem neue Technologien wie Mobiltelefone, E-Mails oder Internet von Einzelnen bzw. Gruppen wiederholt und intentional dazu genutzt werden, andere zu verletzten (vgl. Beran/Li 2005). Die jugendlichen Opfer erhalten bspw. Bedrohungen oder Beschimpfungen, es werden Gerüchte bzw. beleidigende Behauptungen verbreitet, verletzende Bilder veröffentlicht, Passwörter missbraucht, vertrauliche Informationen weitergegeben oder sie werden von kollektiven Aktivitäten wie Chats ausgeschlossen (vgl. Willard 2006; Katzer 2007; Riebel 2008).

Empirische Befunde zur Jugendgewalt

Die drastische Zunahme rechtsextremer Gewalttaten Jugendlicher Anfang der 1990er Jahre sowie skandalisierende Medienberichte, nach denen Jugendgewalt anwächst, die Taten brutaler und die Täter immer jünger werden haben ab Mitte der 1990er Jahre zu verstärkten Forschungsaktivitäten zu Jugendgewalt geführt (vgl. Klewin/Tillmann 2006: 191). Die empirischen Befunde weisen allerdings darauf hin, dass Jugendgewalt ein komplexes Phänomen ist. Für eine deutliche Zunahme von Jugendgewalt spricht die registrierte Gewaltkriminalität von Jugendlichen bzw. jungen Heranwachsenden zwischen 1986 und 2006, die um 300-400 % gestiegen ist (vgl. Eisner/Ribeaud 2003: 183f.). Der Anstieg scheint allerdings Mitte der 1990er Jahre seinen vorläufigen Höhepunkt gefunden zu haben (vgl. BMI/BMJ 2006: 385). Zudem betreffen die Hälfte der registrierten Gewalttaten von Jugendlichen ‚einfache Körperverletzungen'. Ausnahmen sind hingegen schwere Formen von Gewalt wie Tötungsdelikte, Vergewaltigung oder sexuelle Nötigung (vgl. Eisner/Ribeaud 2003: 193). Bei der Interpretation dieser Daten muss des Weiteren berücksichtigt werden, dass ein Teil der Zunahmen auf eine gestiegene öffentliche Sensibilisierung und Anzeigebereitschaft gegenüber Jugendgewalt zurückzuführen ist (vgl. Heinz 2006: 35, 65). Zwischen 1998 und 2008 hat sich die Anzeigebereitschaft für Körperverletzung bspw. um bis zu 50 % erhöht (vgl. Baier u.a. 2009: 11).

Regionale Dunkelfeldstudien kommen zu unterschiedlichen Ergebnissen, welche den Anstieg von Jugendgewalt in Hellfeldstudien nur zum Teil bestätigen. Hurrelmann und Mansel identifizieren bspw. in SchülerInnenbefragungen in Nordrhein-Westfalen für den Zeitraum 1986-1996 eine Zunahme physischer Gewalt um 30 %, während die Kriminalstatistik einen Anstieg von 121 % verzeichnete (vgl. Mansel/Hurrelmann 1998; vgl. Lösel u.a. 1998). Tillmann u.a. fanden zwischen 1972-1995 eine konstante Gewaltbelastung an Schulen, ein Täteranstieg konnte lediglich bei Hauptschulen verzeichnet werden (vgl. Tillmann u.a. 1999). Seit Anfang 2000 findet sich in regionalen Studien zudem ein deutlicher Rückgang von Gewaltdelinquenz (vgl. Fuchs u.a. 2005; Boers/Walburg 2007). Fasst man diese unterschiedlichen Ergebnisse der Dunkelfeldforschung zusammen, dann lässt sich ein Anstieg von Jugendgewalt Anfang bis Mitte der 1990er Jahre verzeichnen und ein immer deutlicherer Rückgang jugendlicher Gewaltdelikte ab Ende der 1990er Jahre bis 2008 (vgl. Baier u.a. 2009: 92ff.). Über die Jahrzehnte hinweg lässt sich zudem für die Gesamtheit Jugendlicher konstatieren, dass schwere Körperverletzung, Waffengebrauch oder Erpressungen nach wie vor selten sind. Verbreiteter sind Gewalthandlungen wie Schlagen, Treten, verbale Attacken oder Mobbing (vgl. Klewin/Tillmann 2006: 194).

Des Weiteren lässt sich die von Medien behauptete zunehmende Brutalisierung von Jugendgewalt nicht wissenschaftlich belegen. Aktenanalysen von Ermittlungs- und Strafverfahren sowie Daten der Unfallkassen können diese ,neue Qualität' von Jugendgewalt nicht bestätigen (vgl. Heinz 2006: 65). Auch Gewaltexzesse wie School Shootings sind zwar seit einigen Jahren in Deutschland ein ernstzunehmendes Problem, stellen allerdings Ausnahmen dar (vgl. Bondü u.a. 2008). Ein Gewaltanstieg verzeichnen einige regionale Studien dagegen bei Mehrfach- und Intensivtätern (vgl. Mansel/Hurrelmann 1998; Lösel u.a. 1998). Daraus ließe sich schließen, dass ein geringer Anteil Jugendlicher häufiger gewalttätig agiert. Bei einer Studie in Münster 2002 vereinten Mehrfachtäter z.B. 88 % aller berichteten Gewaltdelikte auf sich. Zu den Mehrfachtätern gehörten 8,2 % Jungen und 2,5 % Mädchen. Bei schweren Gewaltdelikten waren es lediglich 3,2 % bzw. 0,8 %. Diese Daten wurden von SchülerInnen der 9. Klasse erhoben, in der die Belastungsquote für Gewaltdelikte am höchsten ausfällt. Bemerkenswert ist, dass bereits in den folgenden Klassen die Belastungsquote für MehrfachtäterInnen wieder sank (vgl. Boers/Walburg 2007: 87f.).

Sozialisation, soziale Ungleichheit und Jugendgewalt
Für die Erklärung schwerer bzw. häufiger Jugendgewalt werden insbesondere soziale Lagen und Sozialisationseinflüsse herangezogen. Psychologische Studien verweisen darüber hinaus auf die Relevanz von Persönlichkeitsmerkmalen wie Empathiefähigkeit oder Affektkontrolle. Die häufig vorzufindende gravierende soziale Benachteiligung von MehrfachtäterInnen zeigt sich bspw. in dem niedrigen Sozialstatus der Eltern, eigener Bildungsbenachteiligung, Ju-

gendarbeitslosigkeit und schlechten Wohnverhältnissen (vgl. BMI/BMJ 2006: 361; Raithel/Mansel 2003). Wie bereits angeführt, kann Armut alleine zwar nicht eine erhöhte Delinquenzbelastung erklären, doch haben sozialstrukturelle Faktoren Einfluss auf Gelegenheitsstrukturen und entscheiden mit darüber, ob Risikopotenziale entfaltet oder kompensiert werden (vgl. BMI/BMJ 2006: 358). Die mangelnden sozialen Zukunftsperspektiven und gesellschaftlichen Partizipationschancen verweisen zudem auf eine *strukturelle Gewalt*, der Jugendliche und ihre Familien ausgesetzt sind.

Die soziale Lage steht wiederum in Wechselbeziehung zu Sozialisationsinstanzen wie Familie, Schule, Medien und Peers, die ebenfalls als relevante Bedingungsfaktoren für Jugendgewalt ausgemacht werden. Die gesellschaftlich hierarchisierten *Schulformen* stehen bspw. in einem direkten Zusammenhang mit der Häufigkeit von Jugendgewalt: So findet sich in Sonderschulen die höchste Belastungsquote und Gymnasien weisen in fast allen Studien die niedrigsten Werte physischer Gewalt auf (vgl. Klewin/Tillmann 2006: 195). Gewalttätige Jugendliche zeichnen sich zudem oft durch schwache schulische Leistungen, häufige Schulabstinenz und geringe Schulbindung aus (vgl. Eisner/Ribeaud 2003: 194f.). Neben bereits angeführten anomietheoretischen Erklärungsansätzen kann Jugendgewalt hier i.S. der Frustrations-Aggressionshypothese auch als Reaktion auf schulischen Belastungsstress interpretiert werden. Des Weiteren wird das Schulklima bzw. die Gewaltbilligung durch SchülerInnen und LehrerInnen als Bedingungsfaktor für Jugendgewalt identifiziert (vgl. ebd.; BMI/BMJ 2006: 372).

Die *Peer-Group* hat einen enormen Einfluss auf Jugendgewalt, da diese häufig in Gruppen begangen wird. Empirisch gesehen erhöht die Einbindung in eine gewalttätige Peer-Group das Risikopotenzial von Jugendgewalt beträchtlich (vgl. BMI/BMJ 2006: 359). Unklar bleibt bisher allerdings das Ursache-Wirkungsverhältnis: ziehen Peer-Groups gewaltaffine Jugendliche an und verstärken deren Neigung oder bringt die Gruppendynamik jugendliches Gewalthandeln erst hervor? (vgl. Sitzer 2009: 11). Nach internationalen Studien ist die Anzahl delinquenter Freunde jedenfalls eine der besten Prädikatoren für das Delinquenzverhalten eines Jugendlichen (vgl. BMI/BMJ 2006: 371). Lerntheoretische Ansätze führen solche Befunde auf die Übernahme aggressiver Normen und Handlungsmodelle zurück. Subkulturtheoretische Erklärungen stellen eine Verknüpfung mit der sozialen Lage her: Durch physische Gewalt demonstrieren Jugendliche Stärke und Erfolg, die ihnen ansonsten versagt wird. Aufgrund ihrer hohen sozialen Belastung bleiben ihnen Zugänge zu nicht-delinquenten Peer-Groups zudem oft versperrt (vgl. Wetzstein u.a. 2005: 189).

Der sozialisatorische Einfluss der *Medien* wird oft für Jugendgewalt verantwortlich gemacht. Insbesondere der exzessive Konsum von Fernsehen, Video und Computerspielen. Empirisch wies etwa das Kriminologische Forschungs-institut Niedersachsen einen Zusammenhang zwischen Medienkonsum und dem Ausmaß von Gewaltdelinquenz Jugendlicher nach (vgl. Mößle u.a. 2006). Allerdings lassen sich solche Zusammenhänge nicht durch ein simples Stimu-lus-Response-Modell erklären. Die Medienwirkungsforschung ist hier mit dem Problem konfrontiert, dass es schwer zu klären ist, ob Jugendgewalt wirklich allein auf den Medienkonsum rückführbar ist oder weitere Sozialisationsfakto-ren wirksam sind bzw. eine bisher vorhandene Gewaltdisposition nur verstärkt wird (siehe Kap. 3.5).

Schließlich wird der *Familie* zur Erklärung von Jugendgewalt ein besonderer Sozialisationseinfluss zugeschrieben. Auffällig ist, dass jugendliche Mehrfach-täter oft selbst Opfer familiärer Gewalt waren bzw. in einem gewalttätigen Fa-milienklima sozialisiert wurden (vgl. Heitmeyer u.a. 1995; Pfeiffer u.a. 1999). Dies gilt vor allem für sozial benachteiligte Familien, deren Zusammenleben von struktureller Gewalt geprägt ist (vgl. Wetzels u.a. 2001) sowie für Jugendli-che mit türkischem, jugoslawischem und afrikanischem Migrationshintergrund (vgl. Baier 2009 u.a.: 54). Ferner gilt eine schwache Familienbindung (vgl. Mansel/Hurrelmann 1998) sowie ein inkonsistenter bzw. nicht-empathischer Erziehungsstil als familiärer Risikofaktor für Gewaltdelinquenz (vgl. Heitmeyer u.a. 1995; Lösel/Bliesener 2003; Fuchs u.a. 2005; Kunz 2007).

Bei den hier angeführten Sozialisationseinflüssen ist zu bedenken, dass oft erst die Wechselbeziehungen unterschiedlicher Faktoren wie niedriger sozio-ökonomischer Status, Schulabstinenz, städtische Desintegration, traditionelle Männlichkeitsvorstellungen, eigene Viktimisierungserfahrungen etc. Jugendge-walt empirisch erklären können. Diese sozialen Merkmale eignen sich isoliert voneinander meist nicht als Prädikatoren von Jugendgewalt. So müssen eigene Gewalterfahrungen nicht zwangläufig zur jugendlichen Gewaltdelinquenz füh-ren. Insbesondere bei schwereren Formen von Jugendgewalt zeigt sich demnach das Erklärungspotenzial des theoretischen Paradigmas Intersektionalität, das die Wechselwirkungen sozialer Kategorien in den Blick nimmt (siehe Kap. 2.4.3).

Die bisher referierten empirischen Befunde wurden häufig auf der Basis quantitativ angelegter Befragungen von SchülerInnen gewonnen, da sich hier ein leichter Zugang zum Forschungsfeld eröffnet. Qualitative Studien, welche in einer Mikroperspektive Jugendliche nach ihren Gewalterfahrungen befragen, sind weitaus seltener (vgl. Bruhns/Wittmann 2002; Sitzer 2009). Exemplarisch hervorgehoben werden soll deshalb eine qualitative Studie von Ferdinand Sut-terlüty, der Gewaltkarrieren von Jugendlichen untersucht hat.

Jugendliche Gewaltkarrieren (Sutterlüty 2002)

In seinen Interviews mit 18 mehrfachauffälligen Jugendlichen, die Sutterlüty zwischen 1996 und 2000 führte, arbeitet er die Entwicklungsschritte und Wendepunkte von Gewaltkarrieren Jugendlicher heraus. Aufgrund handlungstheoretischer Überlegungen stellte der Autor deren Erfahrungen und Interpretationen von Gewalt in konkreten Situationen in den Fokus seiner Analyse. Die jugendlichen Wiederholungstäter berichteten durchweg von Gewalterfahrungen in der Familie als Opfer bzw. Zeuge von Gewalt gegen Familienmitglieder. Hinzu kamen massive Missachtungserfahrungen auf der emotionalen und psychischen Ebene. Die Ohnmachterfahrungen führten nicht selten zu dem Wunsch nach Gegengewalt, welche der eigenen Wehrlosigkeit ein Ende setzen sollte. In erstaunlicher Übereinstimmung berichteten die jugendlichen Gewalttäter von einem biographischen Wendepunkt, an dem sie ein Alter erreicht hatten, das sie zu einem erfolgreichen Gegenschlag gegen den Täter befähigte. Der Wechsel vom Opfer in die Täterrolle führte oft zu einer neuen Selbstdefinition, die sich nun durch Wehrhaftigkeit und Gewaltbereitschaft auszeichnete.

Nach Sutterlüty erwerben jugendliche Gewalttäter in ihrer familiären Sozialisation spezifische Wahrnehmungsmuster, die er als ‚gewaltaffine Interpretationsregimes‘ bezeichnet. Aufgrund ihrer Ohnmachts- und Missachtungserfahrungen erkennen Jugendliche im Verhalten ihrer Interaktionspartner vorschnell die Absicht, sie angreifen oder erniedrigen zu wollen. Ihre dichotomen Interpretationen solcher Interaktionen kreisen häufig um die Semantiken von Macht und Ohnmacht, also in dem bekannten Bezugsrahmen vergangener Ereignisse. Gewalt erscheint den Jugendlichen hier als naheliegende Antwort, sie glauben sich ständig verteidigen bzw. Angriffen zuvorkommen zu müssen. Als Interpretationsregimes bezeichnet Sutterlüty diese Deutungsweisen, da sie keine bewussten Entscheidungen der Jugendlichen darstellen.

Die qualitative Anlage seiner Studie ermöglichte es Sutterlüty zudem, etwas über die intrinsischen Gewaltmotive der jugendlichen Täter herauszufinden. Darunter versteht er Motive, welche aus der Gewaltausübung selbst hervorgehen und die keiner situationsexterner Ziele mehr bedürfen. Hier identifiziert Sutterlüty drei Dimensionen: 1. Der Triumph physischer Überlegenheit: Damit verbunden ist das omnipotente Gefühl der Macht, über Leben und Tod zu entscheiden. Hier geht es primär um die euphorisierende Selbstwahrnehmung in der Gewaltsituation. 2. Das Zufügen von Schmerzen, bei dem das rauschhafte Erleben der Verwundbarkeit des anderen im Vordergrund steht. Bemerkenswert daran ist, dass dieses Empfinden eine gewisse Empathie des Täters mit dem Opfer voraussetzt. 3. Die Überschreitung des Alltäglichen: Das Gewaltmotiv ist hier mit der Herstellung eines sinnlichen und normativen Ausnahmenzustandes verbunden, der sich radikal von den als weniger intensiv erfahrenen Alltagsroutinen unterscheidet. Auch die Studie von Sutterlüty verweist auf die Bedeutung von Männlichkeitskonstruktionen im Zusammenhang mit Jugendgewalt. Deshalb soll dieser Aspekt abschließend noch einmal gesondert in den Fokus genommen werden.

Geschlecht und Jugendgewalt
Geschlechtertheoretische Perspektiven sind nicht allein für das Thema Mädchengewalt interessant, vielmehr zeigen die bisher referierten Befunde die enorme Bedeutung der sozialen Konstruktion von Männlichkeit. Täter und Opfer von Jugendgewalt sind meist männlich. Dies gilt insbesondere für physische Gewalt: nach einer Studie von Lösel und Bliesener gaben 7,9 % der befragten Jungen an, mindestens einmal in der Woche oder häufiger andere geschlagen bzw. getreten zu haben, bei den Mädchen waren es nur 1,6 %. Betroffen als Opfer waren 4,2 % der Jungen und 1,5 % der Mädchen (vgl. Lösel/Bliesener 2003: 49).

Geschlechtertheoretisch werden diese Befunde mit tradierten Männlichkeitsvorstellungen erklärt: Männer setzen ihre Interessen notfalls durch physische Stärke durch, sie werden häufiger in Gewalthandlungen involviert, weil sie keine Schwäche zeigen dürfen und sie sind durch patriarchale Familienstrukturen geprägt (vgl. Popp 2002; Möller/Schuhmacher 2007; Kersten 1997). Die differenztheoretische geschlechtsspezifische Sozialisationsforschung weist zudem auf eine unterschiedliche Aggressionsverarbeitung hin: Jungen agieren Aggressionen eher nach außen aus, Mädchen eher nach innen. Wobei die Geschlechtsunterschiede in der Mitte der Adoleszenz zurückgehen (vgl. Essau/Conradt 2004: 56ff.). Bereits in der frühen Kindheit werden Jungen von Erziehungspersonen zu Risikobereitschaft, Bewegungsintensität und Durchsetzungsfähigkeit ermutigt (vgl. Bilden 1991: 788; Bilden 1998: 284). Connells Unterscheidung zwischen hegemonialer, komplizenhafter, marginalisierter und untergeordneter Männlichkeit vermag zudem die Bedeutung von Gewalt *zwischen* Männern zu erklären (vgl. Connell 1999). Schließlich ist körperliche Gewalt für sozial benachteiligte Jugendliche eventuell das letzte verbleibende Mittel, Männlichkeit und Stärke überhaupt repräsentieren zu können (vgl. Spindler 2006; BMI/BMJ 2006: 373f.).

Physische Mädchengewalt geriet hingegen erst in den 1990er Jahren in den wissenschaftlichen, pädagogischen und öffentlichen Blick. Sie ist empirisch weitaus weniger verbreitet, betrifft primär leichte Körperverletzungen, kommt seltener zur Anzeige und basiert häufiger auf Einzeltaten. Da Mädchengewalt gängigen Geschlechterstereotypen widerspricht, findet sie dennoch besondere Beachtung. In der polizeilichen Kriminalstatistik 2005 lagen die TVBZ-Werte für Mädchen im Alter von 8-bis 21 Jahren bei 165,8 für schwere Körperverletzungen, bei Jungen 876,7. Im Zeitverlauf ergibt sich zwischen 1993 und 2005 ein Anstieg der weiblichen Tatverdächtigen unter 21 Jahren um mehr als das Doppelte bei schweren und leichten Körperverletzungen (vgl. Bruhns/Wittmann 2006: 296). Bei der Interpretation dieser Daten sind allerdings die bereits angeführten Einwände gegen Kriminalstatistiken zu berücksichtigen. Dunkelfeldstudien kommen zudem zu widersprüchlichen Ergebnissen hinsichtlich eines möglichen Anstiegs von Mädchengewalt (vgl. ebd.: 297ff.).

Empirische Studien zur Mädchengewalt weisen darauf hin, dass Mädchen untereinander insbesondere psychische Gewalt ausüben, beim Mobbing sind allerdings Jungen häufiger vertreten (vgl. Popp 2002: 28). Des Weiteren erwiesen sich neben Geschlecht erneut die angeführten komplexen Wirkungszusammenhängen von Jugendgewalt als bedeutsam: der Sozialstatus der Eltern, die niedrige Schulform, die Delinquenzbelastung von Stadtteilen und Cliquen, psychische Bewältigungsressourcen sowie körperliche, emotionale und sexuelle Gewalterfahrungen in der Familie (vgl. Pfeiffer u.a. 1999; Silkenbeumer 2000; Popp 2002).

Bruhns und Wittmann (2002) kommen in ihrer qualitativen Studie über Mädchen in gewaltbereiten Cliquen zu dem Ergebnis, dass deren Gewaltmotive sich nicht wesentlich von Jungen unterscheiden: Gewalt ist für sie ein adäquates Mittel zur Konfliktlösung, Verteidigung der Cliquenehre und zum persönlichen Status- bzw. Respektgewinn. Dabei nehmen Mädchen in gemischtgeschlechtlichen Cliquen keineswegs die untergeordnete Stellung ein, die in der wissenschaftlichen Fachliteratur oft konstatiert wird. Des Weiteren lehnen die interviewten Mädchen traditionelle Weiblichkeitsnormen wie Familienfürsorge oder Schönheitsideale nicht ab, sie wollen lediglich keine ohnmächtigen Opfer sein. Mädchen benutzen allerdings seltener Waffen oder setzen Gewalt aus materiellen Gründen ein. Opfer von Mädchengewalt sind zudem meist Jugendliche vom gleichen Geschlecht und Alter. Wie in den folgenden Kapiteln deutlich wird, finden sich auch im Hinblick auf Drogenkonsum, Rechtsextremismus und Essstörungen Geschlechterunterschiede. Die soziale Konstruktion von Geschlecht ist demnach ein wichtiger Faktor bei der Analyse und Reflexion sozialer Probleme Jugendlicher.

4.2   Jugendlicher Rechtsextremismus

4.2.1 Definition von Rechtsextremismus

In sozialwissenschaftlichen Diskursen erweist sich Rechtsextremismus als ein erstaunlich unscharf verwendeter Grundbegriff, denn „es besteht keine eindeutige Zuordnung zwischen dem Zeichen ‚Rechtsextremismus' und dem, wofür es steht" (Winkler 2000: 39). Die Situation wird durch thematisch verwandte, ebenfalls verbreitete Begriffe wie bspw. (Neo-)Faschismus, (Neo-)Nazismus und Rassismus noch zusätzlich erschwert (vgl. Möller 2001; Jaschke 2001). Eine weit verbreitete Definition von Rechtsextremismus geht auf das Bundesamt für Verfassungsschutz (BfV) zurück. Als zentraler Tatbestand wird *politischer Extremismus* fokussiert, dessen linke wie rechte Variante über die ihnen gemeinsame Negation von Demokratie erfasst wird. Gemäß der Wortherkunft (lat. ‚extremus'- der äußerste) definiert sich Extremismus also negativ als Ablehnung oder eben als äußerste Abweichung von Demokratie in Gestalt des demokratischen Verfassungsstaates und der freiheitlichen demokratischen Grundordnung (vgl. Pfahl-Traughber 2006: 12). Entsprechend bilden linksextremistische und rechtsextremistische Positionen die Endpunkte eines politischen Spektrums, in dessen Zentrum die demokratische Mitte liegt (vgl. Stöss 2007: 20). Extremistisch sind damit alle Bestrebungen, die den demokratischen Verfassungsstaat und seine Prinzipien (Gewaltenteilung, Mehrparteienprinzip, Menschenrechte u.a.) bekämpfen.

Nach Meinung vieler KritikerInnen liegt die Schwäche dieses amtlichen Extremismusbegriffs in der Tendenz zur *Gleichsetzung von Links- und Rechtsextremismus* sowie in einer Sichtweise, welche die vorhandenen Beziehungen zur politischen Mitte ausblendet und den Extremismus dadurch als Randproblem bagatellisiert (vgl. ebd.: 21). Denn wenn Extremismus per definitionem die Antithese zu Demokratie bildet, werden durch diesen normativ aufgeladenen Begriff Erscheinungen der gesellschaftlichen Mitte wie bspw. Rechtspopulismus oder Konservatismus in ihren Überschneidungen mit extremistischen Positionen vernachlässigt (vgl. Butterwegge 2002: 106ff.). Allerdings ist dieses Verständnis vor dem Hintergrund der sicherheitsbehördlichen Praxis der Verfassungsschutzämter zu sehen, die stark auf den organisierten Rechts- und Linksextremismus sowie auf den islamistischen Terrorismus ausgerichtet ist und praktikable Unterscheidungskriterien benötigt.

Hingegen grenzen sich sozialwissenschaftliche Zugänge häufig mehr oder weniger vom verfassungsbezogenen Extremismusbegriff ab. In den Sozialwissenschaften ist es üblich, zwischen der *Verhaltensebene* und der *Einstellungsebene* des Rechtextremismus zu unterscheiden. Zum Bereich des Verhaltens gehört neben der rechtsextremistischen Gewalt das Wahlverhalten, die Mitgliedschaft in rechtsextremistischen Vereinigungen und andere politische Ausdrucksformen wie öffentlicher Protest oder Provokation (vgl. Stöss 2007: 26ff.; Grumke 2007: 22). Da es das Ziel sozialwissenschaftlicher Bemühungen ist, gesellschaftliche Bedingungen und begünstigende Sozialisationskontexte für Rechtsextremismus aufzudecken, sind rechtsextremistische Einstellungen anders als im verfassungszentrierten Zugang auch dann relevant, wenn sie (noch) nicht handlungsbestimmend sind.

Im Bereich der Einstellungen gilt, was sich auch für die Organisations- und Verhaltensformen des Rechtsextremismus sagen lässt: Weder denken Rechtsextremisten alle gleich noch verleihen sie ihrem Denken in gleicher Weise Ausdruck. Rechtsextremismus bildet ein *mehrdimensionales Einstellungssyndrom*, wobei die verschiedenen Elemente unterschiedlich kombiniert und ausgeprägt sein können. Im Allgemeinen werden folgende ideologische Kernelemente genannt:

Zunächst ist das rechtsextremistische Menschenbild von tief verwurzelten *Ungleichheitsvorstellungen* geprägt. An die Stelle der universell gültigen Freiheits- und Gleichheitsrechte von Menschen tritt die Vorstellung einer hierarchischen Ordnung, wonach der Einzelne seinen Wert über die Zugehörigkeit zu einem übergeordneten Kollektiv erhält (vgl. Borrmann 2006: 49; Stöss 2007: 25). Diese Denkweise besteht in der Verknüpfung vorgestellter ,innerer' Kollektiveigenschaften mit naturvermittelten Merkmalen einer Personengruppe, wie bspw. mit dem körperlichen Merkmal Hautfarbe (vgl. Butterwegge 2002: 16). Da mit dieser Form des Unterscheidens (,Diskriminierens') der Entzug von Teilhabe- oder im Extremfall Existenzrechten verbunden wird, geht diese Überzeugung von der „angeblich naturbedingten Ungleichwertigkeit von Angehörigen unterscheidbarer gesellschaftlicher Gruppierungen wie z.B. Rassen, Ethnien und Nationen" aus (Möller 2000: 74).

Das zeigt sich insbesondere beim *biologischen Rassismus*. Aus strategischen Gründen geben Rechtsextremisten heute allerdings meist dem *kulturellen Rassismus* den Vorzug, bei dem dieses Ausgrenzungsmuster entlang kultureller Aspekte verläuft, über die bestimmte Personengruppen als „fremd" definiert werden. Eine Form rassistischer Ausgrenzung bildet der *Antisemitismus* als weiteres Kernelement des Rechtsextremismus (vgl. Jaschke 2001: 64ff.). *Ausländerfeindlichkeit* als latentes Vorurteil oder praktizierte Abwehrhaltung gegen Fremde wird in der Literatur in ihrem Zusammenhang mit ökonomisch-materiellen Konkurrenzsituationen thematisiert. Das heißt, dass Privilegien der Eigengruppe bei Verlustängsten oder -erfahrungen durch Abschottung gegen Fremdgruppen verteidigt werden sollen (vgl. Butterwegge 2002: 16). Es findet also letztlich eine Ethnisierung sozialer Konflikte statt. Danach kann Ausländerfeindlichkeit ein Indikator sozialer und ökonomischer Probleme sein und sich prinzipiell auch gegen deutsche StaatsbürgerInnen anderer ethnischer Herkunft richten. Die Etikettierung als ,Ausländer' betrifft somit häufig auch die InhaberInnen eines deutschen Passes. Da es um die kulturelle Zuschreibung von ,Fremdheit' geht und sich rechtsextremistische Angriffe ja auch gegen missliebige inländische Minderheiten (Obdachlose, Homosexuelle) richten, wird teilweise der Begriff *Fremdenfeindlichkeit* bevorzugt (vgl. Jaschke 2001: 62ff.).

Rechtsextremistische Einstellungen sind ferner gekennzeichnet durch eine bestimmte Variante des *Nationalismus*, welche die Nation weniger als politisch-historisches Entwicklungsprodukt, denn als eine organische Ganzheit und überzeitliche Schicksalsgemeinschaft versteht. Die zu bewahrende Homogenität der Nation führt dann zu Überlegenheitsdenken und aggressiver Selbstbehauptung gegenüber anderen Nationen. Letztlich sind Nation und Volk kaum voneinander zu trennen, „weil man sie beide als biologische Konstanten begreift" (Butterwegge 2002: 33). Die *Volksgemeinschaft* ist gewissermaßen die Kehrseite rassistischer Ausgrenzung, hier legen vermeintlich naturgegebene Konstanten die Zugehörigkeit fest, die daher nicht auf andere Weise (durch Zuzug, Erlernen der Sprache etc.) erworben werden kann. In dieser Vorstellung gehört der Einzelne der Volksgemeinschaft durch Geburt an und kann sich nur in ihrer Kultur zurechtfinden (vgl. Borrmann 2006: 45ff.).

Ziel der Volksgemeinschaft ist die Schaffung eines *autoritären Staates*, der unter weitgehender Einschränkung der demokratischen Mitbestimmung über den Erhalt der Volksgemeinschaft wachen soll und hart gegen ‚volkszersetzende' Einflüsse durchgreift. Die Ablehnung des gegenwärtigen politischen Systems ist dabei vorrangig gegen den Parlamentarismus gerichtet, dem man vorwirft, die Volksgemeinschaft zu untergraben, da in ihm gesellschaftliche Partikularinteressen in Gestalt der Parteien über die Einigkeit der Volksgemeinschaft gestellt werden (vgl. Stöss 2007: 25). Dies entspricht der geforderten Unterordnung des Einzelnen unter ein Kollektiv, die im rechtsextremistischen Denken fest verankert ist. Damit wenden sich Rechtsextremisten nicht nur gegen den demokratischen Staatsaufbau ‚von unten nach oben', sondern verfügen meist auch über ein *antipluralistisches Gesellschaftsbild*, da sich der demokratische Staat als Organ der pluralistisch verfassten Gesellschaft versteht und das Gemeinwohl dieser Gesellschaft nur als Ergebnis des demokratischen Prozesse, also a posteriori, zu bestimmen ist.

Eine relativ neue Erscheinung rechtsextremistischer Ideologie ist eher diskursstrategischer Natur: Volksgemeinschaft wie auch Nation stellen aufgrund der deutschen Geschichte moralisch belastete Begriffe dar, daher werden sie aus taktischen Gründen vielfach vom Konzept des so genannten *Ethnopluralismus* abgelöst, das den Hierarchiegedanken zugunsten anderer Überlegungen verdeckt. Dabei wird mit der durchaus perfiden Forderung nach einem Selbstbestimmungsrecht der Völker faktisch die Trennung der ethnisch oder kulturell homogenen Einzelvölker eingefordert (‚Deutschland den Deutschen – die Türkei den Türken') (vgl. Grumke 2007: 24; Borrmann 2006: 47). Ganz auf dieser Linie bewegt sich bspw. die Intention der Aussage, dass die Anwesenheit ausländischer Arbeitskräfte mit moderner Sklaverei zu vergleichen sei (vgl. Butterwegge 2002: 53). Tatsächlich können mit solchen Diskursstrategien so unterschiedliche Handlungen wie der Ruf nach einer rigiden Asylpolitik oder die illegitime Gewaltanwendung gegen ‚Fremde' begründet werden.

Zuletzt ist noch *Geschichtsrevisionismus* bzw. ein NS-nahes Geschichtsbild zu nennen. Dies meint die Absicht, die historische Realität der deutschen Geschichte so zu verfälschen, dass die NS-Verbrechen und damit auch deren moralische Last relativiert oder verleugnet werden. Dazu zählt etwa die ‚Kriegsschuldlüge', wonach die Deutschen als Opfer der Alliierten in den Zweiten Weltkrieg gezogen wurden oder aber die „Auschwitz-Lüge". Letztlich soll darüber die deutsche Identität rehabilitiert werden (vgl. Kulick/Staud 2009: 124ff.; Borrmann 2006: 47). Ob *Autoritarismus* zur rechtsextremistischen Einstellung gehört, ist stark umstritten. Viele Vertreter der Autoritarismusforschung behandeln Autoritarismus als Merkmal, welches für die Übernahme politischer Einstellungen disponiert und diesen somit vorausgeht. Davon soll im Abschnitt ‚Erklärungsansätze' die Rede sein. Auf die Definition Wilhelm Heitmeyers, die als *soziologischer Rechtsextremismus* stark rezipiert wurde, wird ebenfalls an der Stelle eingegangen.

4.2.2 Rechtsextremistische Einstellungen Jugendlicher

Den Mittelpunkt dieses Abschnitts bilden empirische Befunde zu rechtsextremistischen Einstellungen im Jugendalter. Zuvor soll kurz auf die Verhaltensebene eingegangen werden. Für Jugendliche kann das Wahlverhalten (bspw. bei Kommunal- oder Landtagswahlen) schon auf Grund des gesetzlich geregelten Wahlrechts nur für eine Teilgruppe in Frage kommen, ebenfalls nicht zentral sind Mitgliedschaften in formellen Vereinigungen wie rechtsextremistische Parteien. Wie noch zu zeigen sein wird, hat sich jedoch eine rechte Jugendkultur entwickelt, die ideologische Botschaften und Erlebniswerte verbindet und Bedürfnisse nach sozialemotionalem Halt befriedigt. Überdies reißt die Diskussion um Jugendgewalt mit rechtsextremistischem Hintergrund seit den Angriffen auf Unterkünfte ausländischer MitbürgerInnen zu Beginn der 1990er Jahre nicht ab, gerade bei der direkten Gewaltanwendung sind Jugendliche und junge Erwachsene überrepräsentiert (vgl. Scherr 2009: 177; Pfahl-Traughber 2006: 69f.). Analyseresultate, die sich auf polizeiliche Ermittlungsakten rechtsextremistischer Gewalttäter bzw. Tatverdächtiger stützen, gehen davon aus, dass drei Viertel dieses Personenkreises unter 25 Jahre alt ist. In neun von zehn Fällen handelt es sich um männliche Straftäter (vgl. Gamper/Willems 2006: 448). Da der rechtsextremistischen Verhaltensebene in der Regel entsprechende Einstellungen oder zumindest Stimmungslagen voraus gehen, diese aber andererseits nicht zwangsläufig in politisch motivierte Aktionen münden, sind die politischen Einstellungsmuster gesondert zu betrachten (vgl. Kleinert/de Rijke 2000: 167; Grumke 2007: 22f.).

Was Dimensionen einer rechtsextremistischen Einstellung sind und welche Ausprägungen man in den Blick nimmt, ist nicht unumstritten. Dies hängt mit der Mehrdeutigkeit des Rechtsextremismus zusammen (vgl. Stöss 2007: 60). In der mit diesen Fragen befassten Einstellungsforschung wird daher nicht durchgängig der gleiche Sachverhalt zu Grunde gelegt, wenn von Rechtsextremismus die Rede ist. Für den Vergleich von Befunden quantitativer Einstellungserhebungen kommen weitere Aspekte erschwerend hinzu. So werden die für relevant erklärten Einstellungsdimensionen in unterschiedlicher Weise operationalisiert, vor allem aber muss entschieden werden, ab welchem Zustimmungsmaß bezogen auf die abgefragten Items eine rechtsextremistische Einstellung angenommen werden soll (vgl. Schroeder u.a. 2004: 253). Aus diesen Gründen sind die Befunde der zahlreich durchgeführten Studien nicht bis ins Letzte vergleichbar. Eine fundierte Übersicht über den Forschungsstand zu Rechtsextremismus mit der Konzentration auf Einstellungserhebungen bei Jugendlichen liefern Schroeder u.a. (2004). Die Autoren geben ebenfalls einen vertieften Einblick in die methodischen Probleme der Einstellungsmessung von Rechtsextremismus.

Im Jugendalter zeigt sich die Einstellungskomponente rechtsextremer Orientierungen vorrangig als Ausländerfeindlichkeit. Unlängst hat die repräsentative Studie „Jugendliche in Deutschland als Opfer und Täter von Gewalt" (Baier u.a. 2009) des Kriminologischen Forschungsinstituts Niedersachsen (KFN) die Reihe vorliegender Untersuchungen mit aktuellen empirischen Befunden ergänzt. Allerdings liegt der Schwerpunkt dieser vom Bundesinnenministerium mitfinanzierten Untersuchung von 44.610 Schülerinnen und Schülern (meist 15-Jährige aus neunten Klassen verschiedener Schularten) auf einem anderen Aspekt: Angesichts der öffentlichen Relevanz von Jugendgewalt soll Orientierungswissen für Lösungen bzw. Präventionsmaßnahmen geliefert und der polizeilichen Kriminalstatistik mit Hilfe der so genannten Dunkelfeldforschung neue Erkenntnisse zur Seite gestellt werden (vgl. Baier u.a. 2009: 7ff.). Es wurden jedoch auch die ausländerfeindlichen und antisemitischen Einstellungen und Verhaltensweisen bei 20.604 Personen aus der Grundgesamtheit (den deutschen Jugendlichen) erhoben (vgl. ebd.: 113).

Laut dieser Studie zeigen sich von den Befragten 14,4 % sehr ausländerfeindlich und weitere 26,2 % eher ausländerfeindlich. Bei der Klassifikation nach antisemitischen Ansichten stimmten den diesbezüglichen Items 8,4 % eher und 4,3 % in hohem Maße zu (vgl. ebd.: 116). Den Bereich der Einstellungen verlassend haben bei einem weiteren Frageschwerpunkte 4,9 % der Jungen und 2,6 % der Mädchen angegeben, Mitglied in einer rechtsextremistischen Kameradschaft oder Gruppe zu sein. 4,3 % der befragten Jugendlichen haben der Studie zufolge eine strafbare rechtsextreme Handlung berichtet, wobei nur ein

Viertel von ihnen von den Behörden sanktioniert worden sei. Dies weist auf die hohe Dunkelziffer entsprechender Straftaten hin (vgl. ebd.: 119ff.).

Angesichts vorliegender Befunde scheint die Studie von Schroeder u.a. (2004) zunächst aus dem Rahmen zu fallen. Untersucht wurden 862 Schüler und Schülerinnen, die zum Erhebungszeitpunkt zu vier Fünfteln unter 18 Jahre alt sind und in zwei ost- und zwei westdeutschen Städten leben (Schroeder u.a. 2004: 258f.). Als Einstellungsdimensionen werden Nationalismus, Antisemitismus, Ausländerfeindlichkeit, Biologismus, Antiparlamentarismus und NS-nahes Geschichtsbild operationalisiert (vgl. ebd.: 253). In ihrer Interpretation der empirischen Daten konstatieren die ForscherInnen, dass Ausländerfeindlichkeit zwar von allen untersuchten Merkmalen die höchste Zustimmung erfährt, ein großer Anteil der zustimmenden Jugendlichen sich aber vom Rechtsextremismus bzw. den anderen dafür relevanten Einstellungsdimensionen distanziert (vgl. ebd.: 338). Gemäß ihren theoretischen Vorentscheidungen gehen die AutorInnen von deutlichen Unterschieden zwischen der Gruppe der ‚ausländerfeindlich Eingestellten' und der ‚Rechtsextremisten' aus. Während Rechtsextremisten in der Regel auch ausländerfeindlich sind, gelte dies umgekehrt nicht.

Insofern hier in der theoretischen Konzeption von Rechtsextremismus ‚streng' verfahren und nur ein weitgehend geschlossenes rechtsextremistisches Weltbild berücksichtigt wird, ist der Unterschied zu anderen Erhebungen nicht verwunderlich: Schroeder u.a. gehen mit 2,1 % von einem verhältnismäßig geringen Anteil an Jugendlichen mit verfestigter rechtsextremistischer Einstellung aus (vgl. ebd.: 298). Interessant ist aber, dass viele Einzelergebnisse im Kontrast mit einer zweiten Datenreihe präsentiert werden, in der dasselbe Material nach ‚weicheren' statistischen Kriterien ausgewertet wurde. Danach liegt die Rechtsextremismusquote der befragten Jugendlichen bei 6 % (vgl. ebd.).

Von Entwarnung kann laut den AutorInnen nicht die Rede sein, wie ein Blick auf das Mittelfeld des neutralen Antwortverhaltens zeigt. Hier zeigt sich die ‚Grauzone' eines beträchtlichen Personenanteils, dessen neutrale Antworten als Unentschlossenheit bei Fragen nach der demokratischen Bindung interpretiert werden. Es zeigt sich, dass es trotz der relativ geringen Zahl der Anhänger des Rechtsextremismus neben einer Mehrheit seiner Gegner eine nicht unbedeutende Minderheit gibt, die ambivalent eingestellt ist. Dieser Teil ist zumindest anfällig für rechtsextremistische Einstellungen (vgl. ebd.: 337).

Originalzitat:

„Das Fazit lässt sich aus zwei entgegengesetzten Blickwinkeln ziehen: Positiv betrachtet ist nur ein verschwindend geringer Teil der befragten Schüler antizivil, nur wenige sind rechtsextremistisch eingestellt, eine sehr große Mehrheit fühlt sich in Familie und Freundeskreis anerkannt und betrachtet Gesellschaft und Politik mit kritischem Blick. Negativ betrachtet sticht der große Anteil der Unentschlossenen, der nicht Festgelegten, ins Auge. Nur etwa jeder Zweite scheint immunisiert gegenüber einem rechtsextremistischen Weltbild, etwas mehr als jeder Dritte äußert sich nicht ausdrücklich in einem zivilen Sinne, und vor allem stößt die parlamentarische Demokratie auf eine relativ große Ablehnung und Gleichgültigkeit." (Schroeder u.a. 2004: 336)

Entgegen geläufiger Ansichten bestätigen die Befunde nicht, dass rechtsextremistische Einstellungen bei den ostdeutschen Befragten nennenswert häufiger anzutreffen sind als bei westdeutschen Jugendlichen. Jedoch neigen die ostdeutschen SchülerInnen eher zu Unentschlossenheit, also zu einem neutralen Antwortverhalten (vgl. Schroeder u.a. 2004: 341). Bedenkenswert ist ein weiteres Resultat, wonach es vermehrt unter Haupt-/GesamtschülerInnen und BerufsschülerInnen zur Ausbildung rechtsextremistischer Einstellungen kommt. Wie die Differenzierung nach Schularten zeigt, können sie als Problemgruppen identifiziert werden (vgl. ebd.: 343). Ferner weisen Jungen häufiger rechtsextremistische Einstellungen auf, wie es im Geschlechtervergleich deutlich wird.

Die Darstellung dieser Studie macht jenseits ihrer konkreten Ergebnisse auf einen anderen Problemzusammenhang aufmerksam: Geben quantitative Untersuchungen ihre Befunde häufig als ‚gesicherte Erkenntnisse‘ aus, weisen Schroeder u.a. in selbstkritischer Weise auf die nicht abschließend begründbaren theoretischen Vorentscheidungen hin. Von solchen ‚Stellgrößen‘ sind die Ergebnisse quantitativer Einstellungserhebungen abhängig, wie es die zweite Datenreihe in der Ergebnispräsentation deutlich macht, die nach weniger strengen Kriterien berechnet wurde. Allerdings ist in Bezug auf diese Studie auch hervorzuheben, dass sie trotz der relativ hohen Fallzahl keinen Anspruch auf statistische Repräsentativität erhebt (vgl. ebd.: 336).

4.2.3 Rechtsextremismus als soziale Bewegung und Jugendkultur

Neben der Verbreitung entsprechender Einstellungen in der Bevölkerung und unter Jugendlichen bilden Verhaltensweisen eine bedeutsame Betrachtungsebene des Rechtsextremismus. Dazu zählt auch die Mitgliedschaft in rechtsextremistischen Vereinigungen, seien dies nun parteiförmig oder eher informell organisierte Gruppen. Angesichts der aktuellen Entwicklungen sind Öffentlichkeit und Wissenschaft gut beraten, den kulturellen und sozialen Einbindungen Jugendlicher innerhalb des rechten Lagers besondere Aufmerksamkeit zu schenken, hat die extreme Rechte doch neue *Rekrutierungsstrategien* entwickelt, welche die jugendliche Zielgruppe ins Visier nehmen. Seit einigen Jahren verfügt das organisierte Spektrum über ‚moderne' Formen der Ansprache Jugendlicher, die sich an jugendkulturellen Erlebnis- und Inszenierungsformen orientieren (vgl. Pfeiffer 2007; Möller/Schuhmacher 2007: 51ff.). Dabei bilden die Mobilisierung von WählerInnenstimmen und die Einbindung des Nachwuchses in die Parteistrukturen eher die Fernziele, während die Steigerung der gesellschaftlichen Akzeptanz rechtsextremistischer Ideen im vorpolitischen Raum als unmittelbare Absicht hinter diesem Strategiewechsel steht.

Im Zentrum dieser Entwicklung steht die NPD als das ‚Gravitationsfeld des deutschen Rechtsextremismus' (vgl. Funke 2009: 39). Sie ist seit einigen Jahren die wichtigste rechte Kraft und konnte wiederholt Wahlerfolge auf Kommunal- und Landtagsebene verbuchen. Existieren politische und kulturelle Erscheinungsweisen des Rechtsextremismus auch jenseits der einschlägigen Parteien (NPD, DVU, die Republikaner), hat es einzig die NPD verstanden, das damit verbundene Einstellungs- und Personenpotenzial für sich zu nutzen. Diese Tendenz ist verstärkt seit dem Wechsel der Führungsspitze 1996 erkennbar, als der noch immer amtierende Udo Voigt den Parteivorsitz übernahm. Die NPD öffnete sich gegenüber den politisierten, aber parteipolitisch nicht gebundenen Neonazis (dem so genannten freien Nationalismus oder freien Widerstand) sowie gegenüber der Skinheadszene, die eher als jugendkulturelle Erscheinungsweise des Rechtsextremismus firmiert (vgl. Brodkorb 2003: 42; Röpke/Speit 2005: 185; Pfahl-Traughber 2006: 36).

Wie die Abbildung zeigt, spielen die so genannten autonomen Kameradschaften eine besondere Rolle, denen häufig sowohl Neonazis als auch Skinheads angehören. Sie wurden als Reaktion auf die staatlichen Verbote vieler rechtsextremistischer Vereinigungen verstärkt ab der ersten Hälfte der 1990er Jahre gegründet. Die NPD-Jugendorganisation „Junge Nationaldemokraten" (JN) bildet das Bindeglied zwischen der NPD und den autonomen Kameradschaften (vgl. Edathy/Sommer 2009: 47). Schätzungen gehen bei diesen zwischen fünf und 30 Personen starken Gruppierungen von 150 bis 200 in Deutschland aus (vgl. Speit 2005: 21; Borstel 2009: 64). Sie folgen der Devise ‚Organisierung ohne Organisation' und sind ideologisch und symbolisch hochgradig integriert, ohne auf formale Strukturen (z.B. als Verein) angewiesen zu sein (vgl. Brodkorb 2003: 51ff.). Dadurch können sie staatliche Überwachung und Strafverfolgung erschweren, sind jedoch informell vernetzt und bei Aktionsanlässen flexibel mobilisierbar.

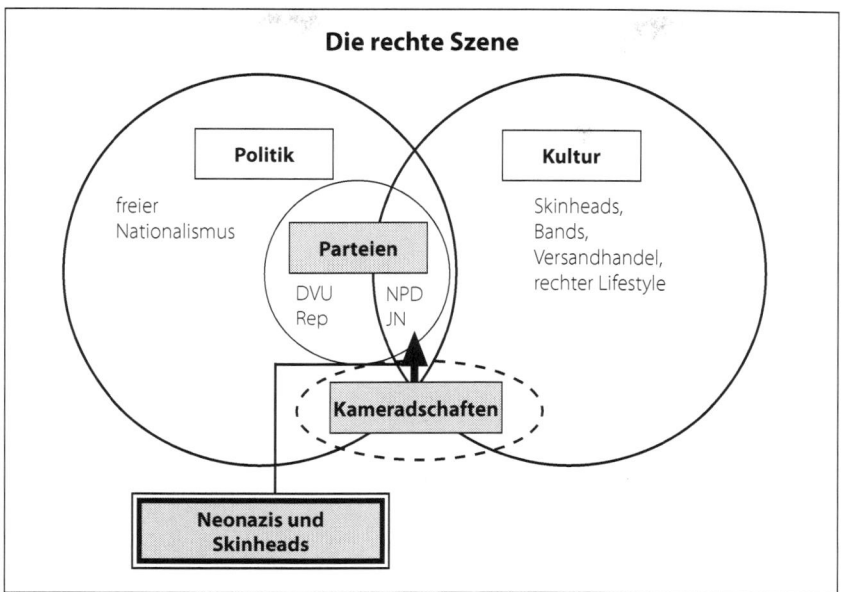

Abb. angelehnt an Brodkorb 2003: 43

An den autonomen Kameradschaften lässt sich auch verdeutlichen, dass der moderne Rechtsextremismus als durchlässiges Netzwerk zu charakterisieren ist. So ist denkbar, dass ein ideologisierter Neonazi das subkulturelle Angebot eines Skinhead-Konzerts ‚mitnimmt‘, ebenso wie den Skinheads Wege in die Parteiarbeit eröffnet werden, hier kann bspw. die Übertragung von ‚Schutzaufgaben‘ bei rechtsextremistischen Veranstaltungen Einstiegsprozesse fördern (vgl. ebd.: 43f.; Gamper/Willems 2006: 447).

Diese strategischen Optionen führen zu einem veränderten Kräfteverhältnis, das in der Rechtsextremismusforschung über das Konzept der *sozialen Bewegung* gefasst wird (vgl. Klärner/Kohlstruck 2006: 28ff.). Das entspricht auch dem Selbstverständnis der rechten Kräfte, die explizit an die so genannten neuen sozialen Bewegungen der 1970er und 1980er Jahre anknüpfen möchten. So äußerte der NPD-Bundesvorsitzende Voigt unmissverständlich, dass die NPD „bestrebt ist, Motor einer neuen sozialen Bewegung zu werden" (zit. n. Brodkorb 2003: 45). Die Etikettierung des Rechtsextremismus als soziale Bewegung unterstellt, dass innerhalb eines Netzwerkes ein Zusammenwirken stattfindet, bei dem einzelne Gruppierungen jenseits eindeutiger Hierarchien und ohne strikte Lenkung an einem Aktionsbündnis arbeiten. Auch wenn die angestrebten Verbindungen zwischen Teilakteuren teilweise bewusst vertuscht werden oder nicht

immer wie erwünscht zustande kommen, sind solche Bestrebungen generell erkennbar (vgl. Rucht 2002: 79). So hat die NPD 2006 massive Wahlkampfunter-
stützung durch das neonazistische Spektrum in Mecklenburg-Vorpommern erhalten (vgl. BMI 2007: 63ff.). Die zunehmende Vernetzung von Akteuren zeigt
sich etwa auch an Doppelzugehörigkeiten von Personen zum NPD-Bundesvor-
stand und den Kameradschaften (vgl. Speit 2009: 50f.).

Nach Innen bewirkt dieser bewegungsförmige Rechtsextremismus, dass
dem Einzelnen durch direkte Aktionen wie Demonstrationen, Kundgebungen,
Mahnwachen und Musikkonzerte die Erfahrung ermöglicht wird, mit der Gruppe Gleichgesinnter und den übergeordneten Zielen in lebendige Resonanz zu
treten, die eigene Zugehörigkeit ‚zu leben'. Solche offenen, erlebnisbezogenen
Beteiligungen dürften gerade für Jugendliche interessant sein, da diese die langfristigen Verbindlichkeiten einer festen Mitgliedschaft eher als einschränkend
empfinden, sich jedoch für solche Aktionen begeistern lassen, bei denen sie sich
einbringen dürfen.

In der NPD-Programmatik sind dumpfe ausländerfeindliche Parolen immer weniger anzutreffen, sie werden von sozialen Themen wie Arbeitslosigkeit und Hartz IV abgelöst und kapitalismus- und globalisierungskritische Töne
angeschlagen (vgl. Edathy/Sommer 2009: 49). Daneben gibt sich die NPD auf
lokaler Ebene ‚bürgernah' und sozial engagiert. Parteimitglieder sind etwa in
Mecklenburg-Vorpommern in Bürgerinitiativen und Elternvertretungen aktiv,
bieten Unterstützung bei Schulproblemen und Lehrstellensuche sowie Rechts-
beratung für Hartz IV-Empfänger an (vgl. BMI 2007: 77). Solche Aktivitäten, zu
denen auch die Schaffung von Jugendfreizeiteinrichtungen und die Ausrichtung
von Kinderfesten gehören, werden häufig im Verbund mit den Kameradschaften
geschultert (vgl. Funke 2009: 38). Darüber kann es der rechtsextremistischen
Bewegung gelingen, in der Zivilgesellschaft Fuß zu fassen. Mit alltäglichen Hilfeleistungen setzt man so an den Gefühlen von Entwertung und Deklassierung
an, die in einigen Gebieten Ostdeutschlands vorherrschen. Dies betrifft auch
die strukturelle Leerstelle einer vielerorts unzureichenden öffentlichen Jugendarbeit, die ‚nationalsozialarbeiterischen' Offerten den Weg ebnen (vgl. Möller
2006: 463; Borstel 2009: 63). In den neuen Bundesländern ist die Finanzierung
von Jugendarbeit weit weniger als in westlichen Landesteilen gesichert und die
fachlich geforderte und für den Beziehungsaufbau mit Jugendlichen unerläss-
liche Kontinuität ist insgesamt weniger gewährleistet (vgl. Kohlstruck 2003:
201ff.).

Originalzitat:
„Zu ihren Zielen zählen die Kameradschaften (...) die Schaffung einer kulturellen Hegemonie, die die Basis für folgende politische Macht darstellen soll. Zu den Mitteln zählen unter anderem:
1. Das Konzept der ‚nationalen Jugendarbeit': es richtet sich gezielt an die Altersgruppe ab 12 Jahren und soll junge Menschen mittels alltäglicher Freizeitangebote (Fußball, Camping) an die Szene heranführen.
2. Kulturelle Animation. Mittels kultureller Ereignisse sollen Begegnungsmöglichkeiten geschaffen werden, die gleichzeitig der Wertevermittlung dienen. Besonders gilt dieses für rechtsextreme Musikveranstaltungen.
(...)
4. Nationale Schülergruppen: Eine Neuheit ist der Aufbau gezielter rechtsextrem orientierter Jugendgruppen, deren Aktionsfeld die eigene Schule sein soll." (Borstel 2009: 65)

Neben der Vernetzung von Organisations- und Aktionsformen bildet die Einbindung der *rechten Jugendkultur* einen untrennbaren Bestandteil des bewegungsförmigen Rechtsextremismus. Der Hinweis auf ‚Kultur' macht auf die Verankerung des Rechtsextremismus in der Lebenswelt Jugendlicher und auf den Gebrauch einer *jugendkulturellen Symbolik* aufmerksam (vgl. Pfeiffer 2007: 36). Die rechte Jugendkultur zeichnet sich durch einen eigentümlichen Doppelcharakter aus, da sie sich einerseits, wie andere Jugendkulturen auch, eigendynamisch entwickelt und sich andererseits in deutlicher Nähe zu rechtsextremen Positionen und Vereinigungen bewegt. Sie ist also keineswegs einseitig als Jugendabteilung der einschlägigen Parteien zu betrachten (vgl. Kohlstruck 2003: 189). Jugendkulturen sind allgemein durch die Orientierung an einer kollektiven Stilpraxis gekennzeichnet, wobei dieses ‚Wir-Gefühl' sich immer auch aus der Gruppenabgrenzung anderen gegenüber speist. Im Falle der rechten Jugendkultur werden zu diesem Zweck Zeichen zitiert, die aus rechtsextremistischen Kontexten stammen. In diesem Sinn bedeutet jugendkulturell-rechte Zugehörigkeit also zunächst den Anschluss an eine bestimmte Stil- und Deutungspraxis, von der die Internalisierung ideologischer Muster analytisch zu trennen ist. Das Anhören rechter Musik etwa kann nicht umstandslos mit entsprechenden politischen Einstellungen der Fans gleichgesetzt werden (vgl. ebd.: 190ff.). Allerdings sind ideologische Lernprozesse wahrscheinlich, vor allem dann, wenn sie nicht durch korrigierende Einflüsse abgebremst werden, die prinzipiell in allen Sozialisationsfeldern Jugendlicher wirksam werden können. Ein Beispiel dafür ist die gelingende Einmündung in eine Erwerbstätigkeit.

Die rechte Jugendkultur stellt eine umfassende Symbolwelt dar, in der sich Musik- und Kleidungsstile mittlerweile stark pluralisiert haben. Entgegen geläufiger Ansichten ist der Kleidungsstil der Nazi-Skinheads nur eine unter mehreren Optionen und tendenziell im Rückgang befindlich (vgl. Borstel 2009: 67). Die Dynamik der Entwicklung lässt sich v.a. an den so genannten autonomen Nationalisten verdeutlichen, die sich am Stil der autonomen Linken orientieren und auf deren Protestformen zurück greifen (vgl. BfV 2009). Die rechte Musik wird häufig als ‚Einstiegsdroge' in die rechte Szene bezeichnet, neben dem Rechtsrock reicht das musikalische Spektrum von Liedermacher-Musik (z.B. Frank Rennicke), über Rock-Balladen, Hatecore bis hin zum menschenverachtenden NS-Black-Metal (vgl. Langebach/Raabe 2009). Von nahezu allen Popstilen existieren mittlerweile rechte Spielarten. Kultstatus erlangen Bands häufig dann, wenn sie die Strafbarkeitsschwelle bewusst ignorieren und in eindeutiger Weise Hass, Feindbilder und Gewaltaufrufe propagieren, wie es bspw. für die Rechtsrock-Band „Landser" typisch war (vgl. ebd.: 171ff.).

Aus der Einheit von Jugendkultur und beiläufig vermittelter Ideologie ergibt sich mithin ein Rekrutierungsfeld für den rechtsextremistischen Nachwuchs (vgl. Kohlstruck 2003: 189). Neu sind Qualität und Quantität der Bestrebungen des neonazistischen Spektrums, das rechte Lebensgefühl mit eigenen Angeboten zu speisen und propagandistisch auszunutzen, wie es an dem ‚Projekt Schulhof' verdeutlicht werden kann. Unter dem Titel „Anpassung ist Feigheit – Lieder aus dem Untergrund" wurden 2004 die ersten CDs gratis an SchülerInnen verteilt, es sollten weitere folgen (vgl. Langebach/Raabe 2009: 168). Ferner bildet Musik einen festen Bestandteil von NPD-Parteiveranstaltungen, hier sei lediglich auf die ‚Sommerfeste der nationalen Jugend' verwiesen, die sich der Jugend mit ihrer Festivalatmosphäre andienen möchten (ebd.: 163). Die Musik beeinflusst jenseits der Textbotschaften jedoch auch durch die Konzertveranstaltungen als gemeinschaftstiftende Events. Als Lockmittel setzt man auf die Wirkung der anerkennenden und freundschaftlich gehaltenen Atmosphäre, die den Jugendlichen Zugehörigkeit vermitteln soll (vgl. Kulick/Staud 2009: 41ff.). Von der ‚Verjüngung' der rechten Szene profitiert die NPD in direkter Weise. Wahlanalysen führen ihren Erfolg bei Kommunal- und Landtagswahlen auf den Stimmenzuwachs durch Jung- oder Erstwähler zurück (vgl. Hafeneger 2010: 10). Träger der rechten Jugendkultur sind neben den festen Gruppierungen der rechten Szene (JN, Kameradschaften etc.) jugendliche Cliquen mit unterschiedlichem Formationsgrad. Dabei sind ‚weiche' Cliquen, die informell und fluktuativ sind, von ‚mittleren' und von solchen mit einem stabilen Kern und geschlossenen Weltbild zu unterscheiden. Die letztgenannten weisen die größte Nähe zu gewalttätigem Auftreten und zum organisierten Rechtsextremismus auf (vgl. Hafeneger/Becker 2007: 17f.). Deutlich ist auch, dass in den rechten

Cliquen überwiegend männliche Jugendliche aus niedrigen sozialen Schichten, HauptschülerInnen, Jugendliche in prekären Beschäftigungsverhältnissen und arbeitslose Jugendliche vertreten sind (vgl. ebd.: 22).

Originalzitat:

„Das rechtsextreme Lager hat (…) seit einiger Zeit die Cliquen- und Jugendkultur entdeckt und eine Ästhetik bzw. einen Lifestyle mit Stilelementen, Zeichensystemen, völkischen Codes, Symbolen und Aktionsformen übernommen und sich nutzbar gemacht. Dazu zählen vor allem Musik (Rechtsrock, aber auch Hip-Hop, Black Metal und Techno), Konzerte, Kleidung, jugendgerecht designte Zeitungen und moderne Webauftritte, die Nutzung einschlägiger Portale des Web 2.0 oder die CD-Produktion (die u.a. in Schulhofaktionen verteilt worden sind) und Vertriebsnetze; so gibt es etwa 75 Vertriebsorganisationen für CDs und Szeneartikel. Die Behörden zählen in den letzten Jahren über 120 der Szene zugehörige Bands und über 20 Liedermacher; in den letzten Jahren wurden jährlich etwa 200 Konzerte mit Besucherzahlen bis zu 500 Jugendlichen und jungen Erwachsenen registriert." (Hafeneger 2010: 10)

Die rechte Jugendkultur hat ihre Anhänger v.a. in den neuen Bundesländern, verbreitet sich zunehmend aber auch in den westlichen Landesteilen. Die Dominanz im Osten spiegelt eine historische Konstellation wider, zeigten sich doch bereits in den 1980er Jahren rechte subkulturelle Milieus im Kontext der DDR-Jugendkulturen. Anstelle der Verlaufsform der alten Bundesrepublik, wo sich der Rechtsextremismus von Beginn an wiederholt politisch reorganisierte (Parteien, Vereinigungen), dominierte in der späten DDR also die kulturelle Erscheinungsform (vgl. Wagner 2002: 15f.). Damit ist für den ostdeutschen Rechtsextremismus zugleich ausgesagt, dass die Ursachensuche bei der Vereinigung der beiden deutschen Teilstaaten verbunden mit der Annahme einer generellen systembedingten Resistenz gegen faschistisches Gedankengut in der DDR zu kurz greift.

4.2.4 Erklärungsansätze

Bei der Darstellung theoretischer Arbeiten, die Aufschlüsse über Entstehungsbedingungen von Rechtsextremismus liefern, ist eine eng begrenzte Auswahl unumgänglich. Die ganze Breite der Zugänge findet in Überblickdarstellungen Berücksichtigung (vgl. Borrmann 2006; Schroeder 2004; Möller 2000). Auch innerhalb des hier behandelten Ausschnitts werden die verschiedenen Ansätze nicht mit gleich bleibender Tiefenschärfe dargestellt. Dies ist jedoch nicht vorschnell als Wertung i.S. des Erkenntnisvorsprungs der einen gegenüber der anderen Theorie zu verstehen. Eine solche Sichtweise wäre kontraproduktiv, da zahlreiche Theorieelemente durchaus kompatibel zueinander sind und zu einem umfassenden Lagebild ergänzt werden können, das dem Rechtsextremismus in seiner Komplexität am ehesten gerecht wird (vgl. Borrmann 2006: 98). *Die* Theorie des Rechtsextremismus existiert somit nicht (vgl. Stöss 2007: 14).

Allerdings rücken einige Ansätze die gesellschaftliche Makroebene in den Mittelpunkt und berücksichtigen daher weniger die Besonderheiten individueller Lebenslagen und Sozialisationsbedingungen in ihrem Zusammenhang mit der menschlichen Entwicklung. Gerade solche Aspekte sind jedoch für eine sozialisationstheoretische Analyse des jugendlichen Rechtsextremismus unerlässlich. Sofern diese die Jugendspezifik des Phänomens nicht gänzlich ausblenden möchte, muss sie die *Entstehung rechtsextremistischer Orientierungen vor dem Hintergrund der Struktur der Jugendphase* erklären. Insbesondere die Pädagogik ist auf solche Erkenntnisse angewiesen, liegt hier doch der Anknüpfungspunkt für pädagogische Präventions- und Interventionsstrategien gegen jugendlichen Rechtsextremismus. Den Abschluss der nachfolgenden Darstellung bilden die Arbeiten von Wilhelm Heitmeyer (1987, 1992/1993) und die Weiterentwicklung dieses Zugangs durch Kurt Möller (2000). Im Theorieprogramm der genannten Autoren wird der zu Grunde gelegte Sozialisationsbegriff einer Präzisierung unterzogen, wobei Sozialisation auf die ‚Übergangszone' zwischen der gesellschaftlichen Makroebene und der Subjektebene bezogen wird. Strukturelle Einflussgrößen interessieren somit nicht ‚an sich' sondern als *Verarbeitungsresultate der subjektiven Auseinandersetzung* mit ihnen.

Originalzitat:
„Auf Sozialisation fokussierende Erklärungsangebote versuchen, das Zusammenspiel von Subjektivem und Objektivem, von Individuellem und Strukturellem so zu erfassen, dass sie die subjektiven Verarbeitungen von objektiven Erfahrungen auf Seiten von Subjekten zum Analysegegenstand erheben. Besonderes Augenmerk gilt dabei den Erfahrungen, die in den vor allem für Jugendliche zentralen Lebensbereichen von Familie, Schule, Peergroup, Freizeit und Medien, evtl. auch in anderen Sozialisationsinstanzen bzw. -bereichen, gemacht werden." (Möller 2000: 41)

Autoritarismus

Das klassische Autoritarismuskonzept geht auf deutscher Seite maßgeblich auf Max Horkheimer und Theodor W. Adorno zurück. Die Mitglieder des Frankfurter Instituts für Sozialforschung waren infolge der nationalsozialistischen Verfolgung zur Emigration in die USA gezwungen und initiierten dort 1944 gemeinsam mit Frenkel-Brunswik, Levinson und Sanford die Arbeit an einer Theorie der autoritären Persönlichkeit (vgl. Rippl/Kindervater/Seipel 2000: 14). Ausgangspunkt ist die Frage nach den psychologischen Mechanismen, welche die Entstehung faschistischer Orientierungen erklären können. Fasste man zunächst den Antisemitismus ins Auge, wurde die Frage im Verlauf der Forschung auf den Zusammenhang zwischen minoritätsfeindlichen Vorurteilen und der Persönlichkeitsstruktur ausgeweitet (vgl. Oesterreich 1996: 45f.). In dem in Deutschland unter dem Titel „Studien zum autoritären Charakter" (Adorno 1973/1999) erschienen Band wird das Konzept der *autoritären Persönlichkeit* entworfen, sie bildet gleichsam die Grundbedingung der Empfänglichkeit für faschistische Überzeugungen, mit denen das Individuum dann möglicherweise, aber nicht zwangsläufig im Verlauf der Sozialisation konfrontiert wird. Folglich konzentriert man sich auf die latente Anfälligkeit und weniger auf manifeste ideologische Überzeugungen einer Person. Die Theorie geht von autoritären Erziehungspraktiken in den mittelständisch-patriarchalischen Familien der 1920er Jahre aus. Insbesondere die fehlende emotionale Zuwendung und die strikte Einforderung von Gehorsam, die mit der gesellschaftlich dominierenden Vaterfigur in Verbindung gebracht werden, führen zu autoritärer Unterwürfigkeit des Kindes (vgl. Rippl/Kindervater/Seipel 2000: 15f.). Gemäß ihrer *psychoanalytischen Grundlegung* gehen Adorno u.a. davon aus, dass dem Kind dadurch die Ausbildung eines stabilen und zugleich flexiblen Über-Ichs als Träger autonomer Moral verwehrt wird (vgl. Möller 2000: 31).

Das autoritär erzogene Kind neigt demzufolge als Erwachsener zur unkritischen Identifikation mit gesellschaftlichen Autoritäten und verschiebt die unterdrückten und ursprünglich gegen die eigenen Eltern gerichteten Aggressionen auf soziale Randgruppen. Von den insgesamt neun Merkmalen, die Adorno u.a. der autoritären Persönlichkeit zuschreiben, werden hier nur diejenigen drei genannt, die für die weitere Rezeption dieses Ansatzes von besonderer Bedeutung sind (vgl. Zick/Henry 2009: 192): Unter *Konventionalismus* wird die rigide Bindung an konventionelle Wertvorstellungen verstanden, welche für den Einzelnen die Garanten einer konfliktfreien Anpassung an die herrschenden Vorstellungen bilden. *Autoritäre Unterwürfigkeit* meint die Einfügung in die unterlegene Rolle innerhalb eines Hierarchieverhältnisses und die kritiklose Unterwerfung unter idealisierte Autoritäten der Eigengruppe. *Autoritäre Aggression* hingegen ist die Ablehnung und Bestrafung von Menschen, die konventionelle Werte missachten (vgl. Rippl/Kindervater/Seipel 2000: 16). Dies geschieht in der Regel aus einer hierarchischen Machtposition heraus.

Ein zentraler Kritikpunkte am klassischen Autoritarismuskonzept bezieht sich darauf, dass letztlich der Nexus zwischen der autoritären Persönlichkeit als einer Disposition und der tatsächlichen Übernahme faschistischer/minoritätenfeindlicher Orientierungen ungeklärt bleibt (ebd.: 19). Ferner scheinen die längst liberalisierten Erziehungspraktiken gegen eine Übernahme der auf die 1920er Jahre gemünzten Befunde zu sprechen. Soll die Annahme eines autoritären Charakters dennoch aufrecht erhalten werden, müsse man auf die Rolle der Mütter in den gewandelte Sozialisationsverhältnissen eingehen (vgl. Möller 2000: 32f.). Ebenfalls wurde gegen die Grundannahme der Theorie eingewandt, dass bei Personen mit autoritären Verhaltensweisen keine hinlänglichen Belege für autoritäre Erziehungsverhältnisse vorlägen, bzw. keine negativen Beziehungserfahrungen zu den Eltern berichtet würden. Damit wäre das Kernstück der Theorie, das psychodynamische Modell der autoritären Persönlichkeit in Zweifel gezogen. Hopf/Hopf (1997) widersprechen dieser Kritik, indem sie auf die Tendenz der *Idealisierung der Elternbeziehungen* bei Personen mit autoritärer Persönlichkeit hinweisen (vgl. Rippl/Kindervater/Seipel 2000: 19).

Neuere Theorien des Autoritarismus von D. Oesterreich und C. und U. Hopf
Als Kritik am klassischen Autoritarismus wurde häufig vorgebracht, dass dort *situative Faktoren* wie bspw. Gruppenzugehörigkeiten, die politische Kultur und die sozio-ökonomischen Bedingungen unberücksichtigt bleiben (vgl. Möller 2000: 32). Das in der Psychologie berühmte Milgram-Experiment spricht Detlef Oesterreich (2000, 1996) zufolge für den starken Einfluss situativer Faktoren auf die Entstehung autoritären Verhaltens (vgl. Oesterreich 2000: 72). Er hat sich mit seinem Begriff der *autoritären Reaktion* von der psychoanalytischen Verankerung des Ursprungskonzepts abgewendet, wenn auch bestimmte vorgängige Sozialisationsbedingungen in genereller Weise mit autoritären Personen in Verbindung gebracht werden. Auslöser für autoritäre Reaktionen sind Oesterreich zufolge Bedrohungssituationen, die den Einzelnen verunsichern und überfordern (vgl. ebd.: 73). Als Folge tritt eine Orientierung an Instanzen ein, die Schutz und Sicherheit vermitteln können. Die autoritäre Reaktion wird als allgemeinmenschliche Verhaltensweise dargestellt und so aus ihrer Pathologisierung bei Adorno u.a. heraus gelöst. „Eine Flucht in die Sicherheit ist eine menschliche Grundreaktion und vielleicht aller höheren Formen von Leben überhaupt." (Ebd.: 73) Hatten Adorno u.a. die emotionale Kälte der strafandrohenden Erziehung als Ausgangspunkt für den autoritären Charakter bezeichnet, relativiert Oesterreich diese Betonung der fehlenden emotionalen Zuwendung. Im Gegenteil stelle Emotionalität als Überbehütung des Kindes ebenso einen

Weg in den Autoritarismus dar. Schutzfunktionen werden hingegen in der Förderung der kindlichen Selbstständigkeit durch die Eltern, entsprechenden Entfaltungsmöglichkeiten des Kindes und dem dadurch begünstigten Autonomieerwerb gesehen (vgl. ebd.: 77).

Die ForscherInnengruppe um Christel Hopf hat die ‚klassische' Autoritarismustheorie um neuere Erkenntnisse ergänzt und theoretisch und empirisch weiterentwickelt. Ansatzpunkt dafür sind Ausführungen der „Authoritarian Personality", wonach Adorno u.a. den entwickelten Autoritarismus mit der späteren Elternidealisierung durch das erwachsene Kind verknüpfen. Diejenigen, die als Erwachsene keine offene Kritik anbringen können, sondern eben zu einer Idealisierung der Eltern neigen, bleiben an das Muster der unterdrückten Aggression aus den Kindheitstagen gebunden (vgl. Hopf 2000: 36). Solche autoritären Aggressionen werden dann gegen Schwächere und wehrlose Minderheiten gerichtet. Das Team um Hopf knüpft nun an Erkenntnissen aus der Bindungsforschung an, wonach die Bindungsqualität zu den primären Bezugspersonen, die das Kleinkind erlebt, Einfluss auf das Selbstkonzept und auch auf die Entwicklung sozialer Beziehungen außerhalb der Familie hat (vgl. Hopf/Hopf 1997: 52f.).

Die methodische Erhebung dieser Bindungen im Erwachsenenalter setzt an dem so genannten mentalen Bindungsmodell an, damit ist gemeint, dass die gesammelten Bindungserfahrungen einer Person von dieser zu einem handlungsleitenden Modell verdichtet werden. Diese *interne Bindungsrepräsentation* wirkt auch auf das eigene Beziehungsverhalten der betreffenden Person ein. Daher wird ebenfalls auf deren ‚Bindungsbiographien', also lebensgeschichtliche Beziehungserfahrungen eingegangen (vgl. ebd.: 56). Die Typologie der Bindungsmodelle umfasst drei Varianten: Personen, die erfahrene Bindungen *abwehrend/bagatellisierend* repräsentieren, idealisieren die Eltern oder verdecken reale Probleme mit ihnen, indem damit verbundene negative Gefühle heruntergespielt werden. In der *sicher-autonomen* Variante sind diesen Personen eigene Bindungen und Gefühle auf sachliche Weise zugänglich und man kann sich auch negativen Erfahrungen mit Bezugspersonen stellen, ohne emotional übermannt zu werden. Die Gruppe der *Verstrickten* kann die konflikthafte eigene Verwicklung in die Beziehungen zu zentralen Bezugspersonen überhaupt nicht bearbeiten. Hier dominieren Schilderungen, die von Impulsivität und dem Unvermögen gekennzeichnet sind, mit eigenen Beziehungsproblemen konstruktiv umzugehen (vgl. ebd.: 56f.).

Hopf resümiert für die eigene Forschungspraxis, dass sowohl bei Erhebungen ethnozentrischer Orientierungen als auch bei qualitativ-empirischen Projekten mit dem Schwerpunkt Rechtsextremismus die beforschten Einstellungen stets bei der Gruppe des abwehrend/bagatellisierenden Bindungsmodells stark ausgeprägt waren (vgl. Hopf 2000: 43). Die Hopf-Gruppe bestätigt also in allgemeiner Weise die Grundannahme von Adorno u.a., dass die erfahrene frühkindliche Sozialisation als generelle Einflussgröße für Autoritarismus im Erwachsenenalter anzusehen ist. Ebenso wird die psychoanalytische Ausrichtung beibehalten, wenn, wie es für die Bindungstypologie grundlegend ist, dem Umgang mit den eigenen Aggressionen den Eltern gegenüber eine eminente Bedeutung beigemessen wird. War bei Adorno u.a. die Idealisierung der Eltern gleichsam der Schlüssel, um an die ‚tatsächlichen‘ autoritären Erziehungspraktiken zu gelangen, geht die Hopf-Gruppe hier andere Wege. Auf Elternidealisierung stößt man sehr wohl, allerdings kann sich die abwehrend/bagatellisierende Bindungsrepräsentation auch anders zeigen (wenn Eltern mitnichten idealisiert werden, die geäußerten negativen Erfahrungen und Gefühle aber als bedeutungslos abgewehrt werden). Insgesamt und so auch bei der Elternidealisierung steht somit die Unterdrückung und Verleugnung eigener Aggressionen im Vordergrund (vgl. ebd.: 44f.).

Wichtig scheint noch der Hinweis, dass die frühkindliche Bindungsqualität in diesem Ansatz die Entstehung der autoritären Persönlichkeit *nicht in deterministischer Weise* hervorruft. Denn die Bindungsrepräsentationen sind als Verarbeitungen der frühen Erfahrungen zu verstehen, was die Möglichkeit der Abweichung von diesen Entwicklungspfaden durch neuartige soziale oder politische Erfahrungen beinhaltet (vgl. Schroeder 2004: 126f.). „Es ist die Art des Umgangs mit Bindungserfahrungen und die Art des Umgangs mit der eigenen Aggressivität, die relevant sind, wenn man verstehen will, warum einige Männer und Frauen ethnozentrisch und rechtsextrem orientiert sind und andere nicht." (Hopf/Hopf 1997: 63)

Kritische Diskursanalyse
Die so genannte kritische Diskursanalyse setzt auf einer ganz anderen Ebene an, indem sie bestimmte Normensysteme, kollektive Werthaltungen sowie Verhaltensweisen in Augenschein nimmt, die sie explizit innerhalb der politischen Mitte verortet. In Deutschland wird dieser Zweig maßgeblich von Margarete und Siegfried Jäger vertreten, die am DISS (Duisburger Institut für Sprach- und Sozialforschung) tätig sind (vgl. Jäger/Jäger 2007). Rechtspopulistische und minoritätsfeindliche Deutungsmuster sind in dieser Sichtweise tief in unsere Vorstellungen von gesellschaftlicher Normalität eingedrungen, da das politische System, letztlich sogar die Gesamtkultur, entsprechende Diskurse einsetzt oder zulässt und damit bis in die Extreme steigerbare Postionen etwa der fremdenfeindlichen Ausgrenzung überhaupt erst ermöglicht. Die kritische Diskursanalyse im Arbeitszusammenhang des DISS verwendet *Rassismus* als zentralen Analysebegriff (vgl. Jäger 1997: 140f.). Die Entstehung von Rassismus wird jedoch von individuellen Lebensumständen und ihren subjektiven Verarbeitun-

gen weitgehend abgekoppelt. Warum „Subjekte rassistisch verstrickt werden" (ebd.: 145), wird maßgeblich mit der Existenz *überindividueller rassistischer Diskurse* erklärt, denn Subjekte können sich selbst stets nur in den Vorstellungsbahnen der Diskurse artikulieren. Eine rassistische Äußerung ist so gesehen also zunächst die Aktualisierung eines vorhandenen Diskurses. Plausibilität gewinnen Diskurse bspw. durch so genannte Kollektivsymbole (vgl. Jäger/Jäger 2007: 39ff.). Ausgehend von eigenen empirischen Arbeiten verdeutlicht Siegfried Jäger die Wirkung solcher Sprachbilder folgendermaßen: „Wir wissen nichts oder kaum etwas über die Ursachen der Flucht, über die Arbeits- und Lebensbedingungen von Einwanderern und Flüchtlingen; aber wenn wir hören oder lesen, daß diese Personen eine Flut bilden, gegen die man Dämme errichten muß, verstehen wir sofort, daß sie uns bedrohen, daß sie eine riesige Gefahr für uns darstellen, gegen die wir uns – zur Not mit Gewalt – wehren müssen." (Jäger 1997: 137) Die Macht der Diskurse soll sich aus ihrer allgegenwärtigen Präsenz ergeben. Die Diskursebenen Politik, Medien, Wissenschaft und Erziehung sind dabei ineinander verwoben und überdies „zeigen sich erhebliche inhaltliche und formale Entsprechungen zwischen Alltagsdiskurs und diesen Diskursebenen" (ebd.: 145).

Der Vorzug der kritischen Diskursanalyse liegt darin, dass sie bei der Ursachenforschung für grassierenden Rassismus konsequent auf die *gesellschaftliche Systemebene* verweist. So können Rassismus und Rechtsextremismus nicht mehr als gesellschaftliche Randprobleme verharmlost werden. Dem Verfahren gelingt es, unter Einsatz sprachanalytischer Mittel rassistische Diskurse behutsam zu dechiffrieren und die Sensibilität ihnen gegenüber zu erhöhen. Aber dieser Ansatz ist nicht in der Lage, ‚subjektnah' und einzelfallbezogen Ursachenzusammenhänge für die Entstehung rechtsextremistischer oder rassistischer Orientierungen aufzudecken.

Die Desintegrationstheorie Wilhelm Heitmeyers
Der Bielefelder Erziehungswissenschaftler und Konfliktforscher Wilhelm Heitmeyer hat eine profilierte Theorie des jugendlichen Rechtsextremismus vorgelegt, die auch außerhalb fachwissenschaftlicher Grenzen stark rezipiert wurde. Grundlage der Desintegrationstheorie sind eigene empirische Arbeiten Heitmeyers (1987, 1992/1993). Die Desintegrationstheorie verortet die Ursachen des Rechtsextremismus explizit im Zentrum und nicht an den Rändern der Gesellschaft und bezieht sich auf die gesellschaftliche Modernisierung und die Dynamik der Industriegesellschaft, welche zur Erosion kultureller Sicherheiten und in der Folge zur erhöhten Anfälligkeit für rechtsextremistische Einstellungen führen. Im Zentrum der Analyse stehen Jugendliche und junge Erwachsene, ihre maßgeblichen Sozialisationskontexte sowie die politischen Orientierungen

als deren Verarbeitungsweisen. Im Kern geht es somit um subjektive Orientierungsprobleme, die über die Hinwendung zum Rechtsextremismus kompensa-
torisch bearbeitet werden (vgl. Heitmeyer 1993: 9ff.). Die analytische Aufmerksamkeit dieses ‚soziologischen Rechtsextremismus' liegt also auf dem *Vorfeld
des organisierten Rechtsextremismus*. Dieser Zusammenhang soll anhand Heitmeyers „Die Bielefelder Rechtsextremismus-Studie" (Heitmeyer 1992/1993)
näher ausgeführt werden. Erkenntnisleitend ist die Definition von Rechtsextremismus als Verbindung zweier Grundelemente: *Ideologie der Ungleichheit* und
Gewaltaltakzeptanz:

Unter dem Aspekt Ungleichheitsideologien werden u.a. subsumiert: nationalistische bzw. völkische Selbstübersteigerung, rassistische Einordnung, eugeni-
sche Unterscheidung von lebenswertem und unwertem Leben, soziobiologische
Behauptung von natürlichen Hierarchien, sozialdarwinistische Betonung des
Rechts des Stärkeren, totalitäre Normverständnisse hinsichtlich der Abwertung
des ‚Andersseins', Betonung von Homogenität und kultureller Differenz (vgl.
Heitmeyer 1993: 13). Gewaltakzeptanz meint u.a.: Überzeugung unabänderli-
cher Existenz von Gewalt, Billigung fremdausgeübter privater bzw. repressiver
staatlicher Gewalt, eigene Gewaltbereitschaft, tatsächliche Gewalttätigkeit (vgl.
ebd.: 14). Beide Elemente müssen zusammen fließen, um von Rechtsextremismus zu sprechen.

Zur Beschreibung der gesellschaftlichen Ausgangssituation wird auf die
Thesen Ulrich Becks zur *Individualisierung* (vgl. Beck 1986, 1994) zurückgegriffen. Individualisierung meint die Erosion solcher Lebensformen, die lange
Zeit für die Industriegesellschaft prägend waren, wie sozialmoralische Milieus,
soziale Klassen, Familienformen und Geschlechterrollen. In Bezug auf die in
ihnen eingelagerte soziale Ungleichheit wird konstatiert, dass diese damit nicht
schlichtweg verschwunden, aber „sozial entschärft" sei (Beck 1986: 121). Zu
verzeichnen sind rückläufige Bindungen an die oben genannten Lebensformen.
Sie haben ihre Selbstverständlichkeit als lebenspraktische Stützen für den Einzelnen verloren. Dieser Prozess kann auf eine Vermehrung der Lebens- und
Teilhabechancen hinauslaufen, muss es jedoch keinesfalls zwangsläufig. Neben
der ‚Sonnen-' existiert auch eine ‚Schattenseite' der Individualisierung, insofern
der Einzelne bei *Lebensplanung* und *Identitätsbildung* verstärkt auf sich selbst
zurückgeworfen wird: „Du darfst und du kannst, ja du sollst und du musst eine
eigenständige Existenz führen, jenseits der alten Bindungen von Familie und
Sippe, Religion, Herkunft und Stand" (Beck/Beck-Gernsheim 1994: 25). Individualisierung hat nach Beck Prozesscharakter als ein fortschreitender Wandel
innerhalb der Moderne (vgl. Schroer 2001: 384ff.). Individualisierung ist gekennzeichnet durch:

Originalzitat:

„*Herauslösung* aus historisch vorgegebenen Sozialformen und -bindungen im Sinne traditionaler Herrschafts- und Versorgungszusammenhänge (‚Freisetzungsdimension'), *Verlust von traditionalen Sicherheiten* im Hinblick auf Handlungswissen, Glauben und leitende Normen (‚Entzauberungsdimension') und – womit die Bedeutung des Begriffs gleichsam in ihr Gegenteil verkehrt wird – eine *neue Art der sozialen Einbindung* (‚Kontroll- bzw. Reintegrationsdimension')." (Beck 1986: 206; Hervorh. i. O.)

Diese gesellschaftstheoretisch konturierten Prozesse bilden für Heitmeyer nun die Folie für die Herausbildung von Rechtsextremismus, denn sie führen zu einer Individualisierung von Lebenslagen. Im Zentrum stehen die ambivalenten Auswirkungen der Individualisierung auf das *System der Erwerbsarbeit*, die v.a. im Zusammenhang mit ‚Vereinzelung' und der Ausweitung von Konkurrenzbeziehungen zwischen „Individuen als individuellen Qualifikationsträgern" (Heitmeyer 1993: 16) gesehen werden. Im Hinblick auf die herausgehobene Rolle der Erwerbsarbeit für die Entwicklungsaufgaben des Jugendalters überformen negative Erfahrungen in diesem Sozialisationskontext prinzipiell die gesamte Lebensperspektive des Jugendlichen. In den Analysen Heitmeyers findet neben dem Verlust des Arbeits-/Ausbildungsplatzes oder dem versperrten Zugang dazu besondere Beachtung auch die Bedrohung durch den antizipierten Verlust dieser Integrationsmöglichkeiten. Allerdings wird aus diesen Erfahrungen der Jugendlichen nicht in deterministischer Weise die Hinwendung zum Rechtsextremismus abgeleitet, denn die Analyse wird um Aspekte der politischen Sozialisation ergänzt. Die bereits vorhanden politischen Orientierungen können die Akzeptanz rechtsextremistischer Deutungsmuster erhöhen oder abschwächen (vgl. ebd.: 12). Ferner sind rechtsextremistische Orientierungen bereits latent in den Strukturen und Institutionen der Gesellschaft vorhanden (vgl. ebd.: 26; Möller 2000: 44).

Das jugendtheoretische Kernstück der Desintegrationstheorie bildet die Darstellung des Identitätsmodells, das von dem Entwicklungsziel der autonomorientierten Identität und ihrer Fähigkeit ausgeht, in den widersprüchlichen Sozialbezügen der modernisierten Gesellschaft selbstsicher zu agieren. Rechtsextremistische Orientierungsangebote können umso mehr verfangen, je weniger der Aufbau einer autonom-orientierten Identität gelingt (vgl. Heitmeyer 1993: 26ff.). Der damit verbundene Problemdruck wird über Ideologien der Ungleichheit und Gewaltakzeptanz gewissermaßen umgeleitet in Überzeugungen der Überlegenheit und Stärke. Vereinzelungserfahrungen lassen sich bspw. durch leistungsunabhängige Zugehörigkeit als nationalistische Selbstübersteigerung und Abwehr des ‚Fremden' kompensieren (vgl. Heitmeyer 1994: 47). Als Kritikpunkt an dieser Theorie wird u.a. vorgebracht, dass bei vielen Jugendlichen mit rechtsextremen Orientierungen die von Heitmeyer postulierte Desintegration überhaupt nicht vorläge. Allerdings ist darauf hinzuweisen, dass sich hinter der ‚Fassade' formaler sozialer Integration (Schulabschluss, Arbeitsplatz, intakte Familienstruktur) sehr wohl subjektiv empfundene Desintegration in sozial-emotionaler Hinsicht verbergen kann (vgl. Möller 2000: 322). Ferner kann neben dem realen Verlust des Arbeits-/Ausbildungsplatzes auch die Erwartung zukünftiger Ausgrenzung aus dem Erwerbssektor als desintegrierender Faktor wirken.

Kurt Möller wirkte bei der Bielefelder Rechtsextremismus-Studie mit, er hat in eigenen empirischen Arbeiten den dort entwickelten Ansatz aufgenommen, aber auch erweitert. In der Studie „Rechte Kids" (Möller 2000) greift er im Wesentlichen auf die Konzeptionen von Sozialisation und Identität zurück, die den Heitmeyer-Studien zu Grunde liegen (vgl. Möller 2000: 59ff.). Auch die Definition von Rechtsextremismus als Verbindung von Ungleichheitsvorstellungen und Gewaltakzeptanz bewegt sich in den bereits eingeschlagenen Bahnen (vgl. ebd.: 74ff.). Der Erklärungsbeitrag Möllers versteht sich ausdrücklich als Bearbeitung von Forschungsdesideraten, die aus der ausführlichen Auseinandersetzung mit dem Forschungsstand gewonnen werden (vgl. ebd.: 13ff.). In dieser Hinsicht schlagen sich v.a. die Aspekte ‚frühes Jugendalter', ‚Geschlechtsspezifik' und ‚Längsschnitt' in der Studie „Rechte Kids" nieder. Anhand von Erkenntnissen der politischen Sozialisationsforschung und Entwicklungspsychologie markiert Möller die Notwendigkeit einer auf 13-15-Jährige bezogenen Forschung (vgl. ebd.: 53f.). Die geschlechtsspezifische Konturierung des Phänomens, die hier vorgenommen wird, macht auf das Missverhältnis zwischen der erdrückenden Überrepräsentanz von Jungen/Männern und dem kaum geklärten Zusammenhang von rechtsextremen Orientierungen und grassierenden Männlichkeitsbildern aufmerksam. Bei den vorliegenden Studien, die sich den Mädchen/jungen Frauen in rechtsextremistischen Bezügen widmen, fehle es laut Möller an Längsschnittstudien und am Einbezug von frühadoleszenten Probandinnen (vgl. ebd.: 55). Das Längsschnitt-Design, mit dem schon die Bielefelder Rechtsextremismus-Studie gearbeitet hatte, ist der Prozessperspektive geschuldet. Nur solche qualitativen Daten mit Zeitreihen-Qualität, die Sozialisationsverläufe über mehrere Erhebungszeitpunkte (Jahre) hinweg abbilden können, ermöglichen Aufschlüsse über Affinitätsaufbau, aber auch Distanzierungen der Jugendlichen gegenüber rechtsextremistischen Orientierungen (vgl. ebd.: 57).

Originalzitat:

„Aus dem skizzierten Forschungsstand ergibt sich die Sinnfälligkeit eines Forschungsprogramms, innerhalb dessen die zentrale Frage darauf zielt, zu untersuchen, wie sich Entstehungs- und Verlaufsbedingungen von rechtsextremen Orientierungen im biografischen Verlauf des Jugendalters im Spiegel der Auswertungen subjektiver Deutungen von Jugendlichen darstellen und welche Besonderheiten diesbezüglich für die politisch-sozialen Erfahrungen in der frühen Jugendphase und die geschlechtsspezifischen Anfälligkeitskonstellationen gelten. Die Schwerpunktsetzung folgt damit dem von Schäfers (1995) resümierten Forschungsstand: ,In uns bekannten Gesellschaften ist das Geschlecht für fast alle Elemente und Prozesse der Sozialstruktur ein grundlegendes Kriterium der sozialen Differenzierung. Geschlechts- und Altersrollen sind die sozialen Primärrollen'." (Möller 2000: 59)

Nun sollen einige ausgewählte Befunde der Studie vorgestellt werden, wobei der Erklärungsfaktor der männlichen Geschlechtsidentität besonders hervorgehoben wird. Zunächst zeigt sich innerhalb des Samples (20 Jungen und 17 Mädchen) trotz aller Differenzen im Fallvergleich eine grundsätzlich stärkere Verbreitung von Ungleichheitsvorstellungen bei Jungen, was sich bei der für rechtsextremistische Orientierungen charakteristischen Verknüpfung mit Gewaltakzeptanz fortsetzt. Bei der Beschaffenheit der Ungleichheitsvorstellungen wird geschlechtsübergreifend konstatiert, dass sich diese meist auf die ,Ausländerfrage' beziehen und rassistische Abwertungen bei den untersuchten Jugendlichen fast nie geäußert wurden. Ebenso wenig gehören Antisemitismus und die Abwertung von Minderheiten wie Obdachlose und Behinderte zum Orientierungsbestand dieser Jugendlichen (vgl. Möller 2000: 91f.). Gleichsam unterhalb der Vorstellungsebene, wo Grenzen zu anderen Gruppen mit eindeutiger Diskriminierung derselben verbunden werden, zeigen sich dennoch Muster einer ,vorgestellten' Ungleichheit. Im eigenen sozialen Nahbereich (Wohnviertel) reagieren die Jugendlichen auf die Anwesenheit von ,Ausländern' mit Überfremdungsgefühlen, da diese für die ,deutsche' Lebensweise als störend empfunden werden (vgl. ebd.: 93f.). Neben solchen Verweisen auf national-kulturelle Besonderheiten werden Wertungen entlang ökonomischmaterieller Konkurrenzverhältnisse formuliert. Unter Verweis auf Medienberichte, Alltagsdiskurse und Einzelbeobachtungen werden ,Fremde' als Konkurrenten um Ausbildung-/Arbeitsplätze und Wohnraum identifiziert (vgl. ebd.: 94f.).

Nun zeigen sich bei männlichen Jugendlichen *zwei distinkte Ausprägungen*, je nachdem, ob Ungleichheitsvorstellungen a) in Kombination mit Gewaltakzeptanz, oder b) allein auftreten.

a) Bei den ‚gewaltakzeptierenden‘ Jungen zeigen sich real erlebte, gewalttätig konnotierte Konflikte mit Ausländern um Arenen der Darstellung
männlicher Dominanz. Das Konkurrenzerleben bezieht sich dabei auf
die hegemonial-maskuline Vorherrschaft auf der Straße, in der Schule, in
Jugendeinrichtungen etc. (vgl. ebd.: 95). Wichtig ist, dass das Ausagie-
ren solcher Männlichkeitsbilder den Ausgangspunkt bildet, an den die
Ethnisierung dieser geschlechtsspezifisch getönten Konflikte anschließt.
M.a.W. werden in der Konkurrenz um den Nachweis ‚echter‘ Männlichkeit bestimmte andere Jugendliche eben nicht primär als Jugendliche sondern vorrangig als Ausländer wahrgenommen. Begründungen
für eigenes ablehnendes Verhalten werden u.a. in der durch Ausländer
angeblich bedrohten öffentlichen Sicherheit und in der Gefährdung gel-
tender Normen und Werte gesucht. Durch solche weiter ausgreifenden
Ungleichheitsvorstellungen kann die über territoriale Überlegenheit angestrebte Männlichkeit Legitimität erhalten (vgl. ebd.: 325f.).

b) Gänzlich anders ist die Einbruchstelle für Ungleichheitsvorstellungen bei
den Jungen beschaffen, die keine offensichtliche Gewaltakzeptanz zeigen. Ihnen ist weniger an der Inszenierung von Männlichkeit gelegen,
auch kennen sie kaum ‚alltagseingelagerte‘ Konflikte mit ausländischen
Jugendlichen (vgl. ebd.: 327f.). Nicht die Rivalität der Peer-Groups sondern die angestrebte Integration in die Erwachsenengesellschaft bildet
bei ihnen das bedeutungsvolle biographische Moment. Gerade während
des Einmündungsprozesses in die Berufsausbildung können Konkurrenz-
und Leistungsdenken ihre Wirkung entfalten, rücken Werte wie Konsum
und Prestige in den Vordergrund (vgl. ebd.: 328). Wenn Leistungskonkur-
renz bzw. Versagensängste zu einer starken Motivation werden, können
feindselige Haltungen an ausländische Konkurrenten adressiert werden,
begleitet von dem Wunsch, den Problemdruck darüber zu minimieren.
Da es hier die Integrationsanforderungen und mithin der Übergang in
die berufliche ‚Normalität‘ sind, die den Ausgangspukt für die Herausbildung von Ungleichheitsvorstellungen bilden, demonstrieren diese Jugendlichen Anpassung auch hinsichtlich der Absage an auffällige politische Positionierungen. Entsprechend wird Gewalt nur als institutionelle
Gewalt befürwortet, die sich bspw. in rechtspopulistischen Auffassungen
wiederfinden lässt (vgl. ebd.: 328).

Originalzitat:

„Aus dieser Sicht stellt sich ein Rechtsextremismus mit verborgen bleibender Gewaltakzeptanz auf Dauer gesehen weitaus gefährlicher dar als die violent-rechten Konturierungen pubertärer Stilübungen auffällig abweichender Jugendcliquen und -szenen. Dies aus mindestens zwei Gründen: 1. Indem sich seine Ungleichheitsvorstellungen im Bereich der politisch-sozialen Akzeptanz wähnen oder zumindest sich in ihn einschmeicheln können, drängen sie auf Normalisierung und werden schwerer in ihrer demokratiezersetzenden Funktion wahrnehmbar. Insofern wird eine Skandalisierung immer unwahrscheinlicher und erscheint im öffentlichen Bewusstsein eine politische und pädagogische Bearbeitung solcher Haltungen immer weniger erforderlich. 2. Soweit gesamtgesellschaftlich hochgradig akzeptierte, ja geradezu propagierte Werthaltungen Nährstoffe für solche Wendungen nach rechtsaußen bereitstellen, ist von einer Strukturabhängigkeit rechtsextremer Orientierungen von gesellschaftlichen Modernisierungen auszugehen. Dies impliziert, dass rechtsextreme Orientierungen ohne grundlegende strukturelle Umsteuerungen und Umwertungen schlechterdings nicht verhinderbar sind." (Möller 2000: 328f.)

Obwohl Möller dem Desintegrationsansatz Heitmeyers insofern folgt, als dass durch diesen angeregte Untersuchungsdimensionen eine hohe Relevanz für die Erklärung jugendlichen Rechtsextremismus besitzen, wird Desintegration als analytischer Begriff jedoch nicht übernommen. Dies wird mit den Schwierigkeiten der empirischen Überprüfung von solchen großrahmig ausgelegten Prozessen begründet (vgl. ebd.: 319). Ausdrücklich wird auf eine weitere Unterscheidungen zwischen den oben dargestellten Typen Jugendlicher hingewiesen: Im Gegensatz zu denjenigen Jungen, die ‚nur' Ungleichheitsvorstellungen aufweisen, zeigt sich für die Gruppe ‚gewaltakzeptierender' Jugendlicher, dass sie grundsätzlich in *Peer-Groups* eingebunden sind. Dies weist auf die generelle Bedeutung der Cliquenzugehörigkeit für die Entstehung von rechtsextremistischer Gewalt hin (vgl. ebd.: 323ff.). Allerdings ist eher von Gelegenheitsstrukturen auszugehen, welche diese Cliquen und ihre jugendkulturellen Ausdruckformen den Jugendlichen bieten. Somit wird die Rolle der jugendkulturellen Symbolik als eigenständiger Erklärungsfaktor für Gewalt zugleich relativiert; diese liefert eher die kulturell-politischen Sinnfolien, welche die Ethnisierung der oben dargestellten Konfliktverhältnisse vorantreiben. Mithin hebt Möller den unmittelbaren Erfahrungs- und Interaktionsraum der Peers hervor, „dieser wird jugendkulturell geladen und dabei u.U. auch mit symbolischen Verweisungen ausgestattet, die rechtsextreme Profilierungen der ohnehin ablaufenden Gewaltprozesse ermöglichen" (ebd.: 323). Eine Übersicht u.a. über die Cliquenkulturen, maskulinen Verhaltensformen und jugendkulturellen Stilelementen, räumlichen Strukturen und Netzwerkeinbindungen findet sich bei Hafeneger und Becker (vgl. Hafeneger/Becker 2007: 20ff.). Eine profunde Studie über Affinisierungs- und Distanzierungsprozessen in rechten Cliquen – allerdings mit der Beschränkung auf die Skinhead-Kultur – haben Möller und Schuhmacher vorgelegt (vgl. Möller/Schuhmacher 2007).

4.3 Jugend, Sucht und Drogenkonsum

Das eingangs angeführte Spannungsverhältnis zwischen Norm und Abweichung manifestiert sich ebenfalls in Formen des gesellschaftlich akzeptierten Konsumverhaltens bzw. Verbots von psychoaktiven Substanzen. Während Drogen wie Cannabis, Heroin, Kokain oder Ecstasy gegenwärtig verboten sind, sind Nikotin, Koffein, Medikamente und Alkohol integrativer Bestandteil der westlichen Gesellschafts- und Kulturgeschichte (vgl. Spode 1991). Diese gesellschaftliche Komponente zeigt sich nicht allein im selbstverständlichen Konsum legaler Drogen, sondern manifestiert sich auch in gesetzlichen Bestimmungen hinsichtlich Verkauf, Erwerb und Konsum sowie Preissteigerungen. Schließlich sind die entsprechenden Steuereinnahmen durch Tabak- und Alkoholkonsum von jährlich über 15 Milliarden eine wichtige Einnahmequelle für den staatlichen Haushalt (vgl. Merfert-Diete 2003: 8; Petermann/Roth 2006: 49).

Im Gegensatz zu Jugendgewalt kann Drogenkonsum als Problemverarbeitung nach innen gedeutet werden, in bestimmten Fällen wiederum kommt es allerdings auch zu demonstrativem Konsum mit Signalfunktion (vgl. Palentien/Harring 2010: 1008). Da hier primär sozialisationstheoretische Fragen im Mittelpunkt stehen, wird ein Schwerpunkt auf den riskanten Drogenkonsum von Jugendlichen gelegt, der nicht unbedingt mit Sucht einhergehen muss. D.h. im Folgenden stehen die unterschiedlichen Motive, Konsummuster und sozialen Einflüsse von Jugendlichen in Bezug auf deren Substanzmittelkonsum im Fokus. Um süchtige bzw. abhängige Jugendliche wird es hingegen weniger gehen. Dies liegt auch darin begründet, dass man empirisch über süchtige bzw. abhängige Jugendliche wenig weiß (vgl. Petermann/Roth 2006: 20; Soellner/Hapkemeyer 2008: 153f.).

4.3.1 Suchtmittelkonsum als jugendtypisches Risikoverhalten

Vergleichbar mit Jugenddelinquenz im Bagatellbereich kann der Suchtmittel-konsum Jugendlicher zunächst als entwicklungstypisches Phänomen betrachtet werden. Jugend ist eine Lebensphase, in der die meisten Personen erstmalig Suchtmittel probieren. Sie sammeln Erfahrungen und entwickeln ihren eigenen Umgang mit Drogen. Mit Suchtmitteln zu experimentieren, gehört demnach zum Konsumverhalten von Jugendlichen. Dabei werden auch Formen riskanten Konsums sowie illegale Drogen ausprobiert. Die meisten Jugendlichen kehren aber wieder zu Formen moderaten Konsums zurück oder hören ganz damit auf (vgl. Silbereisen/Reese 2001: 133ff.). Der Konsum psychoaktiver Substanzen muss demnach nicht zwangsläufig mit Sucht bzw. Abhängigkeit gleichgesetzt werden.

Wie noch ausgeführt wird, kann Drogenkonsum für Jugendliche Ausdruck einer Entwicklungsphase sein, in der es um Neu-Orientierung bzw. Identitäts-bildung geht sowie die Suche nach dem eigenen Platz in der Gesellschaft. Diese Entwicklungsphase ist durch Umbrüche geprägt, die in das Selbstkonzept in-tegriert werden müssen und nach neuen Verhaltensweisen, Orientierungen und Bewältigungsstrategien verlangen. Für Jugendliche können diese Entwicklungs-aufgaben demnach Herausforderungen, Chancen oder Belastungen sein (vgl. Seifert 1998a).

Für die Suchtprävention bedeutet dies, dass die Kontrolle jugendlichen Kon-sumverhaltens allein noch nicht erfolgsversprechend sein kann, vielmehr muss es ebenfalls um die Vermittlung von Bewältigungsstrategien und Lebenskompe-tenzen gehen. In den Blick geraten damit auch die psychischen, materiellen und öffentlichen Ressourcen des Jugendlichen sowie Risiko- und Schutzfaktoren.

Sind die erforderlichen Bewältigungsstrategien und sozialen Unterstützungs-ressourcen bei Jugendlichen nicht vorhanden, kann dies zu Verunsicherungen, Überforderung, Stress und riskantem Konsumverhalten führen. *Problematisch wird jugendlicher Drogenkonsum demnach dann, wenn Suchtmittel langfristig zur Lebensbewältigung von belastenden Emotionen bzw. Lebensbedingungen eingesetzt werden.* Mit der Gewöhnung an Suchtmittel steigt die Gefahr des Substanzmissbrauchs bzw. Abhängigkeit.

4.3.2 Medizinische Diagnosekriterien für Abhängigkeit

Bei der Definition von riskantem Konsumverhalten und Sucht bzw. Abhän-gigkeit wird meist auf medizinische Diagnosekriterien zurückgegriffen. In der Regel bezieht man sich dabei auf das fachwissenschaftlich etablierte ‚Diagnos-tisches und statistisches Manual psychischer Störungen' (DSM-IV) der American Psychiatric Association (vgl. Saß u.a. 2003) oder die ‚Internationale Klassifikation Psychischer Störungen' (ICD) der Weltgesundheitsorganisation (vgl. Dilling u.a. 2005).

Substanzmissbrauch und Abhängigkeit
Medizinisch-klinisch wird hier zwischen Substanzmissbrauch (riskantem Konsum) und Abhängigkeit (Sucht) unterschieden. Nach den DSM-IV Diagnosekriterien liegt *Substanzmissbrauch* vor, wenn es zum wiederholten Versagen von Verpflichtungen kommt (z.b. in Bezug auf Elternkonflikte, Schulabstinenz, Ausbildungsstelle). Weitere Indikatoren sind wiederholte Gefahrensituationen (z.b. Autofahren unter Alkoholeinfluss) oder Gesetzesverstöße (z.b. Registrierungen, Verwarnungen, Verhaftungen). Der Substanzgebrauch wird trotz wiederholter zwischenmenschlicher und sozialer Probleme fortgesetzt (vgl. Saß u.a. 2003: 239).

Abhängigkeit liegt vor, wenn Personen einen unkontrollierten psychischen bzw. physischen Drang verspüren, wiederholt psychoaktive Substanzen zu konsumieren. Indikatoren sind z.b. erfolglose Versuche, den Substanzgebrauch zu verringern. Dem Konsum wird viel Zeit eingeräumt und wichtige soziale, berufliche oder kulturelle Aktivitäten werden aufgegeben bzw. reduziert. Trotz Kenntnis physischer und psychischer Folgeprobleme wird der Substanzgebrauch weitergeführt. Körperliche Symptome bzw. Folgen von Abhängigkeit können zudem Toleranzentwicklung (Dosissteigerung) oder Entzugserscheinungen sein (vgl. Saß u.a. 2003: 237).

Im Jahr 1968 empfahl die Weltgesundheitsorganisation (WHO), den Begriff ‚Sucht' zugunsten des Terminus ‚Abhängigkeit' aufzugeben, da er nicht aussagekräftig bzw. mitunter sogar irreführend sei. Diese Empfehlung hat sich außerhalb des klinischen Bereichs allerdings nicht durchgesetzt. Das zeigt sich nicht zuletzt in aktuellen pädagogischen bzw. sozialwissenschaftlichen Fachpublikationen zu ‚Jugend und Sucht' oder ‚Suchtprävention' (vgl. Petermann/ Roth 2006: 16). Die klinischen DSM-Kriterien wurden zudem kritisiert, da sie die physiologischen und psychologischen Besonderheiten von Jugendlichen wie z.b. Körpergewicht oder Konsumerfahrungen nicht berücksichtigen würden. Für Jugendliche ist eine Abgrenzung zwischen Gebrauch und Missbrauch mitunter schwierig, da sie den verantwortlichen Umgang mit gesellschaftlich akzeptierten psychoaktiven Substanzen erst erlernen. Berücksichtigt werden müssten demnach ebenfalls Konsumumstände, der persönliche Entwicklungsstand, körperliche Reaktionen und soziale Konsequenzen (vgl. Silbereisen/ Reese 2001: 131ff.). Schließlich nehmen die DSM-Kriterien auch keine Unterscheidung zwischen legalen und illegalen Substanzen vor. Illegale Suchtmittel werden in der Suchtpräventionsarbeit mit Jugendlichen allerdings mitunter ebenfalls unter Drogenmissbrauch subsumiert, da sie juristisch verboten sind (vgl. Seifert/Gross 2000: 30). In der DSM-Definition zum Substanzmissbrauch fehlen zudem jugendtypische Formen des Risikoverhaltens wie das so genannte ‚Komasaufen', die nicht unbedingt zu sozialen Konflikten mit gesellschaftlichen Institutionen bzw. Leistungsabstieg führen müssen, allerdings erhebliche gesundheitliche Schäden verursachen können.

Stoffgebundene und stoffungebundene Abhängigkeit
Des Weiteren soll auf die Unterscheidung zwischen stoffgebundener und stoffungebundener Abhängigkeit verwiesen werden. Für die stoffgebundenen Süchte hat sich umgangssprachlich der Begriff ‚Drogen' etabliert. Aus medizinischer Perspektive sind Drogen psychoaktive Substanzen auf pflanzlicher oder chemisch-synthetischer Basis. Sie wirken auf das zentrale Nervensystem ein und stimulieren bei dem Konsumenten bestimmte Stimmungs-, Gefühls- und Wahrnehmungsveränderungen, die in der Regel als angenehm erlebt werden (vgl. Petermann/Roth 2006: 12; Scheerer 1989: 5). Juristisch sind nach dem Betäubungsmittelgesetz psychoaktive Substanzen wie Halluzinogene (LSD) oder Cannabinoide (Marihuana) verboten, während der Konsum von Alkohol und Tabak nach dem Jugendschutzgesetz ab einer festgelegten Altersgrenze erlaubt ist.

Bei stoffungebundener Abhängigkeit werden keine Stoffe zugeführt, dennoch entsteht ein Abhängigkeitsproblem. Unter nicht-stoffgebundener Abhängigkeit fällt bspw. Internetsucht, Kaufsucht oder Spielsucht. Gerade für Jugendliche kann der exzessive Konsum neuer Medien suchtartigen Charakter annehmen (vgl. Young 1998; Rehbein/Kleimann/Mößle 2009; Poppelreuter/Gross 2000). Damit verbunden können auch körperliche Reaktionen sein wie der Ausstoß der körpereigenen Wirkstoffe Adrenalin oder Endorphine.

In diesem Zusammenhang steht die Unterscheidung zwischen physischer und psychischer Abhängigkeit. Bei physischer Abhängigkeit geht man von körperlichen Entzugssymptomen aus, die zu Dosissteigerung sowie Unruhe, Schlafstörungen oder Zittern führen können. Bei psychischer Abhängigkeit wird der innere Drang verspürt, den Konsum fortzusetzen. Es liegen nicht unbedingt körperliche Entzugserscheinungen vor, aber es besteht dennoch ein enormes Verlangen, den Konsum fortzusetzen (vgl. Hurrelmann/Bründel 1997: 17). Zur Reduktion von Komplexität liegt der Fokus dieses Kapitels auf stoffgebundene Abhängigkeit bzw. Substanzkonsum.

4.3.3 Theoretische Erklärungsansätze jugendlichen Drogenkonsums

Die referierten soziologischen und psychologischen Theorien zu Jugendkriminalität und Gewalt haben ebenfalls Erklärungspotenzial für jugendlichen Drogenkonsum bzw. Sucht. Bei der *Anomietheorie* lassen sich insbesondere Mertons Anpassungsformen des ‚Rückzugs' und der ‚Rebellion' in Verbindung mit jugendlichem Substanzmittelkonsum bringen (vgl. Merton 1951). Rebellisches Verhalten und eigene drogenbezogene Werte werden ebenfalls von der *Subkulturtheorie* angeführt (vgl. Cohen 1961). Die *Etikettierungstheorie* problematisiert wiederum gesellschaftliche Zuschreibungen in Bezug auf legale und illegale Drogen (vgl. Becker 1973).

Der bereits angeführten psychologischen *Lerntheorie* kommt in Fachpublikationen zur Erklärung jugendlichen Substanzmittelkonsums eine besondere Bedeutung zu. Beim Modell-Lernen wird insbesondere auf die Eltern und Peer-Group verwiesen. Drogen können bei Jugendlichen darüber hinaus als positive Verstärker wirken und der erfolgreiche Einsatz – etwa bei der Kontaktaufnahme zu Gleichaltrigen – ermutigt zu erneutem Konsum. Schließlich erwerben Jugendliche Fähigkeiten in Bezug auf Substanzmittelkonsum aber auch Verzicht (vgl. ebd.: 75). An dieser Stelle soll das bisherige Theoriespektrum ergänzt werden um zwei Ansätze, die für Jugend, Drogenkonsum und Sucht ein besonderes Erklärungspotenzial bieten: das Konzept der Entwicklungsaufgaben und der Ansatz der Salutogenese.

Das Konzept der Entwicklungsaufgaben
Sozialisationstheoretisch ist der entwicklungspsychologische Ansatz von besonderer Relevanz (vgl. Havighurst 1953; Erikson 1988; Hurrelmann 2007; Kastner/Silbereisen 1984). Seine theoretischen Traditionen wurden in dem Kapitel zu Jugendtheorien (siehe Kap. 2.3.3) dargelegt und sein Erklärungspotenzial deutete sich bereits in den Ausführungen zur Jugenddelinquenz an. Im Folgenden soll er ausführlich auf jugendlichen Drogenkonsum bezogen werden, da entwicklungstheoretische Ansätze die ganze Spannbreite des Themas Jugend, Drogenkonsum und Sucht abdecken: sie können sowohl die spezifischen Problembelastungen berücksichtigen, welche die Lebensphase Jugend mit sich bringt und die eventuell zu Abhängigkeit bzw. Sucht führen, als auch unproblematisches jugendtypisches Experimentierverhalten in Bezug auf Drogen erklären. Bei der Bewältigung jugendlicher Entwicklungsaufgaben kommt dem Konsum von Suchtmitteln unterschiedliche Bedeutung zu und erfüllt für Jugendliche diverse psychosoziale Bedürfnisse (vgl. Hurrelmann/Hesse 1991; Silbereisen/Reese 2001: 138; Palentien/Harring 2010; Jungblut 2004):

- *Ablösung vom Elternhaus*: Drogenkonsum bietet Jugendlichen die Möglichkeit, sich von elterlichen Kontrollvorstellungen und deren schulischen Leistungserwartungen abzugrenzen. Er erlaubt ihnen Unabhängigkeit zu demonstrieren und elterliche Kontrolle zu verletzen

- *Entwicklung sozialer Kontakte zu Gleichaltrigen*: Drogenkonsum hat für Jugendliche insbesondere in Peer-Groups eine Integrationsfunktion. Er dient Jugendlichen zur Stimmungsaufhellung, Gemeinschaftserleben, Abbau von Kommunikationshemmschwellen und ist Gegenstand von Mutproben bzw. Wettbewerben, welche mitunter exzessiv-ritualisierte Formen annehmen (vgl. Seifert 1998b: 88). Schließlich können Drogen für Jugendliche Symbol für die Teilhabe an subkulturellen Lebensstilen sein. Bei der Entwicklungsaufgabe der Aufnahme intimer partnerschaftlicher Beziehungen kann Substanzmittelkonsum zudem die Kontaktaufnahme erleichtern.

- *Identitätsfindung*: Drogenkonsum kann für Jugendliche Experimentierfreude, Neugier und Probeverhalten bedeuten, bei dem eigene Grenzen ausgetestet werden. In der Fachliteratur wird in diesem Zusammenhang auf einen ausgeprägten Gegenwartsbezug im Jugendalter verwiesen, der von riskanten Konsumfolgen zunächst absieht (vgl. Engel/Hurrelmann 1994: 2). Den Jugendlichen geht es beim Drogenkonsum um Selbsterfahrung, Bewusstseinserweiterung, Rausch- und Tranceerlebnisse. Des Weiteren kann Drogenkonsum der demonstrativen Antizipation von Erwachsenenverhalten dienen. Schließlich sind Selbstinszenierung und Imageaufbau jugendliche Motive für Drogenkonsum. In diesem Zusammenhang ist ebenfalls auf die Aufgabe der Entwicklung einer Geschlechtsidentität zu verweisen. So dient bspw. exzessiver Alkoholkonsum einigen Jugendlichen der Demonstration von Männlichkeit gegenüber ihren Peers und gegengeschlechtlichen Partnern.

- *Aufbau eines eigenen Werte- und Normensystems*: Drogenkonsum kann auf gesellschaftlicher Ebene bewusste Normverletzung bzw. nicht-konformes Verhalten zum Ausdruck bringen. Historisch wurde Drogenkonsum bspw. zur Demonstration sozialen Protests und Gesellschaftskritik eingesetzt.

- *Entwicklungsprobleme*: Suchtmittel können allerdings auch zur Abwehr bzw. Bewältigung negativer Emotionen eingesetzt werden wie Konflikte in der Familie, Anerkennungsprobleme mit Peers, schulische Leistungsschwierigkeiten oder unsichere Zukunftsperspektiven. Drogenkonsum kann somit ebenfalls in der Flucht vor den Anforderungen an Jugend begründet sein.

Das Konzept der Entwicklungsaufgaben fragt demnach nach der Funktionalität, die riskanter Substanzmittelkonsum für Jugendliche hat. Dabei ist zu berücksichtigen, dass Jugendliche diese Entwicklungsaufgaben als Subjekte aktiv gestalten und abhängig von sozialstrukturellen Bedingungen hinsichtlich Geschlecht, Schicht oder Migrationshintergrund bearbeiten. Die Kategorie Geschlecht ist dabei aber nicht allein für die Herausbildung einer Geschlechtsidentität relevant, sondern beeinflusst auch die Bearbeitung der anderen Entwicklungsaufgaben (vgl. Franzkowiak/Helfferich/Weise 1998: 39).

Das Konzept der Salutogenese
Der zweite Ansatz mit hoher Relevanz für das Thema Substanzmittelkonsum bzw. Abhängigkeit ist das Konzept der Salutogenese. Dieser Terminus wurde von Aaron Antonovsky geprägt und zielt auf die Frage, *was den Menschen gesund hält* (vgl. Antonovsky 1997). Mit dieser Perspektive werden nicht allein krankmachende Einflüsse problematisiert, sondern ebenfalls die Stärkung der Ressourcen von Individuen in den Blick genommen. Dabei bezieht sich das ressourcenorientierte Denken auf die gesamte Person, ihre Lebensgeschichte und das sie umgebende System. Gesundheit ist demnach kein absoluter Zustand sondern ein Prozess, der von Individuen aktiv gestaltet wird (vgl. Bengel/Strittmatter/Willmann 2001).

Im Zentrum des salutogenetischen Modells steht das subjektive Kohärenzgefühl, welches nach Antonovsky ein überdauerndes Gefühl des Vertrauens ist, innere bzw. äußere Anforderungen bewältigen zu können. Diese Zuversicht basiert auf unterschiedlichen Komponenten: 1) *Sense of Comprehensibility*: die Anforderungen werden verstanden, sie erscheinen vorhersehbar, strukturiert und erklärbar, 2) *Sense of Manageability*: Vertrauen in die eigenen Ressourcen zur Bewältigung der Anforderungen, welche als handhabbar erlebt werden und 3) *Sense of Meaningfulness*: die Anforderungen werden als sinnvoll empfunden und das eigene Engagement wird als lohnenswert angesehen (vgl. ebd.).

Das Kohärenzgefühl wird von den individuellen Lebenserfahrungen geprägt und ist von den zur Verfügung stehenden Widerstandsressourcen abhängig (körperliche Konstitution, soziale Unterstützung, Copingstrategien etc.). Eine vergleichbare Perspektive offeriert der Begriff Resilienz, welcher die Fähigkeit bezeichnet, mit belastenden Lebensbedingungen erfolgreich umzugehen (vgl. Werner/Smith 2001; Wustmann 2004).

Für die Suchtprävention mit Jugendlichen bedeutet das salutogenetische Modell, die Ressourcen von Jugendlichen zu stärken. Der *Lebenskompetenzansatz* soll Jugendliche ermutigen, ihre Stärken zu finden, ein positives Selbstbild zu entwickeln und unterstützende Beziehungen aufzubauen. Wichtige Themen in diesem Zusammenhang sind z.B. Stressbewältigung, Kommunikationsfähigkeit,

Konfliktregelung, Selbstwertgefühl und Widerstehen von Gruppendruck (vgl. Petermann/Roth 2006: 62ff.). An diesem Konzept wird allerdings kritisiert, dass es weitgehend suchtunspezifisch ist und im Prinzip allgemeine pädagogische Ziele umfasst (vgl. Kuttler/Laging-Glaser 2000). In Bezug auf Jugendsozialisation und Drogenkonsum lenkt das Konzept der Salutogenese den Blick nicht allein auf Risikopotenziale sondern ebenfalls auf Schutzfaktoren.

4.3.4 Risiko- und Schutzfaktoren für Substanzkonsum

Aus sozialisationstheoretischer Perspektive kann Sucht bzw. Drogenkonsum nicht allein auf medizinische Faktoren reduziert werden, deshalb werden auch soziale und individuelle Belastungskonstellationen bzw. Bewältigungsressourcen in den Blick genommen. Familie, Schule oder Peer-Groups haben als Risiko- und Schutzfaktoren einen maßgeblichen Einfluss auf Belastungsrisiken Jugendlicher (vgl. Engel/Hurrelmann 1994: 5). Sie entscheiden ebenfalls darüber, ob riskante Konsummuster ein episodisches Phänomen der Jugendphase bleiben oder im Erwachsenenalter fortgeführt werden (vgl. Schmidt 1999: 64).

Risiko- und Schutzfaktoren sind Persönlichkeitsmerkmale, Lebenskontexte und Soziallagen, welche Sucht bzw. Substanzkonsum reduzieren oder forcieren. Dabei sind sowohl Qualität als auch Quantität der vorhandenen Risiko- und Schutzfaktoren bedeutsam. Unter Risikofaktoren werden bspw. Bedingungen verstanden, die einen frühen Konsumeinstieg begünstigen oder in einen Zusammenhang mit häufigem bzw. extrem toxischem Substanzkonsum stehen. Schutzfaktoren haben einen protektiven Einfluss auf Individuen, welche zu einem späten Konsumeinstieg, Konsumabstinenz oder einer eher ablehnenden Haltung gegenüber Substanzgebrauch führen (vgl. Schmidt 1999: 64f.). Exemplarisch soll im Folgenden vertieft auf Familie und Peer-Group als Risiko- und Schutzfaktoren eingegangen werden. Ihnen werden in der Fachliteratur zum Substanzkonsum Jugendlicher häufig die größten Bedeutungen zugewiesen neben Belastungen durch die Schule bzw. mangelnden Berufsperspektiven (vgl. Richter 2005; Bilz/Hähne/Melzer 2003; Engel/Hurrelmann 1994).

Risiko- und Schutzfaktoren in der Familie
Die Familie kann für Jugendliche sowohl Risiko- als auch Schutzfaktoren bereitstellen, denn hier werden Stile im Umgang mit Körper, Gesundheit und Krankheit vermittelt (vgl. Kolip/Lademann 2006). Die Familie prägt sowohl den Umgang mit Substanzmitteln als auch Bewältigungsressourcen bzw. Problembelastungen Jugendlicher. In empirischen Studien wurden für den Substanzmittelkonsum von Jugendlichen insbesondere folgende bedeutsame Faktoren identifiziert: Familiäre Konsumgewohnheiten, Familienklima, Erzie-

hungsstile und emotionale Beziehungsqualitäten (vgl. Erhart/Ravens-Sieberer 2008; Klocke/Becker 2003; Schmidt 1999; Engel/Hurrelmann 1994). Neben Eltern bzw. erwachsenen Bindungspersonen haben ebenfalls Geschwister Einfluss auf jugendliche Konsumformen z.B. als Vorbild oder Beschaffer von Substanzmitteln (vgl. Schmidt 1999: 68).

Insbesondere beim Konsum legaler Drogen lassen sich empirische Zusammenhänge zwischen dem Konsumverhalten von Eltern und Jugendlichen ausmachen. Jugendliche werden z.B. von ihren Eltern mit Nikotin und Alkohol vertraut gemacht (vgl. Doherty/Allen 1994; Rowe u.a. 1996; Peterson u.a. 1995). Bei Eltern mit Alkoholproblem besteht für Jugendliche zudem ein höheres Risiko des eigenen Alkoholmissbrauchs (vgl. Klein 2001; Lachner/Wittchen 1997). Des Weiteren gibt es Hinweise, dass der Medikamentenkonsum von Mädchen mit dem Gebrauchsverhalten der Mutter korrespondiert (vgl. Vogt 1985). Wie bereits erwähnt, verweisen diese Befunde auf ein besonderes Erklärungspotenzial der Lerntheorien.

Risiko- und Schutzfaktoren in der Peer-Group
Die Peer-Group hat ebenfalls einen besonderen Einfluss auf den Substanzmittelkonsum von Jugendlichen. Informelle und formelle Gleichaltrigengruppen werden im Jugendalter immer wichtiger und können Einflüsse der Herkunftsfamilie ergänzen bzw. in einzelnen Bereichen mitunter substituieren (vgl. Hurrelmann 2007: 130ff.). Als Sozialisationsfaktor offerieren Peer-Groups Erfahrungsräume für Freundschaft, sexuelle Beziehungen, soziale Anerkennung, Identitätssuche, Konsum und Freizeitverhalten sowie soziale bzw. kulturelle Partizipation (siehe Kap. 3.4). Damit einher gehen können allerdings ebenfalls problematische Erfahrungen wie Exklusion, Konformitätsdruck oder Hierarchiekonflikte (vgl. Raithel 1999).

Empirische Studien verweisen auf den enormen Einfluss von Peer-Groups hinsichtlich des jugendlichen Drogenkonsums. Peers dienen als Publikum, soziale Modelle und ihre jeweiligen drogenbezogenen Verhaltensnormen prägen das Probierverhalten der Jugendlichen. Insbesondere der Konsum illegaler Drogen ist von der Peer-Group beeinflusst (vgl. Richter 2005; Schmidt 1999). Dies gilt vor allem für männliche Jugendliche. Für Mädchen ist darüber hinaus der Partner maßgebend für Konsumgewohnheiten (vgl. Schmidt 1999). Peer-Groups erleichtern z.B. den Zugang zu illegalen Drogen: etwa 68 % der Jugendlichen geben an, Cannabis über Freunde oder Bekannte leicht erwerben zu können (vgl. BZgA 2004: 19, 25).

Peer-Groups können für Jugendliche sowohl Risiko- als auch Schutzfaktoren darstellen. Dies ist abhängig von den abstinenten bzw. drogenaffinen Wertvorstellungen der Peer-Group. Inwiefern Drogenkonsum lediglich mit dem Konformitätsdruck der Gleichaltrigengruppe erklärt werden kann ist umstritten, denn es wird darauf verwiesen, dass Jugendliche sich ihre Peer-Groups durchaus aktiv aussuchen (vgl. Palentien/Harring 2010: 1010). Die Peer-Group kann einen auch dabei unterstützen, drogenabstinent zu bleiben. So geben 54 % der 12 bis 15-Jährigen an, dass FreundInnen sie dabei unterstützt hätten, illegale Drogenangebote abzulehnen. 65 % der Jugendlichen gehören zudem Freundesgruppen an, in denen niemand illegale Drogen konsumiert (vgl. BZgA: 2004: 24).

4.3.5 Empirische Studien zum Substanzkonsum Jugendlicher

Wie bereits angeführt, weiß man empirisch bisher wenig über süchtige bzw. abhängige Jugendliche. Zwei repräsentative lokale Studien aus Bremen und München deuten allerdings darauf hin, dass die Anzahl der süchtigen Jugendlichen eher gering ist. Nach der Bremer Jugendstudie erfüllen bspw. 3,6 % der 1.035 befragten 12-17-Jährigen die DSM-IV Kriterien für Alkoholabhängigkeit und 5,7 % für Alkoholmissbrauch (vgl. Essau u.a. 1998). Die Münchner Studie mit 3.021 befragten Jugendlichen kam zu ähnlichen Ergebnissen, wobei hier deutliche Geschlechtsunterschiede zwischen den 14-24-Jährigen ausgemacht werden: 15,1 % männliche Jugendliche und 4,5 % weibliche Jugendliche erfüllen die DSM-IV Kriterien für Missbrauch und Abhängigkeit (vgl. Lieb u.a. 2000: 25). Allerdings räumen die AutorInnen in der Diskussion ihrer Ergebnisse ein, dass die jugendlichen Formen der Missbrauchs- und Abhängigkeitssyndrome nicht durchgehend mit dem typischen Bild der klinischen Abhängigkeit in höheren Altersstufen gleichzusetzen ist (vgl. ebd.: 29). Nach der Münchner Studie ist zudem Nikotinabhängigkeit am häufigsten unter Jugendlichen verbreitet. Hier fallen die Geschlechterdifferenzen mit 19,1 % für Jungen und 18,5 % für Mädchen auch weniger ins Gewicht (vgl. ebd. 25).

Im Folgenden soll es weniger um süchtige Jugendliche gehen sondern in einem allgemeineren Sinne um die Verbreitung des Drogenkonsums unter Jugendlichen. Wichtige repräsentative Studien zur Verbreitung des Drogenkonsums von Jugendlichen sind die Drogenaffinitätsstudien der Bundeszentrale für gesundheitliche Aufklärung (BZgA), die HBSC-Studie der Weltgesundheitsorganisation (Hurrelmann u.a. 2003; Richter u.a. 2008), der Kinder- und Jugendgesundheitssurvey KiGGS (RKI 2008) und die europäische Schülerstudie ESPAD (BMGS 2004). Aufgrund der unterschiedlichen Alterseinteilungen, sind die Ergebnisse allerdings oft nicht unmittelbar vergleichbar. Im Folgenden werden deshalb primär Ergebnisse der Drogenaffinitätsstudie der BZgA präsentiert. Sofern es die Datenlage erlaubt, wird zudem die soziale Heterogenität von Jugendlichen berücksichtigt. Dies gibt nicht zuletzt Aufschluss darüber, an welchen jugendlichen Zielgruppen sich Suchtpräventionsarbeit sinnvollerweise orientiert. Des Weiteren wird die folgende Darstellung auf die Substanzmittel Tabak, Alkohol und Cannabis reduziert. Sie gehören zu den verbreitetsten Drogen unter Jugendlichen, wobei auch Medikamente und Arzneimittel zunehmend an Einfluss gewinnen. Nach Hurrelmann und Engel ist der steigende Konsum Jugendlicher von Schmerzmitteln, Anregungsmitteln, Beruhigungsmitteln oder Schlafmitteln Ausdruck der Anpassung an eine Leistungsgesellschaft bzw. gestiegenen Konkurrenzempfindens. Die Bereitschaft zur Selbstmedikation stellen die Autoren dabei in einen Zusammenhang mit Belastungs- und Konfliktbewältigungen insbesondere in Schule, Ausbildung und Beruf (vgl. Engel/Hurrelmann 1994: 107ff.).

Tabak
Der Einfluss des Tabakkonsums auf die Gesundheit Jugendlicher ist abhängig vom Einstiegsalter sowie der Intensität und Dauer des Konsumverhaltens. Regelmäßiger Tabakkonsum gilt als Risikofaktor für schwerwiegende Krankheiten, und ein früher Einstieg kann aufgrund noch wachsender Organe bei Kindern und Jugendlichen bleibende Schäden verursachen (vgl. Soellner/Hapkemeyer 2008: 149).

Der Tabakkonsum von Jugendlichen ist in den letzten Jahrzehnten zurückgegangen und hat im Jahr 2008 einen historischen Tiefstand erreicht. Nach der Drogenaffinitätsstudie der Bundeszentrale für gesundheitliche Aufklärung gaben im Jahr 1979 bei den 12- bis 17- jährigen noch 33,4 % der männlichen und 26,8 % der weiblichen Jugendlichen an, gelegentlich oder ständig zu rauchen. Im Jahr 2008 trifft dies für diese Altersklasse lediglich auf 15 % Jungen und 16 % Mädchen zu. Gründe für den Rückgang sind allerdings nicht ausschließlich in einem gestiegenen Gesundheitsbewusstsein Jugendlicher zu suchen sondern ebenfalls in der Erhöhung der Tabaksteuer sowie der EC-Karten-Sicherung von Zigarettenautomaten (vgl. Palentien/Harring 2010: 1009).

Die oben angeführten geschlechtsspezifischen Unterschiede im Rauchverhalten Ende der 1970er Jahre lassen sich seit 1993 nicht mehr beobachten (vgl. BZgA 2009a: 26). Bedeutsam für jugendliches Rauchverhalten sind allerdings die Schulformen: Der Anteil rauchender Jugendlicher an Haupt- und Realschulen (18 %) ist doppelt so hoch wie an Gesamtschulen (9,6 %) und viermal so hoch wie an Gymnasien (4,3 %) (vgl. ebd.: 24). Wie sich bei den Schulformen bereits andeutet, ist das Rauchverhalten Jugendlicher ebenfalls vom sozioökonomischen Status abhängig: Jugendliche mit einem niedrigen Sozialstatus konsumieren häufiger Tabak (37,8 %) als Jugendliche mit hohem sozialen Status (23,7 %). Dies gilt insbesondere für Mädchen, bei denen der Prozentunterschied zwischen Mädchen mit niedrigem Status (39,1 %) und hohem Status (21,6 %) besonders deutlich ausgeprägt ist (vgl. RKI 2008a: 170).

Hingegen rauchen Jugendliche mit Migrationshintergrund signifikant weniger (15,8 %) im Vergleich zu Jugendlichen ohne Migrationshintergrund (21,3 %). Besonders signifikant sind diese Unterschiede in der Gruppe der Jugendlichen mit niedrigem Sozialstatus: hier rauchen Jugendliche mit beidseitigem Migrationshintergrund fast halb so wenig. Das Herkunftsland hingegen zeigt keine statistisch signifikanten Unterschiede zwischen Jugendlichen mit Migrationshintergrund (vgl. RKI 2008b: 28f.).

Für einen rückläufigen Trend jugendlichen Rauchverhaltens spricht ebenfalls der Anteil von 39,1 % an Jugendlichen im Jahr 2008, die noch nie Tabak konsumiert haben (vgl. BZgA 2009a: 16). Täglich rauchen hingegen aktuell 5,8 % Jungen und 6,5 % Mädchen in der Altersgruppe der 12- bis 17-Jährigen (vgl. ebd.: 28). Einschränkend muss allerdings angemerkt werden, dass die Quote bei den Heranwachsenden im Alter von 18-25 Jahren mit 44 % Raucherinnen und 42 % Raucher deutlich höher ist, gleichwohl auch hier ein Rückgang verzeichnet werden konnte (vgl. ebd.: 31). Des Weiteren verstehen sich die Hälfte der Jugendlichen, die Sisha (Wasserpfeife) rauchen, nicht als Raucher bzw. Raucherinnen. Die Quote der Jugendlichen, die mindestens einmal im Leben eine Sisha geraucht haben, liegt 2008 bei 39,7 % (vgl. ebd.: 36f.). Täglich konsumierten 2007 lediglich 0,4 % der Jugendlichen Wasserpfeifentabak (vgl. BZgA 2007: 15).

Das Durchschnittsalter, mit dem Jugendliche im Alter von 12-25 Jahren zum ersten mal Tabak konsumieren, beträgt 13,7 Jahre. Dies hat sich in den letzten Jahrzehnten kaum verändert. Mit täglichem Rauchen beginnen Jugendliche allerdings erst durchschnittlich im Alter von 16 Jahren (vgl. BZgA 2009a: 17). Solche Daten sind wichtig für die Präventionsarbeit mit Jugendlichen, denn sie geben bspw. Auskunft darüber, in welcher Altersklasse Maßnahmen zur Abstinenz bzw. Aufschub des Konsumbeginns sinnvoll beginnen müssten.

Alkohol

Im Gegensatz zu Nikotin macht Alkohol nicht in relativ kurzer Zeit physisch bzw. psychisch abhängig. Problematisch wird der Konsum allerdings, wenn er dauerhaft und unkontrolliert als Bewältigungsstrategie eingesetzt wird. Nach Freitag und Hurrelmann ist Alkohol ein integrativer Bestandteil westlicher Kulturen und für Jugendliche bedeutet sein Konsum eine kulturelle Integration in die Drogenkultur der Erwachsenenwelt (vgl. Freitag/Hurrelmann 1994: 7). Folglich plädieren einige Autorinnen und Autoren dafür, dass es in der Suchtprävention mit Jugendlichen nicht um Abstinenz gehen sollte sondern um die Aneignung von Risikokompetenz im Umgang mit Alkohol (vgl. Franzkowiak 1996; Jungblut 2004). Präventionsziel ist demnach eine Orientierung an einem eigenverantwortlichen, sozialverträglichen und situationsangemessenen Konsumstil, bei dem gesundheitliche Gefahren minimiert werden (vgl. Petermann/ Roth 2006: 59).

Auch beim Alkoholkonsum lässt sich ein vergleichbarer Rückgang der Konsumquoten bei Jugendlichen verzeichnen. Insgesamt ist der wöchentliche Alkoholkonsum der Jugendlichen im Alter von 12-25 Jahren von 44 % im Jahr 1979 auf 29 % im Jahr 2008 gesunken (vgl. BZgA 2009b: 28). Anfang der Jahrtausendwende wurde vor allem der steigende Konsum Jugendlicher von spirituosenhaltigen Alcopops mit öffentlicher Sorge verfolgt (Konsumquoten 2001: 8 % und 2004: 16 %). Seit der Einführung einer Sondersteuer auf alkoholische Mixgetränke im Jahr 2004 ist der Konsum allerdings insbesondere bei weiblichen Jugendlichen (2008: 8 %) zurückgegangen (vgl. ebd.: 31f.).

Trotz dieser Trends ist der Alkoholkonsum enorm verbreitet unter Jugendlichen: 83 % der Jugendlichen im Alter von 12-25 Jahren haben 2008 in den letzten 12 Monaten mindestens einmal Alkohol getrunken. Insbesondere ab dem 16. Lebensjahr ist Alkohol beinahe allen Jugendlichen geläufig: der Anteil der 16-17- jährigen liegt hier bei 92,3 % (vgl. BZgA 2009b: 17). Ungefähr ein Drittel der Jugendlichen dieser Altersgruppe gibt zudem an, mindestens einmal pro Woche zu trinken (vgl. ebd.: 26). Die hohe Verbreitung des Alkoholkonsums stützt die eingangs angeführte Einschätzung, dass Abstinenz ein unrealistisches Präventionsziel in der Jugendarbeit sei. Des Weiteren legen die Daten nahe, dass Angebote der Primärprävention bereits vor dem 16. Lebensjahr beginnen sollten.

Im Gegensatz zum Rauchen finden sich beim Alkoholkonsum deutliche geschlechtsspezifische Unterschiede: Männliche Jugendliche im Alter von 12-25 Jahren konsumieren weitaus häufiger (40,5 %) Alkohol als weibliche Jugendliche (17,4 %). Des Weiteren konsumieren männliche Jugendliche pro Woche ca. das Dreifache an Alkoholmengen (vgl. BZgA 2009b: 26f.). In Bezug auf Schulformen zeigen sich bei der Lebenszeitprävalenz keine Unterschiede, allerdings wurden tendenzielle Unterschiede beim regelmäßigen Konsum von Alkohol zwischen Gymnasien (7,1 %), Gesamtschulen (13,8 %), Hauptschulen (13,5 %) und Realschulen (15,9 %) festgestellt (vgl. ebd.: 43). Nach dem Jugendgesundheitssurvey 2008 fallen die Unterschiede im Hinblick auf den Sozialstatus ebenfalls eher schwach aus, wobei sie zwischen Mädchen mit niedrigem Sozialstatus (19,5 %) und hohem Status (25,5 %) noch am deutlichsten ausfallen (vgl. RKI 2008a: 171). Deutliche Unterschiede zeigen sich hingegen in Bezug auf den Migrationshintergrund: Männliche Migranten (27,5 %) trinken pro Woche seltener Alkohol als männliche Jugendliche ohne Migrationshintergrund (43,3 %). Diese Differenz wird sogar noch deutlicher bei den weiblichen Migrantinnen (9,9 %) und weiblichen Jugendlichen ohne Migrationshintergrund (25,6 %) (vgl. ebd.; RKI 2008a: 171).

Als Indikatoren für *riskante Konsummuster* gelten Häufigkeit, Menge und subjektiv empfundene Rauscherfahrung. Fachwissenschaftlich hat sich der Begriff des Binge-Drinking etabliert. In diesem Zusammenhang erhielten die so genannten Flatrate-Partys öffentliche Aufmerksamkeit, da sie Jugendliche zum Konsum großer Alkoholmengen animierten. Nach der Drogenaffinitätsstudie 2008 der BZgA lag Binge-Trinken vor, wenn mindestens fünf Gläser Alkohol hintereinander getrunken wurden. Jeder fünfte Jugendliche im Alter von 12-17 Jahren hatte im letzten Monat Binge-Trinken praktiziert. Beim wöchentlichen Konsum reduziert sich die Quote allerdings auf 5,8 %. Zudem geben 6,2 % der Jugendlichen dieser Altersgruppe an, riskante Alkoholmengen zu konsumieren (vgl. BZgA 2009b: 40f.). Riskante Konsummuster zeigen sich häufiger bei männlichen Jugendlichen, und erneut lassen sich Unterschiede im monatlichen Konsumverhalten zwischen Schulformen identifizieren: Gymnasien (10,9 %), Gesamtschulen (11,4 %), Realschulen (18,7 %) und Hauptschulen (19,5 %) (vgl. ebd.: 43f.).

Riskanter Alkoholkonsum kann auf Dauer neben physischen Schäden auch psychovegetative Störungen, Lern- und Konzentrationsprobleme sowie Beeinträchtigungen der Persönlichkeitsentwicklung zur Folge haben. Hier setzen Maßnahmen der sekundären und tertiären Suchtprävention an, die durch Früherkennung, Eindämmung gesundheitsschädigender Konsummuster und gezielte Hilfen die Manifestation einer ‚Suchtkarriere' zu verhindern sucht (vgl. Schmidt 1998).

Illegale Drogen
Illegalisierte Drogen wie Cannabis oder Ecstasy waren zunächst szenespezifische Drogen einer bestimmten Subkultur, deren Gebrauch mit entsprechenden Wertvorstellungen verbunden war; inzwischen haben sie sich aber zu jugendlichen Alltagsdrogen entwickelt (vgl. Scherr 2009: 206). Dabei begünstigt der Konsum legaler Drogen das jugendliche Probierverhalten für illegale Drogen: Erfahrung mit Cannabis (Marihuana/Haschisch) haben 44 % rauchende Jugendliche gegenüber 5 % Jugendliche, die noch nie geraucht haben. Noch divergenter – nämlich 67 % zu 6 % – liegen diese Quoten bei Alkoholrauscherfahrungen (vgl. BZgA 2004: 41).

Dieser Befund scheint die so genannte Gateway-Theorie (vgl. Kandel 2002) zu stützen, nach der Tabak, Alkohol und Cannabis den Weg zu härteren Drogen ebnen. Diese Theorie nimmt eine spezifische Phasenfolge des Substanzmittelkonsums an und legt für die Suchtprävention den Schluss nahe, den Konsum leichter Drogen wie Cannabis als gefährliche Einstiegsdroge in die Welt der illegalen Substanzmittel abzulehnen. Dagegen steht die Theorie des *Maturing*

Out (vgl. Winick 1962) im Erwachsenenalter, die an das angeführte Konzept der Entwicklungsaufgaben anknüpfen kann.

In der Tat zeigt sich empirisch, dass im Jahr 2004 zwar über ein Drittel der Jugendlichen im Alter von 12-25 Jahren Erfahrungen mit illegalen Drogen haben, für die Hälfte dieser Jugendlichen handelt es sich allerdings lediglich um einen ein- bis zweimaligen Probier- und Experimentierkonsum. Der illegale Drogenkonsum konzentriert sich hauptsächlich auf Marihuana (24 %), Amphetamine (4 %), Ecstasy (4 %), psychoaktive Pflanzen und Pilze (4 %), Kokain (2 %) oder LSD (2 %). Selten wurden Drogen wie Heroin (0,3 %) oder Crack (0,2 %) konsumiert. Regelmäßig (das heißt häufiger als zehnmal im letzten Jahr) konsumieren lediglich 3 % der Jugendlichen im Alter von 12-25 Jahren (vgl. BZgA 2004). Unterschiede zwischen jugendlichen MigrantInnen und Nicht-MigrantInnen finden sich nicht im Hinblick auf den Konsum von Cannabis (vgl. RKI 2008a: 171).

Für den salutogenetischen Ansatz ist der Befund interessant, dass Jugendliche ohne Drogenerfahrungen zu 74 % angeben, dass sie auf keinen Fall illegale Drogen konsumieren wollen. Bei dieser Gruppe lässt sich kein signifikanter Geschlechtsunterschied ausmachen (vgl. ebd.: 28). Diese Haltung könnte durch suchtpräventive Maßnahmen gestärkt werden. In Bezug auf altersgerechte Zielgruppenarbeit der Suchtprävention erscheint es zudem bedeutsam, dass der Erstkonsum illegaler Drogen durchschnittlich im Alter von 17 Jahren liegt (vgl. ebd.: 16). Am häufigsten werden illegale Drogen im Alter von 16-19 Jahren konsumiert (vgl. ebd.: 9).

Geschlechterunterschiede lassen sich sowohl beim gegenwärtigen Konsum als auch beim regelmäßigen Konsum von illegalen Drogen ausmachen. Im letzten Jahr vor der Befragung 2004 haben 17 % Jungen und 10 % Mädchen illegale Drogen konsumiert (vgl. ebd.: 9). Die Probierbereitschaft bei Cannabis ist bei männlichen Jugendlichen etwas höher ausgeprägt (vgl. ebd.: 32). Unterschiede zwischen Schulformen scheinen weniger durch den Sozialstatus begründet zu sein als durch Alter, Beziehungsnetze, Freizeitkulturen oder Gelegenheitsstrukturen. So konnten in Bezug auf die Frage, ob den Jugendlichen jemals Drogen angeboten wurden, keine Unterschiede identifiziert werden. Jugendliche in der gymnasialen Oberstufe konsumierten allerdings häufiger illegale Drogen als Jugendliche der gleichen Altersklasse in Berufsschulen bzw. in Erwerbsarbeit (vgl. ebd.: 26f.).

4.4 Jugend und Essstörungen

Essstörungen wie Magersucht, Bulimie oder Adipositas betreffen Jugendliche in besonderer Weise, denn sie beginnen häufig in der Pubertät bzw. im jungen Erwachsenenalter. Essstörungen können als Aspekt von jugendlichen Sozialisationsprozessen problematisiert werden, da sie nicht allein Effekte individueller, psychischer oder genetischer Dispositionen sind, sondern ebenfalls Wechselbeziehungen zwischen Individuum und Gesellschaft ausdrücken. Eine sozialisationstheoretische Perspektive nimmt Essstörungen primär als jugendliches Bewältigungsverhalten in den Blick, das vor allem von Mädchen und jungen Frauen praktiziert wird. Des Weiteren reduziert eine solche Perspektive Essstörungen nicht auf medizinische Diagnosekriterien, sondern stellt Bezüge her zu gesellschaftlichen Faktoren wie soziodemographischen Merkmalen von Betroffenen oder dem Einfluss von Sozialisationskontexten auf das problematische Essverhalten Jugendlicher.

4.4.1 Sozialisationstheoretische Perspektiven auf Essstörungen von Jugendlichen

Für eine sozialisationstheoretische Perspektive auf Essstörungen lässt sich erneut auf das Konzept der Entwicklungsaufgaben zurückgreifen, welches bereits zur Erklärung von Jugend, Sucht und Drogenkonsum herangezogen wurde (siehe Kap. 4.3.3). Denn auch Essstörungen treten meistens im Jugendalter auf und werden oft im weiteren Lebensverlauf überwunden. Im Gegensatz zur Diskussion über Drogenkonsum als experimentelles Verhalten im Jugendalter fällt es allerdings schwer, Essstörungen als neugieriges Probierverhalten bzw. positive Unterstützung bei der Identitätsfindung zu interpretieren. Insofern ist es primär der Fokus auf Entwicklungsprobleme, der für die Erklärung jugendlicher Essstörungen produktiv gemacht werden kann. D.h. es geht um anhaltende Schwierigkeiten bei der Bearbeitung von Entwicklungsaufgaben, die zu Entwicklungsdruck bzw. Entwicklungsstress führen können (vgl. Silbereisen/Reese 2001: 138; Kastner/Silbereisen 1984: 276f.).

Diese entwicklungspsychologische Perspektive lenkt den Blick auf Funktionen des Essverhaltens bei der Herausbildung einer Geschlechtsidentität, der psychosozialen Ablösung von den Eltern, der Auseinandersetzung mit dem eigenen, sich verändernden Körper, dem Aufbau intimer Beziehungen, der Verarbeitung von Stresssituationen in Schule und Ausbildung etc. Diese jugendlichen Entwicklungsaufgaben stehen in Beziehung zueinander und gehen ineinander über. Ihre erfolgreiche Bewältigung wird als wichtige Aufgabe für die gesellschaftliche Integration und persönliche Identitätsentwicklung gesehen (vgl. Hurrelmann 2007: 26ff.). Wie in den vorherigen Kapiteln zum jugendlichen Problemverhalten, zeigt sich erneut die hohe Relevanz von Risiko- und Schutzfaktoren sowie materiellen, sozialen und psychischen Ressourcen. Fehlt es den Jugendlichen an protektiven Faktoren bzw. Ressourcen, dann können Essstörungen als problematische Bewältigungsversuche von Entwicklungsproblemen auftreten. Sie haben dann eine Entlastungs- oder Kompensationsfunktion beim Umgang mit negativen Emotionen, Misserfolgen oder Ängsten. Nach dem belastungstheoretischen Sozialisationsmodell dient das riskante Essverhalten Jugendlichen demnach als Stressbewältigung, Flucht oder Ersatzhandlung (vgl. Raithel 2004: 62). Essstörungen können für Jugendliche dabei subjektiv funktional sein, da sie als kurzfristig wirksame Mittel der Bewältigung eingesetzt werden. Langfristig können sie allerdings für Gesundheit und Persönlichkeitsentwicklung bedeutende negative Konsequenzen haben.

Eine sozialisationstheoretische Perspektiv auf Essstörungen berücksichtigt darüber hinaus die Bedeutung von Sozialisationskontexten bei der Entwicklung essgestörten Verhaltens von Jugendlichen. Ein Beispiel dafür sind gesellschaftliche Schönheits- und Leistungsideale, die über Medien, Peers oder Familie transportiert werden und die Körperpräsentationen und Selbstkonzepte von Jugendlichen beeinflussen. Das aktuelle Schönheitsideal setzt für Jugendliche Körpernormen, die unter dem Normalgewicht liegen und produziert folglich Unzufriedenheit, Selbstzweifel oder Selbsthass. Nach Angaben der Bundeszentrale für gesundheitliche Aufklärung wären 56 % der 13- bis 14-Jährigen gerne dünner und 30 % der unter 10-jährigen Mädchen und Jungen haben bereits Diäterfahrungen (vgl. BZgA 2008: 8, 16). Das Robert-Koch-Institut erhob bei 11- bis 17-Jährigen 21,9 %, die Symptome von Essstörungen angaben: 28,9 % Mädchen und 15,2 % Jungen (vgl. RKI 2008a: 162). Damit ist jeder fünfte Jugendliche von gestörtem Essverhalten betroffen.

Soziodemographisch signifikante Merkmale wie Geschlecht oder Schichtzugehörigkeit sind weitere Hinweise für Essstörungen als Sozialisationsproblem. Essstörungen als jugendliches Problemverhalten betrifft insbesondere Mädchen und junge Frauen im Alter von 12- bis 25 Jahren. Bei Anorexie und Bulimie wird gegenwärtig davon ausgegangen, dass Betroffene zu 90 % weiblich sind (vgl. Herpertz-Dahlmann 2008: 19; Saß u.a. 2003: 656). Bei Adipositas gleicht sich das Geschlechterverhältnis tendenziell an (vgl. RKI 2008a: 154). Allerdings muss bei diesen Daten berücksichtigt werden, dass Männer bzw. Jungen eventuell weniger statistisch erfasst werden, da sie sich seltener in medizinisch-therapeutische Behandlung begeben (vgl. Fichter 2008: 39). Über Essstörungen von Männern weiß man bisher wenig. Wenn sie eine Diät beginnen, so ist das meist Folge eines realen Übergewichts. Zunehmend mehr Jungen bzw. junge Männer wünschen sich zudem einen athletischen, muskulösen Körper (vgl. Mangweth-Matzek 2008: 87ff.).

Der hohe weibliche Anteil unter essgestörten Jugendlichen verweist auf einen Zusammenhang zwischen Geschlecht und (Körper-)Sozialisation. Der Körper ist ein wichtiger Symbolträger geschlechtsbezogener Inszenierungen (vgl. Raithel 2004: 108ff.) und körperliche Attraktivität wird von Mädchen bzw. jungen Frauen als ausschlaggebend bei der PartnerInnensuche erachtet. Historisch wurden Mädchen bzw. Frauen als ‚schönes Geschlecht' auf körperliche Attribute reduziert und ihre Macht sollte sich auf körperliche Reize beziehen und nicht auf gesellschaftlichen Einfluss (vgl. Rousseau 1762/1965). Wie im Kapitel über Jugendkriminalität und -gewalt angeführt (siehe Kap. 4.1), wird in der geschlechtsspezifischen Sozialisationsforschung zudem angenommen, dass Mädchen Aggressionen bzw. Probleme eher nach innen verarbeiten. Dabei ist allerdings zu beachten, dass diese Form der Problembearbeitung auch sozial akzeptierter ist, während aggressives Verhalten von Mädchen bzw. jungen Frauen eher stigmatisiert bzw. psychiatrisiert wird. In der Konsequenz werden Mädchen mit Essstörungen weniger sozial auffällig und erhalten deshalb mitunter weniger gesellschaftliche Aufmerksamkeit bzw. pädagogische Hilfeleistungen.

Neben Geschlecht ist die Schichtzugehörigkeit eine relevante Einflussgröße bei Jugend und Essstörungen. So lassen sich Anorexie und Bulimie mit einem hohen sozioökonomischen Status in Verbindung bringen. Sie sind in erster Linie ein Problem westlicher Industrienationen, die sich durch Nahrungsüberfluss, Konsumorientierung und einem funktionalistischen Körperbild auszeichnen. Des Weiteren kommen viele Jugendliche aus Familien der Mittel- und Oberschicht (vgl. Stahr u.a. 2003: 7, 34). Adipositas hingegen betrifft Kinder und Jugendliche mit niedrigem sozioökonomischen Status fast doppelt so häufig wie aus höheren Schichten. Unabhängig von der Schichtzugehörigkeit erweist sich hier auch ein Migrationshintergrund als signifikantes Merkmal. Unterschiede zwischen West- und Ostdeutschland sind hingegen nicht bedeutsam (vgl. RKI 2008b: 51). Neben diesen soziodemographischen Kriterien sind spezielle Berufsgruppen wie Models, Balletttänzerinnen, Jockeys, Ringer oder Boxer einem erhöhten Risiko in Bezug auf Essstörungen ausgesetzt (vgl. Fichter 2008: 43; Gerlinghoff/Backmund 2007: 19).

Schließlich werden Essstörungen sozialisationstheoretisch mitunter als sozio-somatische Reaktion auf sozialen Wandel interpretiert. Ohlbrecht und von Kardorff (2007) postulieren z.B. eine Verbindung zwischen der Verbreitung von Essstörungen und neuen Leitbildern wie dem fitten bzw. flexiblen Menschen (vgl. Sennett 1998) sowie dem Diskurs des ‚unternehmerischen Selbst' (vgl. Bröckling 2007), die bei Jugendlichen zu Statusstress führen (vgl. Marmot 2004). Essstörungen sind somit Reaktionen auf gestiegene Anpassungserwartungen an Leistung bzw. Konkurrenz sowie medial propagierte Körperideale, veränderte Geschlechtsidentitäten und erodierende Normalbiographien (vgl. von Kardorff/Ohlbrecht 2007).

4.4.2 Definitionen und Begriffsklärungen von Essstörungen

Hinsichtlich Formen und Ursachen von Essstörungen finden sich heterogene Definitionen, Erklärungsansätze und Diagnosekriterien. Dies begründet sich in unterschiedlichen theoretischen Herangehensweisen sowie disziplinären Perspektiven wie Medizin, Psychologie, Ernährungswissenschaft oder Pädagogik. Schließlich lassen sich in der konkreten Praxis die unterschiedlichen Formen von Essstörungen nicht immer präzise voneinander abgrenzen. Die Übergänge zwischen ihnen sind oft fließend. So kann zum Beispiel Bulimie in eine Anorexie übergehen oder umgekehrt. Aus diesem Grund wird in der Regel von einem dynamischen und mehrdimensionalen Modell von Essstörungen ausgegangen (vgl. Stahr u.a. 2003: 22). Dies gilt es zu berücksichtigen, wenn in diesem Kapitel die Formen von Essstörungen separat präsentiert werden.

Essstörungen wurden bis in die 1980er Jahre vornehmlich als medizinisches Phänomen problematisiert. Medizinisch-psychopathologisch werden Essstörungen primär über typische Krankheitssymptome definiert. Wie bei der Definition von Sucht bzw. Abhängigkeit (siehe Kap. 4.3.2) wird auch hier in der Regel auf das *Diagnostische und statistische Manual psychischer Störungen* (DSM) der American Psychiatric Association (Saß u.a. 2003) zurückgegriffen sowie auf die *Internationale Klassifikation Psychischer Störungen* (ICD) der Weltgesundheitsorganisation (Dilling u.a. 2005). Mit Ausnahme der Einschätzung, inwiefern Adipositas als Essstörung zu klassifizieren ist, unterscheiden sich beide Quellen allerdings nicht gravierend. Auf die Diagnosekriterien des DSM (IV. Fassung) und ICD (10. Fassung) wird ebenfalls in der sozialwissenschaftlichen und pädagogischen Fachliteratur Bezug genommen.

Nähert man sich Essstörungen aus sozialwissenschaftlicher oder historischer Perspektive, wird abweichendes bzw. problematisches Essverhalten als gesellschaftliches Problem fokussiert. In pädagogischer Hinsicht wiederum geraten die seelischen Belastungen Jugendlicher in den Blick, welche mit Essstörungen einhergehen bzw. diese verursachen. Essstörungen werden dann als Form der Problembewältigung negativer Situationen bzw. Emotionen identifiziert. Wobei das von Jugendlichen gewählte Problemlöseverhalten bzw. Problemvermeidungsverhalten nicht produktiv ist, sondern krank macht. Im Fokus stehen damit weniger Krankheitssymptome oder Gewichtsangaben sondern die Frage, welche Funktion Essen für weibliche und männliche Jugendliche einnimmt. Die Bundeszentrale für gesundheitliche Aufklärung definiert Essstörungen in diesem Sinne wie folgt.

Definition Essstörungen:
„Essstörungen sind Erkrankungen, bei denen es aufgrund ‚krankmachenden‘ seelischen Belastungen zu körperlichen Schäden kommt. Es wird dann von psychosomatischen Störungen gesprochen. Essstörungen stellen den Versuch dar, die Nahrungsaufnahme und damit den Körper zu manipulieren. Vordergründiges Ziel der Betroffenen ist die Gewichtsabnahme bzw. -kontrolle. Unbewusst wird dabei versucht, innere Konflikte, hoffnungslos erscheinende Schwierigkeiten und Stress zu bewältigen." (BZgA 2008: 5)

Essstörungen können demnach Lösungsversuche von Jugendlichen für seelische Probleme sein: sie sind Ausweg, Flucht oder Ersatz für verdrängte Emotionen oder Bedürfnisse. Sie können Protest, Ablehnung und Verweigerung signalisieren (vgl. BZgA 2008: 6). Manchmal gehen Essstörungen mit weiteren Krankheitsbildern einher wie Depressionen, Angststörungen, Zwangsstörungen, Substanzmissbrauch oder selbstverletzendes Verhalten (vgl. Saß u.a. 2003: 645ff.).

Es ist umstritten, inwiefern Essstörungen mit Sucht gleichgesetzt werden können. Zwar lassen sich Elemente süchtigen Verhaltens identifizieren wie das Gefühl kurzfristiger Befriedigung, Wiederholungszwang, Kontrollverlust, soziale Isolation oder die Kontrolle der Krankheit über den gesamten Alltag. Unterschiede werden allerdings darin gesehen, dass Essstörungen nicht ‚stoffgebunden‘ sind und daher Merkmale wie Dosissteigerung, Entzugserscheinungen oder euphorisierende Wirkungen nicht auf alle Formen von Essstörungen gleichermaßen zutreffen (vgl. BZgA 2008: 5f; Stahr u.a. 2003: 28ff.). Die Übergänge zwischen normalem, problematischen, latenten und gestörten Essverhalten sind oft fließend. Wichtiges Anzeichen für eine Essstörungen ist, wenn sich die Gedanken nur noch um (Nicht-)Essen, Gewicht oder Figur drehen und der Alltag bzw. die sozialen Kontakte dem untergeordnet werden (vgl. Raabe 2009: 5; BZgA 2008: 10). Das Gewicht alleine ist nicht ausschlaggebend für eine Essstörung. Es gibt z.B. Jugendliche, die aus biologischen Gründen Übergewicht oder Untergewicht aufweisen.

Zum Verständnis der Diskussion über Essstörungen sind ebenfalls die Begriffe Prävalenz und Inzidenz wichtig, da sie Auskunft über die empirische Verbreitung von Anorexie, Bulimie und Adipositas geben. Die Prävalenzrate bezeichnet die Verbreitung einer Essstörung in der Bevölkerung. Präziser formuliert wird darunter die Anzahl der Erkrankungsfälle in der Bevölkerung verstanden, welche innerhalb eines bestimmten Messzeitraumes erhoben wurde. Bei Anorexie wird die Prävalenzrate in der Bevölkerungsgruppe der 14- bis 18-Jährigen z.B. auf 0,3-1 % geschätzt (vgl. Herpertz-Dahlmann 2008: 19). Solche Angaben sind bspw. wichtig für medizinische oder pädagogische Versorgungsplanungen (vgl. Fichter 2008: 38). Die Inzidenzrate misst dagegen die Anzahl der Neuerkrankungen in einem definierten Zeitraum. Oft wird die Anzahl der Neuerkrankungen pro 100.000 Personen in der Bevölkerung pro Jahr gemessen. Hier kann man z.b. Rückschlüsse darauf ziehen, ob Essstörungen historisch zugenommen haben (vgl. Fichter 2008: 38).

Ein Problem empirischer Studien zu Essstörungen ist allerdings, dass diese sich oft auf Befragte aus Kliniken und Behandlungszentren stützen. Damit werden sowohl diejenigen Jugendlichen nicht erfasst, die eine ambulante Beratungsstelle aufsuchen als auch jene, die gar keine Hilfen in Anspruch nehmen. (vgl. Stahr u.a. 2003: 32; Gerlinghoff/Backmund 2007: 19). Es wird somit immer mit so genannten Dunkelziffern zu rechnen sein. Dieses Problem gilt ebenfalls für die theoretischen Erklärungsansätze von Essstörungen, deren Aussagen häufig auf der Basis kleiner Fallzahlen gewonnen wurden. Ein Beispiel dafür sind Thesen über typische Familienstrukturen von Essgestörten, die sich auf wenige klinische Fälle beziehen (vgl. Reich 2008: 183).

4.4.3 Theorien und Erklärungsansätze für Essstörungen

In der Forschung besteht Konsens darüber, dass bei Essstörungen persönlichkeitsspezifische, gesellschaftliche, biologisch-genetische und familiendynamische Faktoren relevant sind. Im Folgenden werden drei ausgewählte Theorieansätze exemplarisch skizziert, die für eine Perspektive auf die Sozialisation im Jugendalter produktive Impulse liefern: Psychoanalyse, familiendynamische und feministische Theorien, wobei auch Überschneidungen zwischen den Theorien deutlich werden.

Psychoanalyse
Zur Erklärung von Essstörungen wird in der Psychoanalyse insbesondere auf eine gestörte Mutter-Kind-Beziehung in den ersten Lebensjahren verwiesen. In dieser primären Objektbeziehung werden bedeutende emotionale bzw. psychische Empfindungen und Verhaltensweisen geprägt, die das spätere Essverhalten von Jugendlichen beeinflussen. Wichtige Themen, die aus dieser Objektbeziehung abgeleitet werden, sind bspw. die Wahrnehmung und Befriedigung von Bedürfnissen, Prozesse der Individuation (Ablösung bzw. Autonomie von den Eltern), Abspaltungen, Selbstwertprobleme oder die Entwicklung einer Geschlechtsidentität.

Innerhalb der Psychoanalyse lassen sich unterschiedliche Interpretationen von Essstörungen ausmachen. Eine Perspektive fokussiert den Zusammenhang von Essstörungen und Körperwahrnehmung: Wenn bspw. eine Mutter das Bedürfnis eines Säuglings nach emotionaler Zuwendung wiederholt als Hunger fehlinterpretiert, dann werden Jugendliche eventuell auch später Unlustgefühle

mit Nahrungsaufnahme kompensieren (vgl. Bruch 1992: 77). Die psychoanalytischen Theorien, welche Essstörungen wiederum als Folge innerpsychischer
Spaltungsprozesse interpretieren, sehen in dem essgestörten Körper den Versuch weiblicher Jugendlicher, ungeliebte bzw. bedrohliche psychische Anteile
nach außen abzuspalten (vgl. Palazzoli 1986: 105ff.). Für jugendtheoretische
Perspektiven auf Essstörungen sind schließlich insbesondere psychoanalytische
Erklärungsansätze interessant, welche Essstörungen auf mangelnde Ablösungs-
prozesse innerhalb der gleichgeschlechtlichen Mutter-Tochter-Beziehung zurückführen. Denn hier wird gestörtes Essverhalten nicht allein auf Prozesse in
der frühen Kindheit zurückgeführt, sondern die Entwicklungsaufgabe der Ablösung von den Eltern und deren geschlechtsspezifischen Ausformungen problematisiert (vgl. Stahr u.a. 2003: 61; Chodorow 1985).

Familiendynamische Theorien
Problematische Interaktionsmuster zwischen Jugendlichen und ihren Eltern
werden ebenfalls in familiendynamischen Theorien zur Erklärung von Essstörungen herangezogen. Die Familie wird dabei als System analysiert, innerhalb
dessen die Familienangehörigen in spezifische Beziehungen zueinander treten
und nach oft unbewussten Regeln miteinander interagieren. In dieser Perspektive sind Essstörungen Folgen pathologischer Beziehungsstrukturen, die sich
durch starke Abhängigkeiten, Machtgefälle, Pseudoharmonie, Mangel an Autonomie, rigides Normenverständnis, Veränderungsresistenz und ausgeprägte
Außengrenzen auszeichnen. Essgestörte Jugendliche übernehmen dabei spezifische Funktionen innerhalb des Systems z.B. indem sie als Sündenböcke emotionale Konflikte stellvertretend ausleben oder zum Funktionieren des dysfunkti-
onalen Systems beitragen. Essstörungen können in dieser Perspektive allerdings
auch als Rebellion oder verdeckte Autonomiebestrebungen von Mädchen bzw.
jungen Frauen interpretiert werden (vgl. Stahr u.a. 2003: 64ff.).

Auch bei familiendynamischen Ansätzen lassen sich unterschiedliche Zugänge identifizieren. Auf der Basis klinischer Fälle werden z.B. typische Familienstrukturen bei Anorexie, Bulimie und Adipositas herausgearbeitet, die allerdings
auf geringe Fallzahlen rekurrieren. Bei weiblichen Jugendlichen mit Anorexie
werden dann eine hohe Leistungsorientierung, Konfliktvermeidung und Grenz-
ziehungsproblemen in der Familie als typische Beziehungsmuster ausgemacht.
In der Familientherapie finden sich wiederum psychodynamische bzw. psychoanalytische, strukturelle, feministische, behaviorale, entwicklungsorientierte
oder systemische Ansätze (vgl. Reich 2008). Theoretisch einflussreich sind dabei Impulse aus der soziologischen Systemtheorie (Luhmann) und des radikalen
Konstruktivismus (Maturana). Zum Verständnis von Familie als System werden
bspw. Begriffe und Perspektiven produktiv gemacht wie Selbstregulierung bzw.

Selbststeuerung (Autopoiesis), Gleichgewichtsstreben bzw. Balance (Homöostase), Eigengesetzlichkeit, operationale bzw. partielle Geschlossenheit von Systemen. In familiendynamischen Theorien werden Essstörungen demnach nicht allein in der Persönlichkeitsstruktur der Jugendlichen gesucht, vielmehr wird das problematische Essverhalten als Symptom für ein gestörtes Interaktionssystem interpretiert. Familiendynamische Erklärungsmuster verweisen auf die wichtige sozialisatorische Funktion von Familie für die gesunde Entwicklung Jugendlicher (vgl. Hurrelmann 2007: 107ff.).

Feministische Theorien
Feministische Theorien erklären Essstörungen als Produkt hierarchischer Geschlechterverhältnisse. Diese existieren in westlichen Gesellschaften fort, obwohl Frauen sich Zugang zu vielen Bereichen wie Bildung oder Erwerbsarbeit erkämpft haben und ihre juristische Stellung in den letzten 100 Jahren verbessert wurde. Nach wie vor sind Frauen primär für die Reproduktionsarbeit zuständig, in statushohen Positionen unterrepräsentiert, erfahren sexualisierte Gewalt und werden mit massiven Erwartungen im Hinblick auf Schlankheitsideale bzw. Körpernormen konfrontiert (vgl. Stahr u.a. 2003: 70). Diese gesellschaftlichen Formen sozialer Ungleichheit prägen die Lebensbedingungen und Lebenschancen weiblicher Jugendlicher.

Da Geschlecht ein bedeutsamer Faktor bei Anorexie und Bulimie ist, haben feministische Theorien einen hohen Erklärungsgehalt. Essstörungen treten zudem besonders häufig in der Adoleszenz auf, wenn Mädchen sich mit ihrem eigenen Körper, Sexualität, Geschlechtsidentität, aber auch beruflichen Perspektiven auseinandersetzen. Mädchen bzw. junge Frauen sind nach wie vor aufgefordert, sich mit den unvereinbaren traditionellen Weiblichkeitsidealen ‚Heilige‘, ‚Hure‘ und ‚Mutter‘ zu identifizieren. Darüber hinaus müssen sie widersprechende Erwartungen ausbalancieren in Bezug auf ihre Weiblichkeit bzw. Mutterschaft und beruflichen Erfolg. Essstörungen können hier als Versuch gedeutet werden, auf solche inkonsistenten Verhaltenserwartungen zu reagieren und Widersprüche über den eigenen Körper auszutragen (vgl. Gast 1989: 111). Feministische Theorien problematisieren zudem die Bewertung von Mädchen bzw. jungen Frauen über den männlichen Blick, der sie auf einen Objektstatus reduziert und lediglich über physische Attribute definiert. Des Weiteren weisen sie vereinfachende Schuldzuweisungen an Mütter zurück, welche sich in diversen Erklärungsansätzen von Essstörungen finden.

Ein weiterer Hinweis auf die Relevanz feministischer Erklärungsansätze bzw. hierarchischer Geschlechterverhältnisse ist der Befund, dass Essstörungen von Mädchen meist mit einer Diät einsetzen, die aufgrund von Unzufriedenheit mit dem eigenen Körper begonnen wurde (vgl. Stahr u.a. 2003: 41). Hier hat zudem das Diätverhalten der Mütter einen wesentlichen Einfluss auf das Essverhalten und Figurbewusstsein von Jugendlichen (vgl. Gerlinghoff/Backmund 2007: 10). Des Weiteren konnten empirische Studien Zusammenhänge zwischen sexualisierter Gewalt und Essstörungen belegen (vgl. Buddeberg 2000: 12). In der feministischen Interpretation können Essstörungen von Jugendlichen schließlich auch Protest gegen weibliche Leitbilder bzw. Anpassungszwänge verkörpern. Anorexie und Adipositas sind dann bspw. Ausdruck der Ablehnung von Weiblichkeit und bieten Schutz vor sexuellen Ansprüchen bzw. Verletzbarkeiten (vgl. Gast 1989: 167). Das selbstverletzende Verhalten von Mädchen bzw. jungen Frauen wird hier als Versuch interpretiert, mit der Welt zurechtzukommen (vgl. Orbach 1991: 8).

4.4.4 Formen von Essstörungen

Im Folgenden werden die Essstörungen Anorexie, Bulimie und Adipositas vertieft dargestellt. In der Fachliteratur wird darüber hinaus noch auf so genannte atypische bzw. nicht näher definierte Essstörungen verwiesen (z.b. Purging Disorder, Kauen-Ausspuck-Syndrom, Orthorexia Nervosa). Nach Fichter machen diese immerhin 50% der klinischen Behandlungsfälle aus (vgl. Fichter 2008: 41). Das verweist sicherlich auch auf den Forschungsbedarf bzw. ausstehende Präzisierungen von Diagnosekriterien. In Fachpublikationen werden Anorexie, Bulimie und Adipositas allerdings als die häufigsten Grundformen von Essstörungen diskutiert.

Anorexie/Anorexia Nervosa (Magersucht)
Als psychosomatisches Krankheitsbild wurde Magersucht 1873 erstmals durch Lasègue und Gull diagnostiziert, gleichwohl magersüchtiges Verhalten der Medizin schon in vorangegangenen Jahrhunderten geläufig war. Mit seinem Begriff *Anorexia nervosa* führte Gull Magersucht auf psychische Ursachen zurück (Gull 1873). Etymologisch bedeutet der Begriff *Anorexie* Appetitlosigkeit bzw. fehlendes Verlangen. Stahr u.a. weisen allerdings darauf hin, dass Magersüchtige zumindest in der Anfangsphase durchaus Hungergefühle empfinden (vgl. Stahr u.a. 2003: 23, 37).

Definition Anorexie

Unter Anorexie wird ein intentional herbeigeführter Gewichtsverlust verstanden, der entweder durch minimale Nahrungszufuhr oder durch selbstinduziertes Erbrechen bzw. Missbrauch von Abführmitteln (*Laxantienabusus*) erreicht wird. Anorexie geht oft einher mit einem gestörten Körpergefühl, der Verleugnung der eigenen Krankheit sowie positiv empfundenen Gefühlen von Leistung und Kontrolle. Die extreme Gewichtsabnahme kann zu erheblichen körperlichen Schäden bis hin zum Tod führen (vgl. Stahr u.a. 2003: 21; Feighner u.a. 1972; Saß u.a. 2003 : 651f.).

Neben den genannten Kriterien verweisen Medizin und Psychologie bei ihrer Klassifikation von Anorexie zusätzlich auf eine Gewichtsreduktion, die mindestens 15 % des altersentsprechenden Normalgewichts beträgt bzw. einen Body Mass Index von 17,5 % unterbietet (vgl. Saß u.a. 2003: 646; Dilling u.a. 2005: 200). Herpertz-Dahlmann macht allerdings darauf aufmerksam, dass dieser Schwellenwert für Jugendliche inadäquat ist, da er die Altersabhängigkeit des Gewichts bei Jugendlichen nicht berücksichtigt (vgl. Herpertz-Dahlmann 2008: 19). Des Weiteren werden als diagnostische Kriterien das Ausbleiben der Menstruation (*Amenorrhoe*) angeführt (vgl. Saß u.a. 2003: 646; Dilling u.a. 2005: 200).

Anorexie betrifft insbesondere Mädchen und junge Frauen. Der Begriff ‚Pubertätsmagersucht' deutet bereits darauf hin, dass *Anorexia nervosa* zu den dritthäufigsten chronischen Erkrankungen der weiblichen Adoleszenz gehört (vgl. Herpertz-Dahlmann 2008: 19). Bei Anorexie wird die Prävalenzrate bei 14- bis 18-Jährigen, wie bereits angeführt, auf 0,3-1 % geschätzt. Der Erkrankungsgipfel liegt bei ca. 14 Jahren. Das Verhältnis zwischen erkrankten Frauen und Männern beträgt ca. 10:1 (vgl. ebd.: 19f.). Aus diesem Grund werden im Folgenden im wesentlichen Mädchen bzw. junge Frauen als Betroffene fokussiert.

Gewichtskontrolle, Nahrung und Kalorienzählen absorbieren permanent die Gedanken magersüchtiger Mädchen. Es wird meist eine rigide Diät geführt, die sich auf wenige kalorienarme Nahrungsmittel beschränkt. Magersüchtige fallen mitunter durch ein betont langsames Essen auf, bei dem die Nahrung auf dem Teller minutiös zerkleinert und sortiert wird (vgl. Cuntz/Hillert 2008: 55; Stahr u.a. 2003: 24). Manche Anorektikerinnen verbergen ihre Krankheit, indem sie z.B. Nahrungsmittel vom Essenstisch verschwinden lassen. Es ist zudem nicht ungewöhnlich, dass Magersüchtige opulent für andere Personen kochen, selbst jedoch abstinent bleiben (vgl. Stahr u.a. 2003: 37).

Die Kontrolle über den eigenen Körper empfinden magersüchtige Mädchen als besonders befriedigend. Leistung und Disziplin werden von Anorektikerinnen oft parallel in Schule, Studium, Beruf oder exzessiven Sport demonstriert. Sie empfinden manchmal Überlegenheitsgefühle gegenüber Personen, die den Bedürfnissen ihres Körpers scheinbar hilflos ausgeliefert sind (vgl. Raabe 2009: 6f.). Charakteristisch für Magersüchtige ist zudem eine ausgeprägte Hyperaktivität. In Beziehungen mit anderen Personen empfinden sie hingegen keine Kontrolle sondern eher Abhängigkeit bzw. Ohnmacht. Sie können eigene Bedürfnisse kaum von Erwartungen anderer unterscheiden und leiden häufig unter Versagensängsten (vgl. Stahr u.a. 2003: 36ff.; Bruch 1992b; Herpertz-Dahlmann/Remschmidt 1989).

Die Körperwahrnehmung von magersüchtigen Mädchen in Bezug auf Gewicht und Körperformen ist gestört. Trotz Untergewicht besteht eine ausgeprägte Angst vor Gewichtszunahme sowie die subjektive Überzeugung, der eigene Körper bzw. Körperteile seien zu korpulent. Das erwünschte Körperideal von Anorektikerinnen ist extrem mager. Die Wahrnehmungsstörungen hinsichtlich des eigenen Körperschemas nehmen mit dem Krankheitsverlauf zu. Damit einhergehen kann die mangelnde Wahrnehmung weiterer Gefühle wie Schmerzen, Müdigkeit oder sexuelle Empfindungen (vgl. Stahr 2003: 36ff.; Tuschen-Caffier 2008).

Mangelnde Krankheitseinsicht ist ein wesentliches Merkmal von Anorexie. Die permanente Gewichtsreduktion durch Nahrungsverweigerung wird von Anorektikerinnen positiv bewertet. Im Gegensatz zu anderen Formen von Essstörungen wird der eigene Zustand von Mädchen bzw. jungen Frauen nicht als Belastung empfunden. Dabei sind die körperlichen Schäden bei Anorexie gravierend. In der medizinischen Forschung werden somatische Symptome berichtet wie Herz-Kreislaufstörungen, Verminderung der weißen Blutkörperchen, Untertemperatur, flaumartige Behaarung an den Armen, Muskelschwäche etc. (vgl. Saß u.a. 2003: 648; Stahr u.a. 2003: 39f.). Die Angaben der Forschungsliteratur zur Mortalitätsrate liegen ca. bei 5 %. In der Adoleszenz fällt das Mortalitätsrisiko mit 1,8 % allerdings deutlich geringer aus (vgl. Herpertz-Dahlmann 2008: 23). Höhere Prozentzahlen bis zu 16,7 % ergaben sich allerdings bei Langzeitstudien von 10-20 Jahren (vgl. Zipfel/Löwe/Herzog 2008: 46).

Insbesondere bei Jugendlichen kann es zu einem Stillstand der pubertären Entwicklung kommen (z.B. Längenwachstum oder Aufbau der Knochenstruktur). Die körperlichen Warnsignale werden von Anorektikerinnen allerdings ignoriert oder durch erhöhte Anstrengungen bzw. Leistungen kompensiert. Für die pädagogisch-therapeutische Arbeit mit Mädchen bzw. jungen Frauen bedeutet dies, dass mit Zielgruppen gearbeitet wird, die ihre eigene Krankheit tendenziell verleugnen.

Bulimie/Bulimia nervosa (Ess-Brechsucht)
Der Terminus Bulimie bedeutet ‚Stierhunger', womit die charakteristischen Heißhungerattacken bei dieser Form von Essstörung umschrieben werden. Etymologisch setzt sich der Begriff zusammen aus dem griechischen *buos* (Stier) und *limos* (Hunger) und findet sich bereits im medizinischen Schrifttum der Antike sowie des Mittelalters (vgl. Cuntz/Hillert 2008: 73). Dennoch wird Bulimie als relativ neue Essstörung angesehen, da sie medizinisch erst seit den 1980er Jahren als eigenständiges Krankheitsbild klassifiziert wird.

Definition Bulimie
Bulimie zeichnet sich durch regelmäßige Heißhungerattacken aus, die zur hastigen Aufnahme großer Mengen von Nahrungsmitteln in sehr kurzer Zeit führen. Die Betroffenen haben dabei das Gefühl des Kontrollverlusts. Im Anschluss kommt es zu Maßnahmen, die eine Gewichtszunahme verhindern sollen wie z.B. planvolles selbstinduziertes Erbrechen (*Purging*), Missbrauch von Abführmitteln (*Laxantienabusus*) oder entwässernden Medikamenten (*Diurektika*) sowie strenge Diäten, Fastenkuren, Klistieren oder übermäßige körperliche Betätigung. Es findet eine extreme Beschäftigung mit Figur und Gewicht statt (vgl. Russell 1979; Saß u.a. 2003 : 652ff; Stahr u.a. 2003:25f., 40ff.).

Gemäß der DSM-IV Kriterien der *American Psychiatric Association* müssen für die Diagnose von Bulimie mindestens zwei Heißhungerattacken pro Woche vorliegen bei einem Zeitraum von mindestens drei Monaten (vgl. Saß u.a. 2003: 657). Des Weiteren sollte die Diagnose der *Anorexia nervosa* ausgeschlossen sein. Eine der Bulimie verwandte Form ist die Binge-Eating-Störung (BES), bei der es ebenfalls zu Essattacken kommt, allerdings keine Maßnahmen zur Gewichtskontrolle unternommen werden.

Die Anzahl der diagnostizierten Fälle von Bulimie hat in den letzten Jahrzehnten zugenommen. Die Prävalenzraten für Bulimie werden zwischen 1 und 3 % der Bevölkerung geschätzt (vgl. Fichter 2008: 41; Saß u.a. 2003: 656). Sowohl bei klinischen Stichproben als auch in der Gesamtbevölkerung sind mindestens 90 % der Betroffenen weiblich (vgl. Saß u.a. 2003: 656). Im Durchschnitt erkranken Jugendliche bzw. junge Heranwachsende meist zwischen dem 18. und 35. Lebensjahr an Bulimie. Das häufigste Erkrankungsalter liegt zwischen dem 20. und 30. Lebensjahr (vgl. BZgA 2008: 6, 19).

Betroffene Mädchen bzw. junge Frauen verheimlichen meist ihre Erkrankung, da sie sich häufig dafür schämen. In Bezug auf ihr Gewicht liegen Bulimikerinnen meist im unauffälligen Bereich des Normal- bzw. Idealgewichts, deshalb bleibt die Erkrankung vom sozialen Umfeld oft unentdeckt (vgl. Teufel/

Zipfel 2008: 16). Es kann allerdings auch zu Gewichtsschwankungen von bis zu 20 kg kommen. Körperliche Symptome sind des Weiteren Zahnschäden und Verletzungen bzw. Entzündungen der Speiseröhre, die durch häufiges Erbrechen verursacht werden. Die Ernährungsweise sowie der Gebrauch von Abführmitteln können ebenfalls zu körperlichen Folgeschäden führen (vgl. Stahr u.a. 2003: 43; Saß u.a. 2003: 655; Cunz/Hillert 2008: 81ff.).

Die Heißhungerattacke wird von betroffenen Mädchen bzw. jungen Frauen mitunter im voraus geplant z.b. durch Großeinkäufe oder die Sicherung ungestörter Situationen. Für die exzessive Nahrungszufuhr werden leicht verdauliche Lebensmittel favorisiert, die ansonsten vermieden werden. Nach Einschätzung befragter Betroffener beträgt der aufgenommene Energiegehalt während der Heißhungerattacke ca. 3000-4000 kcal. (vgl. Paul/Brand-Jacobi/Pudel 1984). Nach der Heißhungerattacke erbrechen 80-90 % der Bulimikerinnen durch selbstinduzierte Handlungen (vgl. Saß u.a. 2003: 653). Anschließend empfinden viele Betroffene Scham, Ekel oder Selbsthass (vgl. Stahr u.a. 2003: 42).

Im fortgeschrittenen Stadium bestimmen Essen und Gewicht den Tagesablauf der Bulimikerin, andere Interessen und soziale Kontakte treten in den Hintergrund (vgl. Stahr u.a. 2003: 43). Meist sind es emotionale Spannungszustände, Frustration, Aggression oder Langeweile, die zu den Heißhungerattacken führen (vgl. Paul/Brand-Jacobi/Pudel 1984; vgl. Saß u.a. 2003: 653). Dies unterstreicht die emotionalen Ursachen von Bulimie und verweist auf die eingangs angeführten Überlegungen zu Essstörungen als ein problematisches Bewältigungsverhalten.

Adipositas (Starkes Übergewicht/Fettleibigkeit)
Inwiefern Adipositas als Essstörung bzw. psychische Krankheit angesehen werden kann, ist umstritten. Die *American Psychiatric Association* argumentiert, dass psychische Störungen bei Adipositas bisher nicht nachgewiesen werden konnten und verzichten deshalb auf eine Klassifikation als Krankheitsbild (vgl. Saß u.a. 2003: 645). Die WHO plädiert hingegen dafür, Übergewicht lediglich als Essstörung zu klassifizieren, wenn sie eine *Reaktion* auf belastende Ereignisse darstellt (vgl. Dilling u.a. 2005: 203f.).

In der Fachliteratur wird Adipositas häufig über das Verhältnis von Körpergewicht und Körpergröße bestimmt (vgl. Kochanowski 2007; Warschburger/Petermann 2008). Weitere Diagnosekriterien sind Fettgewebeanteil, Taillenumfang oder Hautfaltendicke (vgl. Stahr u.a. 2003: 26; BZgA 2008: 10). Zu den etablierten Indizes gehört der so genannte Body-Mass-Index (BMI), der sich durch Körpergewicht dividiert durch Körpergröße in Metern zum Quadrat (kg: m²) errechnet. Für Kinder und Jugendliche unter 18 Jahren werden zur Bewertung des Gewichts so genannte BMI-Perzentilkurven (Altersnormkurven) zu Grunde gelegt, welche das Wachstum, Alter und Geschlecht berücksichtigen (vgl. Kromeyer-Hauschild u.a. 2001).

Übergewicht und Adipositas werden beim BMI über die Abweichung vom Normalgewicht definiert: Übergewicht liegt vor, wenn eine Person ihr Normalgewicht mit über 25 kg überschreitet. Bei Adipositas wird das Normalgewicht mit über 30 kg überschritten (vgl. Wiesner 2008: 255). Was als ‚Normalgewicht‘ gilt, wird also anhand medizinischer Formeln bzw. Tabellen bestimmt. Stahr u.a. kritisieren an solchen Messindizes, dass sie normative Körpervorstellungen zu Grunde legen, die das individuelle Wohlfühlgewicht nicht berücksichtigen. Die subjektiven Selbstzuordnungen der Betroffenen würden damit ignoriert und implizit eine Behandlungsnotwendigkeit suggeriert. Des Weiteren verweisen die Autorinnen auf die Gruppe der latent Adipösen, welche kaum oder kein Übergewicht haben, ihr Essverhalten allerdings massiv kontrollieren müssen. Definitionsversuche, welche exklusiv auf Gewicht abzielen, könnten diese Phänomene nicht angemessen erfassen (vgl. Stahr u.a. 2003: 26f.).

Es fehlen demnach allgemein gültige Diagnosekriterien für Adipositas und es besteht kein Konsens, wann Übergewicht zu einer Essstörung und damit behandlungsbedürftig wird. Auf eine Definition von Adipositas wird deshalb an dieser Stelle verzichtet. Dennoch werden im Folgenden einige Aspekte angeführt und auf Jugendliche bezogen, die für Adipositas bzw. Übergewicht in der Fachliteratur diskutiert werden.

Wenn Übergewicht bzw. Adipositas zur Essstörung wird, zeigen adipöse Jugendliche eine deutliche Störung in der Appetit- und Sättigungsregulation. Die tatsächlichen Bedürfnisse des Körpers werden ignoriert. So erfolgt die Nahrungsaufnahme bspw. nach Tageszeit und nicht nach Hungergefühl oder Sättigungsgrad. Essen wird von Jugendlichen als Kompensation für Stress und emotionale Zuwendung eingesetzt. Die exzessive Nahrungszufuhr dient der Abwehr negativer Emotionen wie Ängste, Depressionen und Kränkungen (vgl. Stahr u.a. 2003: 45). Das Essverhalten adipöser Jugendlicher entspricht demnach der oben angeführten Definition für Essstörungen der Bundeszentrale für gesundheitliche Aufklärung.

Bei Adipositas unterscheidet man zwischen kontinuierlichen Mehressern (permanente Energiezufuhr), Nachtessern (Night Eating Syndrom), die mindestens 25 % der täglichen Kalorienaufnahme nach dem Abendessen aufnehmen und Rauschessern (Binge Eaters), die unter Heißhungerattacken leiden, allerdings keine gewichtsreduzierenden Maßnahmen ergreifen (vgl. Stahr u.a. 2003: 44; Kochanowski 2007: 12). Diese Formen haben allerdings noch nicht den Status von DSM oder ICD Diagnosekriterien, sondern werden lediglich als Forschungskriterien diskutiert (vgl. de Zwaan/Mühlhaus 2008: 25f.).

Nach einer repräsentativen Studie des Robert-Koch-Instituts sind 15 % der Kinder und Jugendlichen im Alter von 3 -bis 17 Jahren übergewichtig. Bei 6,3 % ist das Übergewicht so enorm ausgeprägt, dass sie unter die Definition von Adipositas fallen (vgl. RKI 2008a: 46). Die höchste Verbreitung des Übergewichts lässt sich in der frühen Pubertät identifizieren. So ist jeder fünfte Jugendliche im Alter von 11 bis 13 Jahren übergewichtig oder adipös. Dieser Anteil sinkt bei den 14- bis 17-Jährigen wieder leicht auf 17 %. Ein höheres Risiko für Übergewicht besteht bei Jugendlichen mit niedrigem Sozialstatus und hier insbesondere für Mädchen: Bei den 11- bis 17-Jährigen sind 27 % übergewichtig und 14,7 % adipös (vgl. ebd.: 154). Die Zunahme von Adipositas unter Jugendlichen wird u.a. mit einem veränderten Freizeit- und Bewegungsverhalten von Jugendlichen erklärt (Fernsehen, Videospiele, Internet) sowie gesundheitsbelastenden Konsum- und Ernährungsgewohnheiten (vgl. von Kardorff/Ohlbrecht 2007: 156).

Vergleichbar mit Anorektikerinnen haben Jugendliche mit Adipositas erhebliche Körperschema-Störungen. Sie erleben ihren eigenen Körper als unförmig, grotesk und ekelerregend. Selbst bei Gewichtsreduktion können sie ihre realistische Figur nicht wahrnehmen, insbesondere wenn sie seit ihrer Kindheit adipös waren. Gleichzeitig werden mit der Gewichtsabnahme hohe Erwartungen hinsichtlich der Selbstwertsteigerung verbunden (vgl. Stahr u.a. 2003: 45f.). Dies gilt insbesondere für Jugendliche, denn in dieser Entwicklungsphase sind körperliche Attraktivität und die Meinung der Peers von besonderer Bedeutung (vgl. Warschburger 2008: 263).

Übergewichtige werden zudem gesellschaftlich stigmatisiert: Sie sind mit spezifischen Vorurteilen konfrontiert und es werden ihnen bestimmte Berufsfelder und Karrieremöglichkeiten verwehrt (vgl. Garner u.a. 1991: 27; Hilbert 2008: 288ff.). Die soziale Diskriminierung äußert sich bereits im Kindes- und Jugendalter. Übergewichtige und adipöse Jugendliche sind häufiger sozialer Ausgrenzung ausgesetzt als normalgewichtige (vgl. Warschburger 2008: 260). Vorurteile bzw. Stigmatisierungen identifizieren Garner u.a. allerdings auch in der Forschungsliteratur zu Adipositas. Das Gesundheitsrisiko von Übergewicht würde oft dramatisch überbewertet werden, im Normalfall sei Übergewicht aber keine psychische Störung und stelle für manche Individuen sogar einen natürlichen Zustand dar (vgl. Garner u.a. 1991: 28).

Zusammenfassend lassen sich ungeachtet bedeutsamer Unterschiede zwischen den Essstörungen auch einige Gemeinsamkeiten identifizieren. Bei allen drei Formen wird Nahrung bzw. Nahrungsverweigerung von Jugendlichen zur psychischen Problembewältigung genutzt. Essgestörte Jugendliche sind mit Gefühlen persönlicher Unzulänglichkeit konfrontiert und ihre Körper- und Emotionswahrnehmungen sind gestört. Gemeinsam ist ihnen zudem die ausgeprägte Orientierung an Gewicht und körperlicher Attraktivität. Schließlich durchzieht das Thema Kontrolle alle Formen von Essstörungen, wenn auch in durchaus unterschiedlicher Weise.

Literaturverzeichnis

1   Einleitung

Hurrelmann, Klaus (2007): Lebensphase Jugend. Eine Einführung in die sozialwissenschaftliche Jugendforschung. 9. Aufl. Weinheim/München: Juventa

Tillmann, Klaus-Jürgen (2006): Sozialisationstheorien. Eine Einführung in den Zusammenhang von Gesellschaft, Institution und Subjektwerdung. Reinbek bei Hamburg: Rowohlt

2   Jugend – Theoretische Grundlagen

2.1   Begriffsklärung

Andrese, Sabine (2005): Einführung in die Jugendforschung. Darmstadt: Wissenschaftliche Buchgesellschaft

Fischer, Wolfgang (1982): Jugend als pädagogische Kategorie. In: Lenzen, Dieter (Hrsg.): Enzyklopädie Erziehungswissenschaft. Handbuch und Lexikon der Erziehung. Bd. 9.1. Stuttgart: Klett-Cotta, S. 19-41

Fraschetti, Augusto (1996): Die Welt der jungen Römer. In: Levi, Giovanni/Schmitt, Jean-Claude (Hrsg.): Geschichte der Jugend. Bd. 1: Von der Antike bis zum Absolutismus. Frankfurt am Main: S. Fischer, S. 70-112

Hornstein, Walter (1990): Aufwachsen mit Widersprüchen – Jugendsituation und Schule heute. Rahmenbedingungen – Problemkonstellationen – Zukunftsperspektiven. Stuttgart: Klett

Nohl, Herman (1927): Die Pädagogik der Verwahrlosten. In: Nohl, Herman: Jugendwohlfahrt. Sozialpädagogische Vorträge. Leipzig: Quelle & Meyer, S. 101-112

Olk, Thomas (1985): Jugend und gesellschaftliche Differenzierung – Zur Entstrukturierung der Jugendphase. In: Zeitschrift für Pädagogik. 19. Beiheft, S. 290-301

Roth, Lutz (1983): Die Erfindung des Jugendlichen. München: Juventa

Scherr, Albert (2009): Jugendsoziologie. Einführung in Grundlagen und Theorien. 9., erw. und umfassend überarb. Aufl. Wiesbaden: VS Verlag für Sozialwissenschaften

2.2   Historische Entwicklung

Ahlborn, Knud (1963): Das Meißnerfest der Freideutschen Jugend (1913). In: Kindt, Werner (Hrsg.). Grundschriften der deutschen Jugendbewegung. Düsseldorf/Köln: Diederichs, S. 107-112

Bühler, Johannes-Christoph von (1990): Die gesellschaftliche Konstruktion des Jugendalters. Zur Entstehung der Jugendforschung am Beginn des 20. Jahrhunderts. Weinheim: Deutscher Studien Verlag

Harney, Klaus/Groppe, Carola/Honig, Michael-Sebastian (1997): Geschichte von Familie, Kindheit und Jugend. In: Harney, Klaus/Krüger, Heinz-Hermann (Hrsg.): Einführung in die Geschichte von Erziehungswissenschaft und Erziehungswirklichkeit. Opladen: Leske + Budrich, S. 157-181

Herrmann, Ulrich (Hrsg.) (2006): Mit uns zieht die neue Zeit. Der Wandervogel in der deutschen Jugendbewegung. Weinheim/München: Juventa

Roth, Lutz (1983): Die Erfindung des Jugendlichen. München: Juventa

Sander, Uwe (2004): Jugend. In: Krüger, Heinz-Hermann/Grunert, Cathleen (Hrsg.): Wörterbuch Erziehungswissenschaft. Wiesbaden: VS Verlag für Sozialwissenschaften, S. 256-262

Zinnecker, Jürgen (2004): Jugend. In: Benner, Dietrich/Oelkers, Jürgen (Hrsg.): Historisches Wörterbuch der Pädagogik. Darmstadt: Wissenschaftliche Buchgesellschaft, S. 482-496

2.3 Zentrale jugendtheoretische Ansätze

Beck, Ulrich (1986): Risikogesellschaft. Auf dem Weg in eine andere Moderne. Frankfurt am Main: Suhrkamp

Behnken, Imke/Zinnecker, Jürgen (1992): Lebenslaufereignisse, Statuspassagen und biographische Muster in Kindheit und Jugend. In: Jugendwerk der Deutschen Shell (Hrsg.): Jugend '92. Band 2. Opladen: Leske + Budrich, S. 127-143

Bilden, Helga/Diezinger, Angelika (1988): Historische Konstitution und besondere Gestalt weiblicher Jugend – Mädchen im Blick der Jugendforschung. In: Krüger, Heinz-Hermann (Hrsg.): Handbuch der Jugendforschung. Opladen: Leske + Budrich, S. 135-155

Blättner, Fritz (1955): Die psychologischen und pädagogischen Probleme des Jugendalters. In: Zeitschrift für Pädagogik 1. Jg., H. 3., S. 148-165

Bollnow, Otto Friedrich (1982): Eduard Spranger zum hundertsten Geburtstag. In: Zeitschrift für Pädagogik, 28. Jg., H. 4, S. 505-525

Busemann, Adolf (1965): Krisenjahre im Ablauf der menschlichen Jugend. 3. Aufl. Ratingen: Henn

Clarke, John/Cohen, Phil/Corrigan, Paul/Garber, Jenny/Hall, Stuart/Hebdige, Dick/Jefferson, Tony/McCron, Robin/McRobbie, Angela/Murdock, Graham/Parker, Howard/Roberts, Brian (1979): Jugendkultur als Widerstand. Milieus, Rituale, Provokationen. Frankfurt am Main: Syndikat

Clarke, John/Hall, Stuart/Jefferson, Tony/Roberts, Brian (1979): Subkulturen, Kulturen und Klasse. In: Clarke, John/Cohen, Phil/Corrigan, Paul/Garber, Jenny/Hall, Stuart/Hebdige, Dick/Jefferson, Tony/McCron, Robin/McRobbie, Angela/Murdock, Graham/Parker, Howard/Roberts, Brian: Jugendkultur als Widerstand. Milieus, Rituale, Provokationen. Frankfurt am Main: Syndikat, S. 39-131

Cohen, Phil (1972): Sub-Cultural Conflict and Working Class Community. In: Working Papers in Cultural Studies 2, S. 5-52

Deutsche Shell (Hrsg.) (2000): Jugend 2000. Opladen: Leske + Budrich

Ecarius, Jutta (2008): Generation, Erziehung und Bildung. Eine Einführung. Stuttgart: Kohlhammer

Ecarius, Jutta/Fromme, Johannes (2000): Außerpädagogische Freizeit und jugendkulturelle Stile. In: Sander, Uwe/Vollbrecht, Ralf (Hrsg.): Jugend im 20. Jahrhundert. Sichtweisen – Orientierungen – Risiken. Neuwied/Berlin: Luchterhand, S. 138-157

Eisenstadt, Samuel N. (1966): Von Generation zu Generation. Altersgruppen und Sozialstruktur. München: Juventa

Ferchhoff, Wilfried (2000): Die Jugend der Pädagogik. In: Sander, Uwe/Vollbrecht, Ralf (Hrsg.): Jugend im 20. Jahrhundert. Sichtweisen – Orientierungen – Risiken. Neuwied/Berlin: Luchterhand, S. 32-74

Ferchhoff, Wilfried (2007): Jugend und Jugendkulturen im 21. Jahrhundert. Lebensformen und Lebensstile. Wiesbaden: VS Verlag für Sozialwissenschaften

Fischer, Wolfgang (1966): Der junge Mensch. Ein Beitrag zur pädagogischen Theorie der Reifezeit. 2., veränderte Aufl. Freiburg im Breisgau: Lambertus

Fiske, John (2001): Die britischen Cultural Studies und das Fernsehen. In: Winter, Rainer/Mikos, Lothar (Hrsg.): Die Fabrikation des Populären. Der John Fiske Reader. Bielefeld: transcript, S. 17-68

Fuchs, Werner (1983): Jugendliche Statuspassage und individualisierte Jugendbiographie. In: Soziale Welt 34. Jg., H. 3, S. 341-371

Gillespie, Mary (1995): Television, Ethnicity and Cultural Change. London/New York: Routledge

Gramsci, Antonio (1991): Aus den Gefängnisschriften (1929 –1935). In: Kebir, Sabine (Hrsg. und Übers.): Antonio Gramsci. Marxismus und Kultur. Ideologie, Alltag, Literatur. Hamburg: VSA-Verlag

Grossberg, Lawrence (1999): Was sind Cultural Studies? In: Hörning, Karl H./Winter, Rainer (Hrsg.): Widerspenstige Kulturen. Cultural Studies als Herausforderung. Frankfurt am Main: Suhrkamp, S. 43-83

Hall, Stuart (1981): Notes on deconstructing the popular. In: Samuel, Raphael (Hrsg.): People`s History and Socialist Theory. London: Routledge, S. 227-240

Hall, Stuart (1999a): Cultural Studies. Zwei Paradigmen. In: Bromley, Roger/Göttlich, Udo/Winter, Carsten (Hrsg.): Cultural Studies. Grundlagentexte zur Einführung. Lüneburg: Zu Klampen, S. 113-138

Hall, Stuart (1999b): Kodieren/Dekodieren. In: Bromley, Roger/Göttlich, Udo/Winter, Carsten (Hrsg.): Cultural Studies. Grundlagentexte zur Einführung. Lüneburg: Zu Klampen, S. 92-112

Hall, Stuart (2000): Cultural Studies und die Politik der Internationalisierung. In: Hall, Stuart: Cultural Studies. Ein politisches Theorieprojekt. Ausgewählte Schriften 3, Hamburg: Argument, S. 98-112

Hall, Stuart/Jefferson, Tony (1976): Resistence through Rituals. Youth Subcultures in Post-War Britain. London: Routledge

Hansen, Wilhelm (1957): Die geistige Welt der heutigen Volksschuljugend. In: Zeitschrift für Pädagogik 3. Jg., H. 1, S. 20-45

Hebdige, Dick (1979): Subculture. The Meaning of Style. London/New York: Routledge

Hoggart, Richard (1957): The Uses of Literacy. London: Penguin

Hurrelmann, Klaus (1994): Lebensphase Jugend. Eine Einführung in die sozialwissenschaftliche Jugendforschung. Weinheim/München: Juventa

Hurrelmann, Klaus (2007): Lebensphase Jugend. Eine Einführung in die sozialwissenschaftliche Jugendforschung. 9. Aufl. Weinheim/München: Juventa

Hurrelmann, Klaus/Rosewitz, Bernd/Wolf, Hartmut K. (1985): Lebensphase Jugend. Weinheim/München: Juventa

Jugendwerk der Deutschen Shell (Hrsg.) (1981): Jugend '81. Lebensentwürfe, Alltagskulturen, Zukunftsbilder. Bd. 1 und 2. Opladen: Leske + Budrich

Jugendwerk der Deutschen Shell (Hrsg.) (1992): Jugend '92. Lebenslagen, Orientierungen und Entwicklungsperspektiven im vereinigten Deutschland. Opladen: Leske + Budrich

Jugendwerk der Deutschen Shell (Hrsg.) (1997): Jugend '97. Zukunftsperspektiven, gesellschaftliches Engagement, politische Orientierungen. Opladen: Leske + Budrich

King, Vera (2004): Die Entstehung des Neuen in der Adoleszenz. Individuation, Generativität und Geschlecht in modernisierten Gesellschaften. Wiesbaden: VS Verlag für Sozialwissenschaften

Kohli, Martin (1985): Die Institutionalisierung des Lebenslaufs. Historische Befunde und theoretische Argumente. In: Kölner Zeitschrift für Soziologie und Sozialpsychologie 37. Jg., H. 1, S. 1-29

Kroh, Oswald (1944): Entwicklungspsychologie des Grundschulkindes. Langensalza: Beyer

Löffelholz, Michael (1979): Eduard Spranger (1882-1963). In: Scheuerl, Hans (Hrsg.): Klassiker der Pädagogik. Zweiter Band. München: C.H. Beck, S. 258-276

Mannheim, Karl (1928): Das Problem der Generationen. In: Kölner Zeitschrift für Soziologie und Sozialpsychologie 7. Jg., H. 2., S. 157-185/H. 3., S. 309-330

Marchart, Oliver (2008): Cultural Studies. Konstanz: UVK Verlagsgesellschaft

Marcia, James E. (1967): Ego identity status: Relationship to change in self-esteem, "general maladjustment", and authoritarianism. In: Journal of Personality 35, H. 1, S. 119-133

Mikos, Lothar/Hoffmann, Dagmar/Winter, Rainer (Hrsg.) (2007): Mediennutzung – Identität – Identifikationen. Die Sozialisationsrelevanz der Medien im Selbstfindungsprozess von Jugendlichen. Weinheim/München: Juventa

Morley, David (1980): The Nationwide Audience. Structure and Decoding. London: British Film Institute

Muchow, Hans-Heinrich (1953): Jugend im Wandel. Die anthropologische Situation der heutigen Jugend. Schleswig: Bernaerts

Olk, Thomas (1985): Jugend und Gesellschaft. Entwurf für einen Perspektivenwechsel in der sozialwissenschaftlichen Jugendforschung. In: Heitmeyer, Wilhelm (Hrsg.): Interdisziplinäre Jugendforschung. Weinheim/München: Juventa, S. 41-63

Petzelt, Alfred (1965): Kindheit – Jugend – Reifezeit. Grundriß der Phasen psychischer Entwicklung. 5. Aufl. Freiburg im Breisgau: Lambertus

Reinders, Heinz (2003): Jugendtypen. Ansätze zu einer differentiellen Theorie der Adoleszenz. Opladen: Leske + Budrich

Rentmeister, Cillie (1983): Kultur. In: Bayer, Johanna (Hrsg.): Frauenhandlexikon. Stichworte zur Selbstbestimmung. München: Beck

Roth, Heinrich (1961): Jugend und Schule zwischen Reform und Restauration. Berlin/Hannover/Darmstadt: Schroedel

Schelsky, Helmut (1957): Die skeptische Generation. Eine Soziologie der deutschen Jugend. Düsseldorf u.a.: Diederichs

Schelsky, Helmut (1960): Die skeptische Generation. Eine Soziologie der deutschen Jugend. 4. Aufl. Düsseldorf u.a.: Diederichs

Shell Deutschland Holding (Hrsg.) (2006): Jugend 2006. Eine pragmatische Generation unter Druck. Frankfurt am Main: S. Fischer

Silbereisen, Rainer K./Zinnecker, Jürgen (Hrsg.) (1999): Entwicklung im sozialen Wandel. Weinheim: Beltz PVU

Spranger, Eduard (1924/1969): Die Generationen und die Bedeutung des Klassischen in der Erziehung. In: Spranger, Eduard: Geist der Erziehung. Gesammelte Schriften Bd. I. Heidelberg: Quelle & Meyer, S. 70-89

Spranger, Eduard (1924/1979): Psychologie des Jugendalters. 29. Aufl. Heidelberg: Quelle & Meyer

Spranger, Eduard (1948/1973): Philosophische Grundlegung der Pädagogik. In: Spranger, Eduard: Philosophische Pädagogik. Gesammelte Schriften Bd. II. Heidelberg: Quelle & Meyer, S. 62-140.

Stauber, Barbara (2004): Junge Frauen und Männer in Jugendkulturen – Selbstinszenierungen und Handlungspotentiale. Opladen: Leske + Budrich

Stauber, Barbara (2010): Jugendkulturelle Selbstinszenierungen und (geschlechter-)biographische Relevanzen. In: Ecarius, Jutta (Hrsg.): Aktuelle Debatten der Jugendforschung. Wiesbaden: VS Verlag für Sozialwissenschaften (im Erscheinen)

Tenbruck, Friedrich H. (1965a): Jugend und Gesellschaft. Soziologische Perspektiven. Freiburg i. Brsg.: Rombach

Tenbruck, Friedrich H. (1965b): Moderne Jugend als soziale Gruppe. In: Friedeburg, Ludwig von (Hrsg.): Jugend in der modernen Gesellschaft. Köln/Berlin: Kiepenheuer & Witsch, S. 9-87

Thomas, Tanja (2008): Körperpraktiken und Selbsttechnologien in einer Medienkultur: Zur gesellschaftstheoretischen Fundierung aktueller Fernsehanalyse. In: Thomas, Tanja (Hrsg.): Medienkultur und Soziales Handeln: Wiesbaden: VS Verlag für Sozialwissenschaften, S. 219-238

Thompson, Edward P. (1963): The Making of the English Working Class. London: Victor Gollancz

Widmer, Konrad (1983): Eduard Sprangers „Psychologie des Jugendalters" – auch heute noch aktuell? In: Schweizer Lehrerzeitung (Hrsg.): Eduard Spranger. Zu Bildungsphilosophie und Erziehungspraxis. Zürich: Verlag Schweizerischer Lehrerverein, S. 71-86

Williams, Raymond (1958): Culture and Society 1780-1950. London: Chatto und Windus

Willis, Paul (1979): Spaß am Widerstand. Gegenkultur in der Arbeiterschule. Frankfurt am Main: Syndikat

Winter, Rainer (2000): Cultural Studies. In: Flick, Uwe/Kardorff, Ernst von/Steinke, Ines (Hrsg.): Qualitative Forschung. Ein Handbuch. Reinbek bei Hamburg: Rowohlt, S. 204-213

Zinnecker, Jürgen (1981): Jugend '81: Portrait einer Generation. In: Jugendwerk der Deutschen Shell (Hrsg.): Jugend '81. Lebensentwürfe, Alltagskulturen, Zukunftsbilder. 9. Shell-Jugendstudie, Bd. I. Hamburg: Jugendwerk der Deutschen Shell, S. 80-122

Zinnecker, Jürgen/Behnke, Imke/Maschke, Sabine/Stecher, Ludwig (2003): null zoff & voll busy. Die erste Jugendgeneration des neuen Jahrtausends. Opladen: Leske + Budrich

2.4   Jugend und soziale Heterogenität

Albrecht, Peter/Pfeifer, Christian (1979): Die Kriminalisierung junger Ausländer. Befunde und Reaktionen sozialer Kontrollinstanzen. München: Juventa

Andresen, Sabine (2005): Einführung in die Jugendforschung. Darmstadt: Wissenschaftliche Buchgesellschaft

Apitzsch, Ursula (2010): Ausländische Kinder und Jugendliche. In: Krüger, Heinz-Hermann/Grunert, Cathleen (Hrsg.): Handbuch Kindheits- und Jugendforschung. 2., aktualisierte und erw. Aufl. Wiesbaden: VS Verlag für Sozialwissenschaften, S. 935-955

Asbrand, Barbara (2009): Wissen und Handlungskompetenz in der Weltgesellschaft. Münster: Waxmann

Baacke, Dieter (1987): Jugend und Jugendkulturen. Darstellung und Deutung. Weinheim/München: Juventa

Badawia, Tarek (2002): „Der dritte Stuhl" – Eine Grounded- Theory-Studie zum kreativen Umgang bildungserfolgreicher Immigrantenjugendlicher mit kultureller Differenz. Frankfurt am Main: IKO

Balluseck von, Hilde (Hrsg.) (2003): Minderjährige Flüchtlinge: Sozialisationsbedingungen, Akkulturationsstrategien und Unterstützungssysteme. Opladen : Leske + Budrich

Bauer, Ullrich/Vester, Michael (2008): Soziale Ungleichheit und soziale Milieus als Sozialisationskontexte. In: Hurrelmann, Klaus/Grundmann, Matthias/Walper, Sabine (Hrsg.): Handbuch Sozialisationsforschung. Weinheim/Basel: Beltz, S. 184-202

Belotti, Elena Gianini (1975): Was geschieht mit kleinen Mädchen? Über die zwangsweise Herausbildung der weiblichen Rolle in den ersten Lebensjahren durch die Gesellschaft. München: Frauenoffensive

Bernstein, Basil (1972): Studien zur sprachlichen Sozialisation. Düsseldorf: Schwann

Bilden, Helga (1980): Geschlechtsspezifische Sozialisation. In: Hurrelmann, Klaus/Ulich, Dieter (Hrsg.): Handbuch der Sozialisationsforschung. Weinheim/Basel: Beltz, S. 777-812

Bilden, Helga/Dausien, Bettina (2006): Sozialisation und Geschlecht- Einleitung in eine vielstimmige Diskussion. In: Bilden, Helga/Dausien, Bettina (Hrsg.): Sozialisation und Geschlecht. Theoretische und methodologische Aspekte. Opladen: Barbara Budrich, S. 7-15

Bitzan, Maria/Daigler, Claudia (2004): Eigensinn und Einmischung. Einführung in Grundlagen und Perspektiven parteilicher Mädchenarbeit. Weinheim/München: Juventa

Böhnisch, Lothar/Winter, Reinhard (1993): Männliche Sozialisation: Bewältigungsprobleme männlicher Geschlechtsidentität im Lebenslauf. Weinheim/München: Juventa

Bohnsack, Ralf (1989): Generation, Milieu und Geschlecht. Opladen: Leske + Budrich

Bohnsack, Ralf (2010): Die Mehrdimensionalität der Typenbildung und ihre Aspekthaftigkeit. In: Ecarius, Jutta/Schäffer, Burkhard (Hrsg.): Typenbildung und Theoriengenerierung: Methoden und Methodologien qualitativer Bildungs- und Biographieforschung. Opladen: Barbara Budrich, S. 47-72

Boos-Nünning, Ursula/Karakaşoğlu, Yasemin (2005): Viele Welten leben: zur Lebenssituation von Mädchen und jungen Frauen mit Migrationshintergrund. Münster: Waxmann

Bourdieu, Pierre (1987): Die feinen Unterschiede: Kritik der gesellschaftlichen Urteilskraft. Frankfurt am Main: Suhrkamp

Bourdieu; Pierre/Passeron, Jean-Claude (1971): Bildungsprivileg und Bildungschancen an der Hochschule. In: Bourdieu; Pierre/Passeron, Jean-Claude: Die Illusion der Chancengleichheit. Stuttgart: Klett, S. 19-91

Breidenstein, Georg/Kelle, Helga (1998): Geschlechteralltag in der Schulklasse. Ethnographische Studien zur Gleichaltrigenkultur. Weinheim/München: Juventa

Bronfenbrenner, Urie (1976): Ökologische Sozialisationsforschung. Stuttgart: Klett

Budde, Jürgen (2005): Männlichkeit und gymnasialer Alltag. Doing Gender im heutigen Bildungssystem. Bielefeld: transcript

Bukow, Wolf-Dietrich/Llaryora, Roberto (1988): Mitbürger aus der Fremde. Soziogenese ethnischer Minoritäten. Opladen: Westdeutscher Verlag

Busche, Mart/Cremers, Michael (2009): Jungenarbeit und Intersektionalität. In: Pech, Detlef (Hrsg.): Jungen und Jungenarbeit. Baltmannsweiler: Schneider Verlag Hohengehren, S. 13-30

Butler, Judith (1991): Das Unbehagen der Geschlechter. Frankfurt am Main: Suhrkamp

Cavarero, Adriana (1990): Die Perspektive der Geschlechterdifferenz. In: Gerhard, Ute/Jansen, Mechthild/Maihofer, Andrea/Schmidt, Pia/Schultz, Irmgard (Hrsg.): Differenz und Gleichheit. Menschenrechte haben (k)ein Geschlecht. Frankfurt am Main: Helmer, S. 95-111

Chodorow, Nancy (1985): Das Erbe der Mütter. Psychoanalyse und Soziologie der Geschlechter. München: Frauenoffensive

Cohen, Albert K. (1961): Kriminelle Jugend. Zur Soziologie jugendlichen Bandenwesens. Reinbek bei Hamburg: Rowohlt

Conell, Robert (Raewyn) (1999): Der gemachte Mann. Konstruktion und Krise von Männlichkeiten. Opladen: Leske + Budrich

Dahrendorf, Ralf (1965): Bildung ist Bürgerrecht. Hamburg: Nannen

Eckert, Roland (1990): Lebensverhältnisse Jugendlicher: Zur Pluralisierung und Individualisierung der Jugendphase. Weinheim/München: Juventa

Faulstich-Wieland, Hannelore (1998): Reflexive Koedukation zwischen Dramatisierung und Entdramatisierung. In: Weltz, Eberhardt/Dussa, Ulla (Hrsg.): Mädchen sind besser – Jungen auch: Konfliktbewältigung für Mädchen und Jungen- ein Beitrag zur Förderung sozialer Kompetenzen in der Grundschule. Berlin: Paetec, S. 50-59

Faulstich-Wieland, Hannelore/Weber, Martina/Willems, Katharina (2004): Doing Gender im heutigen Schulalltag. Empirische Studien zur sozialen Konstruktion von Geschlecht in schulischen Interaktionen. Weinheim/München: Juventa

Fausto-Sterling, Ann (2000): Sexing the Body – Gender Politics and the Construction of Sexuality. New York: Basic Books

Ferchhoff, Wilfried (1990): Jugendkulturen im 20. Jahrhundert: von den sozialmilieuspezifischen Jugendsubkulturen zu den individualbezogenen Jugendkulturen. Frankfurt am Main: Peter Lang

Flaake, Karin/King, Vera (Hrsg.) (1995): Weibliche Adoleszenz: zur Sozialisation junger Frauen. Frankfurt am Main: Campus

Frankenberg, Ruth (Hrsg.) (1997): Displacing Whiteness. Essays in Social and Cultural Criticism. Durham/London: Duke University Press

Franzen-Hellersberg, Lisbeth (1932): Die jugendliche Arbeiterin. Ihre Arbeitsweise und Lebensform. Ein Versuch sozialpsychologischer Forschung zum Zweck der Umwertung proletarischer Tatbestände. Tübingen: Mohr

Gehrmann, Susanne (2005): Interdependenzen in afrikanischen Kontexten. Unveröffentlichtes Vortragsmanuskript: Beitrag zur Ringvorlesung ›Einführung in die Gender Studies‹ an der Humboldt Universität zu Berlin (19.01. 2005)

Geißler, Rainer (2005): Die Metamorphose der Arbeitertochter zum Migrantensohn. Zum Wandel der Chancenstruktur im Bildungssystem nach Schicht, Geschlecht, Ethnie und deren Verknüpfungen. In: Berger, Peter/Kahlert, Heike (Hrsg.): Institutionalisierte Ungleichheiten. Wie das Bildungssystem Chancen blockiert. Weinheim/München: Juventa

Gilligan, Caro (1984): Die andere Stimme. Lebenskonflikte und Moral der Frau. München: Pieper

Gomolla, Mechthild/Radtke, Frank-Olaf (2007): Institutionelle Diskriminierung. Die Herstellung ethnischer Differenz in der Schule. Wiesbaden: VS Verlag für Sozialwissenschaften

Griese, Hartmut M. (2007): Aktuelle Jugendforschung und klassische Jugendtheorien. Ein Modul für erziehungs- und sozialwissenschaftliche Studiengänge. Berlin: Lit

Hagemann-White, Carol (1984): Sozialisation: männlich – weiblich? Opladen: Leske + Budrich

Haraway, Donna (1995): Situiertes Wissen: Die Wissenschaftsfrage im Feminismus und das Privileg einer partialen Perspektive. In: Haraway, Donna: Die Neuerfindung der Natur. Frankfurt am Main/New York: Campus, S. 73-97

Heitmeyer, Wilhelm (1995): Rechtsextremistische Orientierungen bei Jugendlichen : empirische Ergebnisse und Erklärungsmuster einer Untersuchung zur politischen Sozialisation. Weinheim/München: Juventa

Helfferich, Cornelia (1994): Jugend, Körper und Geschlecht. Opladen: Leske + Budrich

Hering, Sabine (1997): Die Anfänge der Frauenbewegung in der Sozialpädagogik. In: Friebertshäuser, Barbara/Jacob, Gisela/Klees-Möller, Renate (Hrsg.): Sozialpädagogik im Blick der Frauenforschung. Weinheim: Beltz, S. 31-43

Hering, Sabine/Münchmeier, Richard (2007): Geschichte der sozialen Arbeit: eine Einführung. Weinheim/München: Juventa

Heß-Menning, Ulrike (2004): Empirischer Forschungsstand in Deutschland und Forschungsfragen zu ausgewählten Bereichen. In: Bednarz-Braun, Iris/Heß-Menning, Ulrike: Migration, Ethnizität und Geschlecht. Theorieansätze- Forschungsstand- Forschungsperspektiven. Wiesbaden: VS Verlag für Sozialwissenschaften

Hormel, Ulrike/Scherr, Albert (2004): Bildung für die Einwanderungsgesellschaft: Perspektiven der Auseinandersetzung mit struktureller, institutioneller und interaktioneller Diskriminierung. Wiesbaden: VS Verlag für Sozialwissenschaften

Hornscheidt, Antje/Dietze, Gabriele (2006): Kritischer Okzidentalismus. Ein Zwischenruf. In: Kommune-Forum für Politik, Ökonomie, Kultur. Heft 2, S. 58-60

Hradil, Stefan (2004): Die Sozialstruktur Deutschlands im internationalen Vergleich. Wiesbaden: VS Verlag für Sozialwissenschaften

Hummrich, Merle (2002): Bildungserfolg und Migration : Biographien junger Frauen in der Einwanderungsgesellschaft. Opladen : Leske + Budrich

King, Vera (2006): Ungleiche Karrieren. Bildungsaufstieg und Adoleszenzverläufe bei jungen Männern und Frauen aus Migrantenfamilien. In: King, Vera/Koller, Hans-Christoph (Hrsg.): Adoleszenz – Migration – Bildung. Bildungsprozesse Jugendlicher und junger Erwachsener mit Migrationshintergrund. Wiesbaden: VS Verlag für Sozialwissenschaften, S. 27-46.

King, Vera (2009): „Weil ich mich sehr lange Zeit allein gefühlt hab' mit meiner Bildung". Bildungserfolg und soziale Ungleichheiten unter Berücksichtigung von class, gender, ethnicity. In: Budde, Jürgen/Willems, Katharina (Hrsg.) (2009): Bildung als sozialer Prozess. Heterogenitäten, Interaktionen, Ungleichheiten. Weinheim/München: Juventa, S. 53-72

Kluge, Friedrich (1995). Etymologisches Wörterbuch der deutschen Sprache. Berlin/New York

Kohn, Melvin L. (1969): Class and Conformity A Study in Values, Homewood: Dorsey Press

Kohn, Melvin L. (1981): Persönlichkeit, Beruf und soziale Schichtung. Stuttgart: Klett-Cotta.

Konsortium Bildungsberichterstattung (2006): Bildung in Deutschland. Ein indikatorengestützter Bericht mit einer Analyse zu Bildung und Migration. Bielefeld: Bertelsmann

Liebel, Manfred (1983): Aufforderung zum Abschied von der sozialintegrativen Jugendarbeit. In: Faltmeier, Martin (Hrsg.): Nachdenken über Jugendarbeit. Zwischen den fünfziger und achtziger Jahren. Eine kommentierte Dokumentation mit Beiträgen aus der Zeitschrift ‚deutsche jugend', München: Juventa 1983, S. 266-279

Ludwig, Volker (1969): Wer sagt, dass Mädchen dümmer sind. In: 3mal Kindertheater I. München/ Frankfurt am Main: Heinrich Ellermann

Lutz, Helma (2001): Differenz als Rechenaufgabe: über die Relevanz der Kategorien Race, Class, Gender. In: Lutz, Helma/Wenning, Norbert: Unterschiedlich verschieden. Differenz in der Erziehungswissenschaft. Opladen: Leske + Budrich, S. 215-230

Meuser, Michael (1998): Geschlecht und Männlichkeit. Soziologische Theorie und kulturelle Deutungsmuster. Opladen: Leske + Budrich

Neidhardt, Friedhelm (1967): Die junge Generation. Jugend und Gesellschaft in der Bundesrepublik. Opladen: Leske

Nohl, Arnd-Michael (1996): Jugend in der Migration: türkische Banden und Cliquen in empirischer Analyse. Baltmannsweiler: Schneider Verlag Hohengehren

Rendtorff, Barbara (1998): Geschlecht und différance. Die Sexuierung des Wissens. Eine Einführung. Königstein im Taunus: Helmer

Riegel, Christine (2007): Zwischen Kämpfen und Leiden. Handlungsfähigkeit im Spannungsfeld ungleicher Geschlechter-, Generationen- und Ethnizitätsverhältnisse. In: Riegel, Christine/Geisen, Thomas (Hrsg.): Jugend, Zugehörigkeit und Migration. Subjektpositionierung im Kontext von Jugendkultur, Ethnizitäts- und Geschlechterkonstruktionen. Wiesbaden: VS Verlag für Sozialwissenschaften, S. 247-271

Rimele-Petzold, Ursula (1985): Männersache – Frauensache? Berufe für Männer und Frauen. Bonn: Bundesministerium für Bildung und Wissenschaft.

Sachverständigenkommission Sechster Jugendbericht (Hrsg.) (1984): Verbesserung der Chancengleichheit von Mädchen in der Bundesrepublik Deutschland. Drucksache 10/1007. Bonn-Bad Godesberg

Savier, Monika/Wildt, Carola (1978): Mädchen zwischen Anpassung und Widerstand: neue Ansätze zur feministischen Jugendarbeit. München: Verlag Frauenoffensive

Schäffer, Burkhard (2003): Generation- Medien- Bildung. Medienpraxiskulturen im Generationenvergleich. Opladen: Leske + Budrich

Scheu, Ursula (1977): Wir werden nicht als Mädchen geboren, wir werden dazu gemacht. Frankfurt am Main: S. Fischer

Schittenhelm, Karin (2005): Soziale Lagen im Übergang. Junge Migrantinnen und Einheimische zwischen Schule und Berufseinstieg. Wiesbaden: VS Verlag für Sozialwissenschaften

Schulze, Gerhard (1992): Die Erlebnisgesellschaft. Kultursoziologie der Gegenwart. Frankfurt am Main/New York: Campus

Schwarzer, Alice (1975): Der ‚kleine Unterschied' und seine großen Folgen. Frankfurt am Main: S. Fischer

Spindler, Susanne (2006): Corpus delicti: Männlichkeit, Rassismus und Kriminalisierung im Alltag jugendlicher Migranten. Münster: Unrast

Stuve, Olaf/Busche, Mart (2007): Gewaltprävention und Intersektionalität in der Bundesrepublik Deutschland- Ein Überblick. URL: http://www.dissens.de/isgp/texte.php [Zugriff: 04.06.2010]

Thorne, Barry (1993): Gender Play. Boys and Girls in School. New Brunswik: Rutgers University Press

Tillmann, Klaus-Jürgen (2004): System jagt Fiktion. Die homogene Lerngruppe. In: Becker, Ge-
rold/Lenzen, Klaus-Dieter/Stäudel, Lutz/Tillmann, Klaus-Jürgen/Werning, Rolf/Winter, Felix
(Hrsg.): Heterogenität: Unterschiede nutzen- Gemeinsamkeiten stärken. Seelze: Friedrich, S.
6-9

Vester, Michael/von Oertzen, Peter/Geiling, Heiko/Hermann, Thomas/Müller, Dagmar (2001): Soziale Milieus im gesellschaftlichen Strukturwandel: zwischen Integration und Ausgrenzung.
Frankfurt am Main: Suhrkamp

Wagenknecht, Peter (2007): Was ist Heteronormativität? Zu Geschichte und Gehalt eines Begriffs.
In: Hartmann, Jutta/Klesse, Christian/Wagenknecht, Peter/Fritzsche, Bettina/Hackmann, Kristi-
na (Hrsg.): Heteronormativität. Empirische Studien zu Geschlecht, Sexualität und Macht. Wiesbaden: VS Verlag für Sozialwissenschaften, S. 17-34

Walgenbach, Katharina (2005): „Die weiße Frau als Trägerin deutscher Kultur".
Koloniale Diskurse über Geschlecht, ‚Rasse‘ und Klasse im Kaiserreich. Frankfurt am Main/
New York: Campus

Walgenbach, Katharina (2007): Gender als interdependente Kategorie. In: Walgenbach, Katharina/
Dietze, Gabriele/Hornscheidt, Antje/Palm, Kerstin (2007): Gender als interdependente Katego-
rie. Neue Perspektiven auf Intersektionalität, Diversität und Heterogenität. Opladen: Barbara
Budrich, S. 23-64

Walz, Hans-Dieter (1978): Jugendliche Gastarbeiter. Eine soziohistorische und empirische Untersuchung mit Erhebungen zur Sozialisation italienischer Jugendlicher in Singen. Dissertation
Universität Konstanz

Weller, Wivian (2003): Hip Hop in Berlin und São Paulo. Ästhetische Praxis und Ausgrenzungser-
fahrungen junger Schwarzer und Migranten. Opladen: Leske + Budrich

Wenning, Norbert (1999): Vereinheitlichung und Differenzierung. Zu den ‚wirklichen‘ gesellschaftlichen Funktionen des Bildungswesens im Umgang mit Gleichheit und Verschiedenheit. Opladen: Leske + Budrich

Willis, Paul (1979): Spaß am Widerstand. Gegenkultur in der Arbeiterschule. Frankfurt am Main:
Syndikat

Wippermann, Carsten/Calmbach, Marc (2008): Wie ticken Jugendliche? Sinus-Milieustudie U27.
Düsseldorf: Haus Altenberg

3 Sozialisationskontexte von Jugendlichen

3.1 Jugend und Familie

Boos-Nünning, Ursula/Karakaşoğlu, Yasemin (2005): Viele Welten leben. Zur Lebenssituation von
Mädchen und jungen Frauen mit Migrationshintergrund. Münster u.a: Waxmann

Buhl, Heike M. (2007): Die Beziehung zwischen Erwachsenen und ihren Eltern. Individuation und
biografische Übergänge. Wiesbaden: VS Verlag für Sozialwissenschaften

Busch, Friedrich W./Scholz, Wolf-Dieter (Hrsg.). (2006): Familienvorstellungen zwischen Fortschrittlichkeit und Beharrung. Würzburg: Ergon

Ecarius, Jutta/Fromme, Johannes (2000): Außerpädagogische Freizeit und jugendkulturelle Stile. In:
Sander, Uwe/Vollbrecht, Ralf (Hrsg.): Jugend im 20. Jahrhundert. Sichtweisen – Orientierungen
– Risiken. Neuwied/Berlin: Luchterhand, S. 138-157

Ecarius, Jutta (2002): Familienerziehung im historischen Wandel. Eine qualitative Studie über Erziehung und Erziehungserfahrungen von drei Generationen. Opladen: Leske + Budrich

Ecarius, Jutta (Hrsg.) (2007): Handbuch Familie. Wiesbaden: VS Verlag für Sozialwissenschaften

Eisenstadt, Samuel N. (1966): Von Generation zu Generation. Altersgruppen und Sozialstruktur. München: Juventa

Elias, Norbert (1976): Über den Prozeß der Zivilisation. Soziogenetische und psychogenetische Untersuchungen. Frankfurt am Main: Suhrkamp

Ferchhoff, Wilfried (1999): Jugend an der Wende vom 20. zum 21. Jahrhundert. Lebensformen und Lebensstile. Opladen: Leske + Budrich

Fritzsche, Yvonne (2000): Moderne Orientierungsmuster: Inflation am „Wertehimmel". In: Deutsche Shell (Hrsg.): Jugend 2000. Band 1. Opladen: Leske + Budrich, S. 93-175

Fuchs-Heinritz, Werner/Krüger, Heinz-Hermann/Ecarius, Jutta (1990): Feste Fahrpläne durch Jugendphase. In: Boes-Rymond, Manuela du/Oechsle, Martina (Hrsg.): Neue Jugendbiographie. Opladen: Leske + Budrich, S. 25-34

Fuchs-Heinritz, Werner (2000): Zukunftsorientierungen und Verhältnis zu den Eltern. In: Deutsche Shell (Hrsg.): Jugend 2000. Opladen: Leske + Budrich, S. 23-92

Gilles, John R. (1980): Geschichte der Jugend. Weinheim/Basel: Beltz

Girschner, Walter (1974): Selbst- und Mitbestimmung als Steuerungsprozesse im Schulwesen. In: Zeitschrift für Pädagogik 20. Jg., H. 4, S. 839-864

Hille, Barbara/Jaide, Walter (Hrsg.) (1990): DDR – Jugend. Politisches Bewusstsein und Lebensalltag. Opladen: Leske + Budrich

Hick, Brigitte (2000): Autonomieentwicklung und familiale Konfliktgespräche im Längsschnitt. URL: http://deposit.d-nb.de/cgi-bin/dokserv?idn=963297546&dok_var=d1&dok_ext=pdf&filename=963297546.pdf [Zugriff: 20.04.2010]

Hummrich, Merle (2006): Migration und Bildungsprozess. In: King, Vera/Koller, Hans-Christoph (Hrsg.): Adoleszenz – Migration – Bildung. Wiesbaden: VS Verlag für Sozialwissenschaften, S. 85-102

Hurrelmann, Klaus/Rosewitz, Bernd/Wolf, Hartmut K. (1985): Lebensphase Jugend. Weinheim/München: Juventa

Jugendwerk der Deutschen Shell (Hrsg.) (1975): Jugend zwischen 13 und 24. Vergleich über 20 Jahre Bd. 1. Hamburg: Petra Lange

Deutsche Shell (Hrsg.) (2000): Jugend 2000. Opladen: Leske + Budrich

Shell Deutschland Holding (Hrsg.) (2006): Jugend 2006. Eine pragmatische Generation unter Druck. Frankfurt am Main: S. Fischer

King, Vera (2002): Die Entstehung des Neuen in der Adoleszenz. Wiesbaden: VS Verlag für Sozialwissenschaften

King, Vera (2006): Ungleiche Karrieren. Bildungsaufstieg und Adoleszenzverläufe bei jungen Männern und Frauen aus Migrantenfamilien. In: King, Vera/Koller/Hans-Christoph (Hrsg.): Adoleszenz – Migration – Bildung. Wiesbaden: VS Verlag für Sozialwissenschaften, S. 27-46

Kant, Immanuel (1982): Ausgewählte Schriften zur Pädagogik und ihrer Begründung. Paderborn: Schöningh

Lenz, Karl (1988): Die vielen Gesichter der Jugend. Frankfurt am Main u.a.: Campus

Meil, Gerardo (2006): Familienvorstellungen Jugendlicher in Spanien. In: Busch, Friedrich W./Scholz, Wolf-Dieter (Hrsg.): Familienvorstellungen zwischen Fortschrittlichkeit und Beharrung. Würzburg: Ergon, S. 85-135

Möller, Kurt/Schuhmacher, Norbert (2007): Rechte Glatzen. Rechtsextreme Orientierungs- und Szenezusammenhänge – Einstiegs-, Verbleibs- und Ausstiegsprozesse von Skinheads. Wiesbaden: VS Verlag für Sozialwissenschaften

Nickel, Hildegard M. (1991): Sozialisation im Widerstand? In: Zeitschrift für Pädagogik 37. Jg., H. 4, S. 603-617

Ponce, Herrera/Soledad, Maria (2006): Familienvorstellungen Jugendlicher in Chile. In: Busch, Friedrich W./Scholz, Wolf-Dieter (Hrsg.): Familienvorstellungen zwischen Fortschrittlichkeit und Beharrung. Würzburg: Ergon, S. 259-295

Sander, Ekkehard (2001): Common Culture und neues Generationenverhältnis. Die Medienerfahrungen jüngerer Jugendlicher und ihrer Eltern im empirischen Vergleich. München: DJI

Schleiermacher, Friedrich E. D. (1983): Ausgewählte pädagogische Schriften. Besorgt von Ernst Lichtenstein. 3. Aufl. Paderborn: Schöningh

Schelsky, Helmut (1957): Die skeptische Generation. Eine Soziologie der deutschen Jugend. Düsseldorf u.a.: Diederichs

Schmidt-Wenzel, Alexandra (2008): Wie Eltern lernen. Eine empirisch qualitative Studie zur innerfamilialen Lernkultur. Opladen/Farmington Hills: Barbara Budrich

Schubert, Inge (2005): Die schwierige Loslösung von Eltern und Kindern. Frankfurt am Main u.a.: Campus

Schütze, Yvonne (1993): Jugend und Familie. In: Krüger, Heinz-Hermann (Hrsg.): Handbuch der Jugendforschung. 2., erw. u. aktual. Aufl. Opladen: Leske + Budrich

Tenbruck, Friedrich H. (1962): Jugend und Gesellschaft. Freiburg i. Brsg.: Rombach

Tippelt, Rudolf (1988): Kinder und Jugendliche im Spannungsfeld zwischen der Familie und anderen Sozialisationsinstanzen. In: Zeitschrift für Pädagogik 34. Jg., H. 5, S. 621-640

Wensierkski, Hans-Jürgen von/Lübcke, Claudia (Hrsg.) (2005): Junge Muslime in Deutschland. Opladen/Farmington Hills: Barbara Budrich

Wissenschaftlicher Beirat für Familienfragen (2005): Familiale Erziehungskompetenzen. Beziehungsklima und Erziehungsleistungen in der Familie als Problem und Aufgabe. Weinheim/München: Juventa

Ziehe, Thomas (1980): Trendanalyse zur Situation der jungen Generation aus psychologischer Sicht. In: Ilsemann, Wilhelm von (Hrsg.): Jugend zwischen Anpassung und Ausstieg. (Symposium des Jugendwerks der Deutschen Shell). Hamburg: Petra Lange, S. 47-55

3.2 Jugend und Schule

Autorengruppe Bildungsberichterstattung (2008): Bildung in Deutschland 2008. Ein indikatorengestützter Bericht mit einer Analyse zu Übergängen im Anschluss an den Sekundarbereich I. Bielefeld: Bertelsmann

Baumert, Jürgen/Stanat, Petra/Watermann, Rainer (Hrsg.) (2006): Herkunftsbedingte Disparitäten im Bildungswesen. Differenzielle Bildungsprozesse und Probleme der Verteilungsgerechtigkeit: Vertiefende Analysen im Rahmen von PISA 2000. Wiesbaden: VS Verlag für Sozialwissenschaften

Beck, Ulrich (1986): Risikogesellschaft. Auf dem Weg in eine andere Moderne. Frankfurt am Main: Suhrkamp

Becker, Rolf/Lauterbach, Wolfgang (2008): Bildung als Privileg. Erklärungen und Befunde zu den Ursachen der Bildungsungleichheit. 2., aktualisierte Aufl. Wiesbaden: VS Verlag für Sozialwissenschaften

Böhnisch, Lothar (2004): Männliche Sozialisation. Eine Einführung. Weinheim/München: Juventa

Böhnisch, Lothar/Schefold, Werner (1998): Sozialisation durch sozialpädagogische Institutionen. In: Hurrelmann, Klaus/Ulich, Dieter (Hrsg.): Handbuch der Sozialisationsforschung. 5. Aufl. Weinheim/Basel: Beltz, S. 443-466

Bourdieu, Pierre (1982): Die feinen Unterschiede. Kritik der gesellschaftlichen Urteilskraft. Frankfurt am Main: Suhrkamp

Bourdieu, Pierre/Passeron, Jean-Claude (1971): Die Illusion der Chancengleichheit. Stuttgart: Klett

Die Beauftragte der Bundesregierung für Migration, Flüchtlinge und Integration (2007): 7. Bericht der Beauftragten der Bundesregierung für Migration, Flüchtlinge und Integration über die Lage der Ausländerinnen und Ausländer in Deutschland. Berlin: o.V.

Diefenbach, Heike (2007): Schulerfolg von ausländischen Kindern und Kindern mit Migrationshintergrund als Ergebnis individueller und institutioneller Faktoren. In: BMBF – Bundesministerium für Bildung und Forschung (Hrsg.): Migrationshintergrund von Kindern und Jugendlichen: Wege zur Weiterentwicklung der amtlichen Statistik. Bonn/Berlin: BMBF, S. 43-54

Diefenbach, Heike (2008): Kinder und Jugendliche aus Migrantenfamilien im deutschen Bildungssystem. Erklärungen und empirische Befunde. 2., aktualisierte Aufl. Wiesbaden: VS Verlag für Sozialwissenschaften

Diefenbach, Heike (2009): Der Bildungserfolg von Schülern mit Migrationshintergrund im Vergleich zu Schülern ohne Migrationshintergrund. In: Becker, Rolf (Hrsg.): Lehrbuch der Bildungssoziologie. Wiesbaden: VS Verlag für Sozialwissenschaften, S. 433-457

Dietz, Heinrich (1965): Schule ohne Resonanz? Die Schulverdrossenheit moderner Jugend und ihre Folgen. Berlin: Luchterhand

Ditton, Hartmut (2007): Schulwahlentscheidungen unter sozial-regionalen Bedingungen. In: Böhm-Kasper, Oliver/Schuchart, Claudia/Schulzeck, Ursula (Hrsg.): Kontexte von Bildung. Erweiterte Perspektiven in der Bildungsforschung. Münster: Waxmann, S. 21-38

Ditton, Hartmut (2008): Schule und sozial-regionale Ungleichheit. In: Helsper, Werner/Böhme, Jeanette (Hrsg.): Handbuch der Schulforschung. 2., durchges. und erw. Aufl. Wiesbaden: VS Verlag für Sozialwissenschaften, S. 631-649

Ecarius, Jutta/Fuchs, Thorsten/Wahl, Katrin (2008): Der historische Wandel von Sozialisationskontexten. In: Hurrelmann, Klaus/Grundmann, Matthias/Walper, Sabine (Hrsg.): Handbuch Sozialisationsforschung. 7., vollständig überarb. Aufl. Weinheim/Basel: Beltz, S. 104-116

Ehmke, Timo/Baumert, Jürgen (2007): Soziale Herkunft und Kompetenzerwerb: Vergleiche zwischen PISA 2000, 2003 und 2006. In: PISA-Konsortium Deutschland (Hrsg.): PISA 2006. Die Ergebnisse der dritten internationalen Vergleichsstudie. Münster: Waxmann, S. 309-335

Faulstich-Wieland, Hannelore (2004): Sozialisation im schulischen Alltag. In: Popp, Ulrike/Reh, Sabine (Hrsg.): Schule forschend entwickeln. Schul- und Unterrichtsentwicklung zwischen Systemzwang und Reformansprüchen. Weinheim/München: Juventa, S. 15-26

Fend, Helmut (1974) Gesellschaftliche Bedingungen schulischer Sozialisation. Soziologie der Schule I. Weinheim/Basel: Beltz

Fend, Helmut (2008): Neue Theorie der Schule. Einführung in das Verstehen von Bildungssystemen. 2., durchges. Aufl. Wiesbaden: VS Verlag für Sozialwissenschaften

Fend, Helmut (2009): Die sozialen und individuellen Funktionen von Bildungssystemen: Enkulturation, Qualifikation, Allokation und Integration. In: Mertens, Gerhard/Frost, Ursula/Böhm, Winfried/Ladenthin, Volker (Hrsg.): Handbuch der Erziehungswissenschaft. Bd. II. Paderborn u.a.: Schöningh, S. 43-55

Georg, Werner (Hrsg.) (2006): Soziale Ungleichheit im Bildungssystem. Eine empirisch-theoretische Bestandsaufnahme. Konstanz: UVK

Gomolla, Mechtild/Radtke, Frank-Olaf (2007): Institutionelle Diskriminierung. Die Herstellung ethnischer Differenz in der Schule. 2., durchges. und erw. Aufl. Wiesbaden: VS Verlag für Sozialwissenschaften

Heinz, Walter R. (1998): Berufliche und betriebliche Sozialisation. In: Hurrelmann, Klaus/Ulich, Dieter (Hrsg.): Handbuch der Sozialisationsforschung. 5. Aufl. Weinheim/Basel: Beltz, S. 397-415

Helsper, Werner (2008): Der Bedeutungswandel der Schule für Jugendleben und Jugendbiografie. In: Grunert, Cathleen/Wensierski, Hans-Jürgen von (Hrsg.): Jugend und Bildung. Modernisierungsprozesse und Strukturwandel von Erziehung und Bildung am Beginn des 21. Jahrhunderts. Opladen/Farmington Hills: Barbara Budrich, S. 135-163

Helsper, Werner/Böhme, Jeanette (2010): Jugend und Schule. In: Krüger, Heinz-Hermann/Grunert, Cathleen (Hrsg.): Handbuch Kindheits- und Jugendforschung. 2., aktual. und erw. Aufl. Wiesbaden: VS Verlag für Sozialwissenschaften, S. 619-659

Holtappels, Hans Günter/Heitmeyer, Wilhelm/Melzer, Wolgang/Tillmann, Klaus-Jürgen (Hrsg.) (1997): Forschung über Gewalt an Schulen. Erscheinungsformen und Ursachen, Konzepte und Prävention. Weinheim/München: Juventa

Hornstein, Walter (1990): Aufwachsen mit Widersprüchen – Jugendsituation und Schule heute. Rahmenbedingungen – Problemkonstellationen – Zukunftsperspektiven. Stuttgart: Klett

Horstkemper, Marianne (1995): Schule, Geschlecht und Selbstvertrauen. Eine Längsschnittstudie über Mädchensozialisation in der Schule: Weinheim/München: Juventa

Horstkemper, Marianne/Tillmann, Klaus-Jürgen (2008): Sozialisation in Schule und Hochschule. In: Hurrelmann, Klaus/Grundmann, Matthias/Walper, Sabine (Hrsg.): Handbuch Sozialisationsforschung. 7., vollständig überarb. Aufl. Weinheim/Basel: Beltz, S. 290-305

Hunger, Uwe/Thränhardt, Dietrich (2006): Der Bildungserfolg von Einwandererkindern in den westdeutschen Bundesländern. Diskrepanzen zwischen den PISA-Studien und den amtlichen Schulstatistiken. In: Auernheimer, Georg (Hrsg.): Schieflagen im Bildungssystem. Die Benachteiligung der Migrantenkinder. 2., überarbeitete und erw. Aufl. Wiesbaden: VS Verlag für Sozialwissenschaften, S. 51-67

Hurrelmann, Klaus (1990): Familienstreß, Schulstreß, Freizeitstreß. Gesundheitsförderung für Kinder und Jugendliche. Weinheim: Beltz

Hurrelmann, Klaus/Wolf, Hartmut (1986): Schulerfolg und Schulversagen im Jugendalter. Weinheim/München: Juventa

Illich, Ivan (1972): Entschulung der Gesellschaft. München: Kösel

Koch-Priewe, Barbara/Niederbacher, Arne/Textor, Annette/Zimmermann, Peter (2009): Jungen – Sorgenkinder oder Sieger? Ergebnisse einer quantitativen Studie und ihre pädagogischen Implikationen. Wiesbaden: VS Verlag für Sozialwissenschaften

Kopp, Johannes (2009): Bildungssoziologie. Eine Einführung anhand empirischer Studien. Wiesbaden: VS Verlag für Sozialwissenschaften

Krüger, Heinz-Hermann/Grunert, Cathleen (2009): Jugend und Bildung. In: Tippelt, Rudolf/Schmidt, Bernhard (Hrsg.): Handbuch Bildungsforschung. 2., überarbeitete und erw. Aufl. Wiesbaden: VS Verlag für Sozialwissenschaften, S. 641-660

Melzer, Wolfgang/Hurrelmann, Klaus (1990): Individualisierungspotentiale und Widersprüche in der schulischen Sozialisation von Jugendlichen. In: Heitmeyer, Wilhelm/Olk, Thomas (Hrsg.): Individualisierung von Jugend. Gesellschaftliche Prozesse, subjektive Verarbeitungsformen, jugendpolitische Konsequenzen: Weinheim/München: Juventa, S. 35-59

Münchmeier, Richard (2008): Jugend im Spiegel der Jugendforschung. In: Bingel, Gabriele/Nordmann, Anja/Münchmeier, Richard (Hrsg.): Die Gesellschaft und ihre Jugend. Strukturbedingungen jugendlicher Lebenslagen. Opladen/Farmington Hills: Barbara Budrich, S. 13-26

Parsons, Talcott (1968): Die Schulklasse als soziales System. In: Parsons, Talcott: Sozialstruktur und Persönlichkeit. Frankfurt am Main: EVA – Europäische Verlagsanstalt, S. 161-193

PISA-Konsortium Deutschland (2001): PISA 2000. Basiskompetenzen von Schülerinnen und Schülern im internationalen Vergleich. Opladen: Leske + Budrich

PISA-Konsortium Deutschland (2005): PISA 2003: Der zweite Vergleich der Länder in Deutschland – Was wissen und können Jugendliche? Münster: Waxmann

Pross, Helge (1969): Über die Bildungschancen von Mädchen in der Bundesrepublik. Frankfurt am Main: Suhrkamp

Ricking, Heinrich (2006): Wenn Schüler dem Unterricht fernbleiben. Schulabsentismus als pädagogische Herausforderung. Bad Heilbrunn: Klinkhardt

Rolff, Hans-Günter (1997): Sozialisation und Auslese durch die Schule. Weinheim/München: Juventa

Schümer, Gundel (2004): Zur doppelten Benachteiligung von Schülern aus unterprivilegierten Gesellschaftsschichten im deutschen Schulwesen. In: Schümer, Gundel/Tillmann, Klaus-Jürgen/

Weiß, Manfred (Hrsg.): Die Institution Schule und die Lebenswelt der Schüler. Wiesbaden: VS Verlag für Sozialwissenschaften, S. 73-114

Shell Deutschland Holding (Hrsg.) (2006): Jugend 2006. Eine pragmatische Generation unter Druck. Frankfurt am Main: S. Fischer

Stamm, Margrit (2008): Underachievement von Jungen: Perspektiven eines internationalen Diskurses. Zeitschrift für Erziehungswissenschaft 11. Jg., Heft 1, S. 106-124

Tillmann, Klaus-Jürgen (2006): Sozialisationstheorien. Eine Einführung in den Zusammenhang von Gesellschaft, Institution und Subjektwerdung. Reinbek bei

vbw – Vereinigung der Bayerischen Wirtschaft e.V. (Hrsg.): Geschlechterdifferenzen im Bildungssystem. Jahresgutachten 2009. Wiesbaden: VS Verlag für Sozialwissenschaften

Wellendorf, Franz (1979): Schulische Sozialisation und Identität. Zur Sozialpsychologie der Schule als Institution. Weinheim/Basel: Beltz

Wernet, Andreas (2003): Pädagogische Permissivität. Schulische Sozialisation und pädagogisches Handeln jenseits der Professionalisierungsfrage. Opladen: Leske + Budrich

Wiezorek, Christine (2005): Schule, Biografie und Anerkennung. Eine fallbezogene Diskussion der Schule als Sozialisationsinstanz. Wiesbaden: VS Verlag für Sozialwissenschaften

Ziehe, Thomas (1999): Schule und Jugend – ein Differenzverhältnis. Überlegungen zu einigen blinden Flecken in der gegenwärtigen Reformdiskussion. In: Neue Sammlung 39. Jg., H. 4, S. 619-629

Ziehe, Thomas (2007): Die Eigenwelten der Jugendlichen und die Anerkennungskrise der Schule. In: Horster, Detlef (Hrsg.): Moralentwicklung von Kindern und Jugendlichen. Wiesbaden: VS Verlag für Sozialwissenschaften, S. 103-122

3.3   Jugend und Hochschule

Apel, Helmut (1989): Fachkulturen und studentischer Habitus. In: Zeitschrift für Sozialisationsforschung und Erziehungssoziologie. 9. Jg., H. 1, S. 2-22

Bargel, Tino/Ramm, Michael/Multrus, Frank (Hrsg.) (2008): Studiensituation und studentische Orientierungen. 10. Studierendensurvey an Universitäten und Fachhochschulen. Bonn/Berlin: BMBF

Baumgart, Franzjörg (2009): Soziale Selektion in der Hochschule – Stufung, Modularisierung, Kreditierung auf dem Prüfstand. In: Friebertshäuser, Barbara/Rieger-Ladich, Markus/Wigger, Lothar (Hrsg.) Reflexive Erziehungswissenschaft. Forschungsperspektiven im Anschluss an Pierre Bourdieu. 2., durchges. und erw. Aufl. Wiesbaden: VS Verlag für Sozialwissenschaften, S. 307-320

Ecarius, Jutta (Hrsg.) (1988): Im Dschungel der Hörsäle. Studienheft 69. Frauengrundstudium 4

Engler, Steffani (1993): Fachkultur, Geschlecht und soziale Reproduktion. Eine Untersuchung über Studentinnen und Studenten der Erziehungswissenschaft, Rechtswissenschaft, Elektrotechnik und des Maschinenbaus. Weinheim: Deutscher Studien Verlag

Engler, Steffani (2006): Studentische Lebensstile und Geschlecht. In: Bremer, Helmut/Lange-Vester, Andrea (Hrsg.): Soziale Milieus und Wandel der Sozialstruktur. Die gesellschaftlichen Herausforderungen und die Strategien der sozialen Gruppen. Wiesbaden: VS Verlag für Sozialwissenschaften, S. 169-185

Esser, Elke (1989): Jugend und Studium. In: Markefka, Manfred/Nave-Herz, Rosemarie (Hrsg.): Handbuch der Familien- und Jugendforschung. Band 2: Jugendforschung. Frankfurt am Main: Luchterhand, S. 483-496

Fend, Helmut (2008): Neue Theorie der Schule. Einführung in das Verstehen von Bildungssystemen. 2., durchges. Aufl. Wiesbaden: VS Verlag für Sozialwissenschaften

Friebertshäuser, Barbara (2008): Statuspassage von der Schule ins Studium. In: Helsper, Werner/ Böhme, Jeanette (Hrsg.): Handbuch der Schulforschung. 2., durchges. und erw. Aufl. Wiesbaden: VS Verlag für Sozialwissenschaften, S. 611-627

Friebertshäuser, Barbara/Egloff, Birte (2010) Jugend und Studium. In: Krüger, Heinz-Hermann/ Grunert, Cathleen (Hrsg.): Handbuch Kindheits- und Jugendforschung. 2., aktual. und erw. Aufl. Wiesbaden: VS Verlag für Sozialwissenschaften, S. 683-707

Friebertshäuser, Barbara/Kraul, Margret (2002): Studium und Biographie. In: Otto, Hans-Uwe/Rauschenbach, Thomas/Vogel, Peter (Hrsg.): Erziehungswissenschaft: Lehre und Studium. Opladen: Leske + Budrich, S. 161-172

Gerstein, Hannelore (1965): Studierende Mädchen. Zum Problem des vorzeitigen Abgangs von der Universität. München: Piper

Heine, Christoph/Spangenberg, Heike (2004): Von der Schule in das Studium. In: Schumacher, Eva (Hrsg.): Übergänge in Bildung und Ausbildung. Gesellschaftliche, subjektive und pädagogische Relevanzen. Bad Heilbrunn: Klinkhard, S. 189-211

Heine, Christoph/Willich, Julia/Schneider, Heidrun/Sommer, Dieter (2008): Studienanfänger im Wintersemester 2007/08. Wege zum Studium, Studien- und Hochschulwahl, Situation bei Studienbeginn. Hannover: HIS

Horstkemper, Marianne/Tillmann, Klaus-Jürgen (2008): Sozialisation in Schule und Hochschule. In: Hurrelmann, Klaus/Grundmann, Matthias/Walper, Sabine (Hrsg.): Handbuch Sozialisationsforschung. 7., vollständig überarb. Aufl. Weinheim/Basel: Beltz, S. 290-305

Huber, Ludwig (1998): Sozialisation in der Hochschule. In: Hurrelmann, Klaus/Ulich, Dieter (Hrsg.): Handbuch der Sozialisationsforschung. 5. Aufl. Weinheim/Basel: Beltz, S. 417-481

Isserstedt, Wolfgang/Middendorff, Elke/Fabian, Gregor/Wolter, Andrä (2007): Die wirtschaftliche und soziale Lage der Studierenden in der Bundesrepublik Deutschland 2006. 18. Sozialerhebung des Deutschen Studentenwerks. Durchgeführt durch HIS Hochschul-Informations-System. Bonn/Berlin: BMBF

Kokemohr, Rainer/Marotzki, Winfried (Hrsg.) (1989): Biographien in komplexen Institutionen. Studentenbiographien I. Frankfurt am Main u.a.: Lang

Koring, Bernhard (1989): Hochschulsozialisation und Identitätstransformation. Eine Studie im Rahmen strukturalistischer Hermeneutik. In: Kokemohr, Rainer/Marotzki, Winfried (Hrsg.): Biographien in komplexen Institutionen. Studentenbiographien I. Frankfurt am Main u.a.: Lang, S. 17-69

Kreitz, Robert (2000): Vom biographischen Sinn des Studierens. Die Herausbildung fachlicher Identität im Studium der Biologie. Opladen: Leske + Budrich

Lange-Vester, Andrea/Teiwes-Kügler, Christel (2006): Die symbolische Gewalt der legitimen Kultur. Zur Reproduktion ungleicher Bildungschancen in Studierendenmilieus. In: Georg, Werner (Hrsg.): Soziale Ungleichheit im Bildungssystem. Eine empirisch-theoretische Bestandsaufnahme. Konstanz: UVK, S. 55-92

Liebau, Eckart/Huber, Ludwig (1985): Die Kulturen der Fächer. In: Neue Sammlung 25. Jg., H. 3, S. 314-399

Marotzki, Winfried/Kokemohr, Rainer (Hrsg.) (1990): Biographien in komplexen Institutionen. Studentenbiographien II. Weinheim: Deutscher Studien Verlag

Müller, Walter/Pollak, Reinhard/Reimer, David/Schindler, Steffen (2009): Hochschulbildung und soziale Ungleichheit. In: Becker, Rolf (Hrsg.): Lehrbuch der Bildungssoziologie. Wiesbaden: VS Verlag für Sozialwissenschaften, S. 281-319

Peisert, Hansgert (1967): Soziale Lage und Bildungschancen in Deutschland. München: Piper

Teichler, Ulrich (2006): Hochschule. In: Krüger, Heinz-Hermann und Grunert, Cathleen (Hrsg.): Wörterbuch Erziehungswissenschaft. 2., durchges. Aufl. Wiesbaden: VS Verlag für Sozialwissenschaften, S. 238–241

Wellner, Klaus/Bauer, Walter (1990): Wissenschaftssozialisation und Identität. Verabreitungsformen von Hochschulerfahrung und ihre Bedeutung für die Identitätsentwicklung. In: Marotzki, Winfried/Kokemohr, Rainer (Hrsg.): Biographien in komplexen Institutionen. Studentenbiographien II. Weinheim: Deutscher Studien Verlag, S. 45-109

3.4 Peer-Groups und Jugendkulturen

Abels, Heinz (1993): Jugend vor der Moderne. Soziologische und psychologische Theorien des 20. Jahrhunderts. Opladen: Leske + Budrich

Abels, Heinz (2000): Die ‚Jugend' der Soziologie. In: Sander, Uwe/Vollbrecht, Ralf (Hrsg.): Jugend im 20. Jahrhundert. Sichtweisen – Orientierungen – Risiken. Neuwied/Berlin: Luchterhand, S. 75-100

Andresen, Sabine (2005): Einführung in die Jugendforschung. Darmstadt: Wissenschaftliche Buchgesellschaft

Baacke, Dieter (1999): Jugend und Jugendkulturen. Darstellung und Deutung. 3., überarb. Aufl. Weinheim/München: Juventa

Baacke, Dieter (2003): Die 13-18-Jährigen. Einführung in die Probleme des Jugendalters. 8., überarb. Aufl. Überarbeitung: Ralf Vollbrecht. Weinheim/Basel: Beltz

Bohnsack, Ralf/Loos, Peter/Schäffer, Burkhardt/Städtler, Klaus/Wild, Bodo (1995): Die Suche nach Gemeinsamkeit und die Gewalt der Gruppe. Hooligans, Musikgruppen und andere Jugendcliquen. Opladen: Leske + Budrich

Breyvogel, Wilfried (2005): Jugendkulturen im 20. Jahrhundert. Ein Überblick. In: Breyvogel, Wilfried (Hrsg.): Eine Einführung in Jugendkulturen. Veganismus und Tatoos. Wiesbaden: VS Verlag für Sozialwissenschaften, S. 9-68

Clarke, John/Cohen, Phil/Corrigan, Paul/Garber, Jenny/Hall, Stuart/Hebdige, Dick/Jefferson, Tony/McCron, Robin/McRobbie, Angela/Murdock, Graham/Parker, Howard/Roberts, Brian (1979): Jugendkultur als Widerstand. Milieus, Rituale, Provokationen. Frankfurt am Main: Syndikat

Clarke, John/Hall, Stuart/Jefferson, Tony/Roberts, Brian (1979): Subkulturen, Kulturen und Klasse. In: Clarke, John/Cohen, Phil/Corrigan, Paul/Garber, Jenny/Hall, Stuart/Hebdige, Dick/Jefferson, Tony/McCron, Robin/McRobbie, Angela/Murdock, Graham/Parker, Howard/Roberts, Brian: Jugendkultur als Widerstand. Milieus, Rituale, Provokationen. Frankfurt am Main: Syndikat, S. 39-131

Ecarius, Jutta/Fromme, Johannes (2000): Außerpädagogische Freizeit und jugendkulturelle Stile. In: Sander, Uwe/Vollbrecht, Ralf (Hrsg.): Jugend im 20. Jahrhundert. Sichtweisen – Orientierungen – Risiken. Neuwied/Berlin: Luchterhand, S. 138-157

Eckert, Roland/Reis, Christa/Wetzstein, Thomas A. (2000): „Ich will halt anders sein wie die anderen!" Abgrenzung, Gewalt und Kreativität bei Gruppen Jugendlicher. Opladen: Leske + Budrich

Eisenstadt, Samuel N. (1966): Von Generation zu Generation. Altersgruppen und Sozialstruktur. München: Juventa

Eulenbach, Marcel (2007): Gothic-Szene und „Konservative Revolution: Anti-modernistische Zuflucht in „rechte" Ideologien? In: Göttlich, Udo/Müller, Renate/Rhein, Stefanie/Calmbach, Marc (Hrsg.): Arbeit, Politik und Religion in Jugendkulturen. Engagement und Vergnügen. Weinheim/München: Juventa, S. 145-159

Farin, Klaus (2006): Jugendkulturen in Deutschland. 1990-2005. Bonn: Bundeszentrale für politische Bildung

Fend, Helmut (2005): Entwicklungspsychologie des Jugendalters. 3., durchges. Aufl. Wiesbaden: VS Verlag für Sozialwissenschaften

Ferchhoff, Wilfried (1990): Jugendkulturen im 20. Jahrhundert. Von den sozialmilieuspezifischen Jugendsubkulturen zu den individualitätsbezogenen Jugendkulturen. Frankfurt am Main: Peter Lang

Ferchhoff, Wilfried (2005): Jugendkulturen. In: Handbuch Offene Kinder- und Jugendarbeit. 3., völlig überarb. und erw. Aufl. Wiesbaden: VS Verlag für Sozialwissenschaften, S. 113-124

Ferchhoff, Wilfried (2007): Jugend und Jugendkulturen im 21. Jahrhundert. Lebensformen und Lebensstile. Wiesbaden: VS Verlag für Sozialwissenschaften

Feuchter, Anne (1986): „Und singen wir ein frisches Lied und tanzen einen Reigen". Volkslied und Volkstanz in der Wandervogelzeit. In: Deutscher Werkbund e.V. und Württembergischer Kunstverein (Hrsg.): Schock und Schöpfung. Jugendästhetik im 20. Jahrhundert. Darmstadt/ Neuwied: Luchterhand, S. 417-419

Gebhardt, Winfried (2000): Feste, Feiern und Events. Zur Soziologie des Außergewöhnlichen. In: Gebhardt, Winfried/Hitzler, Ronald/Pfadenhauer, Michaela (Hrsg.): Events. Soziologie des Außergewöhnlichen. Opladen: Leske + Budrich, S. 17-31

Gebhardt, Winfried/Hitzler, Ronald/Pfadenhauer, Michaela (Hrsg.) (2000): Events. Soziologie des Außergewöhnlichen. Opladen: Leske + Budrich

Gebhardt, Winfried (2002): Die Verszenung der Gesellschaft und die Eventisierung der Kultur. Kulturanalyse jenseits traditioneller Kulturwissenschaften und Cultural Studies. In: Göttlich, Udo/ Albrecht, Clemens/Gebhardt, Winfried (Hrsg.): Populäre Kultur als repräsentative Kultur. Die Herausforderung der Cultural Studies. Köln: Herbert von Halem-Verlag, S. 287-305

Giesecke, Hermann (1981): Vom Wandervogel bis zur Hitlerjugend. Jugendarbeit zwischen Politik und Pädagogik. München: Juventa

Göppel, Rolf (2005): Das Jugendalter. Entwicklungsaufgaben – Entwicklungskrisen - Bewältigungsformen. Stuttgart: W. Kohlhammer

Griese, Hartmut (2000a): Jugend und Subkultur. In: Griese, Hartmut: Jugend(sub)kultur(en) und Gewalt. Analysen, Materialien, Kritik. Münster: Lit, S. 17-25

Griese, Hartmut (2000b): ‚Jugend(sub)kultur(en)' – Facetten, Probleme und Diskurse. In: Roth, Roland/Rucht, Dieter (Hrsg.): Jugendkulturen, Politik und Protest. Vom Widerstand zum Kommerz? Opladen: Leske + Budrich, S. 37-47

Griese, Hartmut (2000c): Theorie der Jugend(sub)kultur(en) – ein Trendreport. In: Griese, Hartmut: Jugend(sub)kultur(en) und Gewalt. Analysen, Materialien, Kritik. Münster: Lit, S. 27-57

Griese, Hartmut (2000d): Personale Orientierungen im Jugendalter – Vorbilder und Idole. In: Sander, Uwe/Vollbrecht, Ralf (Hrsg.): Jugend im 20. Jahrhundert. Sichtweisen – Orientierungen – Risiken. Neuwied/Berlin: Luchterhand, S. 37-47

Griese, Hartmut (2007): Aktuelle Jugendforschung und klassische Jugendtheorien. Ein Modul für erziehungs- und sozialwissenschaftliche Studiengänge. Berlin: Lit

Grunert, Cathleen/Krüger, Heinz-Hermann (2000): Zum Wandel von Jugendbiographien im 20. Jahrhundert. In: Sander, Uwe/Vollbrecht, Ralf (Hrsg.): Jugend im 20. Jahrhundert. Sichtweisen – Orientierungen – Risiken. Neuwied/Berlin: Luchterhand, S. 192-210

Hafeneger, Benno/Jansen, Mechtild M. (2001): Rechte Cliquen. Alltag einer neuen Jugendkultur. Weinheim/München: Juventa

Hafeneger, Benno (2004): Jugendkulturelle Modernisierung: Subjektbezug in Lernen und Bildung. 2. Aufl. Schwalbach/Ts.: Wochenschau

Harring, Marius (2010): Freizeit, Bildung und Peers – informelle Bildungsprozesse im Kontext heterogener Freizeitwelten und Peer-Interaktionen Jugendlicher. In: Harring, Marius/Böhm-Kasper, Oliver/Rohlfs, Carsten/Palentien, Christian (Hrsg.): Freundschaften, Cliquen und Jugendkulturen. Peers als Bildungs- und Sozialisationsinstanzen. Wiesbaden: VS Verlag für Sozialwissenschaften, S. 21-59

Hebdige, Dick (1979): Die Bedeutung des Mod-Phänomens. In: Clarke, John/Cohen, Phil/Corrigan, Paul/Garber, Jenny/Hall, Stuart/Hebdige, Dick/Jefferson, Tony/McCron, Robin/McRobbie, Angela/Murdock, Graham/Parker, Howard/Roberts, Brian: Jugendkultur als Widerstand. Milieus, Rituale, Provokationen. Frankfurt am Main: Syndikat, S. 158-170

Helsper, Werner (1992): Okkultismus - die neue Jugendreligion? Die Symbolik des Todes und des Bösen in der Jugendkultur. Opladen: Leske + Budrich

Hermann, Ulrich (2004): Jugendpolitik und Jugendkulturen im 20. Jahrhundert. In: Baumgartner, Judith/Wedemeyer-Kolwe, Bernd (Hrsg.): Aufbrüche – Seitenpfade – Abwege. Suchbewegungen und Subkulturen im 20. Jahrhundert. Würzburg: Königshausen & Neumann, S. 61-69

Hitzler, Ronald (2001): Erlebniswelt Techno. Aspekte einer Jugendkultur. In: Hitzler, Ronald/Pfadenhauer, Michaela (Hrsg.): Techno-Soziologie. Erkundungen einer Jugendkultur. Opladen: Leske + Budrich, S. 11-27

Hitzler, Ronald/Bucher, Thomas/Niederbacher, Arne (2005): Leben in Szenen. Formen jugendlicher Vergemeinschaftung heute. 2., aktual. Aufl. Wiesbaden: VS Verlag für Sozialwissenschaften

Hitzler, Ronald/Honer, Anne/Pfadenhauer, Michaela (Hrsg.) (2008): Posttraditionale Gemeinschaften. Theoretische und ethnographische Erkundungen. Wiesbaden: VS Verlag für Sozialwissenschaften

Hitzler, Ronald (2008): Brutstätten posttraditionaler Vergemeinschaftung. Über Jugendszenen. In: Hitzler, Ronald/Honer, Anne/Pfadenhauer, Michaela (Hrsg.): Posttraditionale Gemeinschaften. Theoretische und ethnographische Erkundungen. Wiesbaden: VS Verlag für Sozialwissenschaften, S. 55-72

Holert, Tom/Terkessidis, Mark (Hrsg.) (1996): Mainstream der Minderheiten. Pop in der Kontrollgesellschaft. Berlin: Edition ID-Archiv

Hörning, Karl H./Winter, Rainer (1999): Widerspenstige Kulturen. Cultural Studies als Herausforderung. In: Hörning, Karl H./Winter, Rainer (Hrsg.): Widerspenstige Kulturen. Cultural Studies als Herausforderung. Frankfurt am Main: Suhrkamp, S. 7-12

Hugger, Kai-Uwe (2009): Digitale Jugendkulturen: Eine Einleitung. In: Hugger, Kai-Uwe (Hrsg.): Digitale Jugendkulturen. Wiesbaden: VS Verlag für Sozialwissenschaften, S. 7-20

Hurrelmann, Klaus (2004): Lebensphase Jugend. Eine Einführung in die sozialwissenschaftliche Jugendforschung. 7., vollständig überarb. Aufl. Weinheim/München: Juventa

Irwin, John (1977): Scenes. Beverly Hills/London: Sage

Klein, Gabriele (1999): Electronic Vibration. Pop, Kultur, Theorie. Frankfurt am Main: Rogner & Bernhard bei Zweitausendeins

Klein, Gabriele/Friedrich, Malte (2003): Globalisierung und die Performanz des Pop. In: Neumann-Braun, Klaus/Schmidt, Axel/Mai, Manfred (Hrsg.): Popvisionen. Links in die Zukunft. Frankfurt am Main: Suhrkamp, S. 77-102

Korte, Hermann (1998): Einführung in die Geschichte der Soziologie. 4. Aufl. Opladen: Leske + Budrich

Lamnek, Siegfried (2001): Theorien abweichenden Verhaltens. Eine Einführung für Soziologen, Psychologen, Pädagogen, Juristen, Politologen, Kommunikationswissenschaftler und Sozialarbeiter. München: Fink

Linse, Ulrich (1986): Freiluftkultur der Wandervögel. In: Deutscher Werkbund e.V. und Württembergischer Kunstverein (Hrsg.): Schock und Schöpfung. Jugendästhetik im 20. Jahrhundert. Darmstadt/Neuwied: Luchterhand, S. 398-406

Marchart, Oliver (2008): Cultural Studies. Konstanz: UVK Verlagsgesellschaft

Moser, Johannes (Hrsg.) (2000): Jugendkulturen. Recherchen in Frankfurt am Main und London. Frankfurt am Main: Institut für Kulturanthropologie und Europäische Ethnologie der Johann Wolfgang Goethe-Universität Frankfurt

Müller-Bachmann, Eckart (2007): Strukturelle Aspekte jugendkultureller Vergemeinschaftungsformen im Zeitalter der Globalisierung. In: Villanyi, Dirk/Witte, Matthias D./Sander, Uwe (Hrsg.): Globale Jugend und Jugendkulturen. Aufwachsen im Zeitalter der Globalisierung. Weinheim/München: Juventa, S. 137-146

Neumann-Braun, Klaus/Richard, Birgit (Hrsg) (2005): Coolhunters. Jugendkulturen zwischen Medien und Markt. Frankfurt am Main: Suhrkamp

Olk, Thomas (1985): Jugend und gesellschaftliche Differenzierung – Zur Entstrukturierung der Jugendphase. In: Zeitschrift für Pädagogik 19. Beiheft, S. 290-301

Oswald, Hans (2008): Sozialisation in Netzwerken Gleichaltriger. In: Hurrelmann, Klaus/Grundmann, Matthias/Walper, Sabine (Hrsg.): Handbuch Sozialisationsforschung. 7., vollständig überarb. Aufl. Weinheim/Basel: Beltz, S. 321-330

Pfaff, Nicolle (2006): Jugendkultur und Politisierung. Eine multimethodische Studie zur Entwicklung politischer Orientierungen im Jugendalter. Wiesbaden: VS Verlag für Sozialwissenschaften

Pfaff, Nicolle (2007): Politisierung in jugendkulturellen Kontexten. Ergebnisse einer Studie zur Entwicklung politischer Orientierungen in der Adoleszenz. In: Göttlich, Udo/Müller, Renate/Rhein, Stefanie/Calmbach, Marc (Hrsg.): Arbeit, Politik und Religion in Jugendkulturen. Engagement und Vergnügen. Weinheim/München: Juventa, S. 110-116

Prisching, Manfred (2008): Paradoxien der Vergemeinschaftung. In: Hitzler, Ronald/Honer, Anne/Pfadenhauer, Michaela (Hrsg.): Posttraditionale Gemeinschaften. Theoretische und ethnographische Erkundungen. Wiesbaden: VS Verlag für Sozialwissenschaften, S. 35-54

Richard, Birgit (1997): Schwarze Netze. Die Gruftie- und Gothic Punk-Szene. In: SPoKK (Hrsg.): Kursbuch Jugendkultur. Stile, Szenen und Identitäten vor der Jahrtausendwende. Mannheim: Bollmann, S. 129-140

Rink, Dieter (2002): Beunruhigende Normalisierung: Zum Wandel von Jugendkulturen in der Bundesrepublik Deutschland. In: Das Parlament. Aus Politik und Zeitgeschichte, B5, S. 3-6

Scherr, Albert (2009): Jugendsoziologie. Einführung in Grundlagen und Theorien. 9., erw. und umfassend überarb. Aufl. Wiesbaden: VS Verlag für Sozialwissenschaften

Scherr, Albert (2010): Cliquen/informelle Gruppen: Strukturmerkmale, Funktionen und Potentiale. In: Harring, Marius/Böhm-Kasper, Oliver/Rohlfs, Carsten/Palentien, Christian (Hrsg.): Freundschaften, Cliquen und Jugendkulturen. Peers als Bildungs- und Sozialisationsinstanzen. Wiesbaden: VS Verlag für Sozialwissenschaften, S. 73-90

Schmidt, Axel (2004): Doing peer-group. Die interaktive Konstitution jugendlicher Gruppenpraxis. Frankfurt am Main: Peter Lang

Schmidt, Axel/Neumann-Braun, Klaus (2008a): Die Welt der Gothics. Spielräume düster konnotierter Transzendenz. 2. Aufl. Wiesbaden: VS Verlag für Sozialwissenschaften

Schmidt, Axel/Neumann-Braun, Klaus (2008b): Die Gothics – posttraditionale ,Traditionalisten'. In: Hitzler, Ronald/Honer, Anne/Pfadenhauer, Michaela (Hrsg.): Posttraditionale Gemeinschaften. Theoretische und ethnographische Erkundungen. Wiesbaden: VS Verlag für Sozialwissenschaften, S. 228-247

Schulze, Gerhard (1992): Die Erlebnisgesellschaft. Frankfurt am Main/New York: Campus

Shell Deutschland Holding (Hrsg.) (2006): Jugend 2006. Eine pragmatische Generation unter Druck. Frankfurt am Main: S. Fischer

Soeffner, Hans-Georg (1986): Stil und Stilisierung. Punk oder die Überhöhung des Alltags. In: Gumbrecht, Hans Ulrich/Pfeiffer, K. Ludwig (Hrsg.): Stil. Geschichten und Funktionen eines kulturwissenschaftlichen Diskurselements. Frankfurt am Main: Suhrkamp, S. 317-341

SPoKK (Hrsg.) (1997): Kursbuch Jugendkultur. Stile, Szenen und Identitäten vor der Jahrtausendwende. Mannheim: Bollmann

Stauber, Barbara (2004): Junge Frauen und Männer in Jugendkulturen. Selbstinszenierungen und Handlungspotentiale. Opladen: Leske + Budrich

Tenbruck, Friedrich H. (1962): Jugend und Gesellschaft. Soziologische Perspektiven. Freiburg im Breisgau: Rombach

Thole, Werner/Schoneville, Holger (2010): Jugendliche in Peer Groups und soziale Ungleichheit. In: Harring, Marius/Böhm-Kasper, Oliver/Rohlfs, Carsten/Palentien, Christian (Hrsg.): Freundschaften, Cliquen und Jugendkulturen. Peers als Bildungs- und Sozialisationsinstanzen. Wiesbaden: VS Verlag für Sozialwissenschaften, S. 141-165

Tillmann, Klaus-Jürgen (1995): Sozialisationstheorien. Eine Einführung in den Zusammenhang von Gesellschaft, Institution und Subjektwerdung. Reinbek bei Hamburg: Rowohlt

Tully, Claus J. (2007): Jugendliche Lebenswelten als informelle Lernwelten – Überlegungen zur Bildungsqualität im außerschulischen Bereich. In: Zeitschrift für Soziologie der Erziehung und Sozialisation 27. Jg., H. 4, S. 402-417

Villanyi, Dirk/Witte, Matthias D./Sander, Uwe (2007): Einleitung: Jugend und Jugendkulturen in Zeiten der Globalisierung. In: Villanyi, Dirk/Witte, Matthias D./Sander, Uwe (Hrsg.): Globale Jugend und Jugendkulturen. Aufwachsen im Zeitalter der Globalisierung. Weinheim und München: Juventa, S. 9-21

Vollbrecht, Ralf (1995): Die Bedeutung von Stil. Jugendkulturen und Jugendszenen im Licht der neueren Lebensstildiskussion. In: Ferchhoff, Wilfried/Sander, Uwe/Vollbrecht, Ralf (Hrsg.): Jugendkulturen – Faszination und Ambivalenz. Einblicke in jugendliche Lebenswelten. Weinheim/München: Juventa, S. 23-37

Vollbrecht, Ralf (1997): Von Subkulturen zu Lebensstilen. In: SPoKK (Hrsg.): Kursbuch Jugendkultur. Stile, Szenen und Identitäten vor der Jahrtausendwende. Mannheim: Bollmann, S. 22-31

Zinnecker, Jürgen/Behnken, Imbke/Maschke, Sabine/Stecher, Ludwig (2002): null zoff & voll busy. Die erste Jugendgeneration des neuen Jahrhunderts. Ein Selbstbild. Opladen: Leske + Budrich

3.5 Jugend und Medien

Aufenanger, Stefan (2008): Mediensozialisation. In: Sander, Uwe/von Gross, Friederike/Hugger, Kai-Uwe (Hrsg.): Handbuch Medienpädagogik. Wiesbaden: VS Verlag für Sozialwissenschaften, S. 87-91

Baacke, Dieter (2004): Medienkompetenz als zentrales Operationsfeld von Projekten. In: Bergmann, Susanne/Lauffer, Jürgen/Mikos, Lothar/Thiele, Günter A./Wiedemann, Dieter (Hrsg.): Medienkompetenz. Modelle und Projekte. Bonn: Bundeszentrale für politische Bildung, S. 21-25

Bachmair, Ben (1996): Fernsehkultur. Subjektivität in einer Welt bewegter Bilder. Opladen: Westdeutscher Verlag

Bachmair, Ben (2007): Mediensozialisation – die Frage nach Sozialisationsmustern im Kontext dominanter Medienformen. In: Sesink, Werner/Kerres, Michael/Moser, Heinz (Hrsg.): Jahrbuch Medienpädagogik 6. Wiesbaden: VS Verlag für Sozialwissenschaften, S. 118-143

Bonfadelli, Heinz (2007): Einleitung. In: Bonfadelli, Heinz/Moser, Heinz (Hrsg.): Medien und Migration. Europa als multikultureller Raum? Wiesbaden: VS Verlag für Sozialwissenschaften, S. 7-18

Brown, Lyn M./Gilligan, Carol (1994): Die verlorene Stimme. Wendepunkte in der Entwicklung von Mädchen und Frauen. Frankfurt am Main/New York: Campus

Charlton, Michael/Neumann-Braun, Klaus (1992): Medienkindheit - Medienjugend. Eine Einführung in die aktuelle kommunikationswissenschaftliche Forschung. München: Quintessenz

Fromme, Johannes (2009): Mediensozialisation/Medienbildung. In: Mertens, Gerhard (Hrsg.): Handbuch der Erziehungswissenschaft. Bd. III. Familie – Kindheit – Jugend – Gender. Paderborn: Schöningh, S. 931-942

Glogauer, Werner (1999): Die neuen Medien machen uns krank. Gesundheitliche Schäden durch Medien-Nutzung bei Kindern, Jugendlichen und Erwachsenen. Weinheim: Deutscher Studien Verlag

Göttlich, Udo/Nieland, Jörg-Uwe (1998): Alltagsdramatisierung und Daily Soaps. Öffentlichkeitswandel durch Lifestyle-Inszenierungen. In: Göttlich, Udo/Nieland, Jörg-Uwe/Schatz, Heribert (Hrsg.): Kommunikation im Wandel. Zur Theatralität der Medien. Köln: Herbert von Halem, S. 36-53

Göttlich, Udo/Nieland, Jörg, Uwe (2001): Inszenierungs- und Rezeptionsweisen von Daily Soaps. In: Göttlich, Udo/Krotz, Friedrich/Paus-Haase, Ingrid (Hrsg.): Daily Soaps und Daily Talks im Alltag von Jugendlichen. Eine Studie im Auftrag der Landesanstalt für Rundfunk Nordrhein-Westfalen und der Landeszentrale für private Rundfunkveranstalter Rheinland-Pfalz. Opladen: Leske + Budrich, S. 23-135

Göttlich, Udo/Albrecht, Clemens/Gebhardt, Winfried (2002): Einleitung: Populäre Kultur als repräsentative Kultur. Zum Verhältnis von Cultural Studies und Kultursoziologie. In: Göttlich, Udo/Gebhardt, Winfried/Albrecht, Clemens (Hrsg.): Populäre Kultur als repräsentative Kultur. Die Herausforderung der Cultural Studies. Köln: Herbert von Halem, S. 7-15

Götz, Maya (2002a): Forschungsstand und Fragen der IZI-Studie. In: Götz, Maya (Hrsg.): Alles Seifenblasen? Die Bedeutung von Daily Soaps im Alltag von Kindern und Jugendlichen. München: kopaed, S. 13-43

Götz, Maya (2002b): Typische Aneignungsmuster der Soap. In: Götz, Maya (Hrsg.): Alles Seifenblasen? Die Bedeutung von Daily Soaps im Alltag von Kindern und Jugendlichen. München: kopaed, S. 251-299

Götz, Maya (2002c): Die Daily Soap als Begleiterin durch die weibliche Adoleszenz. In: Götz, Maya (Hrsg.): Alles Seifenblasen? Die Bedeutung von Daily Soaps im Alltag von Kindern und Jugendlichen. München: kopaed, S. 303-318

Götz, Maya (2003): Identität durch Seifenblasen? Die Bedeutung von Daily Soaps für Kinder und Jugendliche. In: Winter, Carsten/Thomas, Tanja/Hepp, Andreas (Hrsg.): Medienidentitäten. Identität im Kontext von Globalisierung und Medienkultur. Köln: Herbert von Halem, S. 264-281

Grimm, Jürgen (2008): Medienwirkungsforschung. In: Sander, Uwe/von Gross, Friederike/Hugger Kai-Uwe (Hrsg.): Handbuch Medienpädagogik. Wiesbaden: VS Verlag für Sozialwissenschaften, S. 314-327

Gurk, Christoph (1996): Wem gehört die Popmusik? Die Kulturindustriethese unter den Bedingungen postmoderner Ökonomie. In: Holert, Tom/Terkessidis, Mark (Hrsg.): Mainstream der Minderheiten. Pop in der Kontrollgesellschaft. Berlin: Edition ID-Archiv, S. 20-40

Hall, Stuart (1999): Kodieren/Dekodieren. In: Bromley, Roger u.a. (Hrsg.): Cultural Studies. Grundlagentexte zur Einführung. Lüneburg: Zu Klampen, S. 92-110

Hipfl, Brigitte (2010): Cultural Studies. In: Vollbrecht, Ralf/Wegener, Claudia (Hrsg.): Handbuch Mediensozialisation. Wiesbaden: VS Verlag für Sozialwissenschaften, S. 17-31

Hoffmann, Dagmar (2007): Plädoyer für eine integrative Mediensozialisationstheorie. In: Hoffmann, Dagmar/Mikos, Lothar (Hrsg.): Mediensozialisationstheorien. Neue Modelle und Ansätze in der Diskussion. Wiesbaden: VS Verlag für Sozialwissenschaften, S. 11-26

Horkheimer, Max/Adorno, Theodor W. (1944/1992): Dialektik der Aufklärung: Philosophische Fragmente. Frankfurt am Main: S. Fischer

Hugger, Kai-Uwe (2008): Uses-and-Gratifications-Approach und Nutzenansatz. IN: Sander, Uwe/von Gross, Friederike/Hugger, Kai-Uwe (Hrsg.): Handbuch Medienpädagogik. Wiesbaden: VS Verlag für Sozialwissenschaften, S. 173-178

Hurrelmann, Klaus (2006): Einführung in die Sozialisationstheorie. 9., unveränd. Aufl. Weinheim: Beltz

Jäckel, Michael (2005): Medienwirkungen. Ein Lehrbuch zur Einführung. Wiesbaden: VS Verlag für Sozialwissenschaften

Krotz, Friedrich (2009): Stuart Hall: Encoding/Decoding und Identität. In: Hepp, Andreas/Krotz, Friedrich/Thomas, Tanja (Hrsg.): Schlüsselwerke der Cultural Studies. Wiesbaden: VS Verlag für Sozialwissenschaften, S. 210-223

Kübler, Hans-Dieter (2006): Zurück zum „kritischen Rezipienten"? Aufgaben und Grenzen pädagogischer Medienkritik. In: Niesyto, Horst/Rath, Matthias/Sowa, Hubert (Hrsg.): Medienkritik heute. Grundlagen, Beispiele und Praxisfelder. München: kopaed, S. 17-52

Kübler, Hans-Dieter (2010): Medienwirkungen versus Mediensozialisation. In: Vollbrecht, Ralf/ Wegener, Claudia (Hrsg.): Handbuch Mediensozialisation. Wiesbaden: VS Verlag für Sozialwissenschaften, S. 17-31

Kunczik, Michael/Zipfel, Astrid (2006): Gewalt und Medien. Ein Studienhandbuch. UTB-Reihe. Köln: Böhlau

Kunczik, Michael/Zipfel, Astrid (2008): Gewaltdarstellungen. In: Sander, Uwe/von Gross, Friederike/Hugger, Kai-Uwe (Hrsg.): Handbuch Medienpädagogik. Wiesbaden: VS Verlag für Sozialwissenschaften, S. 449-453

Lukesch, Helmut (2008): Sozialisation durch Massenmedien. In: Hurrelmann, Klaus/Grundmann, Matthias/Walper, Sabine (Hrsg.): Handbuch Sozialisationsforschung. Weinheim: Beltz, S. 384-394

Marchart, Oliver (2008): Cultural Studies. Konstanz: UVK Verlagsgesellschaft

Merkert, Rainald (1992): Medien und Erziehung. Einführung in pädagogische Fragen des Medienzeitalters. Darmstadt: Wissenschaftliche Buchgesellschaft

Mersch, Dieter (2006): Medientheorien. Zur Einführung. Hamburg: Junius

Merton, Robert (1949): Social theory and social structure: toward the codification of theory and research. Glencoe: The Free Press

Mikos, Lothar (2007): Mediensozialisation als Irrweg – Zur Integration von medialer und sozialer Kommunikation aus der Sozialisationsperspektive. In: Hoffmann, Dagmar/Mikos, Lothar (Hrsg.): Mediensozialisationstheorien. Neue Modelle und Ansätze in der Diskussion. Wiesbaden: VS Verlag für Sozialwissenschaften, S. 27-46

Moser, Heinz (2004): Die Konzepte der Cultural Studies – die Aktivierung der Rezipienten. In: Hoffmann, Dagmar/Merkens, Hans (Hrsg.): Jugendsoziologische Sozialisationstheorie. Impulse für die Jugendforschung. Weinheim/München: Juventa, S. 189-201

Moser, Heinz (2006): Einführung in die Medienpädagogik. Aufwachsen im Medienzeitalter. 4. überab. und aktual. Aufl. Wiesbaden: VS Verlag für Sozialwissenschaften

Moser, Heinz/Hanetseder, Christa/Hermann, Thomas/Ideli, Mustafa (2008): Qualitative Perspektiven. In: Bonfadelli, Heinz/Bucher, Priska/Hanetseder, Christa/Hermann, Thomas, Ideli, Mustafa/Moser, Heinz: Jugend, Medien und Migration. Empirische Ergebnisse und Perspektiven. Wiesbaden: VS Verlag für Sozialwissenschaften, S. 155-269

mpfs, Medienpädagogischer Forschungsverbund Südwest (Hrsg.) (2008): JIM-Studie 2008. Jugend, Information, (Multi-)Media. Stuttgart

Müller-Doohm, Stefan (2005): Kulturindustrie. In: Roesler, Alexander/Stiegler, Bernd (Hrsg.): Grundbegriffe der Medientheorie. UTB-Reihe. Paderborn: Fink, S. 132-136

Niesyto, Horst (2006): Medienkritik und Mediensozialisation. In: Niesyto, Horst/Rath, Matthias/ Sowa, Hubert (Hrsg.): Medienkritik heute. Grundlagen, Beispiele und Praxisfelder. München: kopaed, S. 53-70

Niesyto, Horst (2008): Medienkritik. In: Sander, Uwe/von Gross, Friederike/Hugger, Kai-Uwe (Hrsg.): Handbuch Medienpädagogik. Wiesbaden: VS Verlag für Sozialwissenschaften, S. 129-135

Niesyto, Horst (2010): Soziale Ungleichheit. In: Vollbrecht, Ralf/Wegener, Claudia (Hrsg.): Handbuch Mediensozialisation. Wiesbaden: VS Verlag für Sozialwissenschaften, S. 380-387

Nolda, Sigrid (2002): Pädagogik und Medien. Eine Einführung. Stuttgart: Kohlhammer

Otto, Isabell (2008): Aggressive Medien. Zur Geschichte des Wissens über Mediengewalt. Bielefeld: transcript

Pirner, Manfred (2006): Medienkritik jenseits der kritischen Theorie. In: Niesyto, Horst/Rath, Matthias/Sowa, Hubert (Hrsg.): Medienkritik heute. Grundlagen, Beispiele, Praxisfelder. München: kopaed, S. 101-108

Reinhardt, Jan D. (2005): Medien und Identität. In: Jäckel, Michael (Hrsg.): Mediensoziologie. Grundfragen und Forschungsfelder. Wiesbaden: VS Verlag für Sozialwissenschaften, S. 33-45

Schorb, Bernd/Mohn, Erich/Theunert, Helga (1998): Sozialisation durch (Massen-)Medien. In: Hurrelmann, Klaus/Ulich, Dieter (Hrsg.): Handbuch der Sozialisationsforschung. 5. Aufl. Weinheim/Basel: Beltz, S. 493-508

Schütz, Walter J. (2002): Pressewirtschaft. In: Noelle-Neumann, Elisabeth/Schulz, Winfried/Wilke, Jürgen (Hrsg.): Fischer Lexikon Publizistik – Massenkommunikation. Aktual., vollständig überarb. und erg. Aufl. Frankfurt am Main: S. Fischer, S. 493-516

Schweiger, Wolfgang (2007): Theorien der Mediennutzung. Eine Einführung. Wiesbaden: VS Verlag für Sozialwissenschaften

Spitzer, Manfred (2005): Vorsicht Bildschirm! Elektronische Medien, Gehirnentwicklung, Gesundheit und Gesellschaft. Stuttgart: Ernst Klett

Süss, Daniel/Hipeli, Eveline (2010): Medien im Jugendalter. In: Vollbrecht, Ralf/Wegener, Claudia (Hrsg.): Handbuch Mediensozialisation. Wiesbaden: VS Verlag für Sozialwissenschaften, S. 142-150

Theunert, Helga/Schorb, Bernd (2004): Sozialisation mit Medien: Interaktion von Gesellschaft – Medien – Subjekt. In: Hoffmann, Dagmar/Merkens, Hans (Hrsg.): Jugendsoziologische Sozialisationstheorie. Impulse für die Jugendforschung. Weinheim/München: Juventa, S. 203-219

Vollbrecht, Ralf (2003): Aufwachsen in Medienwelten. In: Fritz, Karsten/Sting, Stephan/Vollbrecht, Ralf (Hrsg.): Mediensozialisation. Pädagogische Perspektiven des Aufwachsens in Medienwelten. Opladen: Leske + Budrich, S. 13-24

Wegener, Claudia (2010): Identität. In: Vollbrecht, Ralf/Wegener, Claudia (Hrsg.): Handbuch Mediensozialisation. Wiesbaden: VS Verlag für Sozialwissenschaften, S. 55-63

Wierth-Heining, Mathias (2004): Filmrezeption und Mädchencliquen. Medienhandeln als sinnstiftender Prozess. München: kopaed

Winter, Rainer (1995): Der produktive Zuschauer. Medienaneignung als kultureller und ästhetischer Prozess. München: Quintessenz

4 Jugend und soziale Probleme

4.1 Jugend, Kriminalität und Gewalt

Albrecht, Günter (2010): Jugend: Recht und Kriminalität. In: Krüger, Heinz-Hermann/Grunert, Cathleen (Hrsg.): Handbuch Kindheits- und Jugendforschung. 2., aktualisierte und erw. Aufl. Wiesbaden: VS Verlag für Sozialwissenschaften, S. 831-906

Albrecht, Günter (2003): Soziallage jugendlicher Straftäter. Ein Vergleich selbstberichteter Delinquenz im Dunkel- und Hellfeld und die Sanktionspraxis im Kontrollfeld. In: Raithel, Jürgen/ Mansel, Jürgen (Hrsg.): Kriminalität und Gewalt im Jugendalter. Hell- und Dunkelfeldbefunde im Vergleich. Weinheim/München: Juventa, S. 87-117

Andresen, Sabine (2005): Einführung in die Jugendforschung. Darmstadt: Wissenschaftliche Buchgesellschaft

Baier, Dirk/Pfeiffer, Christian/Simonson, Julia/Rabold, Susann (2009): Jugendliche in Deutschland als Opfer und Täter von Gewalt : Erster Forschungsbericht zum gemeinsamen Forschungsprojekt des Bundesministeriums des Innern und des KFN. KFN-Forschungsbericht Nr. 107. Hannover: Kriminologisches Forschungsinstitut Niedersachsen e.V.

Bandura, Albert (1979): Aggression: Eine sozial-lerntheoretische Analyse. Stuttgart: Klett-Cotta

Barker, Roger/Dembo, Tamara/Lewin, Kurt (1941): Frustration and Regression: An Experiment with Young Children. Eugene: University of Iowa

Becker, Howard (1973): Außenseiter. Zur Soziologie abweichenden Verhaltens. Frankfurt am Main: S. Fischer 1973

Beran, Tanay/Li, Quing (2005): Cyber-Harassment: A new method for an old behavoir. Journal of Educational Computing Research 3. S. 265-277

Bilden, Helga (1980): Geschlechtsspezifische Sozialisation. In: Hurrelmann, Klaus/Ulich, Dieter (Hrsg.): Handbuch der Sozialisationsforschung. Weinheim/Basel: Beltz, S. 777-812

Bilden, Helga (1998): Geschlechtsspezifische Sozialisation. In: Hurrelmann, Klaus/Ulich, Dieter (Hrsg.): Handbuch der Sozialisationsforschung. 5. Aufl. Weinheim/Basel: Beltz, S. 279-301

Böhnisch, Lothar (2001): Abweichendes Verhalten. Eine pädagogisch-soziologische Einführung. Weinheim/München: Juventa

Boers, Klaus/Walburg, Christian/Reinecke, Jost (2006): Jugendkriminalität – Keine Zunahme im Dunkelfeld, kaum Unterschiede zwischen Einheimischen und Migranten. Befunde aus Duisburger und Münsteraner Längsschnittstudien. In: Monatsschrift für Kriminologie und Strafrechtsreform 2, S. 63-87

Boers, Klaus/Walburg, Christian (2007): Verbreitung und Entwicklung delinquenten und abweichenden Verhaltens unter Jugendlichen. In: Boers, Klaus/Reinecke, Jost (Hrsg.): Delinquenz im Jugendalter. Erkenntnisse einer Münsteraner Längsschnittstudie. Münster: Waxmann, S. 79-97

Böttger, Andreas/Liang, Jiazhen (1996): Was ist Gewalt? Vorschläge zur Begriffsdefinition und Unterscheidung verschiedener Formen. In: Pfeiffer, Christian/Greve, Werner (Hrsg.): Forschungsthema ‚Kriminalität‘. Interdisziplinäre Beiträge zur kriminologischen Forschung. Baden Baden: Nomos, S. 309-323

Bondü, Rebecca/Meixner, Sabine/Bull, Heike Dele/Robertz, Frank/Scheithauer, Herbert (2008): Schwere, zielgerichtete Schulgewalt: School Shootings und ‚Amokläufe‘. In: Scheithauer, Herbert/Hayer, Tobias/Niebank, Kay (Hrsg.): Problemverhalten und Gewalt im Jugendalter. Erscheinungsformen, Entstehungsbedingungen, Prävention und Intervention. Stuttgart: Kohlhammer, S. 86-98

Brettfeld, Katrin/Wetzels, Peter (2003): Soziale Selektivität strafrechtlicher Sozialkontrolle bei Jugendkriminalität? Ergebnisse repräsentativer Dunkelfelderhebungen zur Wahrscheinlichkeit polizeilicher Registrierung delinquenter Jugendlicher. In: Praxis der Rechtspsychologie 13, S. 226-257

Bruhns, Kirsten/Wittmann, Svendy (2002): „Ich meine, mit Gewalt kannst du dir Respekt verschaffen“. Mädchen und junge Frauen in gewaltbereiten Jugendgruppen. Opladen: Leske + Budrich

Bruhns, Kirsten/Wittmann, Svendy (2006): Umstände und Hintergründe der Einstellungen von Mädchen zu Gewalt. Fachwissenschaftliche Analyse. In: Heitmeyer, Wilhelm/Schröttle, Monika (Hrsg.): Gewalt. Beschreibungen, Analysen, Prävention. Bonn: Bundeszentrale für politische Bildung, S. 294-317

BMI/BMJ – Bundesministerium des Inneren/Bundesministerium der Justiz (Hrsg.) (2006): Zweiter Periodischer Sicherheitsbericht der Bundesregierung. Berlin: BMI/BMJ

Cohen, Albert (1961): Kriminelle Jugend. Zur Soziologie jugendlichen Bandenwesens. Reinbek bei Hamburg: Rowohlt

Conell, Robert (Raewyn) (1999): Der gemachte Mann. Konstruktion und Krise von Männlichkeiten. Opladen: Leske + Budrich

Dollard, J./Doob, L.W./Miller, N.E./Mowrer, O.H./Sears, R.R. (1939): Frustration and aggression. New Heaven: Yale University Press

Durkheim, Émile (1976): Die Regeln der sozialen Methode. Neuwied/Berlin: Luchterhand

Durkheim, Émile (1977): Über die Teilung der sozialen Arbeit. Frankfurt am Main: Suhrkamp

Eisner, Manuel/Ribeaud, Dennis (2003): Erklärung von Jugendgewalt – eine Übersicht über zentrale Forschungsbefunde. In: Raithel, Jürgen/Mansel, Jürgen (Hrsg.) (2003): Kriminalität und Gewalt im Jugendalter. Hell- und Dunkelfeldbefunde im Vergleich. Weinheim/München: Juventa, S. 182-206

Elsner, Erich/Steffen, Wiebke/Stern, Gebhard (1998): Kinder- und Jugendkriminalität in München. München: Bayrisches Landeskriminalamt

Essau, Cecilia/Conradt, Judith (2004): Aggression bei Kindern und Jugendlichen. München/Basel: Ernst Reinhardt

Freud, Sigmund (1989): Triebe und Triebschicksale (1915). In: Freud, Sigmund: Psychologie des Unbewußten. Frankfurt am Main: S. Fischer

Fuchs, Marek/Lamnek, Siegfried/Luedtke, Jens/Baur, Nina (2005): Gewalt an Schulen 1994 – 1999 – 2004. Wiesbaden: VS Verlag für Sozialwissenschaften

Galtung, Johan (1975): Strukturelle Gewalt. Reinbek bei Hamburg: Rowohlt

Griese, Hartmut (1999): Jugend. In: Albrecht, Günter/Groenemeyer, Axel/Stahlberg, Friedrich (Hrsg.): Handbuch soziale Probleme. Opladen/Wiesbaden: Westdeutscher Verlag, S. 462-486

Griese, Hartmut (2007): Aktuelle Jugendforschung und klassische Jugendtheorien. Ein Modul für erziehungs- und sozialwissenschaftliche Studiengänge. Berlin: Lit Verlag

Günzel, Stefanie (2001): Die geschichtliche Entwicklung des Jugendstrafrechts und des Erziehungsgedankens. Marburg: Tectum Verlag

Heinz, Wolfgang/Spiess, Gerhard (2005): Demographischer Wandel und Kriminalität junger Menschen. In: Forum Kriminalprävention 3, S. 8-12

Heinz, Wolfgang (2003): Jugendkriminalität in Deutschland. Kriminalstatistische und kriminologische Befunde. URL: http://www.uni-konstanz.de/rtf/kik/Jugendkriminalitaet-2003-7-e.pdf [Zugriff: 14.06.2010]

Heinz, Wolfgang (2006): Kriminelle Jugendliche- gefährlich oder gefährdet?. Konstanz: UVK Universitätsverlag

Heitmeyer, Wilhelm/Collmann, Birgit/Conradts, Jutta (1995): Gewalt. Schattenseiten der Individualisierung bei Jugendlichen aus unterschiedlichen Milieus. Weinheim/München: Juventa

Hurrelmann, Klaus (2004): Lebensphase Jugend. Eine Einführung in die sozialwissenschaftliche Jugendforschung. Weinheim/München: Juventa

Jankowski, Martín Sánchez (1991): Islands in the Street. Gangs and American Urban Society. Berkeley: University of California Press

Katzer, Catarina (2007): Gefahr aus dem Netz. Der Internet-Chatroom als neuer Tatort für Bullying und sexuelle Viktimisierung von Kindern und Jugendlichen. Dissertation Universität Köln

Kersten, Joachim (1997): Gut und (Ge)schlecht. Männlichkeit, Kultur und Kriminalität. Berlin/New York: de Gruyter

Klewin, Gabriele/Tillmann, Klaus-Jürgen (2006): Gewaltformen in der Schule – ein vielschichtiges Problem. In: Heitmeyer, Wilhelm/Schröttle, Monika (Hrsg.): Gewalt. Beschreibungen, Analysen, Prävention. Bonn: Bundeszentrale für politische Bildung, S. 191-208

Kunz, Kristina-Maria (2007): Mediengewalt und familiare Gewalterfahrungen. In: Boers, Klaus/ Reinecke, Jost (Hrsg.): Delinquenz im Jugendalter. Erkenntnisse einer Münsteraner Längsschnittstudie. Münster: Waxmann 2007, S. 269-299

Lemert, Edwin M. (1951): Social Pathology. A Systematic Approach to the Study of Sociopathic Behavior. New York: MacGraw-Hill

Lösel, Friedrich/Bliesener, Thomas/Averbeck, Mechthild (1998): Hat die Delinquenz von Schülern zugenommen? Ein Vergleich im Dunkelfeld nach 22 Jahren. In: DVJJ-Journal 2, S. 115-125

Lösel, Friedrich/Bliesener, Thomas (2003): Aggression und Delinquenz unter Jugendlichen. Untersuchungen von kognitiven und sozialen Bedingungen. München: Luchterhand

Lorenz, Konradt (1963). Das sogenannte Böse. Wien: Borotha Schöler

Mansel, Jürgen (1989): Die Selektion innerhalb der Organe der Strafrechtspflege am Beispiel von jungen Deutschen, Türken und Italienern. Eine empirische Untersuchung zur Kriminalisierung durch formelle Kontrollorgane. Frankfurt am Main: Peter Lang

Mansel, Jürgen/Hurrelmann, Klaus (1998): Aggressives und delinquentes Verhalten Jugendlicher im Zeitvergleich. In: Kölner Zeitschrift für Soziologie und Sozialpsychologie 1, S. 79-109

Mansel, Jürgen/Raithel, Jürgen (2003): Verzerrungsfaktoren im Hell- und Dunkelfeld und die Gewaltentwicklung In: Mansel, Jürgen/Raithel, Jürgen (Hrsg.): Kriminalität und Gewalt im Jugendalter. Hell- und Dunkelfeldbefunde im Vergleich. Weinheim/München: Juventa, S. 7-25

Melzer, Wolfgang/Schubarth, Wilfried/Ehninger, Frank (2004): Gewaltprävention und Schulentwicklung. Analysen und Handlungskonzepte. Bad Heilbrunn: Klinkhardt

Merton, Robert (1951): Social Theory and Social Structure. Glencoe: Free Press

Merton, Robert (1968): Sozialstruktur und Anomie. In: Sack, Fritz/König, René (Hrsg.): Kriminalsoziologie. Frankfurt am Main: Akademische Verlagsgesellschaft, S. 283-313

Möller, Kurt/Schuhmacher, Nils (2007): Rechte Glatzen. Rechtsextreme Orientierungs- und Szenezusammenhänge- Einstiegs-, Verbleibs- und Ausstiegsprozesse von Skinheads. Wiesbaden: VS Verlag für Sozialwissenschaften

Mößle, Thomas/Kleinmann, Matthias/Rehbein, Florian/Pfeiffer, Christian (2006): Mediennutzung, Schulerfolg, Jugendgewalt und die Krise der Jungen. In: ZJJ - Zeitschrift für Jugendkriminalrecht und Jugendhilfe 3, S. 295-309

Naplava, Thomas (2003): Selbstberichtete Delinquenz einheimischer und immigrierter Jugendlicher im Vergleich. Eine Sekundäranalyse von Schulbefragungen der Jahre 1995-2000. In: Soziale Probleme 1, S. 67-96

Othold, Fred/Schumann, Karl (2003): Delinquenzverläufe nach Alter, Geschlecht und Nationalitätenstatus. In: Schumann, Karl (Hrsg.): Delinquenz im Lebensverlauf. Bremer Längsschnittstudie zum Übergang von der Schule in den Beruf bei ehemaligen Hauptschülern, Bd.2. Weinheim/München: Juventa, S. 67-94

Pfeiffer, Christian/Wetzels, Peter/Enzmann, Dirk (1999): Innerfamiliale Gewalt gegen Kinder und Jugendliche und ihre Auswirkungen. Hannover: Kriminologisches Forschungsinstitut Niedersachsen e.V.

Platt, Anthony M. (1969): The Child Savers. The Invention of Delinquency. Chicago/London: University of Chicago Press

Bundeskriminalamt (Hrsg.) (2007): Polizeiliche Kriminalstatistik (PKS) 2007. URL: http://www.bka.de/pks/pks2007/index2.html [Zugriff: 28.01.10]

Bundeskriminalamt (Hrsg.) (2008): Polizeiliche Kriminalstatistik (PKS) 2008. URL: http://www.bka.de/pks/pks2008/index2.html [Zugriff: 28.01.10]

Bundeskriminalamt (Hrsg.) Polizeiliche Kriminalstatistik 2008. Kurzbericht. URL: http://www.bka.de/pks/pks2008/download/pks2008_imk_kurzbericht.pdf [Zugriff: 01.09.09]

Popp, Ulrike (2002): Geschlechtersozialisation und schulische Gewalt. Geschlechtstypische Ausdruckformen und konflikthafte Interaktionen von Schülerinnen und Schülern. Weinheim/München: Juventa

Raithel, Jürgen/Mansel, Jürgen (2003b): Delinquenzbegünstigende Bedingungen in der Entwicklung Jugendlicher. In: Raithel, Jürgen/Mansel, Jürgen (Hrsg.): Kriminalität und Gewalt im Jugendalter. Hell- und Dunkelfeldbefunde im Vergleich. Weinheim/München: Juventa, S. 25-41

Raithel, Jürgen (2004): Jugendliches Risikoverhalten. Eine Einführung. Wiesbaden: VS Verlag für Sozialwissenschaften

Reich, Kerstin (2005): Integrations- und Desintegrationsprozesse junger männlicher Aussiedler aus der GUS. Eine Bedingungsanalyse auf sozial-lerntheoretischer Basis. Münster: Lit Verlag

Riebel, Julia (2008): Spotten, Schimpfen, Schlagen...Gewalt unter Schülern- Bullying und Cyberbullying. Landau: Empirische Pädagogik e.V.

Roth, Lutz (1983): Die Erfindung des Jugendlichen. München: Juventa

Sack, Fritz/Lindenberg, Michael (2001): Abweichung und Kriminalität. In: Joas, Hans (Hrsg.): Lehrbuch der Soziologie. Frankfurt/New York: Campus, S. 169-197

Sack, Fritz (1968): Neue Perspektiven der Kriminologie. In: Sack, Fritz, König, René (Hrsg.): Kriminalsoziologie. Frankfurt am Main: Akademische Verlagsgesellschaft, S. 431-475

Scheithauer, Herbert/Hayer, Tobias/Niebank, Kay (Hrsg.) (2008): Problemverhalten und Gewalt im Jugendalter. Erscheinungsformen, Entstehungsbedingungen, Prävention und Intervention. Stuttgart: Kohlhammer

Scherr, Albert (2009): Jugendsoziologie. Einführung in Grundlagen und Theorie. Wiesbaden: VS Verlag für Sozialwissenschaften

Silkenbäumer, Mirja (2000): Im Spiegel ihrer Lebensgeschichten. Gewalttätiges Verhalten Jugendlicher und Geschlechtszugehörigkeit. Stuttgart: ibidem Verlag

Sitzer, Peter (2009): Jugendliche Gewalttäter. Eine empirische Studie zum Zusammenhang von Anerkennung, Missachtung und Gewalt. Weinheim/München: Juventa

Spindler, Susanne (2006): Corpus delicti: Männlichkeit, Rassismus und Kriminalisierung im Alltag jugendlicher Migranten. Münster: Unrast Verlag

Statistisches Bundesamt (Hrsg.) (2008): Statistisches Jahrbuch 2008. Für die Bundesrepublik Deutschland. Wiesbaden: Destatis

Sutterlüty, Ferdinand (2002): Gewaltkarrieren. Jugendliche im Kreislauf von Gewalt und Missachtung. Frankfurt am Main/New York: Campus

Tillmann, Klaus-Jürgen/Holler-Nowitzki, Birgit/Holtappels, Heinz Günter/Meier, Ulrich/Popp, Ulrike (1999): Schülergewalt als Schulproblem. Verursachende Bedingungen, Erscheinungsformen und pädagogische Handlungsperspektiven. Weinheim/München: Juventa

Trotha, Trutz von (1982): Zur Entstehung von Jugend. Kölner Zeitschrift für Soziologie und Sozialpsychologie 34. Jg, H. 2, S. 254-277

Walburg, Christian (2007): Migration und selbstberichtete Delinquenz. In: Boers, Klaus/Reinecke, Jost (Hrsg.): Delinquenz im Jugendalter. Erkenntnisse einer Münsteraner Längsschnittstudie. Münster: Waxmann, S. 241-268

Walter, Michael/Trautmann, Sebastian (2003): Kriminalität junger Migranten- Strafrecht und gesellschaftliche (Des-)Integration. In: Raithel, Jürgen/Mansel, Jürgen (Hrsg.): Kriminalität und Gewalt im Jugendalter. Hell- und Dunkelfeldbefunde im Vergleich. Weinheim/München: Juventa, S. 64-87

Walter, Michael (2005): Jugendkriminalität. Eine systematische Darstellung. Stuttgart: Richard Boorberg Verlag

Wetzels, Peter/Enzmann, Dirk/Mecklenburg, Eberhard/Pfeiffer, Christian (2001): Jugend und Gewalt eine repräsentative Dunkelfeldstudie in München und acht anderen deutschen Städten. Baden-Baden: Nomos

Wetzstein, Thomas/Erbeldinger, Patricia Isabella/Hilgers, Judith/Eckert, Roland (2005): Jugendliche Cliquen. Zur Bedeutung der Cliquen und ihrer Herkunfts- und Freizeitwelten. Wiesbaden: VS Verlag für Sozialwissenschaften

Willard, Nancy E./ (2006): Cyberbullying and cyberthreats: responding to the challenge of online social cruelty, threats and distress. Eugene: Center for Safe and Responsible Internet Use

Wirth, Wolfgang (1998): Ausländische Gefangene im Jugendstrafvollzug NRW. Ergebnisse einer Stichtagserhebung (15. Juli 1997). In: Zeitschrift für Strafvollzug und Straffälligenhilfe 5, S. 278 - 286

Whyte, William Foote (1996) Die Street Corner Society: die Sozialstruktur eines Italienerviertels. Berlin/New York: de Gruyter

4.2 Jugendlicher Rechtsextremismus

Adorno, Theodor W. (1973/1999): Studien zum autoritären Charakter. Übersetzt von Milli Weinbrenner. 3. Aufl. Frankfurt am Main: Suhrkamp

Baier, Dirk/Pfeiffer, Christian/Simonson, Julia/Rabold, Susann (Hrsg.) (2009): Jugendliche in Deutschland als Opfer und Täter von Gewalt. Erster Forschungsbericht zum gemeinsamen Forschungsprojekt des Bundesministeriums des Innern und des KFN. URL: http://www.kfn.de/versions/kfn/assets/fb107.pdf [Zugriff: 13.02.2010]

Beck, Ulrich (1986): Risikogesellschaft. Auf dem Weg in eine andere Moderne. Frankfurt am Main: Suhrkamp

Beck, Ulrich/Beck-Gernsheim, Elisabeth (Hrsg.) (1994): Riskante Freiheiten. Individualisierung in modernen Gesellschaften. Frankfurt am Main: Suhrkamp Verlag

BfV – Bundesamt für Verfassungsschutz (2007): Rechtsextremistische Musik. URL: http://www.verfassungsschutz.de/download/de/publikationen/pb_rechtsextremismus/broschuere_2_0707_rechtsextremistische_musik/broschuere_2_0707_rexmusik.pdf [Zugriff: 14.01.2010]

BfV – Bundesamt für Verfassungsschutz (2009): „Autonome Nationalisten" – Rechtsextremistische Militanz. URL: http://www.verfassungsschutz.de/download/de/publikationen/pb_rechtsextremismus/broschuere_2_0905_autonome_nationalisten/thema_0905_autonome_nationalisten.pdf [Zugriff: 14.01.2010]

BMI – Bundesministerium des Innern (Hrsg.) (2007): Verfassungsschutzbericht 2006. URL: http://www.verfassungsschutz.de/download/de/publikationen/verfassungsschutzbericht/vsbericht_2006/vsbericht_2006.pdf [Zugriff: 11.01.2010]

Borrmann, Stefan (2006): Soziale Arbeit mit rechten Jugendcliquen. Grundlagen zur Konzeptentwicklung. 2., aktual. und erw. Aufl. Wiesbaden: VS Verlag für Sozialwissenschaften

Borstel, Dierk (2009): Geländegewinne? Versuch einer (Zwischen-)Bilanz rechtsextremer Erfolge und Misserfolge. In: Braun, Stephan/Geisler, Alexander/Gerster, Martin (Hrsg.): Strategien der extremen Rechten. Hintergründe – Analysen - Antworten. Wiesbaden: VS Verlag für Sozialwissenschaften, S. 58- 74

Brodkorb, Mathias (2003): Metamorphosen von Rechts. Eine Einführung in Strategie und Ideologie des modernen Rechtsextremismus. Münster: Westfälisches Dampfboot

Butterwegge, Christoph (2002): Rechtsextremismus. Freiburg im Breisgau: Herder

Edathy, Sebastian/Sommer, Bernd (2009): Die zwei Gesichter des Rechtsextremismus in Deutschland – Themen, Machtressourcen und Mobilisierungspotentiale der extremen Rechten. In: Braun, Stephan/Geisler, Alexander/Gerster, Martin (Hrsg.): Strategien der extremen Rechten. Hintergründe – Analysen – Antworten. Wiesbaden: VS Verlag für Sozialwissenschaften, S. 45- 57

Funke, Hajo (2009): Rechtsextreme Ideologien, strategische Orientierungen und Gewalt. In: Braun, Stephan/Geisler, Alexander/Gerster, Martin (Hrsg.): Strategien der extremen Rechten. Hintergründe – Analysen – Antworten. Wiesbaden: VS Verlag für Sozialwissenschaften, S. 21-44

Gamper, Markus/Willems, Helmut (2006): Rechtsextreme Gewalt - Hintergründe, Täter und Opfer. In: Heitmeyer, Wilhelm/Schröttle, Monika (Hrsg.): Gewalt. Beschreibungen, Analysen, Prävention. Bonn: Bundeszentrale für politische Bildung, S. 439-461

Grumke, Thomas (2007): Rechtsextremismus in Deutschland. Begriff – Ideologie – Struktur. In: Glaser, Stefan/Pfeiffer, Thomas (Hrsg.): Erlebniswelt Rechtsextremismus. Menschenverachtung mit Unterhaltungswert. Hintergründe – Methoden – Praxis der Prävention. Bonn: Bundeszentrale für politische Bildung, S. 19- 35

Hafeneger, Benno/Becker, Reiner (2007): Rechte Jugendcliquen. Zwischen Unauffälligkeit und Provokation. Schwalbach: Wochenschau

Hafeneger, Benno (2010): Jugendliche und Rechtsextremismus. In: Pädagogik 62. Jg., H. 2, S. 9-13

Heitmeyer, Wilhelm (1987): Rechtsextremistische Orientierungen bei Jugendlichen. Empirische Ergebnisse und Erklärungsmuster einer Untersuchung zur politischen Sozialisation. Weinheim/München: Juventa

Heitmeyer, Wilhelm/Buhse, Heike/Liebe-Freund, Joachim/Möller, Kurt/Müller, Joachim/Ritz, Helmut/Siller, Gertrud/Vossen, Johannes (1993): Die Bielefelder Rechtsextremismus-Studie. Erste Langzeituntersuchung zur politischen Sozialisation männlicher Jugendlicher. 2. Aufl. Weinheim/München: Juventa

Heitmeyer, Wilhelm (1994): Das Desintegrations-Theorem. Ein Erklärungsansatz zu fremdenfeindlich motivierter, rechtsextremistischer Gewalt und zur Lähmung gesellschaftlicher Institutionen. In: Heitmeyer, Wilhelm (Hrsg.): Das Gewalt-Dilemma. Gesellschaftliche Reaktionen auf fremdenfeindliche Gewalt und Rechtsextremismus. Frankfurt am Main: Suhrkamp, S. 29-69

Hopf, Christel/Hopf, Uwe (1997): Familie, Persönlichkeit, Politik. Eine Einführung in die politische Sozialisation. Weinheim/München: Juventa

Hopf, Christel (2000): Familie und Autoritarismus – zur politischen Bedeutung sozialer Erfahrungen in der Familie. In: Rippl, Susanne/Seipel, Christian/Kindervater, Angela (Hrsg.): Autoritarismus. Kontroversen und Ansätze der aktuellen Autoritarismusforschung. Opladen: Leske + Budrich, S. 33- 52

Jäger, Margarete/Jäger, Siegfried (2007): Deutungskämpfe. Theorie und Praxis kritischer Diskursanalyse. Wiesbaden: VS Verlag für Sozialwissenschaften

Jäger, Siegfried (1997): Zur Konstituierung rassistisch verstrickter Subjekte. In: Mecheril, Paul/Teo, Thomas (Hrsg.): Psychologie und Rassismus. Reinbek bei Hamburg: Rowohlt, S. 132- 152

Jaschke, Hans-Gerd (2001): Rechtsextremismus und Fremdenfeindlichkeit. Begriffe – Positionen - Praxisfelder. 2. Aufl. Wiesbaden: Westdeutscher Verlag

Klärner, Andreas/Kohlstruck, Michael (2006): Rechtsextremismus – Thema der Öffentlichkeit und Gegenstand der Forschung. In: Klärner, Andreas/Kohlstruck, Michael (Hrsg.): Moderner Rechtsextremismus in Deutschland. Bonn: Bundeszentrale für politische Bildung, S. 7-41

Kleinert, Corinna/de Rijke, Johann (2000): Rechtsextreme Orientierungen bei Jugendlichen und jungen Erwachsenen. In: Schubarth, Wilfried/Stöss, Richard (Hrsg.): Rechtsextremismus in der Bundesrepublik Deutschland. Eine Bilanz. Bonn: Bundeszentrale für politische Bildung, S. 167-198

Kohlstruck, Michael (2003): Der Doppelcharakter der rechtsradikalen Jugendkultur und das Kontinuitätsproblem in der Jugendarbeit. In: Benz, Ute/Benz, Wolfgang (Hrsg.): Jugend in Deutschland. Opposition, Krisen und Radikalismus zwischen den Generationen. München: dtv, S. 189-210

Kulick, Holger/Staud, Toralf (Hrsg.) (2009): Das Buch gegen Nazis. Rechtsextremismus – Was man wissen muss, und wie man sich wehren kann. Bonn: Bundeszentrale für politische Bildung

Langebach, Martin/Raabe, Jan (2009): Zwischen Freizeit, Politik und Partei: RechtsRock. In: Braun, Stephan/Geisler, Alexander/Gerster, Martin (Hrsg.): Strategien der extremen Rechten. Hintergründe – Analysen – Antworten. Wiesbaden: VS Verlag für Sozialwissenschaften, S. 163- 188

Möller, Kurt (2000): Rechte Kids. Eine Langzeitstudie über Auf- und Abbau rechtsextremistischer Orientierungen bei 13- bis 15-Jährigen. Weinheim und München: Juventa

Möller, Kurt (2001): Extremismus. In: Schäfers, Bernhard/Zapf, Wolfgang (Hrsg.): Handwörterbuch zur Gesellschaft Deutschlands. Bonn: Bundeszentrale für politische Bildung, S. 194-207

Möller, Kurt (2006): Schlussfolgerungen aus Empirie und Theorie zu rechtsextrem orientierter Gewalt. Kommentar zur fachwissenschaftlichen Analyse. In: Heitmeyer, Wilhelm/Schröttle, Monika (Hrsg.): Gewalt. Beschreibungen, Analysen, Prävention. Bonn: Bundeszentrale für politische Bildung, S. 462-468

Möller, Kurt/Schuhmacher, Nils (2007): Rechte Glatzen. Rechtsextreme Orientierungs- und Szenezusammenhänge – Einstiegs-, Verbleibs- und Ausstiegsprozesse von Skinheads. Wiesbaden: VS Verlag für Sozialwissenschaften

Oesterreich, Detlef (1996): Flucht in die Sicherheit. Zur Theorie des Autoritarismus und der autoritären Reaktion. Opladen: Leske + Budrich

Oesterreich, Detlef (2000): Autoritäre Persönlichkeit und Sozialisation im Elternhaus. Theoretische Überlegungen und empirische Ergebnisse. In: Rippl, Susanne/Seipel, Christian/Kindervater, Angela (Hrsg.): Autoritarismus. Kontroversen und Ansätze der aktuellen Autoritarismusforschung. Opladen: Leske + Budrich, S. 69- 90

Pfahl-Traughber, Armin (2006): Rechtsextremismus in der Bundesrepublik. 4., aktual. Aufl. München: C.H. Beck

Pfeiffer, Thomas (2007): Menschenverachtung mit Unterhaltungswert. Musik, Symbolik, Internet – der Rechtsextremismus als Erlebniswelt. In: Glaser, Stefan/Pfeiffer, Thomas (Hrsg.): Erlebniswelt Rechtsextremismus. Menschenverachtung mit Unterhaltungswert. Hintergründe – Methoden – Praxis der Prävention. Bonn: Bundeszentrale für politische Bildung, S. 36- 52

Rippl, Susanne/Seipel, Christian/Kindervater, Angela (2000): Einleitung. In: Rippl, Susanne/Seipel, Christian/Kindervater, Angela (Hrsg.): Autoritarismus. Kontroversen und Ansätze der aktuellen Autoritarismusforschung. Opladen: Leske + Budrich, S. 13- 30

Röpke, Andrea/Speit, Andreas (2005): NPD und „Freie Kameradschaften". In: Röpke, Andrea/Speit, Andreas (Hrsg.): Braune Kameradschaften. Die militanten Neonazis im Schatten der NPD. 2., aktual. Aufl. Berlin: Christoph Links, S. 182-197

Rucht, Dieter (2002): Rechtsradikalismus aus der Perspektive der Bewegungsforschung. In: Grumke, Thomas/Wagner, Bernd (Hrsg.): Handbuch Rechtsradikalismus. Personen – Organisationen – Netzwerke vom Neonazismus bis in die Mitte der Gesellschaft. Opladen: Leske + Budrich, S. 75-86

Schäfers, Bernhard (1995): Gesellschaftlicher Wandel in Deutschland: Ein Studienbuch zur Sozialstruktur und Sozialgeschichte. 6., völlig neu bearb. Aufl. München: dtv

Schroeder, Klaus u.a. (2004): Rechtsextremismus und Jugendgewalt in Deutschland. Ein Ost-West-Vergleich. Paderborn: Schoeningh

Schroer, Markus (2001): Das Individuum der Gesellschaft. Frankfurt am Main: Suhrkamp Verlag

Speit, Andreas (2005): „Wir marschieren bis zum Sieg". In: Röpke, Andrea/Speit, Andreas (Hrsg.): Braune Kameradschaften. Die militanten Neonazis im Schatten der NPD. 2. aktual. Aufl. Berlin: Christoph Links, S. 13-39

Speit, Andreas (2009): Bürgernähe zeigen, vor Ort siegen. In: Röpke, Andrea/Speit, Andreas (Hrsg.): Neonazis in Nadelstreifen. Die NPD auf dem Weg in die Mitte der Gesellschaft? Bonn: Bundeszentrale für politische Bildung, S. 18-40

Stöss, Richard (2007): Rechtsextremismus im Wandel. 2., aktual. Aufl. Berlin: Friedrich-Ebert-Stiftung

Wagner, Bernd (2002) Kulturelle Subversion von rechts in Ost- und Westdeutschland: Zu rechtsextremen Entwicklungen und Strategien. In: Grumke, Thomas/Wagner, Bernd (Hrsg.): Handbuch Rechtsradikalismus. Personen – Organisationen – Netzwerke vom Neonazismus bis in die Mitte der Gesellschaft. Opladen: Leske + Budrich, S. 13- 28

Winkler, Jürgen R. (2000): Rechtsextremismus. Gegenstand – Erklärungsansätze – Grundprobleme. In: Schubarth, Wilfried/Stöss, Richard (Hrsg.): Rechtsextremismus in der Bundesrepublik Deutschland. Eine Bilanz. Bonn: Bundeszentrale für politische Bildung, S. 38-68

Zick, Andreas/Henry, P.J. (2009): Nach oben buckeln, nach unten treten. Der deutsch-deutsche Autoritarismus. In: Heitmeyer, Wilhelm (Hrsg.): Deutsch-deutsche Zustände. 20 Jahre nach dem Mauerfall. Bonn: Bundeszentrale für politische Bildung, S. 190-204

4.3 Jugend, Sucht und Drogenkonsum

Antonovsky, Aaaron (1997): Salutogenese. Zur Entmystifizierung der Gesundheit. Tübingen: Dgvt-Verlag

Becker, Howard (1973): Außenseiter- zur Soziologie abweichenden Verhaltens. Frankfurt am Main: S. Fischer

Bengel, Jürgen/Strittmatter, Regine/Willmann, Hildegard (2001): Was hält den Menschen gesund? Antonovskys Modell der Salutogenese – Diskussionsstand und Stellenwert. Köln: BZgA

Bilz, Ludwig/Hähne, Cornelia/Melzer, Wolfgang (2003): Die Lebenswelt Schule und ihre Auswirkungen auf die Gesundheit Jugendlicher. In: Hurrelmann, Klaus/Klocke, Andreas/Melzer, Wolfgang/Ravens-Sieberer, Ulrike (Hrsg.): Jugendgesundheitssurvey- Internationale Vergleichsstudie im Auftrag der Weltgesundheitsorganisation. Weinheim/München: Juventa, S. 243-299

BMGS – Bundesministerium für Gesundheit und Soziale Sicherung (Hrsg.) (2004): Europäische Schülerstudie zu Alkohol und anderen Drogen (ESPAD). Befragungen von Schülerinnen und Schülern der 9. und 10. Klasse in Bayern, Berlin, Brandenburg, Hessen, Mecklenburg-Vorpommern und Thüringen. Bonn: BMGS

BZgA – Bundeszentrale für gesundheitliche Aufklärung (2004): Die Drogenaffinität Jugendlicher in der Bundesrepublik Deutschland. Eine Wiederholungsbefragung der Bundeszentrale für gesundheitliche Aufklärung. Teilband Illegale Drogen. November 2004. Köln: BZgA

BZgA – Bundeszentrale für gesundheitliche Aufklärung (2007): Förderung der Nichtrauchens bei Jugendlichen 2007. Eine Repräsentativbefragung der Bundeszentrale für gesundheitliche Aufklärung. Kurzbericht Mai 2007. Köln: BZgA

BZgA – Bundeszentrale für gesundheitliche Aufklärung (2009a): Die Drogenaffinität Jugendlicher in der Bundesrepublik Deutschland 2008. Verbreitung des Tabakkonsums bei Jugendlichen und jungen Erwachsenen. Köln: BZgA

BZgA – Bundeszentrale für gesundheitliche Aufklärung (2009b): Die Drogenaffinität Jugendlicher in der Bundesrepublik Deutschland 2008. Verbreitung des Alkoholkonsums bei Jugendlichen und jungen Erwachsenen. Köln: BZgA

Cohen, Albert (1961): Kriminelle Jugend. Zur Soziologie jugendlichen Bandenwesens. Reinbek bei Hamburg: Rowohlt

Dilling, Horst/Mombour, Werner/Schmidt, Martin (Hrsg.) (2005): Internationale Klassifikation Psychischer Störungen: ICD-10 Kapitel V (F). Klinisch diagnostische Leitlinien. Bern: Huber

Doherty, William/Allen, William (1994): Family functioning and parental smoking as predictors of adolescent cigarette use: a six year prospective study. Journal of Family Psychology 8. S. 347-353

Engel, Uwe/Hurrelmann, Klaus (1994): Was Jugendliche wagen. Eine Längsschnittstudie über Drogenkonsum, Stressreaktionen und Delinquenz im Jugendalter. Weinheim/München: Juventa

Erhart, Michael/Ravens-Sieberer, Ulrike (2008): Die Rolle struktureller Aspekte von Familie, innerfamiliärer Kommunikation und Unterstützung für die Gesundheit im Kindes- und Jugendalter. In: Richter, Matthias/Hurrelmann, Klaus/Melzer, Wofgang/Ravens-Sieberer, Ulrike (Hrsg.): Gesundheit, Ungleichheit und jugendliche Lebenswelten. Ergebnisse der zweiten internationalen Vergleichsstudie im Auftrag der Weltgesundheitsorganisation WHO. Weinheim/München: Juventa, S. 190-213

Erikson, Erik H. (1988): Der vollständige Lebenszyklus. Frankfurt am Main: Suhrkamp

Essau, Cecilia/Karpinski, Norbert/Petermann, Franz/Conradt, Judith (1998): Störungen durch Substanzkonsum bei Jugendlichen. In: Kindheit und Entwicklung 4. S. 199-207

Franzkowiak, Peter (1996): Risikokompetenz- eine neue Leitorientierung für die primäre Suchtprävention?. In: neue praxis, 5. S. 409-425

Franzkowiak, Peter/Helfferich, Cornelia/Weise, Eva (1998): Geschlechtsbezogene Suchtprävention: Praxisansätze, Theorieentwicklung und Definitionen. Köln: BZgA

Freitag, Marcus/Hurrelmann, Klaus (1999): Illegale Alltagsdrogen: Cannabis, Ecstasy, Speed und LSD im Jugendalter. Weinheim/München: Juventa

Havighurst, Robert J. (1953). Human development and education. New York: Longmans/Green

Hurrelmann, Klaus/Hesse, Silke (1991): Drogenkonsum als problematische Form der Lebensbewältigung. In: Sucht. Zeitschrift für Wissenschaft und Praxis 4. S. 240-252

Hurrelmann, Klaus/Bründel, Heidrun (1997): Drogengebrauch- Drogenmissbrauch. Eine Gradwanderung zwischen Genuss und Abhängigkeit. Darmstadt: Wissenschaftliche Buchgesellschaft

Hurrelmann, Klaus/Klocke, Andreas/Melzer, Wolfgang/Ravens-Sieberer, Ulrike (Hrsg.): (2003): Jugendgesundheitssurvey- Internationale Vergleichsstudie im Auftrag der Weltgesundheitsorganisation. Weinheim/München: Juventa

Hurrelmann, Klaus (2007): Lebensphase Jugend. Eine Einführung in die sozialwissenschaftliche Jugendforschung. Weinheim/München: Juventa

Jungblut, Hans-Joachim (2004): Drogenhilfe. Eine Einführung. Weinheim/München: Juventa

Kandel, Denise (Hrsg.) (2002): Stages and Pathways of Drug Involvement. Examining the Gateway Hypothesis. New York: Cambridge University Press

Kastner, Peter/Silbereisen, Rainer (1984): Drogengebrauch Jugendlicher aus entwicklungstheoretischer Sicht. In: Bildung und Erziehung 3. S. 271-285

Klein, Michael (2001): Kinder aus alkoholbelasteten Familien. Ein Überblick zu Forschungsergebnissen und Handlungsperspektiven. In: Suchttherapie 2. S. 118-124

Klocke, Andreas/Becker, Ulrich (2003): Die Lebenswelt Familie und ihre Auswirkungen auf die Gesundheit von Jugendlichen. In: Hurrelmann, Klaus/Klocke, Andreas/Melzer, Wolfgang/Ravens-Sieberer, Ulrike (Hrsg.): Jugendgesundheitssurvey- Internationale Vergleichsstudie im Auftrag der Weltgesundheitsorganisation. Weinheim/München: Juventa, S. 183-242

Kolip, Petra/Lademann, Julia (2006): Familie und Gesundheit. In: Hurrelmann, Klaus/Laaser, Ulrich/Razum, Oliver (Hrsg.): Handbuch Gesundheitswissenschaften. Weinheim/München: Juventa, S. 633-659

Rehbein, Florian/Kleimann, Matthias/Mößle, Thomas (2009): Computerspielabhängigkeit im Kindes- und Jugendalter: Empirische Befunde zu Ursachen, Diagnostik und Komorbiditäten unter besonderer Berücksichtigung spielimmanenter Abhängigkeitsmerkmale. KFN-Forschungsbericht Nr.: 108. Hannover: Kriminologisches Forschungsinstitut Niedersachsen e.V.

Kuttler, Heidi/Laging-Glaser, Marion (2000): Im Land der unbegrenzten Möglichkeiten- Auseinandersetzung mit Theorie und Praxis der Suchtprävention. In: Prävention. Zeitschrift für Gesundheitsförderung 2. S. 35-38

Lachner, Gabriele/Wittchen, Hans-Ulrich (1997): Familiär übertragene Vulnerabilitätsmerkmale für Alkoholmissbrauch und –abhängigkeit. In: Watzel, Hans/Rockstroh, Brigitte (Hrsg.): Abhängigkeit und Mißbrauch von Alkohol und Drogen. Göttingen: Hogrefe, S. 43-89

Lieb, Roselind/Schuster, Peter/Pfister, Hildegard/Fuetsch, Martina/Höfler, Michael/Isensee, Barbara/Müller, Nina/Sonntag, Holger/Wittchen, Hans-Ulrich (2000): Epidemiologie des Konsums, Mißbrauchs und der Abhängigkeit von legalen und illegalen Drogen bei Jugendlichen und jungen Erwachsenen: Die prospektiv-longitudinale Verlaufsstudie EDSP. In: Sucht. Zeitschrift für Wissenschaft und Praxis 1. S. 18-31

Merfert-Diete, Christa (2003): Zahlen und Fakten in Kürze. In: Deutsche Hauptstelle für Suchtfragen (Hrsg.): Jahrbuch Sucht 2003. Geesthacht: Neuland Verlagsgesellschaft

Palentien, Christian/Harring, Marius (2010): Kindheit, Jugend und Drogen. In: Heinz-Hermann Krüger/Cathleen Grunert (Hrsg.): Handbuch Kindheits- und Jugendforschung. 2., aktualisierte und erw. Aufl. Wiesbaden: VS Verlag für Sozialwissenschaften, S. 1005-1017

Petermann, Harald/Roth, Markus (2006): Suchtprävention im Jugendalter. Interventionstheoretische Grundlagen und entwicklungspsychologische Perspektiven. Weinheim/München: Juventa

Peterson, P.L./Hawkins, J.D./Albott, R.D./Catalano, R.F. (1995): Disentangling the effects of parental drinking, family management and parental alcoholic norms on current drinking black and white adolescence. In: Boyd, G.M./Howard, J. /Zucker, R.A. (Hrsg.): Alcohol problems among adolescents. Hilsdale: Lawrence Erlbaum, S. 33-58

Poppelreuter, Stefan/Gross, Werner (Hrsg.) (2000): Nicht nur Drogen machen süchtig: Entstehung und Behandlung von stoffungebundenen Süchten. Weinheim: Beltz

Raithel, Jürgen (1999): Unfallursache: Jugendliches Risikoverhalten. Verkehrsgefährdung Jugendlicher, psychosoziale Belastungen und Prävention. Weinheim/München: Juventa

Richter, Matthias (2005): Gesundheit und Gesundheitsverhalten im Jugendalter. Der Einfluss sozialer Ungleichheit. Wiesbaden: VS Verlag für Sozialwissenschaften

Richter, Matthias/Hurrelmann, Klaus/Melzer, Wofgang/Ravens-Sieberer, Ulrike (Hrsg.) (2008): Gesundheit, Ungleichheit und jugendliche Lebenswelten. Ergebnisse der zweiten internationalen Vergleichsstudie im Auftrag der Weltgesundheitsorganisation WHO. Weinheim/München: Juventa

Robert-Koch-Institut (RKI) (2008a): Lebensphasenspezifische Gesundheit von Kindern und Jugendlichen in Deutschland. Ergebnisse des Nationalen Kinder- und Jugendgesundheitssurveys (KiGGs). Berlin: RKI

Robert-Koch-Institut (RKI) (2008b): Kinder- und Jugendgesundheitssurveys (KiGGs) 2003-2006: Kinder und Jugendliche mit Migrationshintergrund in Deutschland. Bericht im Auftrag des Bundesministeriums für Gesundheit. Berlin: RKI

Rowe, D.C./Chassin, L./ Presson, C./ Shermann, S.L. (1996): Parental smoking and the 'epidemic' spread of cigarette smoking. Journal of Applied Social Psychology 26. S. 437-454

Saß, Henning/Wittchen, Hans-Ulrich/Zaudig, Michael/Houben, Isabel (2003): Diagnostisches und Statistisches Manual Psychischer Störungen- Textrevision der vierten Auflage des Diagnostic and Statistical Manual of Mental Disorders der American Psychiatric Association. Göttingen: Hogrefe

Scheerer, Sebastian (1989): Drogen und Drogenpolitik. In: Scheerer, Sebastian/Vogt, Irmgard (Hrsg.): Drogen und Drogenpolitik. Ein Handbuch. Frankfurt am Main/New York: Campus, S. 3-50

Scherr, Albert (2009): Jugendsoziologie. Einführung in Grundlagen und Theorie. Wiesbaden: VS Verlag für Sozialwissenschaften

Schmidt, Bettina (1998): Suchtprävention bei konsumierenden Jugendlichen: Sekundärpräventive Ansätze in der geschlechtsbezogenen Drogenarbeit. Weinheim/München: Juventa

Schmidt, Bettina (1999): Wie kommt es zum Konsum und Missbrauch von illegalen Substanzen?. In: Freitag, Marcus/Hurrelmann, Klaus: Illegale Alltagsdrogen. Cannabis, Ecstasy, Speed und LSD im Jugendalter. Weinheim/München: Juventa, S. 65-81

Seifert, Thomas (1998a): Was macht Jugendliche süchtig? Eine jugendtheoretische Einführung in die Problematik des Suchtmittelkonsums im Jugendalter. In: Landesstelle gegen die Suchtgefahren Baden-Württemberg (Hrsg.): Jugend und Sucht. Neue Ansätze zu einer jugendspezifischen Suchtprävention. Stuttgart: Landesstelle gegen die Suchtgefahren Baden-Württemberg, S. 11-39

Seifert, Thomas (1998b): Die soziale Bedeutung des Konsums von Ecstasy bei Jugendlichen. In: Landesstelle gegen die Suchtgefahren Baden-Württemberg (Hrsg.): Jugend und Sucht. Neue Ansätze zu einer jugendspezifischen Suchtprävention. Stuttgart: Landesstelle gegen die Suchtgefahren Baden-Württemberg, S. 79-98

Seifert, Brigitte/Gross, Michaela (2000): Teenex- ein Programm zur primären Suchtprävention im Jugendalter. Stuttgart: Kohlhammer

Silbereisen, Rainer/Reese, Anneke (2001): Substanzgebrauch Jugendlicher: Illegale Drogen und Alkohol. In: Raithel, Jürgen (Hrsg.): Risikoverhaltensweisen Jugendlicher. Formen, Erklärungen und Prävention. Opladen: Leske + Budrich, S. 131-153

Soellner, Renate/Hapkemeyer, Julia (2008): Substanzmissbrauch und –abhängigkeit. In: Scheithauer, Herbert/Hayer, Tobias/Niebank, Kay (Hrsg.): Problemverhalten und Gewalt im Jugendalter. Erscheinungsformen, Entstehungsbedingungen, Prävention und Intervention. Stuttgart: Kohlhammer 2008, S. 143-163

Spode, Hasso (1991): Alkohol und Zivilisation. Berauschung, Ernüchterung und Tischsitten in Deutschland bis zum Beginn des 20. Jahrhunderts. Berlin: Tara

Vogt, Irmgard (1985): Für alle Leiden gibt es eine Pille. Über Psychopharmakakonsum und das geschlechtsrollenspezifische Gesundheitskonzept bei Mädchen und Frauen. Opladen: Westdeutscher Verlag

Werner, Emmy/Smith, Ruth (2001): Journeys from childhood to midlife: Risk resilience and recovery. Ithaca/London: Cornell University Press

Winick , Charles (1962): Maturing Out of Narcotic Addiction. In: Bulletin on Narcotics 14. S. 7-9.

Wustmann, Corina (2004): Resilienz. Widerstandsfähigkeit von Kindern in Tageseinrichtungen fördern. Weinheim/Basel: Beltz

Young, Kimberly (1998): Caught in the Net: To Recognize the Signs of Internet Addiction – and a Winning Strategy of Recovery. New York: Wiley

4.4   Jugend und Essstörungen

Bröckling, Ulrich (2007): Das unternehmerische Selbst. Soziologie einer Subjektivierungsform. Frankfurt am Main: Suhrkamp

Bruch, Hilde (1992a): Essstörungen. Zur Psychologie und Therapie von Übergewicht und Magersucht. Frankfurt am Main: S. Fischer

Bruch, Hilde (1992b): Der goldene Käfig. Das Rätsel der Magersucht. Frankfurt am Main: S. Fischer

Buddeberg-Fischer, Barbara (2000): Früherkennung und Prävention von Essstörungen. Essverhalten und Körpererleben bei Jugendlichen. Stuttgart: Schattauer

BZgA – Bundeszentrale für gesundheitliche Aufklärung (2008): Essstörungen – was ist das? Köln: BZgA

Cunz, Ulrich/Hillert, Andreas (2008): Essstörungen. Ursachen, Symptome, Therapien. München: Beck

Dilling, Horst/Mombour, Werner/Schmidt, Martin (Hrsg.) (2005): Internationale Klassifikation Psychischer Störungen: ICD-10 Kapitel V (F). Klinisch diagnostische Leitlinien. Bern: Huber

Feighner, J.P./ Robins, E./Guze, S./Woodruff, R.A./Winokur, G./Munoz, S. (1972): Diagnostic Criteria for Use in Psychiatric Research. In: Archives of General Psychiatry 2. S. 57-63

Fichter, Manfred M. (2008): Prävalenz und Inzidenz anorektischer und bulimischer Essstörungen. In: Herpertz, Stephan/de Zwaan, Martina/Zipfel, Stephan (Hrsg): Handbuch Essstörungen und Adipositas. Heidelberg: Springer, S. 38-43

Garner, David/Rockert, W./ Olmstead, P./ Johnson, C./ Cosina, D.V. (1991): Die Auswirkungen von Diät und Hungern auf das Verhalten. In Jacobi, Corinna/Paul, Thomas (Hrsg.): Bulimia und Anorexia nervosa. Ursachen und Therapie. Berlin: Springer, S. 24-54

Gast, Lilli (1989): Magersucht. Der Gang durch den Spiegel. Pfaffenweiler: Centaurus Verlag

Gerlinghoff, Monika/Backmund, Herbert (2007): Ess-Störungen. Informationen für LehrerInnen aus dem TCE München. Weinheim/Basel: Beltz

Gull, William W. (1873): Anorexia Nervosa. London: New Sydenham Society

Herpertz, Stephan/de Zwaan, Martina/Zipfel, Stephan (Hrsg) (2008): Handbuch Essstörungen und Adipositas. Heidelberg: Springer

Herpertz-Dahlmann, Beate (2008): Anorexia Nervosa im Kindes- und Jugendalter. In: Herpertz, Stephan/de Zwaan, Martina/Zipfel, Stephan (Hrsg): Handbuch Essstörungen und Adipositas. Heidelberg: Springer, S. 19-23

Hilbert, Anja (2008): Soziale und psychosoziale Auswirkungen der Adipositas: Gewichtsbezogene Stigmatisierung und Diskriminierung. In: Herpertz, Stephan/de Zwaan, Martina/Zipfel, Stephan (Hrsg): Handbuch Essstörungen und Adipositas. Heidelberg: Springer, S. 288-291

Hurrelmann, Klaus (2007): Lebensphase Jugend. Eine Einführung in die sozialwissenschaftliche Jugendforschung. Weinheim/München: Juventa

Kardorff, Ernst von/Ohlbrecht, Heike (2007): Essstörungen im Jugendalter- eine Reaktionsform auf gesellschaftlichen Wandel. Diskurs Kindheits- und Jugendforschung 2, S. 1555-168

Kastner, Peter/Silbereisen, Rainer K. (1984): Drogengebrauch Jugendlicher aus entwicklungstheoretischer Sicht. In: Bildung und Erziehung 3, S. 271-285

Kochanowski, Sonja (2007): Adipositas bei Kindern und Jugendlichen. Definitionen, Entstehung, Einflussfaktoren und Therapien. Saarbrücken: VDM Verlag

Kromeyer-Hauschild, K./Wabitsch, M./Kunze, D./Geller, F./Geiß; H. C./Hesse, V./von Hippel, A./ Jaeger, U./Johnsen, D./Korte, W./Menner, K./Müller, G./Müller, J. M./Niemann-Pilatus, A./Remer, T./Schaefer, F./Wittchen, H.-U./Zabransky, S./Zellner, K./Ziegler, A./Hebebrand, J. (2001): Perzentile für den Body-mass-Index für das Kindes- und Jugendalter unter Heranziehung verschiedener deutscher Stichproben. In Monatsschrift Kinderheilkunde 149, S. 808-818

Mangweth-Matzek, Barbara (2008): Essstörungen bei Männern. In: Herpertz, Stephan/de Zwaan, Martina/Zipfel, Stephan (Hrsg): Handbuch Essstörungen und Adipositas. Heidelberg: Springer, S. 87-92

Marmot, Michael (2004): Status syndrom: how your social standing directly affects your health and life expectancy. London: Bloomsbury

Orbach, Susie (1991): Anti-Diät-Buch. Über die Psychologie der Dickleibigkeit, die Ursache von Eßsucht. München: Frauenoffensive

Palazzoli, Mara Selvini (1986): Magersucht. Von der Behandlung einzelner zur Familientherapie. Stuttgart: Klett-Cotta

Paul, Thomas/Brand-Jacobi, Johannes/Pudel, Volker (1984): Bulimia nervosa. Ergebnisse einer Untersuchung an 500 Patientinnen. In: Münchner Medizinische Wochenschrift 19. S. 614-618

Raabe, Kathrin (2009): Mädchenspezifische Prävention von Ess-Störungen. Handlungsansätze für die Praxis. Baltmannsweiler: Schneider Verlag Hohengehren

Raithel, Jürgen (2004): Jugendliches Risikoverhalten. Eine Einführung. Wiesbaden: VS Verlag für Sozialwissenschaften

Reich, Günter (2008): Familientherapie. In: Herpertz, Stephan/de Zwaan, Martina/Zipfel, Stephan (Hrsg): Handbuch Essstörungen und Adipositas. Heidelberg: Springer, S. 182-188

Robert-Koch-Institut (2008): Lebensphasenspezifische Gesundheit von Kindern und Jugendlichen in Deutschland. Ergebnisse des Nationalen Kinder- und Jugendgesundheitssurveys (KiGGs). Berlin

Rousseau, Jean-Jacques (1762/1965): Emile oder Über die Erziehung, Stuttgart: Reclam.

Russell, Gerald (1979): Bulimia nervosa. An omnious variant of anorexia nervosa. In: Psychological Medicine 9. S. 429-448

Saß, Henning/Wittchen, Hans-Ulrich/Zaudig, Michael/Houben, Isabel (2003): Diagnostisches und Statistisches Manual Psychischer Störungen- Textrevision der vierten Auflage des Diagnostic and Statistical Manual of Mental Disorders der American Psychiatric Association. Göttingen: Hogrefe

Sennett, Richard (1998): Der flexible Mensch. Berlin: Berlin Verlag

Silbereisen, Rainer K./Reese, Anneke (2001): Substanzgebrauch Jugendlicher: Illegale Drogen und Alkohol. In: Raithel, Jürgen (Hrsg.): Risikoverhaltensweisen Jugendlicher. Formen, Erklärungen und Prävention. Opladen: Leske + Budrich, S. 131-153

Stahr, Ingeborg/Barb-Priebe, Ingrid/Schulz, Elke (2003): Essstörungen und die Suche nach Identität. Ursachen, Entwicklungen und Behandlungsmöglichkeiten. Weinheim/München

Teufel, Martin/Zipfel, Stephan (2008): Anorexia nervosa und Bulimia nervosa im Erwachsenenalter. In: Herpertz, Stephan/de Zwaan, Martina/Zipfel, Stephan (Hrsg): Handbuch Essstörungen und Adipositas. Heidelberg: Springer, S. 14-18

Tuschen-Caffier, Brunna (2008): Körperbildstörung. In: Herpertz, Stephan/de Zwaan, Martina/Zipfel, Stephan (Hrsg): Handbuch Essstörungen und Adipositas. Heidelberg: Springer, 82-86

Warschburger, Petra (2008): Psychoziale Faktoren der Adipositas in Kindheit und Adoleszenz. In: Herpertz, Stephan/de Zwaan, Martina/Zipfel, Stephan (Hrsg): Handbuch Essstörungen und Adipositas. Heidelberg: Springer, 259-264

Warschburger, Petra/Petermann, Franz (2008): Adipositas. Leitfaden für Kinder- und Jugendpsychotherapie Bd. 10. Göttingen: Hogrefe

Wiesner, Susanne (2008): Epidemiologie der Adipositas. In: Herpertz, Stephan/de Zwaan, Martina/Zipfel, Stephan (Hrsg): Handbuch Essstörungen und Adipositas. Heidelberg: Springer, S. 255-257

Zipfel, Stephan/Löwe, Bernd/Herzog, Wolfgang (2008): Verlauf und Prognose der Anorexia Nervosa. In: Herpertz, Stephan/de Zwaan, Martina/Zipfel, Stephan (Hrsg): Handbuch Essstörungen und Adipositas. Heidelberg: Springer, S. 44-47

de Zwaan, Martina/Mühlhaus, Barbara (2008): Atypische Essstörungen und Binge-Eating-Störung. In: Herpertz, Stephan/de Zwaan, Martina/Zipfel, Stephan (Hrsg): Handbuch Essstörungen und Adipositas. Heidelberg: Springer, S. 24-28

Grundlagen Erziehungswissenschaft

Isabell van Ackeren / Klaus Klemm
Entstehung, Struktur und Steuerung des deutschen Schulsystems
Eine Einführung
2009. 199 S. Br. EUR 16,90
ISBN 978-3-531-16469-4

Ben Bachmair
Medienwissen für Pädagogen
Medienbildung in riskanten Erlebniswelten
2009. 375 S. Br. EUR 24,90
ISBN 978-3-531-16305-5

Jutta Ecarius / Marcel Eulenbach / Thorsten Fuchs / Katharina Walgenbach
Jugend und Sozialisation
2010. 292 S. (Basiswissen Sozialisation) Br. ca. EUR 22,95
ISBN 978-3-531-16565-3

Jutta Ecarius / Nils Köbel / Katrin Wahl
Familie, Erziehung und Sozialisation
2010 158 S. (Basiswissen Sozialisation) Br. ca. EUR 16,95
ISBN 978-3-531-16566-0

Detlef Garz
Sozialpsychologische Entwicklungstheorien
Von Mead, Piaget und Kohlberg bis zur Gegenwart
4. Aufl. 2008. 189 S. Br. EUR 22,90
ISBN 978-3-531-16321-5

Heinz Moser
Einführung in die Medienpädagogik
Aufwachsen im Medienzeitalter
5., durchges. u. erw. Aufl. 2010. 332 S. Br. EUR 29,95
ISBN 978-3-531-16164-8

Heinz Reinders / Hartmut Ditton / Cornelia Gräsel / Burkhard Gniewosz (Hrsg.)
Empirische Bildungsforschung
Eine Einführung
2010. ca. 260 S. Br. ca. EUR 29,95
ISBN 978-3-531-16844-9

Bernhard Schlag
Lern- und Leistungsmotivation
3. Aufl. 2009. 173 S. Br. EUR 19,90
ISBN 978-3-531-16511-0

Agi Schründer-Lenzen
Schriftspracherwerb und Unterricht
Bausteine professionellen Handlungswissens
3. Aufl. 2008. 252 S. Br. EUR 19,90
ISBN 978-3-531-16168-6

Erhältlich im Buchhandel oder beim Verlag.
Änderungen vorbehalten. Stand: Juli 2010.

www.vs-verlag.de

VS VERLAG

Abraham-Lincoln-Straße 46
65189 Wiesbaden
Tel. 0611.7878-722
Fax 0611.7878-400

15584131R00166

Printed in Poland
by Amazon Fulfillment
Poland Sp. z o.o., Wrocław